新世纪普通高等教育财经类课程规划教材

公司金融
Corporate Finance

主　编　刘　毅　张向荣　张翠红
副主编　刘雅慧　薛　翔
主　审　王立元

大连理工大学出版社

图书在版编目(CIP)数据

公司金融 / 刘毅，张向荣，张翠红主编． -- 大连：大连理工大学出版社，2022.8(2025.2重印)
新世纪普通高等教育财经类课程规划教材
ISBN 978-7-5685-3830-5

Ⅰ．①公… Ⅱ．①刘… ②张… ③张… Ⅲ．①公司－金融学－高等学校－教材 Ⅳ．①F276.6

中国版本图书馆CIP数据核字(2022)第092544号

大连理工大学出版社出版

地址：大连市软件园路80号　邮政编码：116023
发行：0411-84708842　邮购：0411-84708943　传真：0411-84701466
E-mail：dutp@dutp.cn　URL：https://www.dutp.cn
大连朕鑫印刷物资有限公司印刷　　　　　大连理工大学出版社发行

幅面尺寸：185mm×260mm	印张：17.75	字数：454千字
2022年8月第1版		2025年2月第3次印刷
责任编辑：齐　欣		责任校对：孙兴乐
	封面设计：张　莹	

ISBN 978-7-5685-3830-5　　　　　　　　　　　　　定　价：56.80元

本书如有印装质量问题，请与我社发行部联系更换。

前言 Preface

公司金融是公司组织财务活动、处理财务关系的一项经济管理业务。广义而言,公司金融是关于公司财务决策的学科。在市场经济条件下,公司金融水平决定着企业的生产经营规模和市场竞争力,强化公司金融已经成为现代企业在激烈的市场竞争中得以生存和发展的根本保障。公司金融活动一般包括资金的筹集、投放、耗费、回收和分配等方面,公司金融任何一方面的决策都会对企业的生存和发展产生重大影响。为此,企业财务人员必须牢固树立资本结构优化、资源配置有效、现金收支平衡、成本效益最优、收益风险均衡、利益关系协调等观念,充分发挥公司金融的核心作用,力求实现企业内部条件、外部环境和企业目标之间的动态平衡,并在平衡中求发展,促使企业实现发展战略和经营目标。

本教材是编者在总结多年教学经验和相关实际工作经验的基础上,结合高等院校教学特点和要求编写而成的。本教材的目标读者主要是包括金融专业、投资学专业在内的所有经济类、管理类学生。鉴于此,本教材的编写宗旨是以能被最广泛读者接受的方法,传授公司金融中最重要的概念和原理。

本教材编者在充分校企合作、工学结合基础上,努力改进教材的可读性,以增强学生自主阅读和学习的意愿;力争把握好教与学的结合点,以阐述理论为基础,突出实际运用,并力求通俗易懂。本教材每章前设有"案例导入",每章后附有相应的"知识演练",以便于教师组织教学与学生学习,促使学生做到在学习过程中进行实战演练。

本教材的学时分配建议如下:

学时分配建议

内容		理论板块学时	实践板块学时
第一章	公司金融概论	2	—
第二章	公司金融价值衡量理念	6	4
第三章	财务分析	4	2
第四章	筹资方式决策	4	2
第五章	筹资成本与资本结构决策	4	2
第六章	资本预算决策	4	2
第七章	金融证券投资决策	4	2

（续表）

内容	理论板块学时	实践板块学时
第八章　营运资本决策	2	4
第九章　收益分配决策	4	2
第十章　财务预算	2	2
第十一章　期权与公司金融	4	2
总学时	40	24

为响应教育部全面推进高等学校课程思政建设工作的要求，本教材融入思政元素，设置"思政小课堂"，逐步培养学生树立正确的思政意识，肩负建设国家的重任，从而实现全员、全过程、全方位育人，指引学生树立爱国主义情感，积极学习，立志成为社会主义事业建设者和接班人。

本教材响应党的二十大精神，随文提供视频微课供学生即时扫描二维码进行观看，实现了教材的数字化、信息化、立体化，增强了学生学习的自主性与自由性，将课堂教学与课下学习紧密结合，力图为广大读者提供更为全面且多样化的教材配套服务。

本教材由刘毅、张向荣、张翠红任主编，刘雅慧、薛翔任副主编，王立元教授审阅全书并提出了宝贵意见。刘毅特别重视对那些与公司金融确实相关且有用内容的关注；张向荣有良好的行业背景，因对公司金融有深刻的认识与研究而加盟本教材的编写，对本教材中重要名词的翻译工作做出了自己的贡献；刘雅慧有丰富的"世界500强"管理工作经验，从其独到的实践视角参与本教材的编写。具体编写分工如下：第一章至第五章由刘毅编写；第六章和第七章由张向荣编写；第九章和第十一章由张翠红编写；第八章和第十章第一、二节由刘雅慧编写；第十章第三节由薛翔编写；附录由刘毅提供。本书初稿完成后由刘毅对全书进行了详细的增补和总撰，编写了前言，整理了章节目录，并提炼整理了本教材的创新点。

在编写本教材的过程中，编者参考、引用和改编了国内外出版物中的相关资料以及网络资源，在此表示深深的谢意！相关著作权人看到本教材后，请与出版社联系，出版社将按照相关法律的规定支付稿酬。

限于水平，书中仍有疏漏和不妥之处，敬请专家和读者批评指正，以使教材日臻完善。

编　者

2025 年 2 月

所有意见和建议请发往：dutpbk@163.com

欢迎访问高教数字化服务平台：https://www.dutp.cn/hep/

联系电话：0411-84707019　84708462

目录 Contents

第一章　公司金融概论 … 1
第一节　公司金融的基本内容 … 2
第二节　公司金融的目标 … 5
第三节　公司金融与会计的区别 … 7
第四节　现代公司金融理论的发展 … 8

第二章　公司金融价值衡量理念 … 16
第一节　资金的时间价值衡量理念 … 17
第二节　资金的风险价值衡量理念 … 23

第三章　财务分析 … 36
第一节　财务分析概述 … 37
第二节　财务分析方法 … 44
第三节　财务指标分析 … 47
第四节　财务综合分析 … 56

第四章　筹资方式决策 … 63
第一节　筹资概述 … 64
第二节　权益资金的筹集 … 69
第三节　负债资金的筹集 … 74

第五章　筹资成本与资本结构决策 … 89
第一节　资本成本 … 90
第二节　杠杆效应 … 97
第三节　资本结构 … 102

第六章　资本预算决策 … 113
第一节　资本预算概述 … 114
第二节　资本预算中的现金流量估算 … 117
第三节　项目投资决策评价指标 … 126
第四节　项目投资决策分析 … 135

第七章　金融证券投资决策 149
第一节　股票投资决策 150
第二节　债券投资决策 155
第三节　基金投资决策 160

第八章　营运资本决策 170
第一节　营运资本概述 171
第二节　现金管理 174
第三节　应收账款管理 180
第四节　存货管理 187

第九章　收益分配决策 196
第一节　收益分配概述 197
第二节　股利政策理论 203
第三节　股利政策 205
第四节　股利分配的程序和方案 208

第十章　财务预算 219
第一节　财务预算概述 221
第二节　财务预算的编制方法 223
第三节　财务预算的具体编制 229

第十一章　期权与公司金融 239
第一节　期权的基本原理 240
第二节　股票和债券的期权估价 247
第三节　期权与融资决策 250
第四节　期权与投资决策 259

参考文献 270

附　录 271
附表一　复利终值系数表 271
附表二　复利现值系数表 273
附表三　年金终值系数表 275
附表四　年金现值系数表 277

第一章

公司金融概论

学习目标与要求

公司金融是对公司资金的筹集、投向、运用、分配以及相关财务活动的全面管理。其目的是有效地利用资源,以实现企业的目标。

通过本章的学习,应达到以下目标与要求:

了解和熟悉公司金融的概念、内容与目标;

熟悉企业公司金融环节和公司金融环境;

能够理解公司金融与会计的区别与联系;

能够运用所学的公司金融基础知识,对某个具体企业的公司金融工作内容和工作环境进行分析与评价。

案例导入

苹果公司是由两个合伙人在一间车库里创立的。苹果公司自1976年成立以后发展特别快。1985年,苹果公司已经发展成为一家发行股票6 000万股、总市值超过10亿美元的大型上市公司。当时,该公司的合伙创始人之一史蒂文·乔布斯持有公司股票700万股,总市值约1.2亿美元。

尽管他在公司中拥有如此重要的地位,而且为公司的创立和成功发展立下了汗马功劳,但是,当苹果公司的财务状况恶化时,乔布斯还是被迫放弃了经营控制权,随后便辞职了。

当然，一个好的企业家是不会被击垮的。乔布斯随后创办了 Pixar 动画工作室，负责为卖座的电影《玩具总动员1》《虫虫危机》《玩具总动员2》制作动画。1995年，Pixar 公司上市，并很快受到股票市场的追捧。此时，乔布斯持有的80%股权的市值大约为11亿美元。

1997年，依然在苦苦挣扎且前景未卜的苹果公司雇用了一位新的临时首席执行官——史蒂文·乔布斯。他在他的新位置上取得了多大的成功呢？在乔布斯的改革之下，苹果公司终于实现盈利。乔布斯刚上任时，苹果公司的亏损高达10亿美元。一年后，苹果公司却奇迹般地盈利3.09亿美元。董事会成员埃德加·伍拉德称赞道："是这个家伙挽救了我们公司。"

乔布斯由车库企业家到公司经理再到辞职员工最后又成为首席执行官的历程可以引导我们思考一些关于公司金融的基本理论问题，对所有这些问题的阐释构成本章的主要内容。

资料来源：摘自2019年12月豆丁文档资料汇集。

第一节 公司金融的基本内容

一、企业的组织形态

市场经济条件下，企业有不同的组织形态。企业最常见的三种法定组织形态为独资企业（单一业主制，Sole Proprietorship）、合伙制企业（Partnership）和公司制企业（Corporation）。独资企业是指一个所有者拥有的，所有者拥有全部利润，同时又承担无限责任的企业。《中华人民共和国个人独资企业法》规定，个人独资企业是"由一个自然人投资，财产为投资人个人所有，投资人以其个人财产对企业债务承担无限责任的经营实体"。独资企业的优点是设立相对简单，投资者可以获取全部利润，企业利润视同个人所得，只缴纳个人所得税，避免了公司制企业所有者在进行利润分配时需要缴纳公司所得税和个人所得税的双重纳税负担。

独资企业的缺点包括：企业的寿命以其所有者寿命为限，因此企业的寿命有限；所有者要承担无限责任，即当企业的资产不足以偿还债务时，所有者要以其个人财产来偿付企业所欠债务；独资企业所能筹措的权益资本完全取决于所有者个人的财富，因此，其资金实力和企业的发展受到很大限制；由于企业与其所有者个人难以严格区分导致的财务不透明和不规范，独资企业的所有权转让非常困难。

在国际上，独资企业一般指单个自然人拥有的企业，即我国的"个人独资企业"。由于我国经济制度的特殊性，我国还有国有独资企业。国有独资企业实质上是一种公司制企业。《中华人民共和国公司法》（简称《公司法》）第65条规定："国有独资公司，是指国家单独出资，由国务院或者地方人民政府授权本级人民政府国有资产监督管理机构履行出资人职责的有限责任公司。"因此，国有独资企业是公司制企业。

合伙制企业是指两个或两个以上的所有者共同组建的企业。合伙制又可以分为普通合伙制（General Piarthnership）与有限合伙制（Limited Partnership）。普通合伙制企业的所有合伙人共同分享企业的利润,承担企业的亏损,对企业的全部债务承担无限责任。《中华人民共和国合伙企业法》规定:"本法所称合伙企业,是指依照本法在中国境内设立的由各合伙人订立合伙协议,共同出资,合伙经营、共享收益、共担风险,并对合伙企业债务承担无限连带责任的营利性组织。"显然,这里的合伙企业是指普通合伙制的企业。

有限合伙制企业中,一个或多个普通合伙人(General Partner)负责经营企业并承担无限责任,同时有一个或多个有限合伙人(Limited Partner),他们并不参与企业的实际经营活动,仅以出资额为限对企业的债务承担有限责任。

与独资企业类似,合伙制企业的优点是组建相对简单,企业的利润也等同于所有者的个人所得,因此不必双重纳税。缺点是普通合伙人要承担无限责任;企业的存续期以一个普通合伙人希望卖出其所有权或死亡时为限;企业筹集权益资本的能力虽然优于独资企业,但仍然受到一定程度的限制;普通合伙人的所有权难以转让。

总的来看,独资企业与合伙制企业都受到无限责任、企业寿命和筹资能力的困扰,因此,很难筹措到足够的资金进行大规模的投资。

公司(Corporation)是最重要的企业组织形态。公司是一种法人制度,股东(所有者)以其出资额为限对公司承担责任,公司以其全部资产对其债务承担责任。首先,公司是不同于其所有者的"独立法人",具有类似于自然人的权利和职责,其财产与公司投资者的其他财产相分离。一旦公司破产,股东的最大损失就是其对公司的投资额,其他个人财产不会受到牵连和蒙受损失。其次,公司可以无限期地存续下去,其寿命与股东的寿命和股权的转让无关。再次,股份公司的股东人数不受限制,这极大地扩展了公司的资金来源。在公司需要权益资本时,可以通过发行新股的方式吸引新的股东投资。权益资本的增加不但直接增加了股份公司的资金,而且增强了股份公司债务融资的能力,使公司可以筹措到大量的资金,进行规模巨大的投资活动。最后,上市公司的股权可以方便地转让,而不会影响公司的持续经营,这为股东提供了很好的流动性。

公司的一个主要缺点是股东需要双重纳税。公司作为法人,需要像自然人那样为自己的所得(利润)缴纳所得税,我们称之为企业所得税。当公司将利润分配给股东时,股东还要再次为自己收到的利润缴纳个人所得税。因此,股东要为自己的投资回报"双重纳税",先在公司层面上缴纳企业所得税,后在个人层面上缴纳个人所得税。

公司的另一个特点是所有权与经营权的分离,即公司是由一些职业经理人经营的。股东作为公司的所有者,绝大多数只担负出资责任,本身不从事经营活动。作为股东,他们投票选举公司董事会,再由董事会选择经理人负责公司的具体经营事务。

如前所述,由于我国经济制度的特殊性,《公司法》规定可以有国有独资公司,它也是一种有限责任公司。国有独资公司不设股东会,设立董事会,在一定程度上行使股东会的职能。

二、公司金融的含义与内容

现代公司金融是指市场经济条件下企业的财务运作与管理,其主要内容是企业对于资金的运作与筹措。具体来讲,就是企业如何进行长期投资决策(又称资本预算决策)、长期筹资决策以及称为营运资金管理的短期资金管理(如应收、应付账款的管理,存货管理等)。

作为一个生产经营单位,企业需要购置资产来生产产品或提供服务,并因此获取销售收入和利润。企业购置资产的行为就是企业的长期投资活动。企业长期投资的计划与管理过程称为资本预算决策。一般来说,企业的资本预算决策包括以下几个方面的内容:一是做什么,即投资方向的选择;二是做多少,即投资数量(投资额)的确定;三是何时做,即投资时机的选择;四是怎样做,即以什么样的生产方式和资产形式完成所选定的生产经营活动。企业必须根据股东财富最大化或企业价值最大化的原则,通过对投资项目的认真分析,对上述四个问题做出回答。资本预算决策的基本特点:投资是当前的支出,回报是未来的收益,而未来是不确定的。因此,资本预算决策需要确定两方面的回报:一方面,由于当前的支出与未来的收益发生的时间不同,因此需要考虑时间价值的回报;另一方面,由于未来收益是不确定的,因此需要确定相应的风险报酬。这两者是公司金融乃至整个金融理论中两个最关键的问题。长期投资(资本预算)决策是企业最重要的决策,它决定了企业资金的运用方向及未来的收益状况,从而决定了企业的价值。如果长期投资决策发生了失误,将造成"一招不慎,满盘皆输"的不良后果。企业决策人员和公司金融人员在进行资本预算决策时,必须认真分析项目的现金流量,综合考虑项目现金流量的大小、时机和风险之间的关系,寻找那些收益超过成本的投资机会,实现股东价值的最大化。

企业要进行投资活动,必须有相应的资金来源。因此,为企业的投资活动筹措资金,是公司金融的另一项主要内容。企业资金来源的渠道多种多样:可以利用权益资本所有者的资本投入,也可以利用债权人的借款或债券投入;可以利用资本市场公开筹措资金,也可以利用企业的内部积累作为资金来源;可以筹措长期资金,也可以筹措短期资金……一般而言,企业的长期资金筹措要解决以下几个问题:第一,采用股权筹资还是债权筹资?如何设定两者之间的比例关系(企业的资本结构)?股权筹资形成企业的权益资本,债权筹资形成企业的债务资本,对企业来说,两者的成本不同,风险不同。因此,合理地确定企业的资金来源,确定企业的资本结构,对降低企业的资本成本,控制企业的筹资风险,有着重要的意义。第二,如何确定长短期资金的比例?一般而言,长期资金的成本高于短期资金,但从资金使用的安全性来说,长期资金的安全性又高于短期资金。因此,企业在进行资金筹措时,必须妥善考虑长短期资金的比例,既要尽量降低企业的资本成本,又要顾全企业资金使用的稳定与安全。第三,如何选择具体筹资工具?随着资本市场的日益发展,各种各样的金融工具层出不穷。这些金融工具各有特点,企业必须根据自身的实际情况和筹资环境的许可,选择最适合自身需要的筹资工具。

另外,由于内部积累是企业的一个重要资金来源,而内部积累的高低又取决于企业的利润分配,从而可见,企业的利润分配实质上是企业资金筹措决策的一部分。因此,本书将利润分配与筹资决策放在一起讨论。

总之,企业的长期筹资决策就是要通过解决上述问题找到一个能够有效地保证企业资金需求,控制企业资本成本和筹资风险的筹资方案。

公司金融的第三个主要内容就是企业的营运资本管理。营运资本管理主要是保证企业日常生产经营活动正常进行的资金需求和各类债务的按期偿还,包括:决定日常的现金保有量和存货保有量;决定企业是否进行赊销以及按什么条件进行赊销(应收账款的管理);决定企业怎样获得短期资金,是利用商业信用(应付账款)还是利用银行的短期借款;等等。

通过营运资本管理,企业要保证生产经营资金的正常周转,以维护企业的商业信誉和维持生产经营活动的正常进行。在营运资本管理方面,企业同样面临着资金使用效率与资金运作安全的矛盾,但这时企业通常应更加注意资金使用的安全,即确保企业的偿付能力,不致因支付困难而发生财务危机。

第二节 公司金融的目标

一、公司金融目标的确定

如前所述,作为一个由多个利益集团共同构成的"契约关系的集合",企业的运行结果要同时满足不同利益集团的利益要求。因此,作为法人的企业在确定其"目标"和"利益"时与一般的自然人有很大的不同。第一,企业法人自身不可能有其属于自己的目标或利益,企业法人的目标或利益是通过合同关系构成法人的一系列自然人或其他法人利益的体现。第二,企业法人也很难像自然人那样有相对简单或单一的目标,因为这种单一的目标通常只能是一个或少数几个利益集团的目标,而难以成为所有利益集团的共同目标。比如,利润最大化目标可能是企业资本所有者的目标,但却不一定是企业债权人的目标,因为增加利润可能会增大企业的经营风险,而这又可能会危及债权人资金投入的安全。第三,当自然人面临多目标选择时,他可以通过"合理"安排自己的各项活动或不同努力程度来达到不同目标间的平衡,但企业法人只有通过这一系列合同条款的规定才能实现目标间的平衡。因此,企业法人要实现的应该是一个能够满足各种利益集团利益诉求的多重目标。

但是,企业必须有一个相对明确的目标,否则管理人员将会失去努力的方向,同时,企业也会难以对管理人员进行有效的考核。由于企业资本所有者的投资收益是在扣除企业各项成本与政府税收后的剩余收益,因此他们是企业风险的主要承担者。其他利益集团的利益分配在合同关系中有相对明确的规定,与权益资本投入者相比,他们的利益有更多的保障。因此,与其他利益集团相比,权益资本所有者对企业的经营决策有更大的发言权。企业在根据合同约束满足其他利益集团应得利益的前提下,所追求的就应是股东价值(或财富)的最大化。只有这样,企业才能不断地吸收新的资本投入,实现资源的有效配置,才能不断地创造出新的财富。因此,公司金融的目标是,在满足其他利益集团依据合同规定的利益诉求和履行其社会责任的基础上,追求股东财富的最大化。

二、利润目标与价值目标的比较

由于数据获得方便和其他一些原因,人们经常将利润作为公司金融的目标,甚至认为利润最大化就相当于价值最大化。但事实上,利润最大化(特别是短期利润最大化)并不等于价值最大化。利润与价值相比,存在着下述问题:

第一,利润是对企业经营成果的会计度量,它可能反映了企业的真实价值创造,也可能没有正确反映企业的真实价值创造。会计处理方式具有多样性和灵活性,企业可以通过改变会计处理方式来增加企业的会计利润,这就是所谓的"盈余管理"。盈余管理虽然可以导致会计利润的增加,但是不意味着企业持久盈利能力的增强,当然也不能增加企业的价值,甚至会损害企业的价值。比如,美国钢铁公司在1983年亏损达12亿美元,位列美国《财富》500强企业亏损之首。而到了 1984 年，公司却奇迹般地盈利 4.93 亿美元，位列当年《财富》500 强企业第 37 位。这一变化，并不是企业正常经营活动的真实结果，而是盈余管理和其他非主营业务经济活动的结果。据分析，1984 年该公司正常经济活动的实际盈利只有 1.57 亿美元，其余盈利是公司出售资产、会计账项调整的产物。

又比如，上市公司中某些业绩不佳，特别是 ST 板块中的一些企业为避免被摘牌，往往也通过所谓"资产重组"的方式使其会计利润大幅度"跃升"。如上海股市最早进行资产重组之一的广电股份，1996 年净亏损 1.77 亿元，而 1997 年盈利 9 654 万元，在账面上打了一个漂亮的"翻身仗"。但企业这 2.7 亿元的巨大反差主要是通过两项财务重组手段实现的。第一项财务重组措施是，上海广电股份将其所属的账面资产 2.1 亿元、负债 5 亿元、所有者权益－2.9 亿元、亏损额 3.8 亿元的上海无线电四厂和账面资产 1.5 亿元、负债 6 亿元、所有者权益－4.5 亿元、亏损额 5.3 亿元的上海无线电十八厂，以零价格出让给母公司。其母公司将购得的两家企业经过破产处理后，广电股份再按照 2.4 亿元的价格（有效资产的价值）将其购回。同时，广电股份又将购回的有效资产中一块收购价格为 6 926 万元的土地以 2.1 亿元的价格重新卖给母公司，这样一出一进，广电股份核销了 1 亿元的债务，得到了 1.4 亿元的账面利润。第二项财务重组措施是将账面总资产 4.6 亿元、账面负债 4.4 亿元，净资产 1 454 万元，1997 年 1 至 9 月主营业务收入 8 219 万元、主营业务亏损 220 万元、净利润仅 51 万元的上海录音器材厂以 9 414 万元的价格出售给母公司。正是靠着上述两项资产重组措施，广电股份才一举扭亏为盈。但这样的利润显然不具有持久性，完全不能反映企业的实际经营状况。

第二，利润最大化目标是建立在确定性假设基础上的，没有考虑到风险与收益的关系。企业经营环境复杂多变，不论是经营成本，还是销售收入，都无法在事先确知，从而无法准确地估算出投资利润。换言之，利润具有风险。经验和理论都表明，高收益必然伴随着高风险，过分追求高利润可能导致企业的经营风险大大增加。

由此可知，以利润最大化作为公司金融管理的目标有一定的片面性。

决定股东财富的不是企业的会计利润，而是企业经营活动产生的净现金流及其风险的大小。现金流量的计算不仅考虑了企业经营利润的高低，而且进一步考虑了企业可以支配和使用的资金的多少以及获取这些现金的时间。只有现金流才能用于投资和发展，才能用于现金股利的分配，从而增加股东的财富。而利润如不能转化成现金流，则不具备上述能力。从现金流的角度分析，企业的价值由下式决定：

$$V = \sum_{t=1}^{n} \frac{CIF_t}{(1+r)^t}$$

式中，V 为企业的价值；CIF_t 为企业在 t 期预期获得的现金净流量；r 为贴现率；t 为各期现金流入的时间；n 为产生现金流量的总的期数。

由上式可知，企业的价值与各期的现金净流入量成正比，与贴现率成反比。贴现率 r 的大小反映了企业风险程度的高低：贴现率大，风险高；贴现率小，风险低。

因此，价值最大化目标就是要综合考虑收益与风险两个因素的影响，使企业未来现金流的现值达到最大。

三、公司金融管理的具体目标

价值最大化虽然是公司金融的终极目标，但公司金融还需要有一些更具体的、易测量与考核的目标。与其他管理活动相比，公司金融的最大特点是它是一种价值管理活动，是从价值的角度管理企业的投资、筹资、利润分配和营运资金的运转等各项活动。公司金融的特有目标可以表述为:在保证企业安全运行的前提下,努力提高资金的使用效率,使资金运用取得良好的效果。这一特有目标又可以进一步分解为成果目标、效率目标和安全目标三个具体目标。

公司金融的成果目标——在控制投资风险的前提下,努力提高资金的报酬率。企业经营成果的价值表现是其利润的水平和资产的增值,因此,公司金融的成果目标应表现为利润的高低,即资金报酬率的大小。同时,由于利润的大小与风险的高低相关联,所以,好的经营成果应表现为一定风险条件下较高的资金报酬率。要实现公司金融的成果目标,最重要的是选择好资金的用途,即选好投资方向。投资方向正确是取得好的经营成果的根本保证。

公司金融的效率目标——合理使用资金,加速资金周转,提高资金的使用效率。与企业要完成的任务和希望取得的成果相比,企业的资源总是有限的。只有提高资金的使用效率,使有限的资金最充分地发挥作用,才能最大限度地实现公司金融的成果目标。在一定时期内,如果资金周转较快,同样数量的资金就可以发挥出更大的作用,取得更多的利润。在资金数量一定的情况下,如果每项活动的资金占用和耗费较少,同样数量的资金就可以做更多的事情,取得更大的成果。而如果运用资金的成本较低,付出同样的代价就可以获得更多的资金,从而取得更大的成果。因此,实现公司金融效率目标的关键在于加速资金周转,降低资金占用和减少资金耗费。

公司金融的安全目标——保持较高的偿债能力和较低的财务风险,保证企业的安全运行。企业的运行离不开债务资金,而负债经营必然给企业带来一定的财务风险。如果企业不能按期偿还债务,就可能破产。公司金融的安全目标,就是要保证企业有能力按期偿还所有应该偿还的债务。这就要求企业保持合理的资本结构和负债规模,要求企业寻找合理的资金来源渠道,降低资金成本和财务风险,同时保持适当的资金储备,以应付保证企业安全生存所需的意外资金需求。

公司金融的具体目标也可以按照它的管理内容来划分,即划分为投资管理的目标、筹资管理的目标、营运资金管理的目标和利润管理的目标。投资管理的目标是要认真进行投资项目的可行性分析,努力提高投资报酬率,降低投资风险,实现股东财富的最大化。筹资管理的目标是要在满足生产经营需要的前提下,合理选择筹资渠道,降低资金成本和财务风险。营运资金管理的目标是要合理使用资金,加速资金周转,不断提高资金的使用效果。利润管理的目标是要采取各种措施,努力提高企业的利润水平,合理分配企业利润。

第三节 公司金融与会计的区别

长期以来,企业会计活动与公司金融在我国并没有清晰的界限,许多人往往将两者混为一谈。实际上,会计活动与公司金融在很多方面均有着巨大的差异,会计与财务是具有密切关系,但基本内容完全不同的两种管理工作。

一般来讲,会计是以货币为计量单位,系统而有效地记录、分类、汇总仅限于财务方面的交易和事项的过程,以及解释其结果的一种应用技术。会计活动的基本程序为:

确认——计量——报告——分析

根据作用的不同,会计可分为财务会计与管理会计两大分支。其中,财务会计的主要功能是为外部使用者提供信息,又称对外报告会计。会计信息的外部使用者主要包括目前和潜在的投资者、债权人(银行、债券持有者等)、政府机构(如税务机构)、企业的客户(购货商与供货商等)、专业咨询机构、股票交易所(对上市公司而言)等。财务会计以用货币形式反映在会计凭证中的经济数据作为基本投入,以账户体系为基本的分类框架,以财务报表为基本产出。资产负债表、损益表和现金流量表(财务状况变动表)构成基本的财务报表体系。

外部使用者由于远离企业的生产经营实体,因而主要通过企业提供的财务报表获得有关信息。因此,要求财务会计必须站在"公正"的立场上,"客观"地反映情况。为此,要求财务会计从日常的账务处理直至财务报表的编制,严格遵循国家法令和社会公益要求的规范化程序和规则,以取信于企业外部具有不同利益关系的集团。

管理会计的主要功能是为企业内部使用者提供管理信息,又称对内报告会计。它利用会计以及某些非会计信息,运用成本性态分析法、本量利分析法、边际分析法、成本效益分析法等对企业管理中存在的问题进行诊断和分析,为提高企业管理水平和经营效益服务。

由于管理会计是为企业内部管理人员服务的,其目的不仅是提供客观和规范的信息,而且要为企业提供管理诊断服务。因此,管理会计更加注重会计信息的管理功能,它不需要遵循特定的信息处理规范,可以对会计信息进行重新分类、整理和加工,使之更适合管理的需要。

与会计工作不同,公司金融一边联系着金融市场,一边联系着实物资产投资。企业通过筹资活动从金融市场上获得所需的资金,然后通过长期投资活动将资金用于购置实物资产和其他生产要素(如劳动力),并据此开展生产经营活动。由生产经营活动创造出的现金收益或用于企业的再投资(以折旧资金的运用和留存收益的形式),或用于回报金融市场的投资者(以归还债务本息和发放现金股利的形式)。因此,公司金融的主要工作是进行企业的长期投资决策(包括企业的并购与重组等)、长期筹资决策(股票和债券的发行,以及其他对外融资方式的选择)和营运资金管理。尽管进行这些工作需要大量会计信息,营运资金管理更同企业日常的会计工作有着密切的联系,但从工作性质和内容上看,会计与财务仍然有着本质的区别。总体来讲,公司金融更多地侧重于分析与决策。

第四节 现代公司金融理论的发展

20世纪初,公司金融理论开始作为一个相对独立的学科在美国出现。当时,美国正经历第一次企业并购浪潮,公司金融所探讨和研究的主要内容集中在公司设立与合并以及如何在资本市场上筹措资金等方面。

20世纪20年代,随着美国经济的扩张和发展,企业对资金的需求迅速增加,公司金融也更加注重研究企业的外部资金筹措和保持企业的清偿能力问题。

美国20世纪20年代末和30年代初的经济危机导致大量企业破产,公司金融理论开始转向研究企业破产、重组等方面的问题。从企业的角度出发,公司金融要研究如何使企业保持坚实的资本结构,以应对变幻不定的经济环境;从投资者的角度出发,要研究如何准确地分析和判断企业的清偿能力,以保证投资的安全。另外,经济危机使得美国政府加强了对企业和资本市场的管理与控制,加强了对企业信息披露的监管,这一措施又促进了通过财务数据了解企业经济业绩的方法——财务分析研究的发展。20 世纪 40 年代至 50 年代初,公司金融在继承了二三十年代研究内容的基础上,增加和丰富了财务计划、现金流量控制,资本预算等方面的内容,包括净现值方法在内的多种技术分析手段被广泛用于资本预算分析。

50 年代以后,公司金融理论的研究发生了重大变化,一系列构成现代公司金融理论基石的基础性研究成果开始涌现,主要有:

1.MM 的资本结构理论与股利政策理论

在 Modigliani 和 Miller 发表于 1958 年和 1961 年的两篇论文中,他们从全新的角度研究了公司价值与公司资本结构和股利政策的关系。他们指出,在完善和有效率的金融市场上,公司价值与其资本结构和股利政策无关。1963 年,在他们的另一篇论文中又讨论了企业所得税对公司资本结构和公司价值的影响。

2.资产组合理论(Porfolio Theory)与资本资产定价模型(Capital Asset Pricing Model)

资产组合理论是由 Markowitz 在 20 世纪 50 年代初首先提出的,它标志着现代金融学的发端。根据 Markowitz 的讨论,个别资产的某些风险是可以分散的,只要不同资产间的收益变化不完全正相关,就可以通过构建资产组合的方式来分散投资风险,即持有由若干种资产构成的资产组合的投资风险低于单独持有组合中任一种资产的投资风险。如果投资者的投资对象是一个投资组合,则他在衡量一项资产的风险大小时,也不应以该资产本身孤立存在时的风险大小为依据,而应以它对整个投资组合的风险贡献大小为依据。特别值得指出的是,Markowitz 在他的理论中,提出了利用概率统计的方法,通过期望值和标准差等指标来衡量投资的收益和风险,从而为投资的定量分析和理论分析提供了重要的数学方法。发现于 20 世纪 60 年代初的资本资产定价模型是由 Sharpe Lintner 和 Mossin 等人分别独立提出的,这一理论揭示了个别资产的风险与收益的关系。资本资产定价模型指出,在完善市场等假设下,单个资产的期望收益率取决于无风险资产收益率,市场资产组合的收益率和该资产的收益率与市场资产组合收益率之间的相关关系。资本资产定价模型对确定资产的资本成本或投资者要求的投资收益率有着重要的应用价值。

3.期权定价理论(Option Pricing Model)

期权是一种在规定期限内按照规定的价格买入或卖出规定数量的某种标的资产的权利,但其所有者没有义务行使这一权利。因此,期权所有者可以根据是否有利来决定是否执行期权所赋予的权利。根据标的资产的不同,有各种不同的期权,如股票期权、外汇期权、股票指数期权等。

尽管期权交易的历史可以追溯到很久以前,但由于交易规范化和如何有效地确定期权的交易价格这两大难题未能得到很好的解决,所以其交易量和交易品种一直局限在一个很小的范围内。1973 年 4 月 26 日,芝加哥期权交易所(Chicago Board Option Exchange,CBOE)正式挂牌,为期权交易提供了规范化的交易场地和交易规则。同年,Black 和 Scholes 提出了他们的期权定价模型,解决了欧式期权定价的难题,为一般期权的定价提供了切实可行的工具。期权交易所的建立和期权定价模型的提出,为期权交易的发展打下了坚实的基础。目前,期权已成为世界上交易数额最大、范围最广的一类金融工具。除明确冠以"期权"(如股票期权、外汇期权等)的各种金融工具外,可转换债券、可转换优先股、认股权证等企业筹资工具都具有明显的期权性质,因此可以利用期权定价模型来分析它们的价值。在公司金融中,期权理论还被广泛应用于资本预算、资本结构分析、高管激励等多个领域。

4.有效市场假说(Efficient Markets Hypothesis)

有效市场的效率是指资产的市场价格对可以影响价格变化的有关信息的反应速度。如果资产的市场价格对各种导致价格变化的信息可以迅速做出反应,市场就是有效市场;反之,市场就不是有效市场。Eugene Fama 是在有效市场假说方面做出重大贡献的学者之一,也是这一假说的坚定拥护者。1970 年,Fama 在他的论文中根据历史价格信息、公开信息和所有信息对股票价格的不同影响,将市场的效率分为弱有效、半强(中)有效和强有效三个层次,并做了深入的讨论。根据有效市场假说,如果市场是有效的,将没有任何方法可以使投资者始终如一地在市场上获得超额利润。这一假说成立与否,对投资者的证券投资行为和收益具有重大的影响,同时也对企业的各种财务决策产生重大影响。比如,如果市场是强有效的,证券的市场价格已经完全反映了所有的信息,则证券价格就是其价值的最好反映。这时,企业可以随时在市场上用任何一种金融工具进行融资,而不必担心因证券的定价失误影响自己的筹资成本。相反,如果市场不是强有效的,就可能存在证券的定价错误,企业就需要考虑目前自己的股票和债券是否被合理地定价,进而考虑应该选择什么样的金融工具进行融资,以降低筹资成本。

5.代理理论(Agency Theory)

在关于企业性质的讨论中,企业可以被看作一个"契约关系"的集合。这种契约关系,在一定程度上也就是一系列委托代理关系的体现。股东作为企业的所有者,委托企业的经营者代为经营管理企业,从而形成股东与经营者之间的委托代理关系;债权人将资金投入企业后,在很大程度上就失去了对资金的控制权,由股东及其代理人——企业的经营者决定资金的使用,从而形成债权人与股东之间的委托代理关系。由于委托人与代理人的利益不一致,代理人为追求自身利益的最大化,可能会偏离甚至损害委托人的利益。为了防止这种现象的发生,减少损失,委托人要对代理人进行必要的监督与约束,从而形成了代理成本。不同的筹资方式,不同的公司治理结构,会有不同的代理成本。代理理论就是要研究不同筹资方式和不同资本结构的代理成本的高低,以及如何降低代理成本,提高公司价值等问题。

6.信息不对称(Asymmetric Information)

企业的经营者由于掌握着企业的实际控制权,并了解公司的各种相关信息,被称为公司的内部人。公司的股东、债权人等投资者,相对于公司管理层来讲,对公司的信息了解非常有限,被称为公司的外部人。公司内外部人之间存在着信息的不对称,这种信息不对称会造成对公司价值的不同判断。为了更多地了解公司的实际状况,公司外部人除了通过财务报表了解公司经营状况外,还要通过公司的利润分配、资金筹措等活动了解公司的经营状况。因此,公司的利润分配、资金筹措等活动除了其本身固有的作用外,还具有信息传递的作用。投资者对上述活动隐含的信息的理解,将对公司股票的市场价格产生重大影响。因此,公司决策人员必须认真考虑上述决策所产生的信息传递作用及其影响。

信息不对称不仅影响投资者对企业价值的判断,也会影响股东对公司管理人员业绩的评价。长期以来,人们都是根据公开财务报表提供的数据计算的净利润、每股收益或净资产收益率和企业的市场价值来衡量公司的业绩。一方面,由于财务报表的编制具有相当的弹性,这使得管理者和股东之间存在着信息不对称,仅凭报表业绩决定经营者的实际工作绩效和报酬很可能不恰当。另一方面,股票价格的变化受到多种因素的影响,其中一些因素是管理者无法控制的,因此,完全将管理者的报酬与股票价格挂钩也不一定是一种高效率的管理方法。在某种程度上,这还可能会加大公司管理人员所承担的风险,导致其行为偏离股东财富最大化的方向。

总之,信息不对称问题的存在,一方面使得股东难以了解企业的真正经营业绩,从而难以确定管理者的合理报酬;另一方面,这种不对称又会影响管理者进行正确的决策。例如,如果一项投资有利于企业的长期利益,但在短期内会影响企业的利润,而财务评价指标不能准确地将这一信息传递给股东,管理者出于自身利益的考虑可能会放弃投资。因此,企业迫切需要一些新的财务评价方法和评价指标来确定企业的经营业绩。20 世纪 90 年代以来在美国逐渐应用的经济增加值(Economic Value Added,EVA)和修正的经济增加值(REVA)指标就是在这一背景下产生的新的衡量企业业绩的财务指标。经济增加值指标是公司经过调整的营业净利润(NOPAT)减去该公司现有资产经济价值的机会成本后的余额,其公式为:

$$EVA = NOPAT - K_w \times NA$$

式中:K_w 表示企业的加权平均资本成本;NA 表示公司资产期初的经济价值;NOPAT 是以报告期营业净利润为基础,经过一系列调整后得到的营业净利润。

7.行为公司金融

自 20 世纪 90 年代以来,随着行为经济学,尤其是行为金融学的发展,人们逐渐开始从新的角度研究公司金融领域的问题,并取得了新颖的成果。在行为金融的框架下,人们突破了新古典经济学和金融学关于理性人假说的局限,以新的视角来审视公司金融问题。行为公司金融认为:一方面,企业经理人的决策受其心理因素的影响,导致企业的投融资活动偏离股东价值最大化的目标;另一方面,投资者的决策也受心理因素的影响,可能对企业的价值做出错误的评估。首先,行为公司金融认为,经理人不是完全理性的,即使其本人具有和股东一致的目标,他的决策仍然有可能损害股东利益。在公司股利政策方面,Benartzai、Michaely 和 Thaler(1997)的研究显示,公司分红并不像传统理论认为的那样,是公司未来盈利能力的信号。相反,分红常常反映了公司的历史业绩,而这与经理人的过度自信有关。在对公司并购的研究中,Roll(1986)的研究表明大量并购是由经理人的过度自信(Over Confidence)引起的。与此有关的是公司现金存量和多元化战略对公司价值的影响。一些研究表明,具备大量现金或实施多元化战略的公司,其股票存在折价现象(Harford,1999;Lins 和 Servaes,1999)。Barberis 和 Shleifer(2003)构造的行为金融模型对这些令人费解的现象做出了解释:经理人的过度自信促使公司实行并购,大量现金使这一战略易于实施,从而实现多元化经营。而经理人过度自信导致的并购常常会损害股东利益。其次,新古典金融学理论假设金融市场是有效的,投资者能正确判断公司行为对公司价值的影响,市场上的正确价格信号又能帮助经理人做出正确的决策。而行为金融认为,由于投资者的价值判断受心理因素影响,市场价格不一定反映企业的内在价值。最直接的例子是公司的融资行为:如果公司股价偏离其内在价值,公司的融资决策可能既不遵循融资顺序理论(Pecking-order Theory),先使用自有资金,后发债,最后募股;也不遵循权衡理论(Trade-off Theory),权衡各融资方法的利弊。经理人会在股价高估时募股,股价低估时发债,这种行为被称为市场择时(Market Timing)。Baker 和 Wurgler(2002)的研究验证了市场择时现象的存在。Loughran 和 Ritter(2002)运用行为经济学中的前最理论(Prospect Theory)对公司上市时投资者和发行人的心理进行研究,发现损失规避(Loss Aversion)能够较好地解释公司上市中的一些现象。总之,行为公司金融从经理人和投资者的"非理性"行为出发来研究和解释公司金融中存在的问题,为我们进一步了解和研究公司金融中的问题提供了新的视角与范式。

思政小课堂

深圳证券交易所上市公司社会责任指引

社会责任最大化是指在追求经济效益、保护股东利益的同时，积极从事环境保护、社区建设等公益事业，从而促进企业本身与全社会的协调、和谐发展。

知识拓展

CEO为股东的利益服务程度关系到公司的控制

CEO为股东的利益服务程度关系到公司的控制

经理会不会真正地为股东的最大利益服务，取决于两个因素：第一，管理层和股东的目标在多大程度上是一致的。这个问题至少部分和经理获取报酬的方式相关。第二，如果管理层不追求使股东利益最大化的目标，他们能不能被撤换。这个问题关系到公司的控制。有许多理由使我们相信，即使在最大的企业里，管理层都有很重要的激励以保证他们为股东的利益服务。

管理层通常有明显的经济动机去抬高股票价值，其原因有两点：第一，经理人薪酬，尤其是最高层的薪酬，通常与总体财务业绩，特别是股票价值相关联。管理者通常被给予按照较低的约定价格购买股票的选择权。股票价格越高，这个选择权越有价值。例如，2015年4月，苏州宝馨科技实业股份有限公司向其公司董事、中高层管理人员及核心骨干人员等授予956万份股票期权。事实上，期权（Option）通常被用于激励各种类型的员工，而不仅仅是高层管理者。例如，华为公司99%股票由80 000名员工持有，这一数字在2011年12月为65 596名，2012年12月为7.43万名。还有许多其他公司也都采取类似的政策。第二，经理的激励与工作前景相关。企业里表现好的管理者将会得到晋升。通常来说，那些成功地实现了股东目标的经理将会在劳务市场中有更好的需求，因此他们能要求更高的薪酬。

在一次针对美国大型企业的调查中，海风咨询公司（Hay Group）发现CEO全部薪酬（包括工资、奖金和像股票期权一样的长期激励）的中位数是14万美元。与2012年相比，一年内CEO全部薪酬提高了5.5%，企业利润中位数增长8%，股东回报中位数增长34%。另一方面，工人工资只平均上涨1.8%。可以说，舆论监督和投资者对薪酬过高的担忧已经使一些企业开始限制向最高管理者支付的薪酬。进一步的担忧是2010年多德—弗兰克法案中的薪酬话语权的规定。该规定赋予股东对CEO的薪酬方案变动投票的权利。虽然这些投票没有约束力，但其已经给那些想避免产生关于股东投票否决薪酬计划的负面影响的企业带来了压力。

虽然2013年CEO的平均薪酬增长相当适度，但许多顶尖CEO仍然获得了超高薪酬。同时，因为股市上涨，许多CEO以前获得的股票期权的价值已经大幅度升高。从更长的时间范围来看，现在的平均薪酬水平比十年前高得多，CEO薪酬随着时间发生巨大变化常常是因为股票期权的重要性更高。与此相关的是，过去几年里，少部分CEO公开声明他们将只拿1美元工资引起关注，最近的研究发现这些企业的股东并没有因此获得特别好的收益，倒是CEO的全部薪酬并没有降低，因为他们转向以股票和股票期权的形式获得薪酬。研究表明，这些管理者声明只拿1美元工资的主要原因是，在薪酬计划里使用掩饰的手法，从而避免公众对他们过高的私人利益感到愤怒。股票期权有力地激励CEO提高公司的股价,事实上,大部分观察家相信CEO薪酬机制与股价表现有很强的因果关系。

其他评论家认为CEO薪酬的总体水平确实太高了。评论家提出这些问题:如果只给这些CEO一半数量的股票期权,他们会不愿意接受这份工作吗?他们会懈怠以致公司股价不会升高得这么快吗?这很难说。

其他的评论家感叹行使股票期权不仅大幅度提高了优秀CEO的薪酬,而且也提高了一些表现平庸的CEO的薪酬。他们相当幸运,以至于即使在业绩糟糕的企业,股价也因被拉高的牛市而上升,从而得到高薪。此外,巨额CEO薪酬也正在扩大高管与中层管理者之间的薪酬差距。这不仅造成员工不满,而且降低了员工的士气和忠诚度。

如当前调查所示,朝着CEO薪酬与企业生存更协调一致的方向转变是适当的,未来还可能发生变化。但股票收益和企业财务业绩只是影响CEO薪酬的其中两个因素。同时强调管理者薪酬与企业业绩不总是密切相关。其他影响CEO薪酬的因素是企业规模(大型企业支付给CEO更多)和行业的类型(能源行业企业支付给CEO更多)。

资料来源:
[1]罗斯,威斯特菲尔德,乔丹,等.公司理财精要[M].亚洲版.北京:机械工业出版社,2016:10.
[2]布里格姆,休斯敦.财务管理[M].张敦力,杨怏,赵纯祥,等,译.原书14版.北京:机械工业出版社,2018:10.

知识演练

一、快速测试

(一)单项选择题

1.在没有通货膨胀时,( )的利率可以视为纯利率。
A.短期借款　　　　B.金融债券　　　　C.国库券　　　　D.商业汇票贴现

2.企业财务关系中最为重要的关系是( )。
A.股东与经营者之间的关系
B.股东与债权人之间的关系
C.股东、经营者、债权人之间的关系
D.企业与作为社会管理者的政府有关部门、社会公众之间的关系

3.公司金融目标是企业价值或股东财富最大化。反映公司金融目标实现程度的是( )。
A.利润多少　　　　　　　　　B.每股盈余大小
C.每股股利大小　　　　　　　D.股价高低

4.下列各项中,属于企业投资引起的财务活动有( )。
A.偿还借款　　　　B.购买国库券　　　　C.支付利息　　　　D.利用商业信用

5.假定甲公司向乙公司赊销产品,并持有丙公司债券和丁公司的股票,且向戊公司支付公司债利息。假定不考虑其他条件,从甲公司的角度看,下列各项中属于本企业与债权人之间财务关系的是( )。
A.甲公司与乙公司之间的关系　　　　B.甲公司与丙公司之间的关系
C.甲公司与丁公司之间的关系　　　　D.甲公司与戊公司之间的关系

6.相对于每股利润最大化目标而言,企业价值最大化目标的不足之处是(　　)。
A.没有考虑资金的时间价值　　　　　　B.没有考虑投资的风险价值
C.不能反映企业潜在的获利能力　　　　D.不能直接反映企业当前的获利水平

7.从公司金融来看,公司企业与非公司企业的区别在于(　　)。
A.非公司企业需要承担无限责任　　　　B.组织形式不同
C.出资方式不同　　　　　　　　　　　D.管理方式不同

8.下列各项中,不属于企业经济环境的是(　　)。
A.经济发展状况　　B.经济政策　　　C.通货膨胀　　　　D.企业理财能力

9.下列各项中,不属于风险报酬率的是(　　)。
A.通货膨胀补偿率　　　　　　　　　　B.违约风险报酬率
C.流动性风险报酬率　　　　　　　　　D.期限性风险报酬率

10.下列说法中,不正确的是(　　)。
A.财务预测是财务决策的基础　　　　　B.财务预测是公司金融的核心
C.财务预测是编制财务计划的前提　　　D.财务预测是组织日常财务活动的必要条件

(二)多项选择题

1.下列关于现金流转的表述中,正确的有(　　)。
A.任何企业要迅速扩大经营规模都会遇到现金短缺问题
B.亏损额小于折旧额的企业只要能在固定资产重置时从外部借到现金,就可以维持现有局面
C.亏损额大于折旧额的企业如不能在短期内扭亏为盈,应尽快关闭
D.企业可以通过短期借款解决通货膨胀造成的现金流转不平衡问题

2.下列各项因素中,能够影响无风险报酬率的有(　　)。
A.平均资金利润率　　　　　　　　　　B.资金供求关系
C.国家宏观调控　　　　　　　　　　　D.预期通货膨胀率

3.以利润最大化作为公司金融目标的缺陷有(　　)。
A.没有考虑资金时间价值　　　　　　　B.没有考虑风险因素
C.只考虑近期收益而没有考虑远期收益　D.没有考虑投入资本和获利之间的关系

4.公司金融十分重视股价的高低。其原因是股价(　　)。
A.代表了投资大众对公司价值的客观评价
B.反映了资本和获利之间的关系
C.反映了每股盈余大小和取得时间
D.受企业风险大小影响,反映每股盈余的风险

5.在不存在通货膨胀的情况下,利率的组成因素包括(　　)。
A.纯利率　　　　　　　　　　　　　　B.违约风险附加率
C.流动性风险附加率　　　　　　　　　D.期限风险附加率

6.纯利率的高低受(　　)影响。
A.通货膨胀　　　　B.资金供求关系　　C.平均利润率　　　D.国家调节

7.关于金融市场的说法,正确的有(　　)。
A.金融市场是指资金筹集的场所　　　　B.广义金融市场包括实物资本和货币资本流转
C.狭义金融市场一般指有价证券市场　　D.金融市场利率变动反映资金供求状况

8.影响企业现金流转的外部原因包括（　　）。
A.市场的季节性变化　　　　　　　B.经济的波动
C.通货膨胀　　　　　　　　　　　D.竞争
9.每股盈余最大化和利润最大化作为企业的公司金融目标的共同缺陷有（　　）。
A.没有考虑时间性　　　　　　　　B.没有考虑风险性
C.没有考虑投入和产出关系　　　　D.不具现实意义
10.企业的目标是生存、发展和获利。企业的这些目标要求公司金融完成（　　）任务。
A.筹措资金　　　　　　　　　　　B.有效地投放资金
C.使用资金　　　　　　　　　　　D.盈利

（三）判断题
1.金融市场按照交割的时间划分为短期资金市场和长期资金市场。　　　　（　　）
2.股东的财富要看盈利总额，而不是投资报酬率。　　　　　　　　　　　（　　）
3.对于股份有限公司而言，其股票价格代表了企业的价值。　　　　　　　（　　）
4.股东创办企业的目的是扩大财富。企业价值最大化就是股东财富最大化。（　　）
5.企业的目标决定了公司金融的内容和职能，以及它所使用的概念和方法。（　　）
6.由于未来金融市场的利率难以准确地预测，因此，公司金融人员不得不合理搭配长短期资金来源以使企业适应任何利率环境。　　　　　　　　　　　　　　　　　　　（　　）
7.任何要迅速扩大经营规模的企业都会遇到相当严重的现金短缺情况。　　（　　）
8.增加营运资本投资有利于增加股东财富。　　　　　　　　　　　　　　（　　）

二、实训

思考讨论题

1.什么是财务关系？企业中有哪些财务关系？
2.影响企业公司金融的环境因素有哪些？
3.公司有时候会投资一些不能直接为公司产生利润的项目，如IBM和美孚石油经常赞助一些电视公共广播事业。这些项目与股东财富最大化的目标相悖吗？为什么？
4.什么是金融市场？它具有什么功能？
5.公司的运营是要严格地遵从股东利益最大化这一原则，还是同时也要考虑其员工、顾客和所在社区的福利？

第二章

公司金融价值衡量理念

> **学习目标与要求**

资金时间价值与风险价值是公司金融活动的重要原则,是公司金融价值衡量的基本理念。企业不管是进行公司金融工作,还是进行筹资或投资的理财活动,都必须树立资金时间价值观念与风险价值观念。该部分内容是后续各章学习的理论基础。

通过本章的学习,应达到以下目标与要求:

了解资金时间价值的含义;

理解现值、终值、年金、名义利率与实际利率等基本概念;

掌握资金时间价值的计算原理;

理解风险的概念和种类、风险与报酬的关系;

能够运用资金时间价值计量原理与方法对企业财务活动中资金和现金流量的时间价值进行计算、分析与比较;

能够运用风险与风险价值计量方法对企业经济活动中投资项目风险程度、风险报酬进行计算、分析与评价。

> **案例导入**

公元1797年,拿破仑参观卢森堡第一国立小学的时候,向该校赠送了一束价值3个路易的玫瑰花。拿破仑宣称,玫瑰花是两国友谊的象征,为了表达法兰西共和国爱好和平的诚意,只要法兰西共和国存在一天,他将每年向该校赠送一束同样价值的玫瑰花。当然,由于年年征战,拿破仑并没有履行他的诺言。但历史前进的脚步一刻也不曾停息,转眼间已近一个世纪的时光。公元1894年,卢森堡大公国郑重向法国政府致函:要求法国政府在拿破仑的声誉和1 375 596法郎中,选择其一,进行赔偿。这就是著名的"玫瑰花悬案"。其中,这高达百万法郎的巨款,就是3路易的本金(当时1路易约等于20法郎),以5%的年利率,在97年的货币时间价值作用下的产物。当然,最后法国政府站在了诚信一边,保证"法国将始终不渝地对卢森堡大公国的中小学教育事业予以支持与赞助,来兑现我们的拿破仑将军那一诺千金的'玫瑰花'的信誓"。

神奇的"玫瑰花悬案"深刻地验证了资金具有时间价值。资金时间价值如何计算,投资风险价值的计量是本章学习的重要内容。

资料来源:《数学大世界(下旬)》2020年第06期。

第一节 资金的时间价值衡量理念

一、资金时间价值的含义

资金时间价值又称货币时间价值,是指资金经过一段时间的投资和再投资所带来的价值差额或增加的价值。如不考虑风险的国债利率就是资金时间价值的体现,而人们若拿着钱去买食品或私藏就无此价值。

商品经济社会客观存在一种经济现象,即现在的1元钱和一年后的1元钱的经济价值不相等或经济效用不同。现在的1元钱比一年后的1元钱的经济价值要大。其原因是资金的使用者把资金投入生产经营以后,劳动者凭借其生产出新的产品创造出新的价值,实现了价值的增值。资金周转的时间越长,周转的次数越多,实现的价值增值也就越大。

二、资金时间价值的实质

西方经济学者对资金的时间价值的来源提出了自己的观点,认为资金的时间价值主要是由于流动偏好、消费倾向、边际效用等心理因素造成高估现在资金的价值,而低估未来的资金价值。西方经济学者对资金的时间价值持有的理论观点主要有时间利息论、流动偏好论、节欲论。这些西方经济学者的观点只解释了资金时间价值的表面现象,没有揭示其经济实质。

马克思真正揭示了资金时间价值的实质。他认为,如果把货币贮藏起来是不会带来价值的增值的,货币只有当作资本投入生产和流通后才能带来增值。可见,资金的时间价值来源于生产和流通。不仅如此,马克思还进一步指出资金时间价值的表现形式有两种:一是绝对数,是资金在生产经营中带来的价值的增值额,即一定数额的资金与时间价值率的乘积;二是相对数,资金的时间价值是在没有通货膨胀和风险条件下的社会平均利润率。

三、资金时间价值的计量

1. 一次性收付款项终值和现值的计算

一次性收付款项是指在某一特定时点上一次性支付或收取,经过一段时间后再相应地一次性收取或支付的款项。终值又称将来值,是现在一定量现金在未来某一时点上的价值,俗称本利和。现值又称本金,是未来某一时点上的一定量现金折合到现在的价值。例如,某人年初存入银行定期存款100元,年利率为10%。该笔存款年末取出时为110元。这个就属于一次性收付款项。一年后的本利和110元即终值。一年后的110元折合到现在的价值是100元,这100元即现值。

(1) 单利终值和现值的计算。单利是指只对本金计息,所生利息不加入本金计息的一种计息方式。单利终值的一般计算公式为:

$$F = P + P \times i \times n = P(1 + i \times n)$$

式中:P为现值,即0年(第一年年初)的价值;F为终值,即n年年末的价值;i为利率;n为计息期数。

单利现值的计算与单利终值的计算是互逆的。由终值求现值称为贴现。单利现值的一般计算公式为:

$$P = F / (1 - i \times n)$$

(2) 复利终值和现值的计算。复利是指不仅对本金计息,所生利息也要加入本金一起计息的一种计息方式。复利的终值是一定量的本金按复利计算若干期后的本利和。复利终值的一般计算公式为:

$$F = P \times (1 + i)^n$$

式中:P为现值,即0年(第一年年初)的价值;F为终值,即n年年末的价值;i为计息期。

复利现值是复利终值的逆运算,是今后某一特定时间收到或付出的一笔款项,按折现率所计算的现在时点价值。其计算公式为:

$$P = F \times (1 + i)^{-n}$$

上式中的$(1+i)^n$和$(1+i)^{-n}$分别为复利终值系数和复利现值系数,分别用符号$(F/P, i, n)$和$(P/F, i, n)$表示。其数值可以查阅复利终值系数表和复利现值系数表求得(见本书附表)。

【例2-1】 王先生在银行存入5年期定期存款20 000元,年利率为7%。5年后的本利和计算如下:

$$20\,000 \times (1 + 7\%)^5 = 20\,000 \times 1.402\,6 = 28\,052 \text{ 元}$$

【例2-2】 某项投资4年后可得收益40 000元,若年利率为6%,则其现值计算如下:

$$40\,000 \times (1 + 7\%)^{-4} = 40\,000 \times 0.792\,1 = 31\,684 \text{ 元}$$

2. 年金终值和现值的计算

年金是指在相同的时间内以相等的金额收付的系列款项,通常用A表示。年金的形式多种多样,如折旧、租金、利息、保险金、养老金、等额分期收款、等额分期付款、零存整取或整存零取储蓄等。

年金按其每次收付发生的时点不同可分为普通年金、即付年金、递延年金、永续年金等几种。每期期末收付的年金称为普通年金或后付年金;每期期初收付的年金称为即付年金或预付年金或先付年金;距今若干期以后发生的每期期末收付的年金称为递延年金;无限期连续收付的年金称为永续年金。

(1)普通年金终值和现值的计算。普通年金又称后付年金,是指一定时期每期期末等额的系列收付款项。普通年金终值犹如零存整取的本利和,是一定时期内每期期末收付款项的复利终值之和。其计算方法如图 2-1 所示。

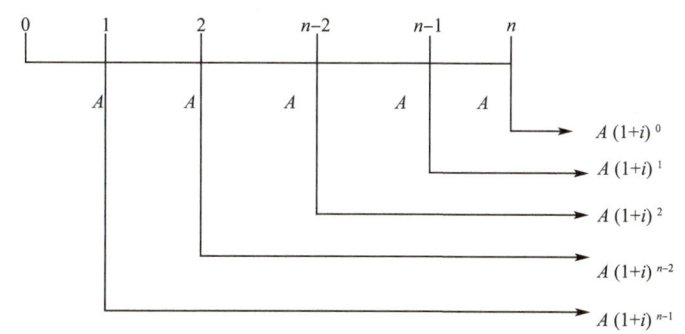

图 2-1 普通年金终值计算

其公式为:

$$F = A \times [(1+i)^n - 1]/i = A \times (F/A, i, n)$$

式中:F 为普通年金终值;A 为年金;i 为利率;n 为期数;方括号中的数值通常称为年金值系数,记作$(F/A, i, n)$,可直接查阅年金终值系数表得到(见本书附表)。

【例 2-3】 某人于每年年末存入银行 10 000 元,连存 5 年,年利率为 10%,则 5 年期满后,该人可得本利和计算如下:

第 5 年年末的终值 = 10 000 × (1+10%)^0 = 10 000 元
第 4 年年末的终值 = 10 000 × (1+10%)^1 = 11 000 元
第 3 年年末的终值 = 10 000 × (1+10%)^2 = 12 100 元
第 2 年年末的终值 = 10 000 × (1+10%)^3 = 13 310 元
第 1 年年末的终值 = 10 000 × (1+10%)^4 = 14 641 元
5 年期后可得本利和为 61 051 元。

或直接按普通年金终值计算公式计算:
5 年期后可得本利和 = 10 000 × [(1+10%)^5 - 1]/10% = 10 000 × 6.105 1 = 61 051 元

普通年金现值是一定时期内每期期末收付款项的复利现值之和。其计算方法如图 2-2 所示。

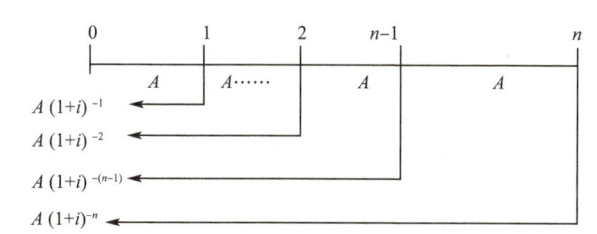

图 2-2 普通现金现值计算

其公式为:

$$P = A \times [1 - (1+i)^{-n}]/i = A \times (P/A, i, n)$$

式中:P 为普通年金现值;i 为折现率;n 为期限;$[1-(1+i)^{-n}]/i$ 方括号中的数值通常称为年金现值系数,记作$(P/A, i, n)$,可直接查阅年金现值系数表得到(见本书附表)。

▶【例 2-4】 某企业出租一项资产,期限为 5 年,于每年年末收到租金 10 000 元。若按年利率 10% 计算,则该企业所收租金的现值计算如下:

第 1 年租金的现值 = 10 000 × [1 ÷ (1+10%)^1] = 9 091 元
第 2 年租金的现值 = 10 000 × [1 ÷ (1+10%)^2] = 8 265 元
第 3 年租金的现值 = 10 000 × [1 ÷ (1+10%)^3] = 7 513 元
第 4 年租金的现值 = 10 000 × [1 ÷ (1+10%)^4] = 6 830 元
第 5 年租金的现值 = 10 000 × [1 ÷ (1+10%)^5] = 6 209 元

该企业 5 年租金的总现值为 37 908 元。

或直接按普通年金现值计算公式计算:

5 年租金的现值 = 10 000 × [1−(1+10%)$^{-5}$]/10% = 10 000 × 3.790 8 = 37 908 元

▶【例 2-5】 某投资项目当年动工,当年投产。该投资项目从投产之日起每年可得收益 40 000 元。按年利率 6% 计算,则预期 10 年的收益现值计算如下:

40 000 × [1−(1+6%)$^{-10}$] = 40 000 × 7.360 1 = 294 404 元

(2) 即付年金终值和现值的计算。即付年金终值是指每期期初收付的年金未来总价值,即各期期初收付款项的复利终值之和。

即付年金终值的计算公式为:

$$F = A \times \left[\frac{(1+i)^{n+1}-1}{i}\right] - 1$$

式中:$\left[\frac{(1+i)^{n+1}-1}{i}-1\right]$ 是即付年金终值系数。它是在普通年金终值系数 $[(1+i)^n-1]/i$ 的基础上,期数加 1,系数减 1 所得的结果,通常记作 $[(F/A,i,n+1)-1]$。通过查阅年金终值系数表可得 $n+1$ 期的值,然后减去 1,便可得到对应的即付年金系数的值。

▶【例 2-6】 某企业连续 6 年于每年年初存入银行 30 000 元。若银行存款利率为 5%,则该企业在第 6 年年末能一次取出多少本利和?

$F = A[(F/A,i,n+1)-1] = 30\,000 \times [(F/A,5\%,7)-1]$
$= 30\,000 \times (8.142\,0-1) = 214\,260$ 元

即付年金现值是各期期初收付款项的复利之和。其计算公式为:

$$P = A \times \left[\frac{1-(1+i)^{-(n-1)}}{i} + 1\right]$$

式中:$\left[\frac{1-(1+i)^{-(n-1)}}{i}+1\right]$ 是即付年金现值系数。它是在普通年金现值系数 $[1-(1+i)^{-n}]/i$ 的基础上,期数减 1,系数加 1 所得的结果,通常记作 $[(P/A,i,n-1)+1]$。通过查阅年金现值系数表可得 $n-1$ 期的值,然后加上 1,便可得到对应的即付年金现值系数的值。

▶【例 2-7】 某公司租用一台生产设备,租期为 5 年,于每年年初支付租金 20 000 元,年利率为 8%,那么 5 年租金的现值是多少?

$P = A[(P/A,i,n-1)+1] = 20\,000 \times [(P/A,8\%,4)+1]$
$= 20\,000 \times (3.312\,1+1) = 86\,242$ 元

(3) 递延年金终值和现值的计算。递延年金是指第一次收付发生在第二期或若干期以后的年金。递延年金是普通年金的特殊形式。很显然,递延年金终值与递延期无关,其计算与普

通年金相同。但递延年金现值的计算由于有递延期而与普通年金不同,一般有以下三种计算方法:

①假设递延期也有年金支付,先求出递延期 m 和年金期 n 的合计期的年金现值,再减去递延期 m 的年金现值。其计算公式为:

$$P = A(P/A, i, m+n) - A(P/A, i, m)$$

②先把递延年金视为普通年金,求出其至递延期初的现值,再将其现值换算成第一期期初的现值。前者按普通年金现值 n 期计算,后者按复利现值 m 期计算。其计算公式为:

$$P = A(P/A, i, n)(P/F, i, m)$$

③先把递延年金视为普通年金,求出其终值,再将该终值换算为第一期的现值。前者按普通年金 n 期计算,后者按复利现值 $m+n$ 期计算。其计算公式为:

$$P = A(F/A, i, n)(P/F, i, m+n)$$

【例 2-8】 某企业向银行借入一笔资金,年利率为 10%,5 年后开始,分 5 年于每年年末向银行偿付本息 10 000 元。那么,该笔借款的现值是多少?

$$\begin{aligned} P &= A(P/A, i, n)(P/F, i, m) = 10\,000 \times (P/A, 10\%, 5) \times (P/F, 10\%, 5) \\ &= 10\,000 \times 3.790\,8 \times 0.620\,9 = 23\,537.08 \text{ 元} \end{aligned}$$

(4)永续年金现值的计算。永续年金是指无限期收付的年金,如无限期债券、奖学金、优先股股利等。

永续年金没有终值,只有现值。其现值的计算公式为:

$$P = A \times \frac{1}{i}$$

【例 2-9】 某 7 人想设立高校奖学金,每年年末拿出 100 000 元用于对优秀生进行奖励。若年利率为 10%,那么这些人现在应向银行存入多少钱?

$$P = 100\,000 \times \frac{1}{10\%} = 1\,000\,000 \text{ 元}$$

3. 不等额系列收付款项终值和现值的计算

人们在实际经济活动中会经常遇到每次收付的款项不相等的情况,这时就不能直接利用年金的终值和现值计算,而必须计算这些不等额收付款项的终值或现值之和。

不等额收付款项终值的计算公式为:

$$F = \sum_{t=0}^{n} P_i (1+i)^t$$

不等额收付款项现值的计算公式为:

$$P = \sum_{t=0}^{n} F_i \frac{1}{(1+i)^t}$$

【例 2-10】 某企业有一项投资,5 年的投资收益分别为 2 000 元、3 000 元、4 000 元、5 000 元、6 000 元。若投资报酬率为 8%,则各年收益的现值之和是多少?

$$\begin{aligned} P &= 2\,000 \times (P/F, 8\%, 1) + 3\,000 \times (P/F, 8\%, 2) + 4\,000 \times (P/F, 8\%, 3) + 5\,000 \times \\ & \quad (P/F, 8\%, 4) + 6\,000 \times (P/F, 8\%, 5) \\ &= 2\,000 \times 0.925\,9 + 3\,000 \times 0.857\,3 + 4\,000 \times 0.793\,8 + 5\,000 \times 0.735\,0 + 6\,000 \times 0.680\,6 \\ &= 15\,357.5 \text{ 元} \end{aligned}$$

四、资金时间价值计算的特殊问题

(一)贴现率、期数的计算

在实际财务工作中,会碰到已知现值和终值,需要求贴现率,或者投资回收期的问题,这些情况都可视为求终值或现值的逆运算,通常分为三个步骤来计算:

第一步,求系数;

第二步,查表;

第三步,运用插值法求贴现率或者计息期。

▶【例2-11】 某人投资10万元,预计每年可获得25 000元的回报,若项目的寿命期为5年,则投资回报率为多少?

第一步:求系数。

$$10=2.5\times(P/A,i,5)$$

第二步:查表。查年金现值系数表,找出期限为5年,年金现值系数大于4和小于4所对应的利率:

7% 4.100 2
8% 3.992 7

第三步:运用插值法求投资回报率。

7% 4.100 2
I 4
8% 3.992 7

根据贴现率和年金现值系数之间的关系可列方程式:

$$\frac{i-7\%}{8\%-7\%}=\frac{4-4.100\ 2}{3.992\ 7-4.100\ 2}$$

解得:$i=7.93\%$

▶【例2-12】 某人投资10万元,每年可获得25 000的回报,若希望投资回报率达到6%,该项目的寿命期应为多少?

第一步:求系数。

$$10=2.5\times(P/A,6\%,n)$$
$$(P/A,6\%,n)=4$$

第二步:查表。查年金现值系数表,找出利率为6%时,年金现值系数大于4和小于4所对应的期限:

4 3.465 1
5 4.212 4

第三步:运用插值法求计息期。

4 3.465 1
n 4
5 4.212 4

根据贴现率和年金现值系数之间的关系可列方程式:

$$\frac{n-4}{5-4}=\frac{4-3.465\ 1}{4.212\ 4-3.465\ 1}$$

解得:$n=4.72$ 年

(二)名义利率和实际利率

1.计息期短于1年的资金时间价值计算

在前面的复利计算中,所涉及的利率均假设为年利率,并且每年复利一次。但在实际业务中,复利的计算期不一定是1年,可以是半年、1季、1月或1天复利一次。当利息1年内要复利几次时,给出的年利率称为名义利率,用 r 表示。根据名义利率计算出的年复利一次的年利率称为实际利率,用 i 表示。实际利率和名义利率之间的关系如下:

$$i=(1+r/m)V_m-1$$

式中:m 表示每年复利的次数。

【例 2-13】 某人现存入银行10 000元,年利率为5%,每季度复利一次。要求:计算2年后此人能取得的本利和。

(1)先根据名义利率与实际利率的关系,将名义利率折算成实际利率。

$$i=(1+r/m)^m-1=(1+5\%/4)^4-1=5.09\%$$

再按实际利率计算资金的时间价值。

$$F=P\times(1+i)^n=10\,000\times(1+5.09\%)^2=11\,043.91\text{ 元}$$

(2)将已知的年利率 r 折算成期利率 r/m,期数变为 $m\times n$。

$$F=P\times\left(1+\frac{r}{m}\right)^{m\times n}=10\,000\times\left(1+\frac{5\%}{4}\right)^{4\times 2}=11\,044.86\text{ 元}$$

2.通货膨胀情况下的名义利率与实际利率

名义利率是央行或其他提供资金借贷的机构所公布的未调整通货膨胀因素的利率,即包括补偿通货膨胀(或通货紧缩)风险的利率。

实际利率是指剔除通货膨胀率后储户或投资者得到利息回报的真实利率。

两者之间的换算公式:

1+名义利率=(1+实际利率)×(1+通货膨胀率)

实际利率=(1+名义利率)/(1+通货膨胀率)-1

【例 2-14】 某商业银行1年期存款年利率为4%,假设通货膨胀率为2%,则实际利率为多少?

实际利率=(1+4%)/(1+2%)-1=1.96%

第二节 资金的风险价值衡量理念

一、收益与收益率

(一)收益与收益率的含义

收益又称报酬,一般是指初始投资的价值增量。

收益可以用利润来表示,也可以用现金净流量来表示,这些都是绝对数指标。在实务中,企业利用更多的是相对数指标,即收益率或报酬率。

收益率又称报酬率,是衡量企业收益大小的相对数指标,是收益和投资额之比。

(二)收益率的类型

1.名义收益率

对名义收益率有三种理解:

一是指名义收益率是票面收益率,比如债券的票面利率、借款协议的利率、优先股的股利率等。这时的名义收益率是指在合同中或票面中标明的收益率。

二是按惯例,一般给定的收益率是年利率,但计息周期可能是半年、季度、月甚至日。因此,如果以年为基本计息期,给定的年利率就是名义利率或名义收益率;如果一年复利计息一次,名义收益率就等于实际收益率;如果按照短于一年的计息期计算复利,则实际收益率与名义收益率不同。

三是在存在通货膨胀的情况下,名义收益率是实际收益率与通货膨胀补偿率之和。

2.预期收益率

预期收益率是指在不确定条件下,预测的某种资产未来可能实现的收益率。

3.实际收益率

实际收益率是指已经实现或确定可以实现的资产收益率。若存在通货膨胀时,还应当扣除通货膨胀率的影响,才是真实的收益率。

4.必要收益率

即最低必要报酬率或最低要求的收益率,是指投资者对某资产合理要求的最低收益率。

必要收益率＝无风险收益率＋风险收益率
　　　　　＝纯粹利率(资金的时间价值)＋通货膨胀补偿率＋风险收益率

5.无风险收益率

无风险收益率是在没有风险状态下的投资报酬率。在不考虑通货膨胀的情况下,即为资金的时间价值。无风险报酬率具有预期报酬的确定性,与投资时间的长短有关,一般可用政府债券利率或存款利率表示。

6.风险收益率

风险收益率是超过资金时间价值的额外报酬,具有预期报酬的不确定性,与风险程度和风险报酬系数有关,并成正比关系。

二、资金的风险价值

(一)风险的定义

从财务的角度,风险是指未来收益的不确定性,这种不确定性表现为未来收益与预期收益的偏离。

(二)风险的种类

1.按风险是否能分散分为系统性风险和非系统性风险。

系统性风险也称市场风险、不可分散风险,是指由影响所有企业的因素导致的风险,如利率风险、通货膨胀风险、市场风险、政治风险等。

非系统性风险也称公司特有风险、可分散风险,是指发生于某个行业或个别企业的特有事件造成的风险,如信用风险、财务风险、经营风险等。

2. 按风险形成来源分为经营风险和财务风险。

经营风险是由于企业生产经营条件的变化对企业收益带来的不确定性,又称商业风险。经营风险的影响因素主要有产品需求、产品售价、产品成本和固定成本的比重。

财务风险是由于企业举债而给财务成果带来的不确定性,也称筹资风险。财务风险的影响因素主要有资金供求关系的变化、利率水平的变化、获利能力的变化和资金结构的变化。

(三)风险价值

资金的风险价值又称投资的风险价值或投资的风险收益或报酬,是指投资者由于冒风险进行投资而获得的超过资金时间价值的额外收益。

资金的风险价值有两种表示方法:风险收益额和风险收益率。风险收益额是指投资者由于冒风险进行投资而获得的超过资金时间价值的额外收益。风险收益率是指风险收益额对投资额的比率。在实际工作中,一般以风险收益率表示资金的风险价值。

在不考虑通货膨胀的情况下,资金投资收益率包括两部分:一部分是无风险收益率,即资金的时间价值;另一部分是风险收益率,即资金的风险价值。其计算公式为:

$$投资收益率(K) = 无风险投资收益率(R_F) + 风险投资收益率(R_R)$$

风险是客观存在的,且其收益具有不易计量的特性。人们要计算风险收益,就必须利用概率论的方法按未来年度预期收益的平均偏离程度来进行估量。

三、资金风险价值的计量

(一)概率

概率是指随机事件发生的结果具有的不确定性。概率通常用 P_i 表示。它具有以下几个特点:

(1)任何事件的概率不大于1,不小于0,即

$$0 \leqslant P_i \leqslant 1$$

(2)所有可能结果的概率之和等于1,即

$$\sum_{i=1}^{n} P_i = 1$$

(3)必然事件的概率等于1,不可能事件的概率等于0。

例如,某公司利润增加的可能性有60%,减少的可能性有40%,则其概率分布见表2-1。

表 2-1　　　　　　　　　　某公司利润增加的概率分布表

可能出现的结果(i)	概率(P_i)
利润增加	0.6
利润减少	0.4
合计	1

(二)预期收益

根据某一事件的概率分布情况,人们可以计算出预期收益。预期收益又称收益期望值或均值,是指某一投资方案未来收益的各种可能结果,用概率为权数计算出来的加权平均数。其计算公式为:

$$\overline{E} = \sum_{i=1}^{n} X_i P_i$$

式中:$\overline{E}$ 表示预期收益;X_i 表示第 i 种可能结果的收益;P_i 表示第 i 种可能结果的概率;n 表示可能结果的个数。

【例 2-15】 某企业投资一项目,有甲和乙两个方案,投资额均为 40 000 元。其收益的概率见表 2-2。

表 2-2　　　　　　　　甲、乙两方案的投资收益及概率分布　　　　　　　　单位:元

经济情况	概率(P_i)	收益额(随机变量 X_i)	
		甲方案	乙方案
繁荣	0.20	4 000	7 000
一般	0.50	2 000	2 000
较差	0.30	1 000	−1 000

根据表 2-2 的资料可分别计算甲、乙两方案的预期收益:
甲方案 $\overline{E}$ = 4 000×0.2+2 000×0.5+1 000×0.3 = 2 100 元
乙方案 $\overline{E}$ = 7 000×0.2+2 000×0.5−1 000×0.3 = 2 100 元

预期收益率是指各种可能结果的收益率按其概率加权平均计算的平均收益率。它表示在风险一定的条件下期望得到的平均收益率。其计算公式为:

$$\overline{R} = \sum_{i=1}^{n} R_i P_i$$

式中:$\overline{R}$ 表示预期收益率;R_i 表示第 i 种可能结果的收益率;P_i 表示第 i 种可能结果的概率;n 表示可能结果的个数。

【例 2-16】 承【例 2-15】,如果用预期收益率表示甲、乙两方案可能的结果(表 2-3),则其期望收益率计算如下:

表 2-3　　　　　　　　甲、乙两方案预期收益率及概率分布

经济情况	概率(P_i)	收益率(R_i)	
		甲方案	乙方案
繁荣	0.20	10%	17.5%
一般	0.50	5%	5%
较差	0.30	2.5%	−2.5%

甲方案的预期收益率 $\overline{R}$ = 0.2×10%+0.5×5%+0.3×2.5% = 5.25%
乙方案的预期收益率 $\overline{R}$ = 0.2×17.5%+0.5×5%+0.3×(−2.5%) = 5.25%

可见,甲、乙两方案预期收益和预期收益率相同。但相比之下,甲方案在不同经济环境下的预期收益(率)相对集中,而乙方案却比较分散。这说明甲方案的风险较乙方案小。甲、乙两方案的风险分布可以通过概率分布图表示,分别如图 2-3 和图 2-4 所示。

由图 2-3 和图 2-4 可知,在预期收益或预期收益率相同的情况下,投资的风险程度同概率分布有密切的关系。概率分布越集中,实际可能的结果就会越接近预期收益或预期收益率,实际收益率低于预期收益率的可能性就越小,投资的风险程度也越小;反之,概率分布越分散,投资的风险程度也就越大。

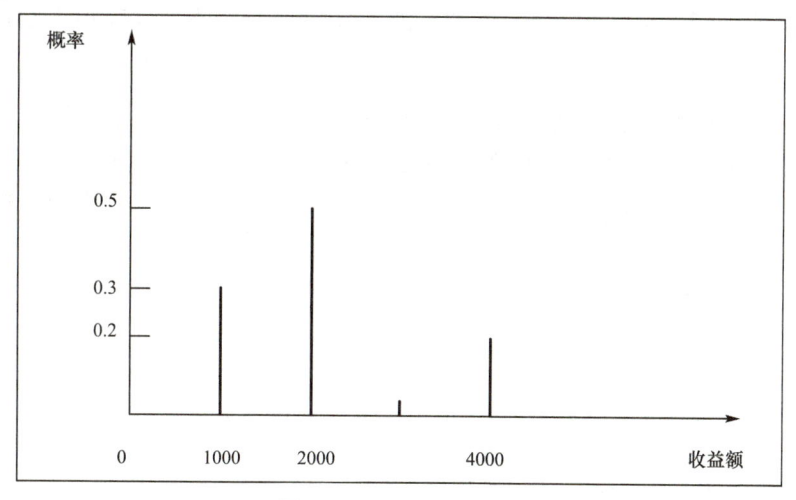

图 2-3 甲方案风险分布图

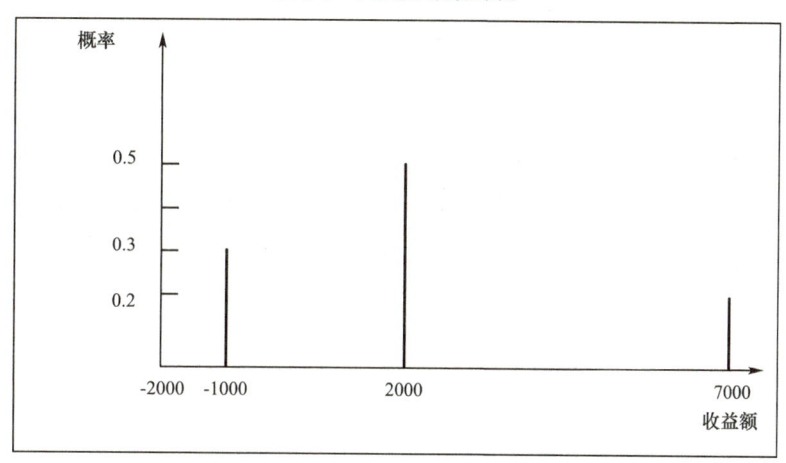

图 2-4 乙方案风险分布图

(三)标准离差

前面述及,概率分布越集中,风险越小;概率分布越分散,风险越大。那么,如何衡量概率分布的集中程度呢?人们在实际工作中一般采用方差和标准差来衡量概率分布的集中程度。

方差是指一群变量与其平均值偏差平方和的平均数。它是测定离散程度的一种常用的统计方法。标准离差是方差的平方根。预期收益或预期收益率越集中,方差和标准差就越小,风险也就越低;反之,风险就越高。方差和标准差的计算公式如下:

$$\delta^2 = \sum_{i=1}^{n}(R_i - \overline{R})^2 \times P_i$$

$$\delta = \sqrt{\delta^2}$$

式中:δ^2 为预期收益率的方差;δ 为预期收益率的标准离差。

▶【例 2-17】承【例 2-15】,甲、乙方案的标准离差计算如下:
甲方案的标准离差:

$$\delta = \sqrt{(10\% - 5.25\%)^2 \cdot 0.2 + (5\% - 5.25\%)^2 \cdot 0.5 + (2.5\% - 5.25\%)^2 \cdot 0.3} = 2.7894\%$$

乙方案的标准离差:

$$\delta = \sqrt{(17.5\% - 5.25\%)^2 \times 0.2 + (5\% - 5.25\%)^2 \times 0.5 + (-2.5\% - 5.25\%)^2 \times 0.3} = 6.9327\%$$

可见,甲方案的标准离差小于乙方案的标准离差,说明甲方案的风险小于乙方案的风险。

(四)标准离差率

标准离差是反映随机变量离散程度的一个指标。标准离差率是个绝对值,只能用来比较预期收益率相同的投资项目的风险程度,而不能用来比较预期收益率不同的投资项目的风险程度。所以,人们要比较预期收益率不同的投资项目的风险程度,还必须借助标准离差率这个相对数。

标准离差率是标准离差与预期收益率的比率。其计算公式为:

$$标准离差率(V)=\frac{\delta}{R}\times 100\%$$

【例 2-18】 承【例 2-17】,甲、乙方案的标准离差率计算如下:

甲方案的标准离差率 $V=\dfrac{2.789\ 4\%}{5.25\%}\times 100\%=53.13\%$

乙方案的标准离差率 $V=\dfrac{6.932\ 7\%}{5.25\%}\times 100\%=132.05\%$

(五)风险收益率

标准离差率的大小代表了投资者所冒风险的大小,反映了投资者所冒风险的程度,但还不是风险收益率。所以,人们还要把标准离差率转换为风险收益率。由于收益与风险之间存在着权衡关系,即冒一定的风险与其收益成正比,故风险收益率可以通过标准离差率和风险价值系数来确定。其计算公式为:

$$风险收益率\ R_R=风险价值系数\ b\times 标准离差率\ V$$

风险价值系数的确定主要依据投资者的经验及其他相关因素。风险价值系数一般有以下几种确定方法:

1. 根据以往同类项目的有关规定确定

根据以往同类项目的投资收益率、无风险收益率和标准离差率等历史资料可求得风险价值系数。假设企业进行投资,其同类项目的投资收益率为12%,无风险收益率为6%,标准离差率为60%,则根据公式 $K=R_F+R_R=R_F+b\times V$ 可知:

$$b=\frac{K-R_R}{V}=\frac{12\%-6\%}{60\%}=10\%$$

2. 由国家有关部门组织专家确定

国家财政、银行、证券等管理部门可组织有关方面的专家,根据各行业的条件和有关因素确定各行业的风险价值系数。这种风险价值系数的国家参数由有关部门定期颁布,供投资者参考。

3. 由企业领导或有关专家确定

如果现在进行投资缺乏同类项目的历史资料,不能采用上述方法,就可根据主观经验加以确定。敢于冒风险的企业可以把风险价值系数定低些,反之可以定得高些。

依前述甲、乙两投资方案的实例可知:

甲方案的风险收益率 $R_R=10\%\times 53.13\%=5.313\%$

乙方案的风险收益率 $R_R=10\%\times 132.05\%=13.205\%$

综上所述,投资的风险决策总体上应坚持的原则是选择投资收益率高、风险程度小的项目进行投资。但实际情况是复杂的。因此,人们在风险决策时应视具体情况确定:一是如果两个投资方案的预期收益率相同,就应选择标准离差率较低的那个方案;二是如果两个投资方案的标准离差率相同,就应选择预期收益率较高的那个方案;三是如果一个方案的预期收益率高于另一个方案且其标准离差率低于另一方案,就应选前者;四是如果一个方案的预期收益率和标准离差率都高于另一方案,就不能一概而论,而取决于投资者的态度。

四、资本资产定价模型

(一)资本资产定价模型的基本原理

在资本资产定价模型中,所谓资本资产,主要指的是股票资产,而定价则试图解释资本市场如何决定股票收益率,进而决定股票价格。

资本资产定价模型是"必要收益率=无风险收益率+风险收益率"的具体化,资本资产定价模型的一个主要贡献是解释了风险收益率的决定因素和度量方法。在资本资产定价模型中,风险收益率$=\beta\times(R_m-R_f)$。资本资产定价模型的完整表达式为:

$$R=R_f+\beta\times(R_m-R_f)$$

式中:R 表示某资产的必要收益率;β 表示该资产的系统性风险系数,是衡量系统性风险大小的指标,是倍数;R_f 表示无风险收益率;R_m 表示市场组合收益率。

当$\beta=1$时,$R=R_m$,而$\beta=1$代表的是该资产风险与市场组合的平均风险一致的,该资产的收益率与市场平均收益率是同方向、同比例变化(恰如"月亮走我也走");$\beta<1$说明该资产的变动幅度小于市场组合收益率变动幅度;$\beta>1$则反之。绝大多数资产的β系数大于零,它们的收益与市场平均收益变化方向一致;只有极个别资产的β系数是负数,$\beta<0$说明该资产收益率与市场平均收益率反向发展、反向变动(正如"各奔东西")。所以,R_m还可以被称为平均风险的必要收益率、市场组合的必要收益率等。

公式中(R_m-R_f)称为市场风险溢酬,由于市场组合的$\beta=1$,所以,(R_m-R_f)也可以称为市场组合的风险收益率或股票市场的风险收益率。由于$\beta=1$代表的是市场平均风险,所以,(R_m-R_f)还可以表述为平均风险的风险收益率。它是附加在无风险收益率之上的,由于承担了市场平均风险所要求获得的补偿,它反映的是市场作为整体对风险的平均"容忍"程度,也就是市场整体对风险的厌恶程度。市场整体对风险越是厌恶和回避,要求的补偿就越高,因此,市场风险溢酬的数值就越大;反之,如果市场的抗风险能力强,则对风险的厌恶和回避就不是很强烈,因此,要求的补偿就低,市场风险溢酬的数值就小。

在资本资产定价模型中,计算风险收益率时只考虑了系统性风险,没有考虑非系统性风险,这是因为非系统性风险可以通过资产投资组合消除,一个充分的投资组合几乎没有非系统性风险。财务管理研究中假设投资人都是理智的,都会选择充分投资组合,非系统性风险与资本市场无关。资本市场不会对非系统性风险给予任何价格补偿。

资本资产定价模型对任何公司、任何资产(包括资产组合)都是适合的。只要将该公司或资产β系数代入公式$R=R_f+\beta\times(R_m-R_f)$中,就能得到该公司或资产的必要收益率。

【例2-19】 假设某公司投资组合的β系数为1.55,无风险报酬率为4%,市场上所有股票的平均收益率为12%,那么投资组合的必要报酬率为多少?

$$R=4\%+1.55\times(12\%-4\%)=16.4\%$$

(二)资本资产定价模型的有效性与局限性

资本资产定价模型最大的贡献在于提供了对风险与收益之间的一种实质性的表述。资本资产定价模型首次将"高收益伴随着高风险"这样一种直观认识,用简单的关系式表达出来。到目前为止,资本资产定价模型是对现实中风险与收益关系最为贴切的表述,因此,长期以来被财务人员、金融从业者以及经济学家作为处理风险问题的主要工具。

然而,将复杂的现实简化了的这一模式,必定会遗漏许多有关因素,也必定会限制在许多假设条件下,因此也受到一些质疑。直到现在,关于资本资产定价模型有效性的争论还在继续,拥护和批驳的辩论相当激烈和生动。人们也一直在寻找更好的理论或方法,但尚未取得突破性进展。

尽管资本资产定价模型已经得到了广泛的认可,但在实际运用中,仍存在着一些明显的局限,主要表现在:①某些资产或企业的 β 值难以估计,特别是对一些缺乏历史数据的新兴行业。②经济环境的不确定性和不断变化,使得依据历史数据估算出来的 β 值对未来的指导作用必然要打折扣。③资本资产定价模型是建立在一系列假设之上的,其中一些假设与实际情况有较大偏差,使得资本资产定价模型的有效性受到质疑。这些假设包括:市场是均衡的,市场不存在摩擦,市场参与者都是理性的,不存在交易费用,税收不影响资产的选择和交易等。

由于以上局限,资本资产定价模型只能大体描绘出证券市场运动的基本情况,而不能完全确切地揭示证券市场的一切。因此,在运用这一模型时,应该更注重它所揭示的规律。

五、风险对策

(一)规避风险

当资产风险所造成的损失由该资产可能获得的收益予以抵销时,应当放弃该资产,以规避风险。例如,拒绝与不守信用的厂商的业务往来;放弃可能明显导致亏损的投资项目;新产品在试制阶段发现诸多问题而果断停止试制。

(二)减少风险

减少风险主要有两方面意思:一是控制风险因素,减少风险的发生;二是控制风险发生的频率和降低风险损害程度。减少风险的常用方法有:进行准确的预测;对决策进行多方案优选和替代;及时与政府部门沟通获取政策信息;在开发新产品前,充分进行市场调研;实行设备预防检修制度以减少设备故障;选择有弹性的、抗风险能力强的技术方案,进行预先的技术模拟试验,采用可靠的保护和安全措施;采用多领域、多地域、多项目、多品种的经营或投资以分散风险。

(三)转移风险

对可能给企业带来灾难性损失的资产,企业应以一定的代价,采取某种方式将风险损失转嫁给他人承担,如向专业性保险公司投保;采取合资、联营、增发新股、发行债券、联合开发等措施实现风险共担;通过技术转让、特许经营、战略联盟、租赁经营和业务外包等实现风险转移。

(四)接受风险

接受风险包括风险自担和风险自保两种。风险自担是指风险损失发生时,直接将损失摊入成本或费用,或冲减利润;风险自保是指企业预留一笔风险金或随着生产经营的进行,有计划地计提资产减值准备等。

思政小课堂

1. 习近平带领全国人民为决战脱贫攻坚、决胜全面小康加速奔跑，我们从中更能读懂他的"时间观"。

2. 防止发生系统性金融风险是金融工作的永恒主题。中央经济工作会确定，打好防范化解重大风险攻坚战，重点是防控金融风险，核心目标是防范化解系统性金融风险。防控金融风险关键在于处理好金融创新、金融监管和执政兴国的关系，必须清醒认识金融创新的边线就是金融监管的红线，也是执政兴国的底线。

习近平的"时间观"

以习近平新时代中国特色社会主义经济思想指导金融发展

知识拓展

金融计算器的使用说明

金融计算器在普通的计算器基础上添加了一些附加功能。特别值得一提的是，它预先设定了一些金融公式，因此，它可以直接计算出像终值这样的参数。

金融计算器的优点是可以帮你省去很多计算步骤。但另一方面，需要明确金融计算器只是帮你做了一些数字上的处理，你依然需要了解计算的过程。在这里有两个目标：

首先，讨论如何计算终值；其次，教你如何避开金融计算器初学者经常犯的错误。

如何使用金融计算器计算终值？

在一个典型的金融计算器上你将会看到五个按键，如图2-5所示。

| N | I/Y | PMT | PV | FV |

图2-5 金融计算器的五个按键

金融计算器的使用说明

我们要注意其中的四个键。按键PV和FV的含义是现值和终值。按键N指期数，它的含义和我们常用的t一样。按键I/Y指利率，它的含义和r一样。

现在来看这样一个问题：求100元在利率为10%的情况下5年后的终值。我们用普通计算器得出的结论为161.05元。实际的精度将会因你使用的计算器不同而有所差异。使用金融计算器你需要进行如下步骤：

（1）键入-100，按PV键。（键入负值的原因下一部分将介绍）

（2）键入10，按I/Y键。（注意键入的是10而不是0.1，下一部分将介绍原因）

（3）键入5，按N键。

现在我们已经键入了所有的相关信息。要求终值，我们需要用金融计算器求得FV的值是多少。由于金融计算器的不同，你需要按CPT之后再按FV，或者直接按FV。键入数据以及求得结果的过程如图2-6所示。

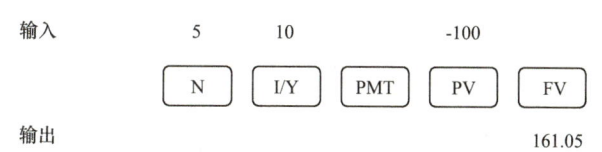

输入   5 10   -100

| N | I/Y | PMT | PV | FV |

输出   161.05

图2-6 键入数据以及求得结果的过程

无论你使用哪种方法,你最终都会得到161.05。如果你没有得到这个结果,我们接下来将会为你提供一些帮助。

为何使用金融计算器得到的答案是错误的?

我们需要检查两种类型的事情:有三件事情你只需要做一次,有三件事情你每次计算的时候都需要做。

只需要做一次的三件事情:

第一,确保你的金融计算器处于可以显示小数点后多位的状态。很多金融计算器只显示小数点后两位,这经常会为我们带来麻烦,因为我们常常要计算像利率这样的数值很小的数。

第二,确保你的金融计算器假设一年只支付1期。很多金融计算器默认一年支付12期。

第三,确保你的金融计算器处于"结束"模式。一般来说这不是问题,但有时候你会不小心将计算器调到"开始"模式。

另外有三件事情是你每次计算时都需要做的:

第一,在开始之前,清空计算器。这很重要,如果不这样做的话,你会得到错误的结果,必须养成每次计算之前清空计算器的习惯。清空计算器的方式会因机型不同而有差别。同时,你需要做的不仅仅是清空计算器,比如,使用 BA II Plus 型号的计算器时,计算货币的时间价值之前,你需要先按 End 再按 CLRTVM 来清空之前的数据。

注意在你不用计算器的时候务必将它关闭并将盒子合上。即使在关机之后,很多金融计算器仍会记住你键入的东西。也就是说,除非你将它清空,否则它会记住你所有的错误。同时,如果你在计算过程中出现了错误,你也需要清空数据,重新开始。

第二,计算现金流时键入一个负值。大多数金融计算器要求你输入现金流出时键入负值,输入现金流入时键入正值。换句话说,这经常意味着你需要在键入现值时加上一个负号(这是因为现值代表你为了以后的收入而在今天放弃的现金数量)。所以,你在求现金流的现值时,不必为得出一个负数而感到惊讶。

第三,正确键入利率。金融计算器默认利率以百分比的形式表示。因此,如果利率为0.08(8%)的话,你需要键入8而不是0.08。

参照以上指导进行计算(尤其是清空计算器这一条),使用金融计算器解决接下来的计算问题就会变得非常容易了。当然,更多的金融计算器使用方法可以参考金融计算器使用说明书。

资料来源:罗斯,成斯特菲尔德,乔丹,等.公司理财精要[M].亚洲版.北京:机械工业出版社,2016:76-78.

知识演练

一、快速测试

(一)单项选择题

1.某人于某年年初存入银行100元,年利率为3%,按复利计息,则第三年年末他能得到的本利和为( )元。

  A.100   B.109   C.103   D.109.27

2.某人准备在3年后用60 000元购买一辆汽车,银行存款年利率为复利4%。他现在应存入银行( )元。

  A.53 340   B.72 000   C.20 000   D.24 000

3. 某项存款的年利率为12%,每季度复利一次,则其实际利率为(　　)。
   A.7.66%　　　　B.9.19%　　　　C.6.6%　　　　D.12.55%
4. 甲方案的标准离差是1.35,乙方案的标准离差是1.15。若两个方案的期望报酬值相同,则甲方案的风险(　　)乙方案的风险。
   A.小于　　　　B.大于　　　　C.等于　　　　D.无法确定
5. 某一优先股每年可分得红利5元,年利率为10%,则投资人愿意购买该股票的价格为(　　)元。
   A.65　　　　　B.60　　　　　C.80　　　　　D.50
6. 对于期望值不同的两个事件,用于比较两者风险大小的指标是(　　)。
   A.期望报酬率　B.标准离差率　C.标准离差　　D.发生的概率
7. 现有甲、乙两个投资项目。已知甲、乙项目的预期收益率分别为10%和25%,标准离差分别为20%和49%,则(　　)。
   A.甲项目的风险程度大于乙项目　　B.甲项目的风险程度小于乙项目
   C.甲项目的风险程度等于乙项目　　D.无法确定甲项目和乙项目的风险程度
8. 证券组合风险的大小不仅与单个证券的风险有关,还与各个证券收益之间的(　　)有关。
   A.协方差　　　B.标准差　　　C.系数　　　　D.标准离差率

(二)多项选择题
1. 递延年金的特点有(　　)。
   A.其终值计算与递延期无关　　　B.第一期没有支付额
   C.其终值计算与普通年金相同　　D.其现值计算与普通年金相同
2. 永续年金的特点有(　　)。
   A.没有期限　　B.没有终值　　C.每期付款额相同　D.没有现值
3. 下列情况引起的风险属于可分散风险的有(　　)。
   A.国家税法变动　　　　　　　　B.公司劳资关系紧张
   C.公司产品滞销　　　　　　　　D.银行提高利率
4. 在金融市场上,利率的构成因素有(　　)。
   A.纯利率　　　B.通货膨胀补偿率　C.违约风险报酬　D.期限风险报酬
5. 下列风险中,属于系统风险的有(　　)。
   A.违约风险　　B.利息率风险　　C.购买力风险　　D.流动性风险
6. 下列筹资方式中,筹集资金属于企业负债的有(　　)。
   A.银行借款　　B.发行债券　　C.融资租赁　　　D.商业信用
7. 债券资金成本一般应包括(　　)。
   A.债券利息　　B.发行印刷费　C.发行注册费　　D.上市费以及推销费

(三)判断题
1. 时间价值原理正确地揭示了不同时点上资金之间的换算关系。(　　)
2. 所有的货币都具有时间价值。(　　)
3. 时间价值相当于社会平均资金利润率或平均投资报酬率。(　　)
4. 后付年金的终值是一定时期内每期期末等额收付款项的复利终值之和。(　　)
5. 求n期的先付年金终值,可以先求出n期后付年金终值,然后再除以$1+i$。(　　)

6.求 n 期的先付年金现值,可以先求出 n-1 期后付年金现值,然后再加一个 A。( )

7.票面价值、票面年利率相等,每年计息 1 次的债券比每季度计息 1 次的债券价值大。
( )

8.风险报酬就是投资于含风险项目应该得到的报酬。 ( )

二、实训

(一)计算分析题

1.某人投资 10 000 元于某项目,在年回报率为 6% 的情况下,需要多少年才能使现有货币增加 1 倍?

2.某人用分期付款方式购置一辆汽车。合同规定每年初付款 50 000 元,连续支付 5 年。试计算在年利率为 8% 的情况下,相当于现在一次性支付多少钱?

3.某公司准备购置办公房,房产开发商提出以下两种付款方案:

(1)从现在起每年年初支付 10 万元,连续支付 8 年,共 80 万元。

(2)从第四年开始,每年年初支付 12 万元,连续支付 8 年,共 96 万元。

若利率为 10%,你认为该公司应选择哪个方案?

4.某公司现有三个投资方案可供选择。根据市场预测,三种不同市场状况的预计年投资报酬率见表 2-4。

表 2-4   三种市场状况下的概率与预计年投资报酬率

市场状况	发生概率	预计年投资报酬率/%		
		甲方案	乙方案	丙方案
繁荣	0.3	19	25	29
一般	0.5	16	18	18
衰退	0.2	12	4	-4

假设甲、乙、丙投资方案的风险报酬系数分别为 8%、10%、12%,无风险报酬率为 6%,各个方案的投资额均为 200 万元。

要求:

(1)计算各个投资方案的期望报酬率、标准离差、标准离差率。

(2)计算各个方案的风险报酬率、风险报酬、可能的投资报酬率。

(二)思考讨论题

1.如何计算普通年金的终值和现值?

2.如何计算即付年金的终值和现值?

3.什么是资金的风险价值?

4.如何确定资金的投资收益率?

5.人们可以采用哪几种方法计量资金的风险价值?

(三)案例分析题

北方公司风险收益的计量

北方公司是一家以生产柠檬饮料为主的企业。因市场竞争激烈,消费者喜好发生变化等,柠檬饮料开始滞销,北方公司的经营陷入困境。为改变产品结构,开拓新的市场领域,北方公司拟开发以下两种新产品:

(1)开发洁清纯净水。面对北方的水资源紧缺以及建设节约型社会的要求,各地开展节水运动及定时供应,尤其是北方十年九旱的特殊环境,开发部认为生产洁清纯净水将有利于百姓的日常生活,市场行情看好。但纯净水市场良莠不齐,竞争很激烈,需谨慎进入。市场部对纯净水市场进行的有关预测资料见表2-5。

表2-5　　　　　　　　　　　纯净水市场的有关预测　　　　　　　　　　　单位:万元

市场销路	概率	预计年利润
好	60%	150
一般	20%	60
差	20%	—10

经过专家测定,该项目的风险系数为0.5。

(2)开发消渴啤酒。北方人有豪爽、好客、畅饮的性格,且亲朋好友聚会的机会日益增多;北方夏天气温大幅度升高,并且气候干燥;随着人们收入日益增多,生活水平不断提高。开发部据此提出开发消渴啤酒方案,有关市场预测资料见表2-6。

表2-6　　　　　　　　　　　消渴啤酒市场的有关预测　　　　　　　　　　　单位:万元

市场销路	概率	预计年利润
好	50%	180
一般	20%	85
差	30%	—25

经过专家测定,该项目的风险系数为0.7。

资料来源:2021年中国柠檬饮料市场深度调查报告。

要求:

(1)对两个产品开发方案的收益与风险予以计量。

(2)对两种方案进行评价。

第三章

财务分析

学习目标与要求

财务分析是根据企业核算资料,运用特定方法,对企业财务活动过程及其结果进行分析和评价的一项工作。财务分析既是本期财务活动的总结,也是下期财务预测的前提,具有承上启下的作用。

通过本章的学习,应达到以下目标与要求:

了解财务分析的意义和内容;

熟悉财务分析的依据和程序;

了解财务分析方法;

通过熟练运用财务指标计算,对企业的偿债能力、营运能力、盈利能力、发展能力及未来趋势进行比率指标分析;

能够运用综合财务分析方法对企业的财务状况和经营业绩进行综合评价。

案例导入

盖普(GFP)公司股票价格变化的启示

2020年9月30日,在纽约股市刚收盘后不久,盖普(GFP)公司宣布月营业收入下降14%。市场对此反应迅速,在隔夜交易中GFP公司的股票价格急剧下跌。第二天收盘时,股票价格为每股22美元,与52个星期中的最高价53.75美元相比下跌了近60%。

第三章　财务分析

尽管新商店的开设使GFP公司的总营业收入增长6%，但市场关注的焦点在于同一家商店营业收入的下降。分析师也注意到疲软的宏观经济、存货管理的困难、配送成本的提高和越来越激烈的竞争可能导致公司经营毛利下降。进一步分析可以发现，不但旗舰商店的营业收入下降，而且公司的巴拿马分部和Old NFvy分部的营业收入也下降了。Old NFvy的营业收入下降了20%以上，这无疑给人们敲响了警钟，因为分析师们原来认为Old NFvy将是公司发展的主力。公司还表示由于配送问题，Old NFvy商店的存货不足，限制了向学校的销售，这真是火上浇油！因此，纳斯达克指数提醒投资者，未来的营业收入和收益都可能比预期低。

在此之前，GFP公司股票走势很好——股东在过去5年获得的累计报酬率为387%。受这个报告的影响，许多分析师都认为：GFP公司股票对长期投资者而言仍然是有吸引力的，公司长期以来的良好记录以及公司从销售下跌中恢复过来的能力能证明这一点。

从华尔街对GFP公司的反应可以归纳出以下信息：投资者和其他外部人依据公司报告的收益和财务报表中其他数据确定公司的价值；分析师主要关注公司未来的绩效——过去的绩效只有能提供未来的信息才是有用的；分析师不只是看报告的利润，还深入分析财务报表的细节。

许多人认为财务分析就只是财务问题，其实它的内容很丰富，还会涉及会计问题、宏观经济政策问题、资本市场问题等。

资料来源：罗斯，威期特菲尔德，杰富.公司理财[M].吴世农，译.11版.北京：机械工业出版社，2021.

第一节　财务分析概述

一、财务分析的意义

财务分析是以企业的财务会计报告为基础，综合其他资料，借助一定的财务指标和步骤对企业的财务报告和经营成果进行分析和评价的一种方法。财务分析既是对企业一定期间财务活动的总结，又为企业进行下一步的财务预测提供了依据。财务分析通过发现问题而有助于企业发现问题产生的原因，并采取对策。

企业财务信息的使用者出于不同的需要对财务信息进行分析，侧重点各有不同。国家政府关心的是企业遵纪守法、按期纳税；企业经营者为改善企业的经营必须全面了解企业的生产经营情况和财务状况；企业投资者一般更关心企业的盈利能力；债权人则一般侧重于分析企业的偿债能力。

财务分析主要包括偿债能力分析、营运能力分析、盈利能力分析和发展能力分析。

二、财务分析的主要依据

财务报表以货币为主要量度,根据日常核算资料加工、整理而形成,总括反映企业财务状况、经营成果、现金流量和股东权益指标体系。它是财务会计报告的主体和核心,包括资产负债表、利润表、现金流量表、股东权益增减变动表及相关附表。

企业财务报表的编号、名称、内容和种类见表3-1。

表 3-1　　　　　　　　　　　财务报表的编号、名称、内容和种类

编号	会计报表名称	报表内容	编报期
会企 01 表	资产负债表	反映企业在一定日期全部资产、负债和所有者权益的情况	月报告、年度报告
会企 02 表	利润表	反映企业在一定期间内利润(亏损)形成的实际情况	月报告、年度报告
会企 03 表	现金流量表	反映企业在一定会计期间有关现金和现金等价物的流入和流出情况	年度报告
会企 04 表	所有者权益变动表	反映企业年末所有者权益(或股东权益)的增减变动情况	年度报告
会企 01 表附表 1	资产减值准备明细表	反映企业各项资产减值准备的增减变动情况	年度报告
会企 01 表附表 2	应交增值税明细表	反映企业应交增值税的情况	月报告、年度报告
会企 02 表附表 1	利润分配表	反映企业利润分配的情况和年末未分配利润的结余情况	年度报告
会企 02 表附表 2	分部报表(业务分部)	反映企业各行业经营业务的收入、成本、费用、营业利润、资产总额以及负债总额的情况	年度报告
会企 02 表附表 3	分部报表(地区分部)	反映企业各地区经营业务的收入、成本、费用、营业利润、资产总额以及负债总额的情况	年度报告

下面主要介绍财务分析涉及的资产负债表、利润表、现金流量表和所有者权益变动表。

(一)资产负债表

资产负债表可以提供企业某一特定日期的负债总额及其结构,表明企业未来需要多少资产或劳务清偿债务以及清偿时间;可以反映投资者权益的变动情况;可以为财务分析提供基本资料。财务报表使用者通过资产负债表可以了解企业拥有的经济资源及其分布状况;分析企业的资本来源及构成比例;预测企业资本的变现能力、偿债能力和财务弹性,如企业某一特定日期的资产总额及其结构表明企业拥有或控制的经济资源及其分布情况。

资产负债表的格式见表3-2。

表 3-2　　　　　　　　　　　　资产负债表　　　　　　　　　　　　　会企 01 表
编制单位:　　　　　　　　_____年_____月_____日　　　　　　　　　　单位:元

项目	年初余额	期末余额	项目	年初余额	期末余额
流动资产:			流动负债:		
货币资金			短期借款		
交易性金融资产			交易性金融负债		
应收票据			应付票据		

(续表)

项目	年初余额	期末余额	项目	年初余额	期末余额
应收账款			应付账款		
预付账款			预收账款		
应收利息			应付职工薪酬		
应收股利			应交税费		
其他应收款			应付利息		
存货			应付股利		
一年内到期的非流动资产			其他应付款		
其他流动资产			一年内到期非流动负债		
流动资产合计			其他流动负债		
非流动资产：			流动负债合计		
可供出售金融资产			非流动负债：		
持有至到期投资			长期借款		
长期应收款			应付债券		
长期股权投资			长期应付款		
投资性房地产			专项应付款		
固定资产			预计负债		
在建工程			递延所得税负债		
工程物资			其他非流动负债		
固定资产清理			非流动负债合计		
生产性生物资产			负债合计		
油气资产			所有者权益(或股东权益)：		
无形资产			实收资本(或股本)		
开发支出			资本公积		
商誉			减:库存股		
长期待摊费用			盈余公积		
递延所得税资产			未分配利润		
其他非流动资产			所有者权益(股东权益)合计		
非流动资产合计					
资产总计			负债和所有者权益总计		

我国资产负债表主体部分采用账户式结构。报表主体分为左右两方：左方列示资产各项目，反映全部资产的分布及存在形态；右方列示负债和所有者权益各项目，反映全部负债和所有者权益的内容及构成情况。资产各项目按其流动性由大到小顺序排列；负债各项目按其到期日的远近顺序排列。资产负债表左右双方平衡，即资产总计等于负债和所有者权益总计。每个项目又分为"年初余额""期末余额"两个栏次。

(二)利润表

利润表可以反映企业在一定期间收入的实现情况、费用耗费情况和生产经营活动的成果(利润或亏损总额)，为经济决策提供基本资料。财务报表使用者通过分析利润表可以了解企业一定期间的经营成果信息,分析并预测企业的盈利能力。

利润表正表的格式一般有单步式和多步式两种。单步式利润表是将当期所有收入列在一起,然后将所有的费用列在一起,两项相减得出当期损益。多步式利润表是按利润形成的几个环节分步骤地将有关收入与成本费用相减,从而得出净利润额。

我国《企业会计制度》规定利润表正表采用多步式,格式见表3-3。

表 3-3　　　　　　　　　　　　　　利润表　　　　　　　　　　　会企02表

编制单位：　　　　　　　　　　　　　____年____月　　　　　　　　　　　单位:元

项目	本期金额	上期金额
一、营业收入		
减:营业成本		
税金及附加		
销售费用		
管理费用		
财务费用		
资产减值损失		
加:公允价值变动收益(损失以"—"号填列)		
投资收益(损失以"—"号填列)		
其中:对联营企业和合营企业的投资收益		
二、营业利润(亏损以"—"号填列)		
加:营业外收入		
减:营业外支出		
其中:非流动资产处置损失		
三、利润总额(亏损总额以"—"号填列)		
减:所得税费用		
四、净利润(净亏损以"—"号填列)		
五、每股收益		
(一)基本每股收益		
(二)稀释每股收益		

(三)现金流量表

财务报表使用者通过现金流量表并配合资产负债表和利润表,有助于了解企业现金流转效果,评价企业的支付能力、偿债能力;合理预测企业未来现金流量,从而为编制现金流量计划、合理节约地使用现金创造条件;可以从现金流量的角度了解企业净利润的质量,从而为分析和判断企业的财务前景提供信息。

现金流量表中的现金是指企业的库存现金以及可以随时用于支付的存款。它不仅包括"库存现金"账户核算的库存现金,还包括企业"银行存款"账户核算的存入金融企业、随时可以用于支付的存款,也包括"其他货币资金"账户核算的外埠存款、银行汇票存款、银行本票存款和在途货币资金等其他货币资金。需要指出的是,银行存款和其他货币资金中有些不能随时用于支付的存款,如不能随时支取的定期存款等,不应作为现金,而应作为投资;提前通知金融企业便可支取的定期存款也应包括在现金范围内。

现金等价物是指企业持有的期限短、流动性强、易于转换为已知金额现金、价值变动风险很小的投资。现金等价物虽然不是现金,但其支付能力与现金的差别不大,可视为现金。一项资产被确认为现金等价物必须同时具备四个条件:期限短、流动性强、易于转换为已知金额现金、价值变动风险很小。其中,期限较短一般是指从购买日起三个月内到期。例如,可在证券市场上流通的三个月内到期的短期债券投资等。

现金流量可以分为三类,即经营活动产生的现金流量、投资活动产生的现金流量和筹资活动产生的现金流量。

1. 经营活动产生的现金流量

经营活动是指除企业投资活动和筹资活动以外的所有交易和事项。对工商企业而言,经营活动主要包括销售商品、提供劳务、购买商品、接受劳务、支付税费等。经营活动产生的现金流入项目主要有销售商品、提供劳务收到的现金,收到的税费返还,收到的其他与经营活动有关的现金。经营活动产生的现金流出项目主要有购买商品、接受劳务支付的现金,支付给职工和为职工支付的现金,支付的各种税费,支付的其他与经营活动有关的现金。各类企业由于行业特点不同,对经营活动的认定存在一定差异。有关人员在编制现金流量表时,应根据企业的实际情况对现金流量进行合理分类。

2. 投资活动产生的现金流量

投资活动是指企业长期资产的购建和不包括在现金等价物范围内的投资及其处置活动。此处的长期资产是指固定资产、在建工程、无形资产、其他资产等持有期限在一年或一个营业周期以上的资产。其主要包括购建和处置固定资产、无形资产和其他长期资产,取得或收回投资等。投资活动产生的现金流入项目主要有收回投资收到的现金,取得投资收益收到的现金,处置固定资产、无形资产和其他长期资产收到的现金,收到的其他与投资活动有关的现金。投资活动产生的现金流出项目主要有购建固定资产、无形资产和其他长期资产支付的现金,投资所支付的现金,支付的其他与投资活动有关的现金。

3. 筹资活动产生的现金流量

筹资活动是指导致企业资本及债务规模和构成发生变化的活动。此处的资本既包括实收资本(股本),也包括资本溢价(股本溢价);此处的债务包括向银行借款、发行债券以及偿还债务等。应付账款、应付票据等商业应付款属于经营活动,不属于筹资活动。筹资活动产生的现金流入项目主要有吸收投资所收到的现金,取得借款所收到的现金,收到的其他与筹资活动有关的现金。筹资活动产生的现金流出项目主要有偿还债务所支付的现金,分配股利、利润或偿还利息所支付的现金,支付的其他与筹资活动有关的现金。

企业在进行现金流量分类时,对于现金流量表中未特别指明的现金流量,应按照现金流量表的分类方法和重要性原则,判断某项交易或事项所产生的现金流量应当归属的类别或项目;对于重要的现金流入或流出项目应当单独反映;对于一些特殊的、不经常发生的项目,如自然灾害损失、保险赔款等,应根据其性质,分别归到经营活动、投资活动或筹资活动项目中。

现金流量表的格式见表3-4。

表3-4　　　　　　　　　　　　现金流量表　　　　　　　　　　　　会企03表
编制单位:　　　　　　　　　　　　　　年　　　　月　　　　　　　　　　　　单位:元

项　目	金　额
一、经营活动产生的现金流量	

(续表)

项 目	金 额
销售商品、提供劳务收到的现金	
收到的税费返还	
收到的其他与经营活动有关的现金	
经营活动现金流入小计	
购买商品、接受劳务支付的现金	
支付给职工以及为职工支付的现金	
支付的各项税费	
支付其他与经营活动有关的现金	
经营活动现金流出小计	
经营活动产生的现金流量净额	
二、投资活动产生的现金流量	
收回投资所收到的现金	
取得投资收益所收到的现金	
处置固定资产、无形资产和其他长期资产而收回的现金净额	
处置子公司及其他营业单位收到的现金净额	
收到的其他与投资活动有关的现金	
投资活动现金流入小计	
购建固定资产、无形资产和其他长期资产而支付的现金	
投资所支付的现金	
取得子公司及其他营业单位收到的现金净额	
支付其他与投资活动有关的现金	
投资活动现金流出小计	
投资活动产生的现金流量净额	
三、筹资活动产生的现金流量	
吸收投资所收到的现金	
取得借款所收到的现金	
收到其他与筹资活动有关的现金	
筹资活动现金流入小计	
偿还债务支付的现金	
分配股利、利润和偿付利息所支付的现金	
支付其他与筹资活动有关的现金	
筹资活动现金流出小计	
筹资活动产生的现金流量净额	
四、汇率变动对现金的影响	
五、现金及现金等价物净增加额	
补充资料	
1.将净利润调节为经营活动现金流量	

(续表)

项　目	金　额
净利润	
加:资产减值准备	
固定资产折旧、汽油资产折耗、生产性生物资产折旧	
无形资产摊销	
长期待摊费用摊销	
处置固定资产、无形资产和其他长期资产的损失(收益以"－"号填列)	
固定资产报废损失(收益以"－"号填列)	
公允价值变动损失(收益以"－"号填列)	
财务费用(收益以"－"号填列)	
投资损失(收益以"－"号填列)	
递延所得税资产减少(收益以"－"号填列)	
递延所得税负债增加(收益以"－"号填列)	
存货的减少(收益以"－"号填列)	
经营性应收项目的减少(收益以"－"号填列)	
经营性应付项目的增加(收益以"－"号填列)	
其他	
经营活动产生的现金流量净额	
2.不涉及现金收支的重大投资和筹资活动	
债务转为资本	
一年内到期的可转换公司债券	
融资租入固定资产	
3.现金及现金等价物净值变动情况	
现金的期末余额	
减:现金的期初余额	
加:现金等价物的期末余额	
减:现金等价物的期初余额	
现金及现金等价物净增加额	

(四)所有者权益变动表

在所有者权益变动表中,当期损益、直接计入所有者权益的利得和损失,以及与所有者的资本交易导致的所有者权益的变动分别列示。我国目前会计准则中规定企业编报的所有者权益变动表的一般格式见表3-5。

表 3-5　　　　　　　　　　所有者权益变动表　　　　　　　　　　单位:元

项目	金额
一、上年年末余额	
加:会计政策变更	
前期差错更正	
二、本年年初余额	

(续表)

项目	金额
三、本年增减变动金额(减少以"—"填列)	
（一）净利润	
（二）直接计入所有者权益的利得和损失	
1.可供出售金融资产公允价值变动净额	
2.权益法下被投资单位其他所有者权益变动的影响	
3.计入所有者权益项目相关的所得税影响	
4.其他	
上述（一）和（二）小计	
（三）所有者投入和减少资本	
1.所有者投入资本	
2.股份支付计入所有者权益的金额	
3.其他	
（四）利润分配	
1.提取盈余公积	
2.对所有者（股东）的支付	
3.其他	
（五）所有者权益内部结转	
1.资本公积转增资本（股本）	
2.盈余公积转增资本（股本）	
3.盈余公积弥补亏损	
4.其他	
四、本年年末余额	

三、财务分析的局限性

财务分析仅仅是发现问题，而没有提供解决问题的答案，具体该如何做取决于财务人员如何解读财务分析的结果，也就是说取决于财务人员的经验或主观判断。此外，人们运用财务比较分析法，必须注意比较的环境或限定条件，只有在限定意义上的比较才会有意义。

第二节 财务分析方法

财务分析的方法众多，为广大公司金融工作者常用的财务分析方法主要有比率分析法、比较分析法和因素分析法。

一、比率分析法

比率分析法是财务分析最基本、最重要的方法。有时,人们会将财务分析与比率分析等同,认为财务分析就是比率分析。比率分析法实质上是将影响财务状况的两个相关因素联系起来,通过计算比率反映它们之间的联系,以此来揭示企业财务状况的分析方法。常用的比率指标主要有以下两种:

(一)相关比率

相关比率分析将两个性质不同但又相互联系的财务指标进行比较,求出比率,并据此对财务状况和经营成果进行分析。常用的比率指标包括流动比率、速动比率、营业利润率、资产周转率、净资产收益率等,概括起来可以分为:反映企业偿债能力的比率,包括短期偿债能力和长期偿债能力的比率(其中反映短期偿债能力的比率一般称为流动性比率,反映长期偿债能力的比率一般称为负债性比率);反映企业获利能力的比率,即反映企业投入产出效率的比率,用来衡量企业经济效益的好坏等。

例如,某企业2021年营业收入为60.2亿元,经营性现金流量净额为10.2亿元,投资活动产生的现金流量净额为−2亿元。通过计算我们可得出该企业的自由现金流量为8.2(10.2−2)亿元,自由现金流占营业收入的比重为13.6%(8.2/60.2×100%)。依据衡量的标准,我们知道,如果一家企业的自由现金流占营业收入的比重达到5%或更多,则意味着该企业的业务具有某种竞争优势,其营业能给企业带来源源不断的现金。因此,根据上述标准,我们可以初步得出如下结论:尽管企业的营业增长2021年有所放缓(该企业2020年营业收入增长率为10%,2021年营业收入增长率为8%),但其现金流还保持着健康的状况。我们需要做的是,进一步观察该自由现金流增长是否协调一致,以便客观地对企业业务的性质做出判断。

(二)结构比率

结构比率又称构成比率,是某项经济指标的某个组成部分与总体的比率,反映部分与总体的关系。其计算公式为:

$$结构比率 = 某个组成部分/总体数额$$

利用结构比率可以考察总体中某部分形成与安排的合理性,以协调各项财务活动。财务分析常用的比率包括某产品的营业量占整个市场需求量比重形成的产品市场占有率,某类产品营业额占企业总营业额比重形成的企业营业构成比率,流动资产、固定资产、无形资产占总资产比重形成的企业资产构成比率,长期负债、流动负债占企业全部负债比重形成的企业债务构成比率,财务费用、销售费用、管理费用分别占费用的比重形成的费用构成比率等。将这些比率的实际数据与计划或预算数据、上期或历史数据、同行业最优或平均数据进行对比,能够充分揭示企业财务业绩构成的发展变化情况。利用结构比率,可以考察总体中某部分所占比重是否合理,从而达到科学评价企业财务状况和经营成果构成及发展情况的目的。在通常情况下,结构比率分析是通过编制百分比资产负债表和百分比利润表来完成的。

【例3-1】 某公司2020年、2021年应收账款、主营业务收入的变动见表3-6。

表3-6 主营业务收入和应收账款关系表 金额单位:万元

项目	2021年	2020年	增长额	增长率
主营业务收入	57.27	50.28	6.99	13.9%
应收账款	4.15	3.96	0.19	4.79%

通过计算可以看出，该公司2020年和2021年应收账款占营业收入的比重分别为7.87%和7.24%，即应收账款占营业收入的比重基本维持在7%~8%，表现出一种平稳的态势。进一步分析，在主营业务收入增长13.9%的情况下，应收账款增长4.79%，应收账款的增长比率小于营业收入的增长比率，表明企业的应收账款可控，风险较小，企业在扩大营业收入的同时并未采用激进的放宽信用的营业政策。

二、比较分析法

比较分析法是将同一企业不同时期的财务状况或不同企业之间的财务状况进行比较，对两个或几个有关的可比数据进行对比，从而揭示企业财务状况存在差异和矛盾的分析方法。

1. 按比较对象分类

(1) 与本企业历史相比，即同一企业不同时期指标相比。
(2) 与同类企业相比，即与行业平均数或竞争对手比较。
(3) 与本企业预算相比，即将实际执行结果与计划指标比较。

2. 按比较内容分类

(1) 比较会计要素的总量。总量是指财务报表项目的总金额，如资产总额、净利润等。总量比较主要用于趋势分析，以分析发展趋势。有时，总量比较也用于横向比分析，以分析企业的相对规模和竞争地位。

(2) 比较结构百分比。将资产负债表、利润表、现金流量表转换成百分比报表，以发现有显著问题的项目。

(3) 比较财务比率。财务比率表现为相对数，排除了规模的影响，使不同对象间的比较变得可行。

三、因素分析法

一个经济指标往往是由多种因素造成的，它们对某一个经济指标都有不同程度的影响。只有将这一综合性的指标分解成各个构成因素，才能从数量上把握每个因素的影响程度，给工作指明方向。这种通过逐步分解来确定几个相互联系的因素对某一综合性指标的影响程度的分析方法叫因素分析法。因素分析法是经济活动分析中最重要的方法之一。因素分析法按其分析特点可分为下列两种：

1. 连环替代法

连环替代法是将分析指标分解为各个可以计量的因素，并根据各个因素之间的依存关系，顺次用各因素的比较值(实际值)替代基准值(标准值或计划值)，据以测定各因素对分析指标的影响的方法。

【例3-2】 某企业2020年3月甲材料费用情况见表3-7。

表3-7　　　　　　　甲材料费用实际耗用与计划对比情况表

项目	单位	计划数	实际数	差异增(+)减(-)
产品产量	件	500	550	+50
单位产品材料消耗量	千克	10	8	-2
材料单价	元	4	5	+1
材料费用	元	20 000	22 000	+2 000

根据表中资料,甲材料费用实际比计划增加了2 000元。这是由于产品产量、单位产品材料消耗量和材料价格三个因素变动共同影响的结果。下面运用连环替代法计算各因素变动对材料费用总额的影响程度。

计划指标:500×10×4＝20 000元　　　　　　　①
第一次替换:550×10×4＝22 000元　　　　　　②
第二次替换:550×8×4＝17 600元　　　　　　　③
第三次替换(实际数):550×8×5＝22 000元　　　④
②－①＝22 000－20 000＝2 000元　　　　产量增加的影响
③－②＝17 600－22 000＝－4 400元　　　材料节约的影响
④－③＝22 000－17 600＝4 400元　　　　价格提高的影响
2 000－4 400+4 400＝2 000元　　　　　　三个因素的影响

2. 差额分析法

差额分析法是连环替代法的一种简化形式,是利用各个因素的比较值与基准值之间的差额来计算各因素对分析指标的影响的方法。

【例3-3】 仍以表3-7所列数据为例,采用差额分析法计算确定各因素变动对材料费用的影响。

产量增加对材料费用的影响＝(550－500)×10×4＝2 000元
材料消耗的节约对材料费用的影响＝550×(8－10)×4＝－4 400元
价格提高对材料费用的影响＝550×8×(5－4)＝4 400元

运用因素分析法要注意以下几个问题:
(1)构成财务指标的各个因素与财务指标之间客观上存在着因果关系。
(2)确定正确的替代顺序。在实际工作中,一般是先替换数量指标,后替换质量指标;先替换实物指标,后替换价值指标;先替换主要指标,后替换次要指标。
(3)因素替换要按顺序依次进行,不能从中间隔地替换,替换过的指标要用实际指标,尚未替换过的指标要用计划指标或基期指标。

第三节　财务指标分析

一、偿债能力分析

偿债能力是单位经营者、投资者、债权人都非常关心的重要问题。偿债能力是指偿还各种债务的能力,包括短期偿债能力和长期偿债能力。

(一)短期偿债能力分析

短期偿债能力是指企业偿还流动负债的能力。一般说来,流动负债需要以流动资产来偿付,因而可以反映企业流动资产的变现能力。评价企业短期偿债能力的财务指标主要有流动比率、速动比率和现金比率等。

1. 流动比率

流动比率是企业流动资产与流动负债的比率。企业能否偿还流动负债,要看其有多少流动负债,以及有多少可变现偿债的流动资产。流动资产越多,流动负债越少,企业的短期偿债能力越强。也就是说,每1元的流动负债有多少流动资产作为偿还保证。其计算公式为:

$$流动比率 = 流动资产 \div 流动负债$$

式中:流动资产一般是指资产负债表中的期末流动资产总额;流动负债一般是指资产负债表中的期末流动负债总额。

【例3-4】 某公司2020年年末流动资产为10 000万元,流动负债为5 000万元,则该公司年末流动比率计算如下:

$$流动比率 = 10\,000 \div 5\,000 = 2$$

一般情况下,流动比率越高,说明企业的短期偿债能力越强。当前国际上通常认为,流动比率的警戒线为1∶1,而流动比率等于2∶1时较为适当,过高、过低的流动比率均不好。这是因为流动比率过高表明企业流动资产未能有效加以利用,会影响资金的使用效率和筹集资金的成本,进而可能会影响企业的获利能力。

在现实中,流动比率的分析应该结合不同行业的特点、企业流动资产结构及各项流动资产的实际变现能力等因素综合考虑,切不可用统一的标准来评价。

2. 速动比率

速动比率是指企业的速动资产与流动负债的比率。它是用来衡量企业流动资产中可以立即变现偿付流动负债的能力。速动资产是指从流动资产中扣除变现能力较差且不稳定的存货、预付账款、一年内到期的非流动资产等之后的余额。速动比率的计算公式为:

$$速动比率 = 速动资产 \div 流动负债$$

$$速动资产 = 货币资金 + 交易性金融资产 + 应收账款 + 应收票据$$

$$= 流动资产 - 存货 - 预付账款 - 一年内到期的非流动资产$$

【例3-5】 某公司2020年年末的流动资产为10 000万元,流动负债为5 000万元,存货、预付账款、一年内到期的非流动资产分别为1 000万元、1 200万元、1 300万元,则该公司年末速动比率计算如下:

$$速动比率 = (10\,000 - 1\,000 - 1\,200 - 1\,300) \div 5\,000 = 1.3$$

一般情况下,由于剔除了变现能力较差且不稳定的存货、预付账款、一年内到期的非流动资产等项目,速动比率反映的短期偿债能力更加令人可信,比流动比率更加准确。一般情况下,速动比率越高,表明企业偿还流动负债的能力越强。当前国际上通常认为,速动比率等于1∶1较为适当。

3. 现金比率

现金比率是企业一定时期的经营现金净流量与流动负债的比率。其计算公式为:

$$现金比率 = 经营现金净流量 \div 流动负债$$

当前国际上认为,现金比率一般在20%以上为好。但也不能认为该指标越高越好。该比率过高,意味着企业的流动负债所筹集到的资金未能得到合理的应用,势必会导致企业机会成本增加。

【例 3-6】 某公司 2020 年经营现金净流量为 5 000 万元,流动负债为 5 000 万元,则该公司年末现金比率计算如下:

$$现金比率 = 5\,000 \div 5\,000 = 1$$

(二)长期偿债能力分析

长期偿债能力是指企业偿还长期负债的能力。对企业长期偿债能力进行分析,要结合长期负债的特点,在明确影响长期偿债能力因素的基础上,从企业盈利能力和资产规模两方面对企业偿还长期负债的能力进行计算与分析,说明企业长期偿债能力的基本状况及其变动原因,为进行正确的负债经营指明方向。评价企业长期偿债能力的财务指标主要有资产负债率、产权比率和已获利息倍数。

1. 资产负债率

资产负债率是负债总额除以资产总额的百分比。它反映企业资产总额中有多大比重是通过借债来筹资的,以及企业保护债权人利益的程度。其计算公式为:

$$资产负债率 = 负债总额 \div 资产总额 \times 100\%$$

【例 3-7】 某公司 2020 年年末资产总额为 25 000 万元,年末负债总额为 10 000 万元,则该公司的资产负债率计算如下:

$$资产负债率 = 10\,000 \div 25\,000 \times 100\% = 40\%$$

一般情况下,资产负债率越小,表明企业长期偿债能力越强。国内的观点认为资产负债率不应高于 50%,而国际上通常认为资产负债等于 60% 较为适当。现实中,企业往往超越该比率。

资产负债率越高,表明企业偿还债务的能力越差,风险越大;反之,企业偿还债务的能力越强。对于债权人来说,总是希望资产负债率越低越好,企业偿债有保障,贷款不会有太大的风险。对于股东来说,其关心的主要是投资收益的高低,在资本利润率高于借款利息率时,负债比率越大越好,否则,负债比率越小越好。

由于企业的长期偿债能力受盈利能力影响很大,所以在实务中,通常把长期偿债能力分析与盈利能力分析结合起来。

2. 产权比率

产权比率又称负债股权比率,是负债总额与所有者权益总额的比率。它表明债权人提供的资金与所有者权益提供的资金之间的比例,以及单位投资者承担风险的大小。其计算公式为:

$$产权比率 = 负债总额 \div 所有者权益总额 \times 100\%$$

【例 3-8】 某公司 2020 年年末资产总额为 25 000 万元,年末负债总额为 10 000 万元,则该公司的产权比率计算如下:

$$产权比率 = 10\,000 \div (25\,000 - 10\,000) \times 100\% = 66.7\%$$

产权比率与资产负债率对评价偿债能力的作用基本相同。两者的主要区别是资产负债率侧重于分析债务偿付安全性的物质保障程度,产权比率则侧重于揭示财务结构的稳健程度以及自有资金对偿债风险的承受能力。产权比率高是高风险的财务结构,产权比率低是低风险的财务结构。

3. 已获利息倍数

已获利息倍数又称利息保障倍数,是指企业息税前利润与利息费用的比率,可用于衡量单

位偿付借款利息的能力。其计算公式为:

$$已获利息倍数＝息税前利润总额÷利息费用$$

式中:利息费用是指本期实际费用的全部利息;息税前利润总额是指利润与利息费用的合计数。

▶【例 3-9】 某公司 2020 年的利润总额为 2 000 万元,实际利息费用为 400 万元,则该公司已获利息倍数计算如下:

$$已获利息倍数＝(2\ 000＋400)÷400＝6$$

已获利息倍数不仅反映了企业的盈利能力,还反映了企业支付债务利息的能力。一般情况下,已获利息倍数越高,企业长期偿债能力越强。国际上通常认为,该指标为 3 时较为适当,从长期来看至少应大于 1。若已获利息倍数太低,则说明企业难以按时、按量支付债务利息。

二、营运能力分析

营运能力是指企业经营管理中利用资金运营的能力,主要表现为资产管理,即资产利用的效率。营运能力反映了企业的劳动效率和资金周转状况。通过对企业营运能力的分析,可以了解企业的营运状况和经营管理水平。劳动效率高、资金周转状况好,说明企业的经营管理水平高,资金利用效率高。评价企业营运能力的常用财务比率有流动资产周转率、存货周转率、应收账款周转率、固定资产周转率和总资产周转率等。

资产营运能力取决于资产的周转速度,通常用周转率和周转期(周转天数)来表示。周转率是企业在一定时期内资产的周转额与平均余额的比率。它反映企业资产在一定时期内的周转次数。周转期是周转次数的倒数与计算期天数的乘积。它反映资产周转一次所需要的天数。其计算公式为:

$$周转率(周转次数)＝周转额÷资产平均余额$$

$$周转期(周转天数)＝计算期天数÷周转次数＝资产平均余额×计算期天数÷周转额$$

(一)流动资产周转率和周转天数

流动资产在企业资产中占有重要地位,管理好流动资产对提高单位经济效益、实现公司金融目标具有重要的作用。

流动资产周转率是销售净额与全部流动资产的平均余额的比值,是反映全部流动资产的利用效率指标。其计算公式为:

$$流动资产周转率＝销售净额÷平均流动资产总额$$

$$流动资产平均余额＝(流动资产期初余额＋流动资产期末余额)÷2$$

▶【例 3-10】 某公司 2020 年年末的流动资产为 10 000 万元,年初流动资产为 6 000 万元,销售净额为 16 000 万元,则该公司的流动资产周转率计算如下:

$$流动资产周转率＝16\ 000÷[(10\ 000＋6\ 000)÷2]＝2$$

一般情况下,流动资产周转率越高越好,表明以相同的流动资产完成的周转额越多,流动资产的利用效果越好。周转速度快,企业相对节约流动资产,等于相对扩大资产投入,增强企业的盈利能力;周转速度缓慢,需要补充流动资产增加周转,企业占用资金增加,从而降低企业的盈利能力。流动资产周转天数的计算公式为:

$$流动资产周转天数＝360÷流动资产周转率$$

承【例 3-10】有关资料,该公司流动资产周转天数计算如下:

$$流动资产周转天数 = 360 \div 2 = 180 \text{ 天}$$

(二)存货周转率和存货周转天数

在流动资产中,存货所占比重一般较大,存货的流动性对流动资产的流动性影响很大。存货周转分析的目的是找出存货管理中的问题,使存货管理在保证生产经营正常进行的同时尽量节约营运资金,提高资金的使用效率,增强企业的短期偿债能力,促进企业管理水平的提高。存货周转率是评价存货流动性的重要财务比率,反映了存货的周转速度。相关计算公式为:

存货周转率 = 销售成本 ÷ 平均存货余额

平均存货余额 = (期初存货余额 + 期末存货余额) ÷ 2

式中:销售成本可以从利润表中取数。

【例 3-11】 某公司 2020 年年末的存货为 1 000 万元,年初存货为 500 万元,销售成本为 1 500 万元,则该公司的存货周转率计算如下:

$$存货周转率 = 1\,500 \div [(1\,000 + 500) \div 2] = 2$$

存货周转率反映存货的周转速度,可以用来衡量企业的销售能力及其存货水平。一般情况下,存货周转率过高,表明存货变现速度快,周转额较大,资金占用水平较低;存货周转率低,常常表明企业经营管理不善,销售状况不好,造成存货积压。存货周转率并非越高越好。若存货周转率过高,也可能反映企业存货管理方面存在一些问题,如存货水平太低、采购次数过于频繁、批量太小等。

财务人员在对存货周转率进行分析时,除了分析批量因素、季节性因素等外,还应对存货的结构和影响存货的重要项目进行深入调查和分析,结合实际情况做出判断。

存货周转天数表示存货周转一次所经历的时间。存货周转的天数越短,说明存货周转的速度越快。其计算公式为:

存货周转天数 = 360 ÷ 存货周转率

承【例 3-11】有关资料,该公司的存货周转天数计算如下:

$$存货周转天数 = 360 \div 存货周转率 = 360 \div 2 = 180 \text{ 天}$$

(三)应收账款周转率和应收账款周转天数

应收账款和存货一样,在流动资产中有着举足轻重的作用。及时收回应收账款不仅可以提高企业的短期偿债能力,还反映出企业应收账款管理的效率。当今,应收账款周转率是评价应收账款流动性大小的重要财务比率。相关计算公式为:

应收账款周转率(周转次数) = 销售净额 ÷ 平均应收账款余额

平均应收账款余额 = (应收账款余额年初数 + 应收账款余额年末数) ÷ 2

销售净额可以从利润表中取数。需要指出的是,上述公式中的应收账款包括会计核算中应收账款和应收票据等全部赊销款项在内。如果应收账款余额的波动较大,就应尽可能使用详细的计算资料,如按每月的应收账款余额来计算其平均占用额。

【例 3-12】 某公司 2020 年年末的应收账款为 1 500 万元,年初应收账款为 500 万元,销售净额为 3 000 万元,则该应收账款周转率计算如下:

$$应收账款周转率 = 3\,000 \div [(1\,500 + 500) \div 2] = 3$$

一般情况下,应收账款周转率越高越好。应收账款周转率高,表明企业收账迅速,账龄较短,资产流动性强,短期偿债能力强,可以减少收账费用和坏账损失。影响该指标正确计算的因素有季节性经营,大量使用分期付款结算方式,大量使用现金结算销售,年末大量销售或年末销售大幅度下降等。这些因素都会对该指标的计算结果产生较大影响。此外,应收账款周转率过高,可能是奉行了比较严格的信用政策、信用标准和付款条件过于苛刻的结果。这会限制销售量的扩大,从而影响企业的盈利水平。在这种情况下,往往表现为存货周转率同时偏低。如果企业的应收账款周转率过低,就说明企业催收账款的效率太低,或者信用政策过于宽松,这样会影响企业的资金利用效率和资金正常周转。因此,人们在使用该指标进行分析时,应结合该企业前期指标、行业平均水平及其他类似企业的指标,判断该指标的高低,并对该企业做出评价。

应收账款周转天数反映企业从取得应收账款的权利到收回款项、转换为现金所需的时间。应收账款周转天数越短,反映企业的应收账款周转速度越快。其计算公式为:

$$应收账款周转天数 = 360 \div 应收账款周转率$$

承【例 3-12】,该公司应收账款周转天数计算如下:

$$应收账款周转天数 = 360 \div 3 = 120 \text{ 天}$$

(四)固定资产周转率和固定资产周转天数

固定资产周转率是指销售净额与固定资产平均净值的比率,反映企业全部固定资产的周转情况,是衡量固定资产利用效率的一项指标。其计算公式为:

$$固定资产周转率 = 销售净额 \div 平均固定资产净值$$

$$固定资产平均净值 = (期初固定资产净值 + 期末固定资产净值) \div 2$$

【例 3-13】 某公司 2020 年年末固定资产为 10 000 万元,年初固定资产为 8 000 万元,主营业务收入净额为 15 000 万元,则该公司的固定资产周转率计算如下:

$$固定资产周转率 = 15\,000 \div [(10\,000 + 8\,000) \div 2] = 1.67$$

固定资产周转率主要用于对企业大型固定资产的利用效率进行分析。在通常情况下,固定资产周转率高,表明企业固定资产利用充分,固定资产投资得当,固定资产结构合理,能够充分发挥效率。固定资产周转天数的计算公式为:

$$固定资产周转天数 = 360 \div 固定资产周转率$$

承【例 3-13】,该公司的固定资产周转天数计算如下:

$$固定资产周转天数 = 360 \div 1.67 = 215.6 \text{ 天}$$

(五)总资产周转率和总资产周转天数

总资产周转率是企业销售净额与企业平均资产总额的比率,反映企业全部资产的利用效率。相关计算公式为:

$$总资产周转率 = 销售净额 \div 平均资产总额$$

$$平均资产总额 = (期初资产总额 + 期末资产总额) \div 2$$

【例 3-14】 某公司 2020 年年末资产总额为 25 000 万元,年初资产总额为 20 000 万元,销售净额为 15 000 万元,则该公司总资产周转率计算如下:

$$总资产周转率 = 15\,000 \div [(25\,000 + 20\,000) \div 2] = 0.67$$

通常情况下,总资产周转率越高,表明企业全部资产的使用效率越高,企业的销售能力越强。总资产周转天数的计算公式为:

$$总资产周转天数 = 360 \div 总资产周转率$$

承【例 3-14】,该公司的总资产周转天数计算如下:

$$总资产周转天数 = 360 \div 0.67 = 537 \text{ 天}$$

三、盈利能力分析

企业盈利不仅关系到单位所有者的利益,还关系到债权人及其他利益相关者的利益。盈利能力是指单位在一定时期内获取利润的能力。一般来说,企业进行盈利分析只涉及企业正常的经营活动,不涉及非正常的经营活动。这是因为非正常经营活动虽然也会给企业带来收益,但它只是特殊状况下的结果,并不反映单位的正常盈利能力。因此,企业在分析盈利能力时,应当排除证券买卖等非正常项目、重大事故或法律等更改等特别项目、会计准则和财务制度变更带来的累积影响等因素。反映企业盈利能力的指标很多,通常使用的指标主要有销售净利率、销售毛利率、成本费用利润率、盈余现金保障倍数、资产报酬率、净资产报酬率、资本保值增值率等。

(一)销售净利率

销售净利率是企业净利润与销售收入净额的比率。其计算公式为:

$$销售净利率 = 净利润 \div 销售收入净额 \times 100\%$$

【例 3-15】 某公司 2020 年的净利润为 5 000 万元,销售收入净额为 15 000 万元,则该公司的销售净利率计算如下:

$$销售净利率 = 5\,000 \div 15\,000 \times 100\% = 33\%$$

该指标反映的是每 1 元销售收入带来的净利润。销售净利润越高,反映企业主营业务市场竞争力越强,发展潜力越大,盈利能力越强。

(二)销售毛利率

销售毛利率又称毛利率,是企业毛利额与销售收入的比率。其中,销售毛利是销售收入与销售成本之差。其计算公式为:

$$销售毛利率 = 毛利额 \div 销售收入 \times 100\%$$
$$销售毛利 = 销售收入 - 销售成本$$

【例 3-16】 某公司 2020 年的销售收入为 15 000 万元,销售成本为 7 000 万元,销售毛利率是多少?

$$毛利额 = 15\,000 - 7\,000 = 8\,000 \text{ 万元}$$
$$销售毛利率 = 8\,000 \div 15\,000 \times 100\% = 53\%$$

销售毛利率表示每 1 元销售收入扣除销售成本后,有多少钱可用于各项期间费用和形成盈利。销售毛利是基础,没有足够大的销售毛利,企业就不可能盈利。

(三)成本费用利润率

成本费用利润率是企业一定期间利润总额与成本费用总额的比率。成本费用利润率的计算公式为:

$$成本费用利润率 = 利润总额 \div 成本费用总额 \times 100\%$$
$$成本费用总额 = 销售成本 + 营业费用 + 管理费用 + 财务费用$$

【例 3-17】 某公司 2020 年的利润总额为 6 000 万元,销售成本为 12 000 万元,营业费用为 5 000 万元,管理费用为 3 000 万元,财务费用为 2 000 万元,则该公司成本费用利润率计算如下:

$$成本费用利润率 = 6\,000 \div (12\,000 + 5\,000 + 3\,000 + 2\,000) \times 100\% = 27\%$$

该指标越高,反映企业为取得利润而付出的代价越小,成本费用控制得越好,盈利能力越强。

(四)盈余现金保障倍数

盈余现金保障倍数是企业一定期间经营现金净流量与净利润的比率。盈余现金保障倍数的计算公式为:

$$盈余现金保障倍数 = 经营现金净流量 \div 净利润$$

▶【例3-18】 某公司2020年经营现金净流量为5 000万元,净利润为4 000万元,则该公司的盈余现金保障倍数计算如下:

$$盈余现金保障倍数 = 5\ 000 \div 4\ 000 = 1.25$$

通常来说,当企业当期净利润大于零时,盈余现金保障倍数应当大于1。该指标越大,表明企业经营活动产生的净利润对现金的贡献越大,企业的利润质量越高。

(五)资产报酬率

资产报酬率又称资产收益率、资产利润率或投资报酬率,是企业一定时期内息税前利润总额与平均资产总额的比率。

$$总资产报酬率 = 息税前利润 \div 平均资产总额 \times 100\%$$

▶【例3-19】 某公司2020年的利润总额为1 600万元,实际利息支出为400万元,年末资产总额为25 000万元,年初资产总额为20 000万元,则该公司的总资产报酬率计算如下:

$$总资产报酬率 = (1\ 600 + 400) \div [(25\ 000 + 20\ 000) \div 2] \times 100\% = 8.9\%$$

资产报酬率主要用来衡量企业利用资产获取利润的能力,反映了企业总资产的利用效率。该指标越高,表明单位的资产利用效率越好,整个单位盈利能力越强,说明企业在增加收入和节约资金等方面取得了良好的效果,否则相反。

(六)净资产报酬率

净资产报酬率又称净资产收益率、净值报酬率或所有者权益报酬率,是企业一定时期的净利润与净资产平均总额的比率。其计算公式为:

$$净资产报酬率 = 净利润 \div 平均净资产 \times 100\%$$

▶【例3-20】 某公司2020年的净利润为960万元,年末净资产为15 000万元,年初净资产为12 000万元,则该公司的净资产报酬率计算如下:

$$净资产报酬率 = 960 \div [(15\ 000 + 12\ 000) \div 2] \times 100\% = 7.1\%$$

净资产报酬率是评价企业获利能力的一个重要财务比率。一般认为,净资产报酬率越高,企业自有资本获取收益的能力越强,运营效益越好,对企业投资人、债权人的保证程度越高。

(七)资本保值增值率

资本保值增值率是扣除客观因素后的年末所有者权益总额与年初所有者权益总额的比率。其计算公式为:

$$资本保值增值率 = 扣除客观因素后的年末所有者权益总额 \div 年初所有者权益总额 \times 100\%$$

▶【例3-21】 某公司2020年年末的净资产为15 000万元,年初净资产为12 000万元,假定不考虑其他因素,则该公司的资本保值增值率计算如下:

$$资本保值增值率 = 15\ 000 \div 12\ 000 \times 100\% = 125\%$$

一般认为,资本保值增值率越高,表明企业的资本保全状况越好,所有者权益增长越快,债权人的债务越有保障。该指标通常应大于100%。

四、发展能力分析

发展能力是指企业未来生产经营的发展趋势和发展水平。传统的财务分析评价仅仅从静态的角度来分析企业的财务状况,注重企业的盈利能力、营运能力与偿债能力,在当今的市场经济条件下,显然欠全面,欠充分。这是因为当今企业价值在很大程度上取决于企业未来的发展能力,取决于企业的销售收入,取决于企业的利润及股利的未来增长,而不是企业过去或现在所取得的收益情况。况且,无论是增强企业的盈利能力、偿债能力,还是提高企业的资产运营效率,目的都是满足企业未来的生存和发展的需要,即提高企业的发展能力。

发展是企业生产经营的重中之重。反映企业发展能力的指标主要有销售增长率、资本积累率和资产增长率。

(一)销售增长率

销售增长率是企业本年销售收入增长额与上年销售收入总额的比率。其计算公式为:

$$销售增长率 = 本年销售收入增长额 / 上年销售收入总额 \times 100\%$$

$$本年销售收入增长额 = 本年销售收入总额 - 上年销售收入总额$$

▶【例3-22】 某公司2020年的销售收入为15 000万元,2019年的销售收入为12 000万元,则该公司2020年的销售增长率计算如下:

$$销售增长率 = (15\,000 - 12\,000) \div 12\,000 \times 100\% = 25\%$$

若销售增长率大于零,则表示企业本年销售收入有较大的增长。该指标值越高,表明增长速度越快,企业市场前景越好。若销售增长率小于零,则表示企业本年销售收入有所减少,企业市场表现不好,应查明原因,及时采取对策。

(二)资本积累率

资本积累率是企业年末所有者权益增长额与年初所有者权益的比率。其计算公式为:

$$资本积累率 = 年末所有者权益增长额 \div 年初所有者权益 \times 100\%$$

$$年末所有者权益增长额 = 所有者权益期末总额 - 所有者权益期初总额$$

▶【例3-23】 某公司2020年年末净资产为15 000万元,年初净资产为12 000万元。假定不考虑其他因素,则该公司的资本积累率计算如下:

$$资本积累率 = (15\,000 - 12\,000) \div 12\,000 \times 100\% = 25\%$$

若资本积累率大于零,则表明企业的资本积累在增加,应付风险、持续发展的能力在增强。若资本积累率小于零,则表明企业的资本积累在缩减,应付风险、持续发展的能力在削弱。

(三)资产增长率

资产增长率是企业本年总资产增长额与年初资产总额的比值。其计算公式为:

$$资产增长率 = 本年总资产增长额 \div 年初资产总额 \times 100\%$$

▶【例3-24】 某公司2020年年初的资产总额为15 000万元,年末资产总额为12 000万元。该企业2020年的资产增长率计算如下:

$$资产增长率 = (15\,000 - 12\,000) \div 15\,000 \times 100\% = 20\%$$

资产增长率是用来衡量企业资产规模增长幅度的财务指标。若资产增长率为正数,则表明企业本年度的资产规模获得增加。资产负债率的数额越大,说明企业资产规模增长的速度越快。若资产增长率为负数,则说明本年的资产规模有所减少。若资产增长率为零,则说明企业本年度的资产规模不增不减。

第四节　财务综合分析

利用财务比率进行深入分析,虽然可以了解企业各个方面的财务状况,但无法反映企业各个方面财务状况之间的关系。为了弥补这一不足,可以将所有指标按其内在联系结合起来,用以全面反映企业整体财务状况以及经营成果,对企业进行总体评价。这种方法称为财务综合分析方法。所谓财务综合分析,就是将各项财务指标作为一个整体,应用一个简洁和明了的分析体系系统、全面、综合地对企业财务状况和经营情况进行剖析、解释和评价,以对企业一定时期复杂的财务状况和经营成果做出最综合和最概括的总体评价。财务综合分析方法有多种,最常用的有杜邦分析法与沃尔评分法。

一、杜邦分析法

杜邦分析法是利用几种主要的财务比率之间的依存关系来综合地分析企业财务状况的一种方法。该方法最早是由美国杜邦公司的财务经理提出的,故称为杜邦分析法。这种方法一般用杜邦系统图来表示,如图 3-1 所示。

杜邦分析系统

```
                          ┌─────────────┐
                          │ 净资产收益率 │
                          │     25%      │
                          └──────┬──────┘
                    ┌────────────┴────────────┐
            ┌───────┴───────┐             ┌───┴────┐
            │  总资产净利率  │ ×           │ 权益乘数│
            │     12.5%     │             │   2    │
            └───────┬───────┘             └────────┘
         ┌─────────┴─────────┐
  ┌──────┴──────┐      ┌─────┴──────┐
  │  销售净利率  │  ×   │ 总资产周转率│
  │   15.625%   │      │    0.8     │
  └──────┬──────┘      └──────┬─────┘
     ┌───┴───┐             ┌──┴───┐
┌────┴─┐   ┌─┴──────┐  ┌──┴─────┐ ┌──────┐
│净利润│ ÷ │销售收入│  │资产总额│÷│所有者│
│1 250 │   │ 8 000  │  │10 000  │ │ 权益 │
└──┬───┘   └────────┘  └────┬───┘ │5 000 │
                                   └──────┘
```

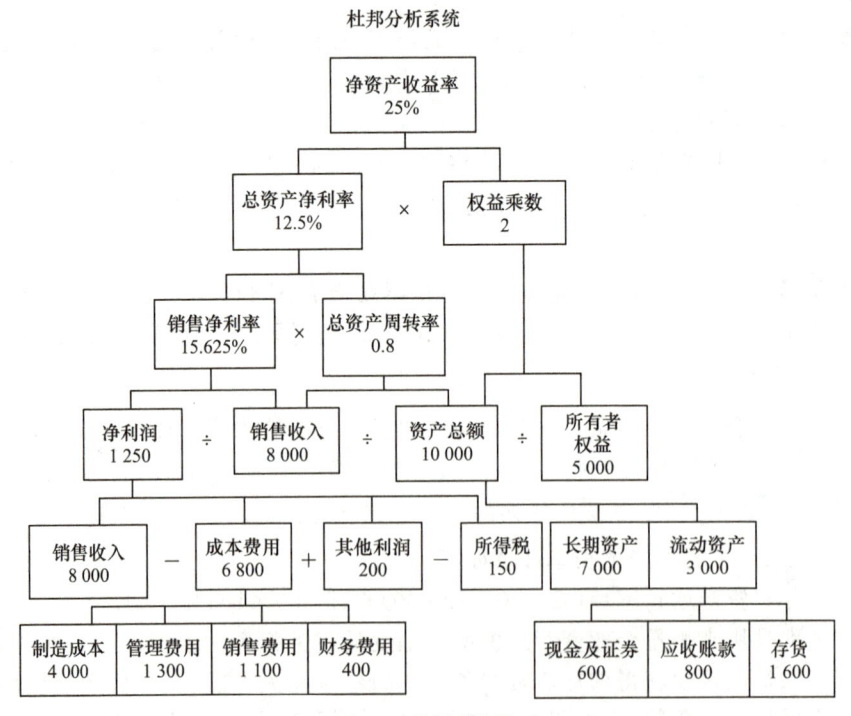

图 3-1　杜邦系统图

杜邦系统图主要包括净资产收益率、总资产净利率和权益乘数。杜邦系统图在揭示上述几种比率之间的关系之后,再将净利润、总资产进行层层分解,这样就可以全面、系统地揭示企业的财务状况以及这个系统内部各个因素之间的相互关系。

人们从杜邦系统图中可以了解以下情况:

(1)净资产收益率是一个综合性极强的财务比率。它是杜邦系统图的核心,反映了企业筹资、投资以及资产运用等活动的效率。因此,企业所有者与经营者都非常关心这一财务比率。

(2)销售净利率反映了企业净利润与销售收入之间的关系。要提高销售净利率主要有两个途径:一是扩大销售收入,二是努力降低成本费用。

(3)总资产周转率是反映企业运用资产以实现销售收入能力的综合指标。人们可以从资产的构成比例是否恰当、资产的使用效率是否正常、资产的运用效果是否理想等方面对总资产周转率进行详细分析。

(4)权益乘数反映所有者权益与总资产的关系。权益乘数越大,企业的负债程度越高,既给企业带来较大的杠杆利益,又给企业带来较大的风险。企业只有合理确定负债比例,不断优化资本结构,才能最终有效地提高净资产收益率。

净资产收益率与企业的销售规模、成本水平、资本运营、资本结构等有着密切的联系。这些相关因素构成一个相互依存的系统,只有将这个系统内的各相关因素安排协调好,才能使净资产收益率达到最大。

【例 3-25】 A 企业 2020 年有关财务资料如下:年末流动比率为 2.1,年末速动比率为 1.2,存货周转率为 5;年末资产总额为 800 万元(年初为 800 万元),年末流动负债总额为 70 万元,年末长期负债为 210 万元,年初存货成本为 75 万元。2020 年,A 企业的销售收入为 640 万元,管理费用为 45 万元,利息费用为 50 万元。A 企业适用的所得税税率为 25%。试计算该企业 2020 年年末的流动资产总额、年末资产负债率、权益乘数、总资产周转率、存货、销售成本、净利润、销售净利润率和净资产收益率。

相关计算如下:

年末流动资产总额 $= 70 \times 2.1 = 147$ 万元

年末资产负债率 $= (70+210) \div 800 \times 100\% = 35\%$

权益乘数 $= 1 \div (1-35\%) = 1.5$

总资产周转率 $= 640 \div 800 = 0.8$

年末存货 $= 147 - 1.2 \times 70 = 63$ 万元

平均存货 $= (75+63) \div 2 = 69$ 万元

销售成本 $= 69 \times 5 = 345$ 万元

净利润 $= (640-345-45-50) \times (1-25\%) = 150$ 万元

销售净利润率 $= 150 \div 640 \times 100\% = 23.4375\%$

净资产收益率 $= 23.4375\% \times 0.8 \times 1.5 = 28.125\%$

二、沃尔评分法

沃尔评分法是指企业先选定若干重要财务比率,然后根据财务比率的不同重要程度计算相应的分数而对企业财务状况进行分析的一种方法。沃尔评分法是由亚历山大·沃尔最早提出的。

现在通常认为,企业在实际运用沃尔评分法时,应当考虑反映企业偿债能力、运营能力、盈利能力和发展能力的指标。除此之外,企业还应当考虑一些非财务指标。

企业运用沃尔评分法进行财务状况分析的步骤如下:

(1)选定评价企业财务状况的比率指标。企业一般要选择能够代表企业财务状况的重要指标。由于企业的盈利能力、偿债能力和营运能力等指标可以概括企业的基本财务状况,所以可从中分别选择若干具有代表性的重要比率。

(2)根据各项财务比率指标的重要程度确定其重要性系数。各项财务比率指标的重要程度一般可以根据企业经营状况、管理要求、企业所有者、经营者及债权人的意向综合确定,但其重要性系数之和应等于100。

(3)确定各项财务比率指标的标准值。各项财务比率指标的标准值是指各种实际情况,以及可预见的损失,否则标准过高无法实现,会挫伤企业全体员工的积极性。通常,财务比率的标准值可以本行业的平均数为基础加以修正。在我国,企业效绩评价标准值由国务院国有资产监督管理委员会确定并发布。

(4)计算企业一定时期内各项财务比率指标的实际值。

(5)计算各财务比率指标实际值与标准值的比率,即关系比率。其计算公式为:

$$关系比率=实际值÷标准值$$

(6)计算各项财务比率的得分并进行加总。各项比率指标得分的计算公式为:

$$比率指标得分=重要性系数×关系比率$$

若各项财务比率综合得分超过100,则说明企业财务状况良好;若综合得分为100或接近100,则说明企业财务状况基本良好;若综合得分与100有较大差距,则说明企业财务状况不佳,有待进一步改善,企业应查明原因,积极采取措施加以改善。

需要指出的是,企业在评分时,需要规定各项财务比率评分值的上限和下限,即最高评分值和最低评分值,以免个别指标的异常给总评分造成不合理的影响。上限一般定为正常评分值的1.5倍,下限一般定为正常评分值的一半。

1999年,根据沃尔评分法,中华人民共和国财政部、国家经济贸易委员会等联合颁布了《国有资本金效绩评价规则》《国有资本金效绩评价操作细则》。

思政小课堂

财务分析思政小课堂

会计信息的失真将导致国家宏观经济决策失误,给国家带来重大经济损失,并使社会公众对会计诚信基础产生怀疑,从根本上动摇市场经济的信用基础,危害宏观经济的正常运行。所以,只有保障会计信息的真实性,才能根据财务数据的分析结果确定合理的资源配置方案,进而对国家、企业资源进行充分运用,最终推动社会经济的健康发展。财务分析利用不同的分析方法,分析财务数据存在的异常情况,从而帮助大家辨别财务舞弊造假案例,认识财务舞弊案例产生的社会后果,提高自身的社会责任感,塑造自身诚实守信的优良职业品质。

知识拓展

财务分析的重要工具——Microsoft Excel

对于财务人员、会计人员、法律人员、营销人员、政府工作人员等,Microsoft Excel 是处理业务问题的必要工具。事实上,需要与数据打交道的任何人如果能够掌握 Excel 的基础知识,都将能够更有效率地处理业务。所以,Excel 是担任管理岗位的人必须掌握的专业技术。

Excel 主要以下四种使用方式:

第一,作为一个财务计算器。Excel 可以相加、相减、相乘或者相除,它可以保留一个操作的结果,用于后续操作。例如,用 Excel 创建了本章提及的财务报表,便可以用它来进行财务比率的计算与分析。当然你也可以使用科学计算器来完成这个工作,但很显然使用 Excel 会更加便利。同时,Excel 中还有大量内置的财务函数,如 IRR、NPV 等,使用 Excel 可以直接计算投资收益率、债券的价格或项目的价值。

第二,当情况有变化时便于修改。假设你的上司要求创建一个财务报表,但是当你完成时他说:"会计部门刚刚通知我们,2021 年的存货高估了 1 000 万元,这意味着我们的总资产也被高估了。为了使资产负债表平衡,必须减少普通股权益、留存收益和总资产。请对财务报表做以上调整,并在明天早上召开董事会前给我修改好的版本。"如果你使用科学计算器处理问题,那么你现在可能需要通宵工作才能完成这个任务。但是如果你使用的是 Excel,你需要做的只是改变一个数字——减少 2021 年存货 1 000 万元,Excel 将立即完成上述所有内容的修改。

第三,敏感性分析。我们使用比率来分析财务报表以评估公司的管理情况。如果发现经营的薄弱环节,管理层可以采取措施改变现状。例如,联合食品公司的净资产收益率(ROE),它是股价的关键决定因素,低于行业平均水平。净资产收益率又取决于若干因素,包括存货水平,使用 Excel 可以看到随着存货的增减净资产收益率会如何改变。然后,管理者可以分析存货政策对利润和净资产收益率的影响。理论上,这些可以用计算器进行分析,但这种方式是低效率的。在这个充满竞争的世界,效率对于企业的生存来说是至关重要的。

第四,风险评估。敏感性分析可用于评估不同政策中固有的风险。例如,如果企业增加债务,预期的权益收益率一般较高,但企业负债越多,受到经济衰退的影响也会越严重。可以使用 Excel 来量化随着债务数量的变化企业受到经济形势的影响程度,以及企业在经济衰退时破产的可能性。许多公司在衰退期深刻地意识到这一点,所以幸存者更多地关注企业的风险而不是利润。

资料来源:布里格姆,休斯敦.张敦力,杨怏,赵纯祥,等译.财务管理[M].原书第 14 版.北京:机械工业出版社,2018:83.

知识演练

一、快速测试

(一)单项选择题

1.某公司 2020 年的销售收入为 180 万元,销售成本为 100 万元,年末流动负债为 60 万元,流动比率为 2.0,速动比率为 1.2,年初存货为 52 万元,则 2020 年度存货周转次数为(　　)次。

A.3.6　　　　　　B.2　　　　　　C.2.2　　　　　　D.1.5

2.甲公司2020年的销售净利率为5%,资产周转率为2.4次;2021年的销售净利率为5.4%,资产周转率为2.2次,资产负债率没有发生变化。2021年的权益净利率比2020年(　　)。

A.升高　　　　　B.降低　　　　　C.相等　　　　　D.无法确定

3.A公司只有普通股,按照2021年年末普通股股数计算的每股盈余为5元,每股股利为2元,没有其他的普通股利,保留盈余在过去的一年中增加了600万元,年底每股账面价值为30元,资产总额为10 000万元,则该公司2020年年末的资产负债率为(　　)。

A.40%　　　　　B.60%　　　　　C.66.67%　　　　D.30%

4.如果股利支付率为20%,留存盈利比率为80%,则股利保障倍数为(　　)。

A.2　　　　　　B.5　　　　　　C.4倍　　　　　　D.1.25

5.如果资产负债率为60%,那么产权比率为(　　)。

A.160%　　　　B.150%　　　　C.140%　　　　D.66.67%

6.下列各项中,能反映企业基本财务结构是否稳定的指标是(　　)。

A.资产负债率　　　　　　　　　B.产权比率

C.长期债务与营运资金比率　　　D.已获利息倍数

7.某公司年末会计报表上的部分数据:流动负债为60万元,流动比率为2,速动比率为1.2,销售成本为100万元,年初存货为52万元。该公司本年度的存货周转次数为(　　)次。

A.1.65　　　　　B.2　　　　　　C.2.3　　　　　　D.1.45

8.在其他条件不变的情况下,如果企业过度提高现金流动负债比率,就可能导致(　　)。

A.财务风险加大　B.获利能力提高　C.营运效率提高　D.机会成本增加

9.在下列财务比率中,最能反映企业举债能力的是(　　)。

A.资产负债率　　　　　　　　　B.经营现金流量净额与到期债务比

C.经营现金流量净额与流动负债比　D.经营现金流量净额与债务总额比

(二)多项选择题

1.若某公司的流动比率为0.8,现赊销一批货物,售价高于成本,则会导致(　　)。

A.流动比率提高　B.速动比率提高　C.流动比率不变　D.流动比率降低

2.已知甲公司2020年年末的负债总额为800万元,资产总额为2 000万元,无形资产净值为150万元,利息费用为120万元,净利润为500万元,所得税为180万元,则2020年年末(　　)。

A.权益乘数为2.5　　　　　　　B.产权比率为2/3

C.有形净值债务率为76.19%　　D.已获利息倍数为6.67

3.下列各项中,不会导致企业资产负债率变化的是(　　)。

A.收回应收账款　　　　　　　　B.用现金购买债券

C.接受所有者投资转入的固定资产　D.以固定资产对外投资(按账面价值作价)

4.当企业速动比率小于1时,会引起该指标上升的经济业务是(　　)。

A.借入短期借款　B.赊销一批产品　C.支付应付账款　D.收回应收账款

5.以低于账面价值的价格出售固定资产,将会(　　)。

A.对流动资产的影响大于对速动资产的影响

B.增加营运资金

C.减少当期损益

D.降低资产负债率

6.影响速动比率的因素有( )。

A.应收账款　　　　B.存货　　　　　　C.短期借款　　　　D.应收票据

7.流动比率为1.2,则赊购材料一批(不考虑增值税)将会导致( )。

A.流动比率提高　　B.流动比率降低　　C.流动比率不变　　D.速动比率降低

8.某公司当年经营利润很多,却不能偿还当年债务,为查清原因,应检查的财务比率有( )。

A.资产负债率　　　B.流动比率　　　　C.存货周转率　　　D.应收账款周转率

9.下列关于财务分析有关指标的说法,正确的有( )。

A.因为速动比率比流动比率更能反映流动负债偿还的安全性和稳定性,所以速动比率很低的企业不可能到期偿还其流动负债

B.产权比率揭示了企业负债与资本的对应关系

C.与资产负债率相比,产权比率侧重于提示财务结构的稳健程度以及权益资本对偿债风险的承受能力

D.与流动比率或速动比率相比,以现金流动负债比率来衡量企业短期债务的偿还能力更为保险

(三)判断题

1.当企业息税前资金利润率高于借入资金利率时,增加借入资金可以提高自有资金利润率。   (   )

2.流动比率与速动比率之差等于现金流动负债比率。   (   )

3.尽管流动比率可以反映企业短期偿债能力,但有的企业流动比率较高,却没有能力支付到期的应付账款。   (   )

4.某企业2020年的销售净利率为5.73%,资产周转率为2.17;2021年的销售净利率为4.88%,资产周转率为2.83。若两年的资产负债率相同,则2021年的权益净利率比2020年的变化趋势为上升。   (   )

5.计算已获利息倍数时的利息费用指的是计入财务费用的各项利息。   (   )

6.如果已获利息倍数低于1,那么企业一定无法支付到期利息。   (   )

7.对于一个健康的、正在成长的公司来说,经营活动现金净流量应当是正数,投资活动现金净流量是正数,筹资活动现金净流量的正、负数相同。   (   )

8.对于一个健康的正在成长的公司来说,各项流入流出比都应当大于1。   (   )

9.尽管流动比率可以反映企业的短期偿债能力,但有的企业流动比率较高,却没有能力支付到期的应付账款。   (   )

二、实训

(一)计算分析题

1.已知某企业2020年主营业务收入净额为13 800万元,全部资产平均余额为5 520万元,流动资产平均余额为2 208万元;2021年主营业务收入净额为15 876万元,全部资产平均余额为5 880万元,流动资产平均余额为2 646万元。

要求:试计算2020年与2021年的全部资产周转率、流动资产周转率和资产结构(流动资产占全部资产的百分比)。

2.某公司2020年年初存货为60 000元,应收账款为50 800元;年末流动资产比率为2,速动比率为1.5,存货周转率为4次,流动资产合计为108 000元。

要求:

(1)计算该公司2020年的销货成本。

(2)若该公司2020年的销售净收入为624 400元,除应收账款外,其他速动资产忽略不计,则应收账款周转次数是多少?

(3)该公司的营业周期有多长?

3.某企业2020年年末的速动比率为2,长期负债是短期投资的4倍,应收账款为8 000元,是速动资产的50%,是流动资产的25%,并与固定资产相等。所有者权益总额等于运营资金。实收资本是未分配利润的2倍。

要求:根据上述资料编制该企业的资产负债表。

4.某公司可以免交所得税,2021年的销售额比2020年提高。有关的财务比率见表3-8。

表3-8　　　　　　　　　　某公司有关财务比率

财务比率	2020年同业平均	2020年本公司	2021年本公司
平均收现期(天)	35	36	36
存货周转率	2.5	2.59	2.11
销售毛利率	38%	40%	40%
销售息税前利润率	10%	9.60%	10.63%
销售利息率	3.73%	2.40%	3.82%
销售净利率	6.27%	7.20%	6.81%
总资产周转率	1.14	1.11	1.07
固定资产周转率	1.4	2.02	1.82
资产负债率	58%	50%	61.30%
已获利息倍数	2.68	4	2.78

要求:

(1)运用杜邦财务分析原理比较2020年本公司与同业平均的净资产收益率,定性分析其产生差异的原因。

(2)运用杜邦财务分析原理比较本公司2021年与2020年的净资产收益率,定性分析其变化的原因。

(3)按顺序分析2021年销售净利率、总资产周转率、资产负债率变动对权益净利率的影响。

(二)思考讨论题

1.财务信息与决策有着密切的关系。人们进行财务报表分析的具体目标有哪些?试从不同的决策主体角度分别加以说明。

2.上市公司财务报表体系的组成内容是什么?

3.试分析资产的流动性对企业短期偿债能力的影响。

4.通过现金流量分析所揭示的信息有哪些作用?

5.利用财务信息对企业财务状况进行分析的基本方法有哪些?

第四章

筹资方式决策

学习目标与要求

企业对资金的需求通常并不是稳定的,而是有一定的周期性或者说具有波动性。当企业预测未来的资金需求将上升,或由于经营活动的周期性或季节性而出现资金需求时,就需要采用合适的筹资方式筹集到所需资金以满足生产与经营的需要。

通过本章的学习,应达到以下目标与要求:

理解与筹资决策相关的概念;

了解企业筹资的目的、种类和一般原则;

熟悉企业筹资的渠道与方式;

理解和掌握资金需求量预测的计算分析方法;

能够熟练运用筹资的相关基础知识分析辨识企业筹资的渠道与方式存在的问题;

能够根据企业筹资情况,采用合适的方法确定企业资金筹集数量。

案例导入

"众筹融资"的诞生

朱江决定创业,但是拿不到风投。2012 年 10 月 5 日,淘宝出现了一家店铺,名为"美微会员卡在线直营店"。淘宝店店主是美微传媒的创始人朱江,他曾经在多家互联网公司担任高管。

在"美微会员卡在线直营店",消费者可拍下相应金额的会员卡,但这不是简单的会员卡,购买者除了能够享有订阅电子杂志的权益,还可以拥有美微传媒的100股原始股份。朱江2012年10月5日开始在淘宝店里上架公司股权。

美微传媒的众募式试水在网络上引起了巨大的争议,很多人认为其有非法集资嫌疑。果然,还未等交易全部完成,美微的淘宝店铺就被淘宝官方关闭,阿里对外公告淘宝平台不准许公开募股。而证监会也约谈了朱江,最后宣布该融资行为不合规,美微传媒不得不像所有购买凭证的投资者全额退款。按照证券法,向不特定对象发行证券,或者向特定对象发行证券累计超过200人的都属于公开发行,都需要经过证券监管部门的核准才可发行。

资料来源:1688资金项目网——众筹的十大经典案例

第一节 筹资概述

一、筹资的概念与分类

筹资是指企业通过不同渠道,采取各种方式,按照一定程序,筹措企业设立、生产经营所需资金的财务活动。资金是企业筹办和从事生产经营活动的物质基础,是企业财务活动的起点。筹资管理是企业公司金融的一项重要内容。

企业筹集的资金可按不同的标准分为以下几类:

(1)按照资金来源渠道不同,分为权益筹资和负债筹资。权益筹资又称自有资金筹资,是指企业通过发行股票、吸收直接投资、内部积累等方式筹集资金。企业可长期拥有、自主支配该项资金,财务风险小,但付出的资金成本相对较高。

负债筹资又称借入资金筹资,是指企业通过发行债券、向银行借款、融资租赁等方式筹集的资金。负债筹资以还本付息为条件,一般承担较大风险,但相对而言,付出的资金成本较低。

(2)按所筹资金使用期限的长短,分为短期资金筹集和长期资金筹集。短期资金一般是指供一年以内使用的资金,主要投资于现金、应收账款、存货等,一般在短期内可收回。短期资金通常采用商业信用、短期银行借款、发行短期融资券、应收账款转让等方式筹集。

长期资金一般是指供一年以上使用的资金,主要投资于新产品的开发和推广、生产规模的扩大、厂房和设备的更新等。它是企业长期、持续、稳定地进行生产经营的前提和保障,一般需要几年甚至十几年才能收回。长期资金通常采用吸收直接投资、发行股票、发行债券、长期借款、融资租赁和利用留存收益等方式来筹集。

二、筹资的渠道与方式

(一)筹资渠道

筹资渠道是指筹措资金来源的方向与通道。在计划经济时期,我国企业筹集资金的渠道有国家投入、银行借款和企业自留资金三种。其中,以国家投入资金即财政资金为主。随着社会主义市场经济的建立和完善,企业的资金筹集渠道呈现多元化趋势,主要有以下几个:

1. 国家财政资金

出于控制和掌握关系国家安全和国民经济命脉的重要行业和关键领域,支持和引导非国有经济发展等需要,国家财政需要以各种形式向企业投入资金。对国有及国有控股企业而言,财政资金在企业的各种资金来源中占有特殊地位。

2. 银行信贷资金

我国银行主要分为商业银行、政策性银行和信用社三大类。商业银行是以营利为目的、从事信贷资金投放的金融机构,主要为企业提供各种商业贷款。政策性银行主要为特定企业提供政策性贷款。银行对企业的各种贷款是我国目前各类企业最为重要的资金来源。根据财政部汇编的2014年度全国企业财务会计决算资料,短期借款和长期借款合计占企业负债总额的49.3%。

3. 非银行金融机构资金

非银行金融机构主要有金融资产管理公司、信托投资公司、金融租赁公司、企业集团的财务公司等。这类金融机构的资金力量比商业银行小,且业务受限较多,一般起辅助贷款的作用。

4. 民间资金

民间资金主要是指民营企业的流动资产和家庭的金融资产。改革开放以来,我国以社会主义市场经济为取向的改革创造了大量社会财富,集聚了大量的民间资本。

5. 其他企业资金

其他企业单位可能会因业务关系、投资需求、商业信用等而直接向企业提供权益资金或者债务资金。

6. 外商资金

我国经济融入世界经济之后,来自境外投资者的各类资金日益增多。企业可以依法通过直接或者间接方式利用外商资金。

7. 企业自身积累资金

企业提取的公积金和未分配利润等留存收益可转化为生产经营资金,是企业稳定的、几乎没有成本的资金来源。

(二)筹资方式

筹资方式是指企业筹措资金所采用的具体形式。目前,我国企业的筹资方式主要有以下几种:

1. 发行股票

根据《中华人民共和国公司法》(以下简称《公司法》)的规定,股份有限公司以股票形式向社会公开募集或者向特定对象募集股本。募集的股本按照所有权性质不同,可以分为国家股、国有法人股、外资股、其他法人股、个人股等不同类型。股东依法参加或监督企业的经营管理,分享红利,并承担风险和义务。

2. 吸收直接投资

全民所有制企业、有限责任公司、采取发起方式设立的股份有限公司等可以接受投资者以货币或者非货币资产向企业出资或者增资。

3. 发行企业债券

企业债券是符合法定条件的企业依照法定程序发行、约定在一定期限内还本付息的有价证券。持券人可按期取得利息,到期收回本金,但无权参与企业经营管理,也不参加分红,对企业不承担任何责任。企业通过发行债券取得的资金,应当按照规定用途安排使用。

4.向银行借款

企业可以向银行等金融机构借入资金。银行贷款根据风险承担的不同,可分为自营贷款、委托贷款和特定贷款;根据时间的不同,可分为短期贷款、中期贷款和长期贷款;根据形式的不同,可分为信用贷款、担保贷款和票据贴现。

5.利用商业信用

商业信用包括企业之间以赊销分期付款等形式提供的信用,以及在商品交易的基础上以预付定金等形式提供的信用。商业信用既可以直接用商品提供,也可以用货币提供,但是信贷主体必须发生真实的商品或服务交易。商业信用是现代信用制度的基础。

6.融资租赁

融资租赁是由租赁公司按承租单位要求出资购买设备,在较长的合同期内提供给承租单位使用的一种信用业务。它以融通资金为主要目的,是融资与融物相结合的、带有商品销售性质的租赁活动,是企业筹集资金的一种重要方式。

资金筹集的渠道和方式既有联系又有区别。筹资渠道是了解哪里有资金,说明取得资金的客观可能性;筹资方式是解决用什么方式取得资金,将可能性转化为现实性,属于企业主观能动行为。一定的筹资方式可能只适用于某一特定的筹资渠道,但同一渠道的资金往往可采用不同的方式取得,同一筹资方式又往往适用于不同的筹资渠道。因此,企业在筹资时,必须实现两者的合理选择和有机结合。

三、筹资原则

企业筹资应遵循以下几项基本原则:

1.规模适度

企业在筹资过程中应预先确定资金的需要量,使筹资量与需要量平衡,以防止因筹资不足而影响生产经营活动的正常开展,同时也避免因筹资过剩而造成资金闲置。

2.筹措及时

企业在筹资过程中必须按照投资机会来把握筹资时机,适时获得所需资金,以避免因取得资金过早而造成投资前的闲置,或者取得资金相对滞后而错过资金投放的最佳时间。

3.来源合理

不同来源的资金对企业的收益和成本有不同的影响,企业应认真研究资金渠道和资金市场,合理选择资金来源。

4.方式经济

企业筹集资金必然要付出一定的代价,不同筹资方式条件下的资金成本有高有低。因此,企业应根据不同筹资渠道与筹资方式的难易程度、资金成本等进行综合考虑,选择经济可行的筹资方式。

四、资金需要量的预测

企业在筹资之前应当预测资金需要量,使所筹集的资金既能满足生产经营的需要,又不会因太多而闲置。资金需要量预测的常用方法主要有因素分析法、销售额比率法和回归分析法等。

(一)因素分析法

因素分析法又称分析调整法,是以有关项目基期年度的平均资金需要量为基础,根据预测年度的生产经营任务和资金周转加速的要求,进行分析与调整,来预测资金需要量的一种方法。

因素分析法的计算公式如下:

资金需要量=(基期资金平均占用额-不合理资金占额)×(1±预测期销售增减率)×(1±预测期资金周转速度变动率)

提示:因素分析法假设销售增长与资金需要量同向变动,资金周转速度与资金需要量反向变动。

假设甲企业上年度资金平均占用额为 3 600 万元,经分析,其中不合理部分为 200 万元,预计本年度销售增长 8%,资金周转加速 5%。

则:预测年度资金需要量=(3 600-200)×(1+8%)×(1-5%)=3 488.4 万元

因素分析法比较简单,容易计算和掌握,但预测结果不太准确。其主要适用于品种繁多、规格复杂、资金用量较小的项目资金需求量的预测。

(二)销售额比率法

销售额比率法是指以资金与销售额的比率为基础,预测未来资金需要量的方法。该种方法以两个基本假定为前提:一是企业的部分资产和负债与销售额同比例变化(在财务上称为敏感项目,包括敏感资产项目和敏感负债项目),二是企业各项资产、负债与所有者权益的结构已达到最优。其预测的基本步骤如下:

第一步,确定销售变动额。

第二步,确定随销售额变动而变动的资产和负债项目。

第三步,确定需要增加的资金数额。

第四步,确定需要对外筹资的数额。

【例 4-1】 某公司 2020 年 12 月 31 日的资产负债表见表 4-1。

表 4-1　　　　　　　　　　　　　　资产负债表

2020 年 12 月 31 日　　　　　　　　　　　　　　　　　　单位:万元

资产	金额	负债与所有者权益	金额
货币资金	5 500	应付利息	12 000
应收账款	15 500	短期借款	25 000
存货	30 000	应付账款	6 000
固定资产净值	35 000	应付债券	12 000
		实收资本	21 000
		留存收益	10 000
资产合计	86 000	负债与所有者权益合计	86 000

假定该公司 2020 年的销售额为 120 000 万元,销售净利率为 8%,股利支付率为 50%。经预测,2021 年该公司的销售额将提高到 144 000 万元,且无须追加固定资产投资,销售净利率和股利支付率不变。试计算该公司 2021 年需要对外筹资的数额。

第一步:确定销售变动额。

销售变动额=144 000-120 000=24 000 万元

第二步:确定随销售额变动而变动的资产和负债项目。

该公司财务人员经过分析认为,资产方除固定资产外都将随销售额的增加而增加。在负债与所有者权益方,只有应付费用和应付账款随销售的增加而增加,见表 4-2。

表 4-2　　　　　　　　　　　销售额比率表

资产	占销售额/%	负债与所有者权益	占销售额/%
货币资金	4.6	应付费用	10
应收账款	12.9	短期借款	不变动
存货	25	应付账款	5
固定资产	不变动	应付债券	不变动
		实收资本	不变动
		留存收益	不变动
资产合计	42.5	负债与所有者权益合计	15

第三步:确定需要增加的资金数额。

从表 4-2 中可以看出,销售额每增加 100 元,必须增加 42.5 元的资金占用,但同时增加 15.0 元的资金来源,也就是说,每增加 100 元的销售额,需净增资金 27.5(42.5－15.0)元。2021 年该公司销售额预计增加了 24 000 万元,则需增加资金 6 600(24 000×27.5%)万元。

第四步:确定需要对外筹资的数额。

该公司 2021 年预计将获得 11 520(144 000×8%)万元的净利润,股利支付率为 50%,其留存收益为 5 760(11 520×50%)万元,则需对外筹资 840(6 600－5 760)万元。

为简便起见,可用下列公式来计算需要对外筹资的数额:

$$对外筹资需要量 = \frac{A}{S_1}(\Delta S) - \frac{L}{S_1}(\Delta S) - RP(S_2)$$

式中:A 表示随销售变化的资产;L 表示随销售变化的负债;S_1 表示基期销售额;S_2 表示预测期销售额;ΔS 表示销售变动额;P 表示销售净利率;R 表示留存收益比率。

如【例 4-1】,用上述公式计算的某公司 2021 年对外筹资额如下:

对外筹资需要量 = 42.5%×24 000－15%×24 000－8%×50%×144 000＝840 万元

(三)回归分析法

企业的筹资规模与产销量之间存在一定的关系,有的资金不受产销量变动的影响而保持不变。这些资金为不变资金,如维持营业而占用的最低数额现金、原材料的保险储备以及固定资产占用的资金。有的资金则随产销量的变动而同比例变动。这些资金为变动资金,如最低储备以外的现金、存货以及应收账款等所占用的资金。根据这种对应关系,可按照回归的方法来建立相关模型,再根据这一模型来预测资金需要量。最常用的线性回归模型为:

$$y = a + bx$$

式中:x 表示产销量;y 表示资金需要量;a 表示不变资金;b 表示单位产销量所需的变动资金。

在实际运用中,人们是先根据若干期产销量和资金占用的历史资料,运用最小平方法原理确定 a、b 的值,然后在已知产销量预测的基础上确定资金需要量。其计算公式为:

$$a = \frac{\sum x^2 \sum y - \sum x \sum xy}{n\sum x^2 - (\sum x)^2}$$

$$b = \frac{n\sum xy - \sum x \sum y}{n\sum x^2 - (\sum x)^2}$$

▶【例 4-2】 某企业 2016—2020 年的产销量和资金占用量见表 4-3。2021 年预计产销量为 160 万件,试计算该企业 2021 年的资金需要量。

表 4-3　　　　　　　某企业 2019—2020 年的产销量与资金占用量表

年度	产销量 x/万件	资金占用量 y/万元
2016 年	100	100
2017 年	110	105
2018 年	120	110
2019 年	130	115
2020 年	140	120

(1)根据表 4-3 的有关资料,按上述公式的要求整理出表 4-4。

表 4-4　　　　　　　产销量与资金占用量回归分析计算表

年度	产销量 x/万件	资金占用量 y/万元	xy	x^2
2016 年	100	100	10 000	10 000
2017 年	110	105	11 550	12 100
2018 年	120	110	13 200	14 400
2019 年	130	115	14 950	16 900
2020 年	140	120	16 800	19 600
合计 $n=5$	$\sum x = 600$	$\sum y = 550$	$\sum xy = 66\ 500$	$\sum x^2 = 73\ 000$

(2)将表 4-4 中的有关数据代入公式得:
$$a = \frac{73\ 000 \times 550 - 600 \times 66\ 500}{5 \times 73\ 000 - 600^2} = 50$$

$$b = \frac{5 \times 66\ 500 - 600 \times 550}{5 \times 73\ 000 - 600^2} = 0.5$$

(3)建立线性回归模型:
$$y = 50 + 0.5x$$

(4)将 2021 年的预计销售量 160 万件代入回归模型,得出 2021 年资金需要量如下:
$$50 + 0.5 \times 160 = 130\ 万元$$

第二节　权益资金的筹集

一、权益资金的概念与特点

权益资金即权益资本,是指企业通过吸收直接投资、发行股票、自身积累等方式筹集的资金。它是投资者在企业中享有权益和承担责任的依据。

权益资金具有以下几个特点：

1. 法定性

为了确认法人资格，企业设立、变更和注销都必须进行工商注册登记。其中，权益资本的投入和增减是主要登记事项。一经登记，注册资本就不得随意变更。投资者以其出资额享有权益和承担责任。

2. 主动性

权益资本是投资者为实现特定目的而主动、自愿投入企业的。其不同于债务资金。

3. 永久性

除了企业清算、转让股权等特殊情形，投资者不得随意从企业收回权益资本。也就是说，企业可以无限期地占用投资者的出资，投资者只能通过利润分配、转让股权等法定形式取得投资回报。

二、权益资金的筹集方式

权益资金的筹集方式主要有吸收直接投资、发行股票和利用留存收益。

(一)吸收直接投资

1. 吸收直接投资的概念

吸收直接投资是指企业以协议合同等形式吸收国家、法人、个人和外商等直接投入资金，形成企业资本金的一种筹资方式。它不以证券为中介。有关各方按出资额的比例分享利润、承担损失。

2. 吸收直接投资的方式

投资者可以用现金、实物、无形资产等作价出资。

(1)以现金出资。以现金出资是吸收投资中的一种最重要的出资方式。现金比其他出资方式所筹资本在使用上有更大的灵活性。它既可用于购置资产，也可用于费用支付。因此，企业应尽量动员投资者采用现金方式出资。《公司法》要求全体股东的货币出资金额不得低于公司注册资本的30%。

(2)以实物出资。以实物出资是投资者以厂房、设备等固定资产和原材料、商品等流动资产所进行的投资。一般来说，实物投资应符合以下几个条件：

①确为企业生产、经营和科研所需。

②技术性能较好。

③作价公平合理。

(3)以工业产权出资。以工业产权出资是指投资者以商标权、专利权、非专利技术等无形资产所进行的投资。一般来说，企业吸收的工业产权应符合以下几个条件：

①有助于研究、开发出新的适销对路的高科技产品。

②有助于改进产品质量，提高生产效率。

③有助于降低各种消耗。

④作价公平合理。

《公司法》要求全体股东的货币出资金额不得低于公司注册资本的30%。也就是说，无形资产出资的最高比例可达到70%。这有利于促进科技成果的产业化，调动企业和研发人员自主创新的积极性。但《中华人民共和国外资企业法实施细则》另有规定，外资企业的工业产权、专有技术的作价应与国际上通常的作价原则相一致,且作价金额不得超过注册资本的20%。

(4)以土地使用权出资。土地使用权是指企业对依法取得的土地在一定期间内享有开发、利用和经营的权利。企业吸收土地使用权投资应符合以下几个条件:

①企业科研、生产和销售活动所需。

②交通、地理条件比较适宜。

③作价公平合理。

3.吸收直接投资的优缺点

(1)吸收直接投资的优点:

①有利于提高企业信誉。吸收直接投资所筹资金属于自有资金,能增强企业的信誉和对外负债的能力。吸收的直接投资越多,举债能力越强。

②有利于尽快形成生产能力。吸收直接投资不仅可筹集现金,还能直接取得所需的先进设备和技术,从而尽快地形成企业的生产经营能力。

③有利于降低财务风险。吸收直接投资向投资者支付报酬较为灵活,企业经营状况好,可向投资者多支付一些报酬,企业经营状况不好,则可不支付或少支付报酬,财务风险较小。

(2)吸收直接投资的缺点:

①资金成本较高。因为投资者要参与利润分红,所以如果公司有可观的利润,那么利润分红将大大高于其举债的成本。

②容易分散企业的控制权。投资者一般都要求获得与投资数量相适应的经营管理权,这是企业接受外来投资的代价之一。如果外部投资者的投资较多,那么投资者会有相当大的管理权,甚至会对企业实行完全控制,这是吸收直接投资的不利因素。

(二)发行股票

1.股票的概念与分类

(1)股票的概念。股票是股份公司为筹集股权资本而发行的,表示股东按其持有的股份享有权益和承担义务的可转让的书面凭证。股票持有人即公司的股东。股东作为出资人按投入公司的资本额享有资产收益、公司重大决策和选择管理者等权利,并以其所持股份为限对公司承担责任。股票筹资是股份公司筹集资本的主要方法。

(2)股票的分类。根据不同的标准,股票可以分为不同的类别。

①按股东所承担的权利与义务不同,股票可分为普通股和优先股。普通股是股份公司依法发行的具有平等的权利、义务、股利不固定的股票,是公司股票的主要存在形式,具有股票的最一般特征,是股份公司资本的最基本部分。普通股股东享有投票权、分享利润权与剩余财产分配权,同时也是企业经营风险的主要承担者。

优先股是股份公司发行的、相对于普通股具有一定优先权的股票,是介于普通股与债券之间的一种混合证券。优先股的优先权主要表现为优先分配股息、优先分享剩余财产。从法律上讲,企业对优先股不承担法定的还本义务,是企业自有资金的一部分。

②按股票票面是否记名,股票可分为记名股票和无记名股票。记名股票是指在股票上载有股东姓名或名称并将其记入公司股东名册的股票。记名股票要同时附有股权手册。只有同时具备股票和股权手册才能领取股利。记名股票的转让和继承都要办理过户手续。

无记名股票是指在股票上不记载股东姓名或名称,也不将股东姓名或名称记入公司股东名册的股票。无记名股票的转让、继承无须办理过户手续。

③按发行对象和上市地区,股票可分为A股、B股、H股、N股和S股等。A股是供我国

内地个人或法人买卖的,以人民币标明票面金额并以人民币认购和交易的股票;B股、H股、N股和S股是专供外国和我国港、澳、台地区投资者买卖的,以人民币标明票面金额但以外币认购和交易的股票(注:自2001年2月19日起,B股开始对我国境内居民开放)。A股和B股均在我国境内上市;H股在香港上市;N股在纽约上市;S股在新加坡上市。

2.股票发行

(1)股票发行的规定与条件。我国股份有限公司发行股票必须符合《公司法》《中华人民共和国证券法》(以下简称《证券法》)和《上市公司证券发行管理办法》的下列有关规定和条件:

①每股金额相等。同次发行的股票,每股的发行条件和价格应当相同。

②股票发行价格既可以按票面金额,也可以超过票面金额,但不得低于票面金额。

③股票应当载明公司名称、公司登记日期、股票种类、票面金额及代表的股份数、股票编号等主要事项。

④公司向发起人、国家授权投资的机构和法人发行的股票应当为记名股票;向社会公众发行的股票既可以为记名股票,也可以为无记名股票。

⑤公司发行记名股票的,应当置备股东名册,记载股东的姓名或者名称、住所、各股东所持股份、各股东所持股票编号、各股东取得其股份的日期;公司发行无记名股票的,应当记载其股票数量、编号及发行日期。

⑥公司公开发行新股应当符合下列条件:具备健全且运行良好的组织机构;具有持续盈利能力,财务状况良好;最近三年财务会计文件无虚假记载,无其他重大违法行为;国务院证券监督管理机构规定的其他条件。

⑦公司发行新股应由股东大会做出有关下列事项的决议:新股种类及数额;新股发行价格;新股发行的起止日期;向原有股东发行新股的种类及数额。

(2)股票发行的程序:

①设立时发行股票的程序。

第一步,提出募集股份申请。

第二步,公告招股说明书,制作认股书,签订承销协议和代收股款协议。

第三步,招认股份,缴纳股款。

第四步,召开创立大会,选举董事会、监事会。

第五步,办理设立登记,交割股票。

②增资发行新股的程序。

第一步,股东大会做出发行新股的决定。

第二步,由董事会向国务院授权的部门或省级人民政府申请并经批准。

第三步,公告新股招股说明书和财务会计报表及附属明细表,与证券经营机构签订承销合同,定向募集时向新股认购人发出认购公告或通知。

第四步,招认股份,缴纳股款。

第五步,改组董事会、监事会,办理变更登记并向社会公告。

(3)股票发行方式。股票的发行方式可分为如下两种:

①公开间接发行。公开间接发行是指通过中介机构公开向社会公众发行股票。我国股份有限公司采用募集设立方式向社会公开发行新股时,须由证券经营机构承销的做法就属于股票的公开间接发行。

②不公开直接发行。不公开直接发行是指不公开对外发行股票,只向少数特定对象直接

发行,无须经中介机构承销。我国股份有限公司采用发起设立方式发行新股的做法就属于股票的不公开直接发行。

(4)股票的销售方式。股份有限公司向社会公开发行股票时可采用自销和委托承销两种方式。

①自销。自销是指发行公司自己直接将股票销售给认购者。公司采用此种方式可以节省发行费用,但筹资时间长并要承担全部发行风险。

②委托承销。委托承销是指发行公司将股票销售业务委托给证券经营机构代理。这种方式是发行股票所普遍采用的。股票承销又分为包销和代销两种具体办法。所谓包销,是根据承销协议商定的价格,证券经营机构一次性全部购进发行公司公开募集的全部股份,然后以较高的价格出售给社会上的认购者。所谓代销,是证券经营机构代替发行公司代售股票,并由此获取一定的佣金,但不承担股款未募足的风险。

(5)股票的发行价格。股票的发行价格一般有以下三种:

①等价。等价又称平价发行,以股票的票面额为发行价格。该种方法一般在股票的初次发行或在股东内部分摊增资的情况下采用。

②时价。时价就是以本公司股票在流通市场上买卖的实际价格为基准确定的股票发行价格。

③中间价。中间价就是以时价和等价的中间值确定的股票发行价格。

按时价或中间价发行股票,股票的发行价格会高于或低于其面额。前者称溢价发行,后者称折价发行。《公司法》规定,股票发行价格可以等于票面金额(等价),也可以超过票面金额(溢价),但不得低于票面金额(折价)。

3.股票上市

股票上市是指股份有限公司公开发行的股票经批准在证券交易所挂牌交易。经批准在交易所上市的股票称为上市股票,股票获准上市的股份有限公司称为上市公司。

(1)股票上市的条件。《证券法》规定,股份有限公司申请股票上市,应当符合下列条件:

①股票经国务院证券监督管理机构核准已公开发行。

②公司股本总额不少于人民币三千万元。

③公开发行的股份达到公司股份总数的百分之二十五以上;公司股本总额超过人民币四亿元的,公开发行股份的比例为百分之十五以上。

④公司最近三年无重大违法行为,财务会计报告无虚假记载。

国家鼓励符合产业政策并符合上市条件的公司股票上市交易。

(2)股票上市的有利因素。股票上市有以下几个有利因素:

①便于筹措资金。

②提高公司股票的流通性和变现性,便于投资者认购、交易。

③使股权社会化,防止股权过于集中。

④便于确定公司的价值,有利于促进公司实行财富最大化目标。

⑤提高公司的知名度,吸引更多顾客。

(3)股票上市的不利因素。股票上市有以下几个不利因素:

①公司信息公开披露的要求可能会暴露公司的商业秘密。上市公司必须依照法律、行政法规的规定,公开其财务状况、经营情况及重大诉讼,在每一会计年度内半年公布一次财务会计报告。

②上市的费用较高。这些费用包括资产评估费、股票承销佣金、律师费、注册会计师费、印刷费、登记费等。

③股价变动有时会歪曲公司的实际状况,影响公司声誉。

4. 普通股筹资的优缺点

(1)普通股筹资的优点。普通股筹资的优点有以下几个:

①没有固定的股利负担。股利支付与否和支付多少视公司有无盈余和经营情况而定。

②没有固定的到期日,不用偿还。普通股筹集的是永久性的资金,只有在公司清算时才需要偿还。

③筹资风险小。普通股没有固定到期日,不用支付固定的股利,风险最小。

④能增加公司的信誉。公司资本实力是公司筹措债务资金的信用基础。公司有了较多的股权资本,就能提高公司的信用价值,增强公司的举债能力。

⑤筹资限制较少。利用优先股和债券筹资通常有许多限制,而利用普通股筹资则没有这种限制。

(2)普通股筹资的缺点。普通股筹资的缺点有以下几个:

①资金成本较高。投资于普通股风险较高,投资者要求有较高的投资报酬。股利从税后利润中支付,不具有抵税作用。普通股的发行费用也比较高。

②容易分散控制权。公司发行新股票,增加新股东,将稀释原有股东对公司的控制权,导致公司控制权的分散。

(三)利用留存收益

留存收益的资金来源渠道有以下两个:

1. 盈余公积

盈余公积是公司按照《公司法》的规定从净利润中提取的积累资金,包括法定盈余公积金和任意盈余公积金。

2. 未分配利润

未分配利润是经过弥补亏损、提取法定盈余公积、提取任意盈余公积和向投资者分配利润等利润分配之后剩余的利润,是企业留待以后年度进行分配的历年结存的利润。企业对于未分配利润的使用有较大的自主权。

第三节 负债资金的筹集

负债是企业一项重要的资金来源,几乎没有一家企业是只靠自有资金而不运用负债就能满足资金需要的。按所筹资金可使用时间的长短,负债筹资可分为长期负债筹资和短期负债筹资。

一、长期负债筹资

长期负债筹资一般是指所筹资金的偿还期限超过一年的筹资。筹措长期负债资金可以解决企业长期资金的不足,如满足长期固定资产投资、开发新产品的需要等。长期负债筹资主要有长期借款、发行债券和融资租赁等方式。

(一)长期借款

长期借款是指企业根据借款协议或合同向银行或其他金融机构借入的、期限在一年以上的各种借款。

1.长期借款的种类

(1)按借款用途,长期借款分为基本建设借款、更新改造借款、科技开发和新产品试制借款等。

(2)按是否提供担保,长期借款分为抵押借款和信用借款。抵押借款的抵押品既可以是不动产、机器设备等实物资产,也可以是股票、债券等有价证券。信用借款则是凭借款企业的信用或其保证人的信用而取得的借款。

2.长期借款的程序

企业向金融机构借款通常要经过以下几个步骤:

(1)企业提出借款申请。企业申请借款必须填写包括借款金额、借款用途、偿还能力以及还款方式等主要内容的借款申请书,并提供以下资料:

①借款人及保证人的基本情况。

②财政部门或会计师事务所核准的上年度财务报告。

③原有不合理借款的纠正情况。

④抵押物清单及同意抵押的证明,保证人同意保证的有关证明文件。

⑤项目建议书和可行性报告。

⑥贷款银行认为需要提交的其他资料。

(2)金融机构审查。金融机构接到企业的申请后,要对企业的申请进行审查以决定是否对企业提供贷款。金融机构审查一般包括以下几个方面:

①对借款人的信用等级进行评估。

②对借款人的信用及借款的合法性、安全性和盈利性等情况进行调查,核实抵押物、保证人情况,测定贷款的风险。

③贷款审批。

(3)签订借款合同。借款合同的内容分为基本条款和限制条款。基本条款是借款合同必须具备的条款,一般包括借款种类、借款用途、借款金额、借款利率、借款期限、还款资金来源及还款方式、保证条款、违约责任等。限制条款是为了降低贷款机构的贷款风险而对企业提出的限制条件。它不是借款合同的必备条款。限制条款分为一般性限制条款、例行性限制条款和特殊性限制条款。一般性限制条款通常包括对企业流动资金保持量的要求、支付现金股利的限制、资本支出规模的限制及其他债务限制等。例行性限制条款一般包括企业必须定期向贷款机构提交财务报表、不准在正常情况下出售较多资产、及时清偿到期债务、禁止企业贴现应收票据或转让应收账款、不得为其他单位或个人提供担保等。特殊性限制条款一般包括贷款专款专用、不准企业过多对外投资、企业主要领导要购买人身保险且在合同有效期内担任领导职务等。

(4)企业取得借款。签订借款合同后,贷款机构按合同的规定按期发放贷款,企业便可取得相应的资金。若贷款人不按合同约定按期发放贷款,则应偿付违约金。若借款人不按合同的约定用款,则应偿付违约金。

(5)企业偿还借款。企业应按合同的规定按时还本付息。若企业不能按期归还借款,则应在贷款到期之前向贷款机构申请贷款展期,但是否展期,由贷款机构视具体情况而定。

3.长期借款筹资的优缺点

(1)长期借款筹资的优点:

①筹资速度快。向金融机构借款与发行证券相比,一般所需时间较短,可以迅速地获取资金。

②借款弹性较大。企业与贷款机构可通过直接商谈来确定借款的时间、数额和利息。在借款期间,如果企业情况发生了变化,也可与贷款机构协商,修改借款的数额和条件。借款到期,如有正当理由,还可延期归还。

③借款成本较低。在我国,利用银行借款所支付的利息比发行债券所支付的利息低,也无须支付较多的发行费用。

④可以发挥财务杠杆作用。由于借款的利息是固定的,所以在投资报酬率大于借款利率的情况下,企业将获得较多的杠杆收益。

(2)长期借款筹资的缺点:

①财务风险大。如果企业出现经营不利的情况,就可能会产生不能偿还到期借款的风险,甚至会导致破产。

②筹资数额有限。银行一般不愿意借出巨额的长期借款。因此,企业利用借款筹资都有一定的上限。

③限制性条款比较多。

(二)发行债券

债券是指债务人依照法定程序发行的、约定在一定期限还本付息的有价证券。

1.债券的种类

债券可按不同的标准进行分类。主要的分类方式有以下几种:

(1)按是否记名划分。按是否记名,债券分为记名债券和无记名债券。

记名债券是指在券面上注明债权人姓名或名称的债券。发行记名公司债券的应当在公司债券存根簿上载明下列事项:债券持有人的姓名或者名称及住所;债券持有人取得债券的日期及债券的编号;债券总额,债券的票面金额、利率、还本付息的期限和方式;债券的发行日期。

无记名债券是指券面上未注明债权人姓名或名称的债券。发行无记名公司债券的应当在公司债券存根簿上载明债券总额、利率、偿还期限和方式、发行日期及债券的编号。

(2)按有无特定财产担保划分。按有无特定财产担保,债券分为抵押债券和信用债券。

抵押债券是指以一定抵押品做抵押而发行的债券。按抵押品的不同,抵押债券可分为不动产抵押债券、设备抵押债券和证券抵押债券。

信用债券是指仅凭债券发行者的信用发行的、没有抵押品做抵押或担保人做担保的债券。

(3)按能否转换为公司股票划分。按能否转换为公司股票,债券分为可转换债券和不可转换债券。

可转换债券是指在一定时期内,可以按规定的价格或一定比例,由持有人自由选择转换为普通股的债券。

不可转换债券是指不可以转换为普通股的债券。

2. 债券发行

(1)债券的发行条件。《证券法》规定,公开发行公司债券,应当符合下列条件:

①股份有限公司的净资产不低于人民币三千万元,有限责任公司的净资产不低于人民币六千万元。

②累计债券余额不超过公司净资产的百分之四十。

③最近三年平均可分配利润足以支付公司债券一年的利息。

④筹集的资金投向符合国家的产业政策。

⑤债券的利率不得超过国务院限定的水平。

⑥国务院规定的其他条件。

另外,公开发行公司债券筹集的资金必须用于核准的用途,不得用于弥补亏损和非生产性支出。

发行可转换为股票的公司债券,除应当符合上述第①条规定外,还应当符合公开发行股票的条件,并报国务院证券监督管理机构核准。

(2)债券的发行程序。债券发行的基本程序如下:

①做出发行债券的决议。

②提出发行债券的申请。

③公告债券募集办法。

④委托证券机构发售。

⑤交付债券,收缴债券款,登记债券存根簿。

(3)债券的发行价格。债券的发行价格由债券到期还本面值按市场利率折现的现值与债券各期利息的现值两部分组成。其计算公式如下:

$$P = \sum_{t=1}^{n} \frac{M \times I}{(1+K)^t} + \frac{M}{(1+K)^n}$$

$$P = I \times (P/A, k, n) + M(P/F, k, n)$$

式中:P 是债券发行价格;I 为每年利息;K 为市场利率;M 是债券面值;i 是票面利率;n 是债券期限。

▶【例 4-3】 某公司发行面额为 1 000 元、票面利率为 10%、期限为 10 年的债券,于每年年末付息一次。

当市场利率为 10% 时,其发行价格计算如下:

$P = 1\,000 \times 10\% \times (P/A, 10\%, 10) + 1\,000 \times (P/F, 10\%, 10) = 999.96$(元)

当市场利率为 8% 时,其发行价格计算如下:

$P = 1\,000 \times 10\% \times (P/A, 8\%, 10) + 1\,000 \times (P/F, 8\%, 10) = 1\,134.21$(元)

当市场利率为 12% 时,其发行价格计算如下:

$P = 1\,000 \times 10\% \times (P/A, 12\%, 10) + 1\,000 \times (P/F, 12\%, 10) = 887.02$(元)

3. 债券筹资的优缺点

(1)债券筹资的优点:

①资金成本较低。与股票筹资相比,债券利息在税前支付,从而具有减税效应。同时,债券的发行费用也较低。

②有利于保障股东对公司的控制权。债券持有者无权参与企业经营管理决策,因此,发行债券筹资不会稀释股东对公司的控制权。

③可以发挥财务杠杆作用。由于债券的利息固定,当息税前利润增加时,能为股东带来杠杆效益,增加股东的财富。

(2)债券筹资的缺点:

①筹资风险高。企业利用债券筹资要承担按期还本付息的义务,偿债压力大。特别是当企业经营不景气时,还本付息会给企业带来更大的困难,甚至会导致企业破产。

②限制条件多。发行债券筹资往往有一些限制性条款,可能会影响企业资金的正常使用和以后的筹资能力。

③筹资数额有限。利用债券筹资有一定的限度。《证券法》规定,累计债券余额不超过公司净资产的百分之四十。另外,当公司的负债比率超过一定程度时,债券筹资成本会迅速上升,有时甚至会发行不出去。

(三)融资租赁

1. 融资租赁的概念与形式

(1)融资租赁的概念。融资租赁又称资本租赁、财务租赁或金融租赁等。它是由出租人(租赁公司)按照承租人的要求融资购买设备,并在契约或合同规定的较长时期内提供给承租人使用,承租人在规定的期限内分期向出租人支付租金的信用性业务。它是通过融物来达到融资的目的,是现代租赁的主要形式。

(2)融资租赁的形式。融资租赁包括售后租回、直接租赁和杠杆租赁三种形式。

售后租回是指根据协议,企业将某资产出售给出租人,再将其租回使用的一种融资租赁形式。

直接租赁是指承租人根据契约协议直接向出租人租入所需要的资产,并支付租金的一种融资租赁形式。直接租赁是融资租赁的主要形式。通常所说的融资租赁指的就是直接融资。

杠杆租赁又称借款租赁,通常适用于巨额资产的租赁项目。这一租赁方式涉及承租人、出租人和贷款人三方当事人。出租人在购买资产设备时,只需自筹该项设备所需资金的一部分,通常为20%~40%,其余的60%~80%则以该设备做抵押向贷款人贷款支付。因此,在这种情况下,出租人既是资产的出借者,同时又是贷款的借入人,通过租赁既要向承租人收取租金,又要向贷款人偿还债务。由于租赁收益大于借款成本,从而使出租人获得财务杠杆好处,故称之为杠杆租赁。

2. 融资租赁的程序

融资租赁一般包括以下程序:

(1)选择租赁公司。

(2)办理租赁委托。

(3)签订购货协议。

(4)签订租赁合同。

(5)办理验货与投保。

(6)支付租金。

(7)处理租赁期满的设备。

3. 融资租赁租金的计算

(1)融资租赁租金的构成。融资租赁租金包括设备价款和租息两部分。其中,租息又分为租赁公司的融资成本、租赁手续费等。设备价款是租金的主要内容,它由设备的买价、运杂费和运输途中的保险费等构成。融资成本是指租赁公司为购买租赁设备所筹资金的成本,即设备租赁期间的利息。租赁手续费包括租赁公司承办租赁设备的营业费用和一定的盈利。其由承租企业与租赁公司协商确定。

(2)融资租赁租金的支付方式。租金通常采用分次支付的方式,具体有以下几类:

①按支付间隔期的长短,可分为年付、半年付、季付和月付等。

②按每期支付的金额,可分为等额支付和不等额支付两种。等额支付为年金形式。

③按支付时期的先后,可分为先付租金和后付租金两种。先付租金在期初付,后付租金在期末付。

(3)融资租赁租金的计算方法。

①后付租金的计算。根据年资本回收额的计算公式,可得出后付租金方式下每年年末支付租金数额的计算公式:

$$A = P/(P/A, i, n)$$

▶【例4-4】 某企业采用融资租赁方式于2020年1月1日从某租赁公司租入一台设备,设备价款为100 000元,租期为8年,到期后设备归企业所有。双方商定采用16%的折现率。试计算该企业每年年末应支付的等额租金。

$$\begin{aligned}每年年末支付的等额租金&=100\ 000\div(P/A,16\%,8)=100\ 000\div4.343\ 6\\&=23\ 022.38\ 元\end{aligned}$$

②先付租金的计算。根据即付年金现值的计算公式,可得出先付等额租金的计算公式:

$$A = P/[(P/A, i, n-1)+1]$$

▶【例4-5】 承【例4-4】,若采用先付等额租金方式,则每年年初应支付的租金计算如下:

$$\begin{aligned}每年年初应支付的等额租金&=100\ 000\div[(P/A,16\%,7)+1]\\&=100\ 000\div(4.038\ 6+1)=19\ 846.78\ 元\end{aligned}$$

4.融资租赁筹资的优缺点

(1)融资租赁筹资的优点:

①筹资速度快。租赁是筹资与购买设备并存,比举债购置设备速度更快、更为灵活,能使承租企业尽快形成生产能力。

②限制条款少。租赁可以避免债券和长期借款所附加的多种限制条款,从而为企业经营活动提供更大的弹性空间。

③设备陈旧过时风险小。由于科学技术的迅速发展,固定资产更新周期日趋缩短,企业设备陈旧过时的风险很大,而利用融资租赁可减少这一风险,且多数租赁协议都规定由出租人承担设备陈旧过时的风险。

④财务风险小。融资租赁的租金在整个租期内分摊,不用到期归还大量本金。

⑤税负轻。承租企业支付的租金可在税前扣除,具有抵免所得税的作用。

(2)融资租赁筹资的缺点。融资租赁筹资的主要缺点是资金成本较高。一般来说,其租金要比举借银行借款或发行债券所负担的利息高得多。在企业财务困难时,固定的租金也会构成一项较沉重的负担。

二、短期负债筹资

短期负债筹资一般是指所筹资金的偿还期限不超过一年的筹资。其所筹资金主要投资于现金、应收账款、存货等。其主要方式有短期借款、商业信用、应收账款转让等。

(一)短期借款

短期借款是指企业向银行和其他非银行金融机构借入的期限在一年以内的借款。

1.短期借款的种类

目前我国的短期借款按照目的和用途可分为生产周转借款、临时借款、结算借款等。按照国际通行的做法,短期借款还可依偿还方式的不同分为一次性偿还借款和分期偿还借款;依有无担保分为抵押借款和信用借款;依利息支付方式的不同分为收款法借款、贴现法借款和加息法借款。

2.短期借款的信用条件

按照国际惯例,银行在发放短期贷款时往往涉及以下几个信用条件:

(1)信贷限额。信贷限额即贷款限额,是借款人与银行在协议中规定的允许借款人借款的最高限额。信贷限额的有效期限通常为一年,但根据情况也可延期一年。一般来说,企业在批准的信贷限额内可随时使用银行借款,但银行并不承担必须提供全部信贷限额的义务。如果企业信誉恶化,即使银行曾同意按信贷限额提供贷款,那么企业也可能得不到借款。这时,银行不会承担法律责任。

(2)周转信贷协定。周转信贷协定是银行从法律上承诺向企业提供不超过某一最高限额的贷款协定。在协定的有效期内,只要企业借款总额未超过最高限额,银行就必须满足企业任何时候提出的借款要求。企业享有周转信贷协定,通常要针对贷款限额的未使用部分付给银行一笔承诺费。

▶【例4-6】 某企业与银行商定的周转信贷额为1 000万元,承诺费率为0.5%。借款企业年度内使用了700万元,余额为300万元。借款企业应向银行支付的承诺费计算如下:

$$承诺费 = 300 \times 0.5\% = 1.5 \text{ 万元}$$

(3)补偿性余额。它是银行要求借款人在银行中保持按贷款限额或实际借款额的一定百分比(一般为10%~20%)计算的最低存款余额。从银行角度来讲,补偿性余额可降低贷款风险,补偿其可能遭受的贷款损失。从借款企业角度来讲,补偿性余额则提高了借款的实际利率。实际利率的计算公式如下:

$$实际利率 = \frac{名义借款金额 \times 名义利率}{名义借款金额 \times (1 - 补偿性余额比例)} = \frac{名义利率}{1 - 补偿性余额比例}$$

▶【例4-7】 某企业按8%的年利率向银行借款100万元,银行要求保留20%的补偿性余额。企业实际可以动用的借款只有80万元。该项借款的实际利率计算如下:

$$实际利率 = \frac{8\%}{1 - 20\%} \times 100\% = 10\%$$

(4)借款抵押。银行向财务风险较大的企业或对其信誉不甚有把握的企业发放贷款,往往需要有抵押品担保,以减少自己蒙受损失的风险。借款的抵押品通常是借款企业的应收账款、存货、股票、债券及房屋等。

(5)偿还条件。无论何种借款,银行一般都会规定还款的期限。根据我国金融制度的规定,贷款到期后企业无偿还能力的,视为逾期贷款,银行要照章加收逾期罚息。贷款的偿还有到期一次偿还和在贷款期内定期(每月、季)等额偿还两种方式。一般来讲,企业不希望采用后一种偿还方式,因为这会提高借款的实际利率;而银行不希望采用前一种偿还方式,因为这会增加企业的违约风险,同时会降低实际贷款利率。

(6)以实际交易为贷款条件。当企业发生经营性临时资金需求,向银行申请贷款以求解决时,银行则以企业将要进行的实际交易为贷款基础,单独立项,单独审批,最后做出决定并确定贷款的相应条件和信用保证。

3. 借款利息的支付方式

(1)收款法。收款法又称利随本清法,是在借款到期时向银行支付利息的方法。采用这种方法,借款的名义利率等于实际利率。银行向工商企业发放的贷款大都采用这种方法收息。

(2)贴现法。贴现法是银行向企业发放贷款时,先从本金中扣除利息部分,在贷款到期时借款企业再偿还全部本金的一种计息方法。采用这种方法,企业可利用的贷款额只有本金减去利息部分后的差额,因此贷款的实际利率高于名义利率。实际利率的计算公式为:

$$实际利率 = \frac{利息}{贷款金额 - 利息} \times 100\% = \frac{名义利率}{1 - 名义利率} \times 100\%$$

【例 4-8】 某企业从银行取得借款 100 万元,期限为 1 年,名义利率为 10%,利息为 10 万元。按贴现法付息,企业实际可动用的贷款为 90(100-10)万元。该项借款的实际利率计算如下:

$$实际利率 = \frac{10}{100 - 10} \times 100\% = 11.11\%$$

或

$$\frac{10\%}{1 - 10\%} \times 100\% = 11.11\%$$

(3)加息法。加息法是银行发放分期等额偿还贷款时采用的利息收取方法。在分期等额偿还贷款的情况下,银行要将根据名义利率计算的利息加到贷款的本金上,计算出贷款的本息和,要求企业在贷款期内分期偿还本息和。由于贷款分期等额偿还,借款企业实际上只平均使用了贷款本金的半数,却支付全额利息。这样,企业所负担的实际利率便高于名义利率。实际利率的计算公式为:

$$实际利率 = \frac{贷款额 \times 利息率}{贷款额 \div 2} \times 100\%$$

【例 4-9】 某企业借入(名义)年利率为 12% 的贷款 20 万元,分 12 个月等额偿还本息,该项贷款的实际利率计算如下:

$$实际利率 = \frac{20 \times 12\%}{20 \div 2} \times 100\% = 24\%$$

4. 短期借款筹资的优缺点

(1)短期借款筹资的优点:

①筹资速度快。企业获得短期借款所需时间要比长期借款短得多,银行在发放长期贷款前,通常要对企业进行比较全面的调查分析,会花费较长的时间。

②筹资弹性大。短期借款的数额及时间的弹性相对较大,便于企业灵活安排。

(2)短期借款筹资的缺点:

①资风险大。短期借款的偿还期短,在借款数额较大的情况下,如果企业资金调度不周,

就有可能无力按期偿付本金和利息,甚至被迫破产。

②资金成本较高。与其他短期筹资方式相比,短期借款筹资的资金成本相对较高,尤其是在补偿性余额和加息法等情况下,实际利率通常高于名义利率。

(二)商业信用

商业信用是指商品交易中的延期付款或延期交货所形成的企业之间的一种直接信用关系。利用商业信用融资的方式主要有赊购商品、预收货款、商业汇票等形式。在西方国家,商业信用又被称为自然筹资方式。

1.商业信用的条件

商业信用的条件是指销货人对付款时间和现金折扣所做的具体规定。其主要有以下几种形式:

(1)预收货款。这是企业在销售商品时,要求买方在卖方发出货物之前支付货款的情形。预收货款一般用于以下两种情况:企业已知买方的信用欠佳;销售生产周期长、售价高的产品。在这种信用条件下,销货单位可以得到暂时的资金来源。

(2)延期付款但不涉及现金折扣。这是指买方在购买商品时,卖方允许买方在交易发生后的一定时期内按发票金额支付货款的情形。这种条件下的信用期间一般为 30~60 天,但有些季节性的生产企业可能为其顾客提供更长的信用期间。在这种情况下,买方可因延期付款而取得资金来源。

(3)延期付款但早付款可享受现金折扣。在这种条件下,买方若在折扣期内付款,卖方则给予相应的现金折扣,如买方不享受现金折扣,则必须在信用期内付清账款。现金折扣的主要目的是加速账款的收回。现金折扣率一般为 1%~5%。

2.现金折扣成本的计算

如果企业放弃现金折扣,在信用期内付款,那么企业可获得最长为信用期的免费资金,但同时也会增加相应的机会成本。其成本计算公式为:

$$放弃现金折扣的成本 = \frac{CD}{1-CD} \times \frac{360}{N} \times 100\%$$

式中:CD 为现金折扣的百分比;N 为放弃现金折扣延期付款的天数,等于信用期与折扣期之差。

在一般情况下,企业财务人员需要将放弃现金折扣的成本率与银行借款年利率进行比较。若成本率大于银行借款利率,则放弃现金折扣的代价较大,对企业不利;反之,则结论相反。

【例 4-10】 某企业按"2/10,n/30"的条件购进一批商品。这一信用条件意味着企业如在 10 天内付款,可享受 2% 的现金折扣;若放弃现金折扣,则可获得最长为 30 天的免费信用。放弃现金折扣的成本计算如下:

$$放弃现金折扣的成本 = \frac{2\%}{1-2\%} \times \frac{360}{30-10} \times 100\% = 36.73\%$$

从上述计算结果可知,丧失现金折扣的机会成本是很高的。因此,除非特殊情况,企业一般应享受现金折扣。

(三)应收账款转让

1.应收账款转让的含义及种类

(1)应收账款转让的含义。应收账款转让是指企业将应收账款出让给银行等金融机构以

获取资金的一种筹资方式。应收账款转让的筹资数额一般为应收账款扣减以下项目后的余额:

①允许客户在付款时扣除的现金折扣。

②贷款机构扣除的准备金、利息费用和手续费。其中,准备金是指因在应收账款收回过程中可能发生销货退回和折让等而保留的扣存款。

(2)应收账款转让的种类。应收账款转让按是否具有追索权可分为附加追索权的应收账款转让和不附加追索权的应收账款转让。其中,附加追索权的应收账款转让是指企业将应收账款转让给银行等金融机构,在有关应收账款到期无法从债务人处收回时,银行等金融机构有权向转让应收账款的企业追偿,企业有义务按照约定从银行等金融机构回购部分应收账款,应收账款的坏账风险由企业承担。不附加追索权的应收账款转让是指企业将应收账款转让给银行等金融机构,在有关应收账款到期无法从债务人处收回时,银行等金融机构不能向转让应收账款的企业追偿,应收账款的坏账风险由银行承担。

2.应收账款转让筹资的优缺点

(1)应收账款转让筹资的优点:

①及时回笼资金。通过应收账款转让筹资,企业可以及时地收回销售商品和提供劳务的资金,增加现金流,避免企业因赊销造成现金流量的不足。

②节省收账成本,降低坏账损失风险。

(2)应收账款转让筹资的缺点:

①筹资成本较高。应收账款转让筹资的手续费和利息都很高,从而增加了企业筹资的成本。

②限制条件较多。应收账款转让时,贷款机构对转让的应收账款和转让应收账款的公司都有一定的条件限制,不符合条件的不接受转让。

思政小课堂

"民无信不立",企业要想发展壮大,走得长远,信誉是保证。无论是个人还是企业,诚信都是立足之本,这也是社会主义核心价值观的重要内容。

筹资方式决策
思政小课堂

知识拓展

联想集团收购 IBM PC 业务发行的证券

北京时间 2004 年 12 月 8 日凌晨,联想集团收购 IBM 全球 PC 业务的交易正式签约。收购总价为 12.5 亿美元,支付方式为 6.5 亿美元现金加 6 亿美元股票。作为收购对价的股票部分,联想集团向 IBM 发行的股份包括 821 234 569 股(占比 8.9%)普通股和 921 636 459 股(占比 10%)无投票权股份,发行价为每股 2.675 港元(2004 年 12 月 3 日联想集团股票的收盘价格)。交易完成后,IBM 将持有联想集团 18.9% 的股权。

联想集团收购
IBM PC业务
发行的证券

无投票权股份除了不享有投票权和不能上市交易之外，享有普通股的其他所有权利。无投票权股份可以随时按照1∶1的比例转换成拥有投票权的普通股，除非转换导致其持有人成为联想集团的主要股东(指有权在公司股东大会上行使或控制行使10%或以上投票权的人士)，或者导致联想集团公众股东的持股比例合计低于25%。

联想集团把向IBM发行的股份区分为基本代价股份和超额代价股份，数量分别为1 307 153 271股和435 717 757股。自收购首次交割之日起，IBM在6个月内不得出售超额代价股份，1年内不得出售基本代价股份，1年后可以出售1/3的基本代价股份，2年后可以出售2/3的基本代价股份，3年后方可出售全部基本代价股份。

由于自身的财务实力有限，联想集团向私募基金筹集资金用于收购。2005年3月30日，联想集团与三家私人股权投资公司得克萨斯太平洋集团(Texas Pacific Group,TPG)、泛大西洋投资公司(General Atlantic Partners LLC,GA)及新桥投资集团(Newbridge Capital LLC,NC)签订投资协议，向三家公司共发行2 730 000股非上市A类累积可换股优先股("优先股")，每股发行价为1 000港元，以及237 417 474份联想集团股份的非上市认股权证(认股权证的有效期为5年。每份认股权证可按每股2.725港元的价格认购1股联想普通股。认股权证作为优先股的附属证券发行，因此没有发行价)。交易总额为3.5亿美元，其中TPG投资2亿美元，GA投资1亿美元，NC投资5千万美元。

优先股的年息为4.5%，分季度支付。优先股持有人可以随时选择把优先股转换成普通股。在发行满7年之后，联想集团可以随时按面值赎回优先股，优先股持有人可以随时按面值回售优先股。优先股共可转换成1 001 834 862股联想普通股，转换价格为每股2.725港元，较截至2005年3月24日(包括该日)连续30个交易日联想普通股平均收市价2.335港元溢价约16.7%。

优先股持有人享有投票权，视同它们持有的优先股已经转换为普通股。在优先股发行后的3年内，联想集团的董事会不超过12人，其中包括4位独立非执行董事和至少2位联想集团高管。TPG与NC总共可指派2位董事，GA可指派1位董事。如果联想集团的某一重大决策将显著降低优先股的价值，优先股持有人委派的董事在董事会中拥有否决权。

联想集团拟将此次募集资金3.5亿美元中的1.5亿美元作为收购IBM PC业务的资金，剩余资金用作公司一般用途。联想集团用大约1.5亿美元回购了IBM拥有的435 717 757股无投票权股票。

资料来源：刘力，唐国正.公司财务[M].2版.北京：北京大学出版社，2014：53-54.

MCI的危机融资

MCI由William McGowan于1968年8月创建。其后不久，美国联邦通信委员会(FCC)推出了新政策，允许更多竞争对手在长途电信市场上和AT&T展开竞争。1971年6月，FCC正式推出的政策允许有资质的新公司提供专业长途电信服务，主要包括为电信大客户提供专线(如专用电话线)服务。1972年6月，MCI准备开始构建它的电话通信网络。

为了获得必要的资金，MCI以每股5美元的价格发行了600万股普通股，扣除费用和佣金后的净筹资额为2 710万美元(筹资费用率9%)，并获得了6 400万美元的银团贷款。银团贷款的利率在银行优惠利率的基础上向上浮动334%，另外每年还要为未使用的贷款额度支付0.5%的费用。另外，一些私人投资者同意购买MCI发行的、期限为5年、年利率为7.5%的

(附认股权证的)次级债券。MCI因此获得645万美元的债券发行收入。

到1974年3月31日,MCI的通信系统已经拥有2 280英里的传送线路,连接着15个主要的大城市。但是,这与公司1972年计划的11 600英里的通信系统还差很远。MCI需要通过AT&T的设施将其在其他地区的用户连接到其在大城市的交换中心。由于AT&T有效地阻止了提供全面的互联互通服务,MCI难以获得较多的服务收入。1973年年底,MCI就此提出追究AT&T的法律责任和赔偿,并暂停了所有的基础设施建设。在此期间,MCI于1974年3月开始了针对AT&T的反垄断诉讼,FCC要求AT&T从1974年起为MCI提供全方位的内部互联服务。此后,MCI恢复了网络建设工作。

1975财政年度,MCI的收入为680万美元,亏损为3 870万美元。到1975年9月,尽管MCI已拥有可以连接30个主要大城市的5 100英里通信网络,但它的净资产是2 750万美元,累积经营亏损达到8 730万美元,公司的股票价格跌破每股1美元。此时MCI已用尽了其所有贷款额度,不得不重新协商以前的贷款协议以延缓利息的偿付,并且还需要对那些已经到期而无法还本(技术性违约)的贷款协议进行重新谈判。为了应对这场财务危机,MCI于1975年12月增发了960万股普通股,每股含一份期限为5年、行权价格为1.25美元的认股权证。通过增发,MCI公司得到了820万美元的净发行收入(每股股票加认股权证的发行价格为0.85美元,而发行前公司股票的市场价格为0.875美元),从而得以生存下来。

MCI于1976年出现了转机。公司于1974年冬天推出的"Execunet"业务(为那些无法承受专线服务费用的小型商业用户提供长途电话服务,与标准长途呼叫服务类似,客户可以随机地连接MCI的传送线路)开始产生巨大的收入,并且改变了公司的财务状况。1976财年,公司的销售收入增加到2 840万美元,1977财年进一步增加到6 280万美元(大约一半来自Execunet业务)。曾经一度停止支付的银团贷款利息,也于1976年8月恢复支付。正当MCI在1976年11月第一次盈利10万美元的时候,FCC通过了一项法律,限制为现有用户提供Execunet服务(这项规定直到1978年5月才完全撤销)。这项规定使Execunet的业务增长放缓,但是没有阻止MCI的发展。1977财年和1978财年,收入增长率放缓至18%。但随着FCC撤销对Execunet服务的限制,MCI的销售收入增长率很快就超过了50%。从1977年3月至1981年3月,公司员工数量翻了三番,由605人增长到1 980人;同期厂房设备的价值由1.366亿美元增加到4.1亿美元。更重要的是,MCI的盈利能力提升迅速。持续的增长使公司的税后净收益由1977财年的170万美元亏损转为1981财年的2 110万美元盈利。截至1981财年年末,MCI用完了它所有的亏损税收抵免,股东权益也转为正的1.48亿美元。

资料来源:Kester,Ruback,Tufana.Case Problems in Finance[M].12th edition.McGraw—Hill/Irwin,2005.

知识演练

一、快速测试

(一)单项选择题

1.为了简化股票的发行手续,降低发行成本,股票发行应采取(　　)方式。

A.溢价发行　　　　　　　　　　B.平价发行

C.公开间接发行　　　　　　　　D.不公开直接发行

2.在下列支付银行贷款利息的各种方法中,名义利率与实际利率相同的是(　　)。

A.收款法　　　B.贴现法　　　C.加息法　　　D.余额补偿法

3.某企业需借入资金600 000元。由于贷款银行要求将贷款数额的20%作为补偿性余额,所以企业贷款数额为(   )元。

A.600 000　　　　　B.720 000　　　　　C.750 000　　　　　D.672 000

4.某企业按10%的年利率从银行借入款项800万元,银行要求企业按贷款限额的15%保持补偿余额。该贷款的实际年利率为(   )。

A.11%　　　　　　B.11.76%　　　　　C.12%　　　　　　D.11.5%

5.某企业拟发行5年期债券进行筹资。该债券的票面金额为100元,票面利率为12%,于每年年末付息一次,而当时的市场利率为10%,那么该企业债券的发行价格应为(   )元。

A.93.22　　　　　　B.100　　　　　　C.105.35　　　　　D.107.58

6.从公司金融的角度来看,与长期借款筹资相比较,普通股筹资的优点是(   )。

A.筹资速度快　　　B.筹资风险小　　　C.筹资成本小　　　D.筹资弹性大

7.从筹资的角度来看,下列筹资方式中筹资风险较小的是(   )。

A.债券　　　　　　B.长期借款　　　　C.融资租赁　　　　D.普通股

8.某债券的面值为10 000元,票面年利率为5%,期限为5年,于每半年支付一次利息。若市场实际的年利率为5%(复利,按年计息),则其发行时的价格将(   )。

A.高于10 000元　　B.低于10 000元　　C.等于1 000元　　D.无法计算

(二)多项选择题

1.与长期负债融资相比,短期负债融资的特点有(   )。

A.速度快　　　　　B.弹性大　　　　　C.成本低　　　　　D.融资风险大

2.长期借款的缺点主要有(   )。

A.财务风险较高　　B.限制条件较多　　C.融资数量有限　　D.融资速度快

3.下列各项中,属于商业信用条件的有(   )。

A.延期付款但不涉及现金折扣　　　　B.延期付款但早付款可享受现金折扣

C.商业票据　　　　　　　　　　　　D.预收货款

4.股票公司申请股票上市一般是为了(   )。

A.提高股票的变现力　　　　　　　　B.筹措新的资金

C.提高公司知名度,吸引更多顾客　　D.便于确定公司价值

5.根据卖方提供的信用条件,买方利用信用筹资需付出机会成本的情况有(   )。

A.卖方不提供现金折扣　　　　　　　B.买方享有现金折扣

C.放弃现金折扣,在信用期内付款　　D.卖方提供现金折扣,而买方逾期支付

6.企业在持续经营过程中会自发地、直接地产生一些资金来源,部分地满足企业的经营需要,如(   )。

A.预收账款　　　　　　　　　　　　B.应付工资

C.应付票据　　　　　　　　　　　　D. 应付债券

7.以公开、间接方式发行股票的特点有(   )。

A.发行范围广,易募足资本　　　　　B.股票变现性强,流通性好

C.有利于提高公司知名度　　　　　　D.发行成本低

8.按复利计算负债利率时,实际年利率高于名义年利率的情况有(   )。

A.设置偿债基金　　　　　　　　　　B.使用收款法支付利息

C.使用贴现法支付利息　　　　　　　D.使用加息法支付利息

9.与普通股筹资相比,留存收益筹资的特点有(　　)。
A.资金成本较普通股低　　　　　　B.保持普通股股东的控制权
C.增加公司的信誉　　　　　　　　D.筹资限制少

(三)判断题
1.长期债券与短期债券相比,其投资风险和融资风险均很大。　　　　　　(　　)
2.某企业计划购入材料,供应商给出的付款条件为"1/20,n/50"。若银行短期借款利率为10%,则企业应在折扣期内支付货款。　　　　　　　　　　　　　　　　　　(　　)
3.按照国际惯例,大多数长期借款合同中,为了防止借款企业偿债能力下降,都严格限制借款企业资本性支出的规模,而不限制借款企业租赁固定资产的规模。　　(　　)
4.从出租人的角度来看,杠杆租赁与售后租回或直接租赁并无区别。　　(　　)
5.发行可转换公司债券与发行一般债券相比筹资成本较低。　　　　　　(　　)
6.短期债券融资的资本成本低,风险大。　　　　　　　　　　　　　　(　　)
7.作为抵押贷款担保的抵押品可以是股票、债券等有价证券。　　　　　(　　)
8.负债期越长,未来不确定性因素越大,因此,企业长期负债的偿还风险比流动负债要大。
(　　)

二、实训

(一)计算分析题
1.某公司从银行借款30万元,期限为1年,名义利率为10%,按照贴现法付息。该公司该项贷款的实际利率是多少?
2.某公司拟采购一批材料,供应商规定的付款条件如下:"2/10,1/20,n/30",每年按360天计算。
(1)假设银行短期贷款利率为15%,试计算放弃现金折扣的成本,并确定对公司最有利的付款日期。
(2)假设目前有一短期投资的报酬率为40%,试确定对该公司最有利的付款日期。
3.某企业拟发行5年期公司债券,每份债券的面值为50万元,票面利率为10%,于每半年付息一次。若此时名义市场利率为8%,则其发行价格为多少?
4.GM股份有限公司拟于2019年1月1日发行10年期的公司债券,每张债券的面值为1 000元,发行总额共20亿元。发行人与主承销商根据簿记建档等情况,按照国家有关规定,协商确定债券的票面年利率为5%。本期债券采用单利按年计息,不计复利,对逾期未领的利息不另外计息。假设发行时的市场利率为4%,则该公司债券的发行价格应为多少?
5.GO公司由于业务需要,采用融资租赁方式于2019年1月1日从某一租赁公司租入一台机器设备。该机器设备的价款为300万元,租赁期为6年,期满后设备归企业所有,租赁费率为10%。
(1)如果租赁协议规定租金于每年年末等额支付,那么该公司于每年年末支付的租金是多少?
(2)如果租赁协议规定租金于每年年初等额支付,那么该公司于每年年初支付的租金是多少?

(二)思考讨论题
1.请说明股票的特征,并讨论投资于股票的股东是否都会担任公司管理者的角色。
2.负债性融资与权益性融资对企业有何不同的意义?

3.假设你是一家新开办的有较高收益和风险的高科技企业的财务主管。目前,这家公司有一些好的发展项目,但是没有足够的资金来实施。该公司的股价正在下跌,因此不能通过发行新股筹集资金。银行也不打算再向公司提供贷款,投资银行也声明信用债券是不可行的。那么作为财务主管,你会通过什么融资渠道、使用什么融资方式筹集所需资金?

4.现有两家上市公司甲公司和乙公司,目前资产总额均为4亿元。其资本结构如下:

甲公司:普通股2亿元(其中,法人股1.5亿元,个人股0.5亿元),优先股1.2亿元,留存收益0.8亿元。

乙公司:普通股1.7亿元(其中,法人股1亿元,个人股0.7亿元),留存收益0.8亿元,长期银行借款1亿元,公司债券0.5亿元。

甲、乙公司的资本筹资渠道有何不同?你认为哪家公司的筹资方式更合理?

第五章

筹资成本与资本结构决策

学习目标与要求

我们已经了解了企业进行筹资安排时,有多种筹资方式可以选择,但是不同筹资方式的成本是不同的,面临的风险也不相同。那么企业应该选择哪种筹资方式使企业达到最优的资本结构呢?这是本章需要解决的问题。

通过本章的学习,应达到以下目标与要求:

了解资本结构的主要理论观点;

熟悉资本成本的概念及其作用;

掌握个别资本成本、综合资本成本和边际资本成本的计算方法;

能够运用公司金融杠杆效应分析方法,结合企业筹资管理的特点分析企业的经营风险与财务风险情况;

能够运用资本成本和资本结构决策的计算方法分析企业资本成本和资本结构的合理性,并能够结合企业实际提出新的筹资方案。

案例导入

A 企业的筹资策略

A 企业是一家上市的生物医药公司,该公司集医药产品生产与销售于一体。其自主生产的产品拥有较大的市场占有率,对厂房和生产车间拥有所有权且未做任何抵押。

目前，该企业无任何银行贷款，也未发行企业债券，资金周转良好且资金产负债率低于30%。该公司通过自主研发成功获得又一新产品的临床批件。

鉴于新产品与现有产品的生产工艺存在差异，且预计新产品的成功上市会给企业带来良好的经济效益，A企业决定投资建设新的生产车间及生产线以满足新产品的生产需求。通过前期的市场调研及项目可行性研究报告，最终确定项目投资总额为5亿元，项目的建设期与新产品的临床试验期基本吻合，预计3年后新产品能够成功上市并获得收益。经仔细调查研究，A企业选择年税率为4.85%，每半年支付一次利息，4年后一次还本的贷款方式筹集到5亿元资金。

当然，该项筹资使A企业面临一定的财务风险，但这样的银行贷款同样具有一定的优势，如优化了企业的资本结构；支付的利息可以税前扣除，可以节约一部分企业所得税费用；能够起到财务杠杆的作用；如果预测项目建设后的息税前利润率高于资本成本率，那么负债经营会增加税后利润，从而使股东收益增加。那么，资本成本、财务杠杆、资本结构的内涵是什么？A企业筹资决策的依据是什么？A企业又将面临多大的财务风险呢？所有这些问题都可通过对本章的学习得以解答。

资料来源：达莫达兰.刘寅龙，译.估值：难点、解决方案及相关案例[M].3版.北京：机械工业出版社，2019.

第一节 资本成本

一、资本成本的构成与作用

（一）资本成本的构成

资金成本与筹资决策密不可分。资本成本是指企业为筹集和使用资金所付出的代价。它是资金所有权与使用权分离的产物。在市场经济条件下，企业不能无偿使用资金，必须向资金提供者支付一定数量的费用作为补偿。此处的资本特指由债权人和股东提供的长期资金来源，包括长期债务资本与股权资本。

资本成本包括筹资费用和用资费用两部分。

1. 筹资费用

筹资费用是指企业在筹资过程中为获得资本而支付的各种费用，如向银行借款时需要支付的手续费，因发行股票、债券而支付的发行费用等。筹资费用与用资费用不同，它通常是在筹资时一次性支付，在用资过程中不再发生。

2. 用资费用

用资费用是指企业在生产经营过程中因使用资金而支付的费用，如向股东支付的股利、向银行支付的利息、向债券持有者支付的债息等。用资费用是筹资企业经常发生的，是资本成本的主要内容。

资本成本既可以用绝对数表示,也可以用相对数表示。在一般情况下,如果不做特别说明,资本成本即是用相对数表示的成本率。资本成本可用公式表示为:

$$K = \frac{D}{(P-F)} \times 100\% = \frac{D}{P(1-f)} \times 100\%$$

式中:K 表示资本成本,以百分率表示;D 表示用资费用;P 表示筹资总额;F 表示筹资费用;f 表示筹资费用率,即筹资费用与筹资数额的比率。

(二)资本成本的作用

1.资本成本是比较筹资方式与拟订筹资方案的依据

不同的筹资方式,其筹资费用和使用费用各不相同。企业可以通过资本成本的计算和比较,从中可选出成本较低的筹资方式。不仅如此,由于企业全部长期资本通常是采用多种方式筹资组合而成的,因此,综合加权资本成本便是确定最佳筹资方案的重要依据。

2.资本成本是评价投资项目与比较投资方案的重要经济标准

一般而言,项目的投资收益率只有大于资本成本率才是经济可行的,否则投资项目不可行。国际上通常将资本成本视为企业投资项目的最低收益率。

3.资本成本是评价企业经营业绩的依据

一个企业的整体经营业绩可以用其全部投资的利润率来衡量。将其与该企业全部资本的成本率相比,若利润率高于资本成本率,则说明企业经营有利,业绩好;反之,则说明企业经营不利,业绩欠佳。

二、资本成本的影响因素

在市场经济条件下,资本成本就是资本的价格。无论是主权资本还是长期负债资本,均会涉及成本问题。它是筹资者选择最佳筹资方式及最佳资本结构的主要参考依据。概括而言,影响资本成本的因素主要包括以下几个:

1.市场利率

金融市场上的利率是影响资本成本的最直接和最主要的因素。当市场利率提高时,各种筹资方式下的资本成本也会随之提高;反之,当市场利率下降时,各种筹资方式下的资本成本也会随之下降。

2.政策因素

政策因素的影响主要是国家为了促进生产要素的合理组合与合理流动,实现各产业组织形式的最优化,以达到规模经济效益,或调整产业结构和生产力布局时而有意识地通过降低所支持的某一行业内企业的贷款利率体现出来的。

3.用资期限

企业筹措资本期限越长,未来的不确定性因素越多,风险越大,投资者要求的报酬也越高,从而使其成本提高。

4.信用等级

企业的信用等级代表了企业在市场中的地位。信用等级越高,投资者的投资风险越小,其要求的风险报酬越低,从而使筹资费用和使用费用亦相应降低,其资本成本水平也越低;反之,则越高。

5.资本结构

上述个别资本间的差异必将带动企业在不同资本结构下的综合资本成本发生变化。

此外,影响资本成本水平的因素还有筹资效率、抵押担保、通货膨胀等。

三、资本成本的计算

(一)个别资本成本

个别资本成本是指各种筹资方式所筹资金的成本。其主要包括银行借款成本、债券成本、优先股成本、普通股成本和留存收益成本。前两项为负债资本成本,后三项为权益资本成本。

1. 银行借款成本

银行借款成本包括借款利息和借款手续费。银行借款成本的计算公式为:

$$K_I = \frac{I(1-T)}{L(1-f)} \times 100\% = \frac{i(1-T)}{1-f} \times 100\%$$

式中:K_I 表示银行借款成本;I 表示银行借款年利息;L 表示银行借款总额;T 表示所得税税率;i 表示银行借款利息率;F 表示银行借款筹资费率,即借款手续费率。

由于银行借款的手续费率很低,常常可以忽略不计,因而上式可简化为

$$K_I = i(1-T)$$

▶【例 5-1】 某公司从银行借款 1 000 万元,手续费率为 0.1%,年利率为 5%,期限为 3 年,于每年年末付息一次,到期一次还本。企业所得税税率为 25%。该项长期借款的资本成本计算如下:

$$K_I = \frac{1\,000 \times 5\% \times (1-25\%)}{1\,000 \times (1-0.1\%)} \times 100\% = 3.75\%$$

如果将手续费忽略不计,则上式可简化为:

$$K_I = 5\% \times (1-0.1\%) = 4.995\%$$

2. 债券成本

债券成本与借款成本的主要差别在于两点:一是其筹资费用较高,主要包括申请发行债券的手续费、债券注册费、印刷费、上市费以及推销费等,不能忽略不计;二是债券发行价格与其面值可能存在差异,在计算时要按预计的发行价格确定其筹资总额。债券成本的计算公式为:

$$K_B = \frac{I(1-T)}{B(1-f)} \times 100\%$$

式中:K_B 表示债券资本成本;B 表示债券筹资额,按发行价格确定。

▶【例 5-2】 某公司拟发行面值为 1 000 元、期限为 5 年、票面利率为 8% 的债券 4 000 张,每年结息一次。已知发行费率为 5%,所得税税率为 25%。该批债券筹资的成本计算如下:

$$K_B = \frac{1\,000 \times 8\% \times (1-25\%)}{1\,000 \times (1-5\%)} \times 100\% = 6.32\%$$

如果债券按 1 100 元发行,则其资本成本计算如下:

$$K_B = \frac{1\,000 \times 8\% \times (1-25\%)}{1\,100 \times (1-5\%)} \times 100\% = 5.74\%$$

如果债券按 950 元发行,则其资本成本计算如下:

$$K_B = \frac{1\,000 \times 8\% \times (1-25\%)}{950 \times (1-5\%)} \times 100\% = 6.65\%$$

3.优先股成本

企业在计算优先股成本时应注意三个问题:一是发行优先股需要支付发行费用;二是优先股的股息通常是固定的;三是股息从税后支付,不存在节税功能。优先股成本的计算公式为:

$$K_P = \frac{D}{P(1-f)} \times 100\%$$

式中:K_P表示优先股成本;D表示优先股年股息;P表示优先股筹资总额,按预计的发行价格计算。

【例 5-3】 某公司拟发行某优先股。该股票的面值总额为 100 万元,年股息为 15 万元,筹资费率预计为 5%,总筹资额为 150 万元。该优先股的资本成本计算如下:

$$K_P = \frac{100 \times 15\%}{150 \times (1-5\%)} \times 100\% = 10.53\%$$

4.普通股成本

由于普通股股利受公司盈利和分配政策等因素的影响,其股利一般是一个变量,因此,其资本成本的计算相对要困难一些。普通股资本成本的测算方法主要有股利折现模型法和资本资产定价模型法。

(1)股利折现模型法。股利折现模型法是将未来期望股利收益折为现值,以确定其成本率的一种方法。其基本形式如下:

$$P_0 = \sum_{t=1}^{n} \frac{D_t}{(1+K_c)^t}$$

式中:P_0表示普通股筹资净额,即发行价格扣除发行费用;D_t表示普通股第t年的股利;K_c表示普通股资本成本,即普通股投资必要收益率。

企业在具体运用该模型时,因股利政策的不同而有所区别。

①若公司采用固定股利政策,则其资本成本可按下式测算:

$$K_c = \frac{D}{P_0} \times 100\%$$

式中:D为每年固定股利。

【例 5-4】 某公司拟发行一批普通股,每股发行价格为 12 元,发行费用为 2 元,预计每年分派现金股利 1.2 元。其资本成本计算如下:

$$K_c = \frac{1.2}{12-2} \times 100\% = 12\%$$

②如果公司采用固定增长股利政策,股利固定增长率为G,则资本成本可按下式测算:

$$K_c = \frac{D_1}{P_0} + G$$

式中:D_1为第一年预期股利。

【例 5-5】 某公司准备增发普通股,每股发行价格为 15 元,发行费用为 3 元,预定第一年每股分派现金股利 1.5 元,以后每年股利增长 2.5%。其资本成本计算如下:

$$K_c = \frac{1.5}{15-3} + 2.5\% = 15\%$$

(2)资本资产定价模型法。资本资产定价模型法是在已确定无风险报酬率、市场报酬率(或市场投资组合的期望收益率)和某种股票的β值后,测算出该股票的必要报酬率即资本成本率的方法。资本成本率可用公式表示如下：

$$K_c = R_f + \beta(R_m - R_f)$$

式中：R_f 为无风险报酬率；R_m 为市场报酬率或市场投资组合的期望收益率；β 为某股票的 β 系数（某股票的收益率相对于市场投资组合期望收益率的变动幅度）。

▶【例 5-6】 某公司普通股股票的 β 值为 1.2，无风险利率为 8.5%，市场报酬率为 13%。该公司的普通股的资本成本率计算如下：

$$K_c = 8.5\% + 1.2 \times (13\% - 8.5\%) = 13.9\%$$

5. 留存收益成本

留存收益是公司税后净利形成的，是企业资金的一项重要来源。其所有权属于股东。企业利用留存收益，相当于股东对企业进行追加投资，股东对这部分投资与以前交给企业的股本一样，也要求获得同普通股等价的报酬，所以留存收益也要计算成本。其方法与普通股基本相同，只是不用考虑筹资费用。

(1) 若普通股股利固定，其资本成本的计算公式为：

$$K_s = \frac{D}{P_0} \times 100\%$$

(2) 若普通股股利逐年固定增长，其资本成本的计算公式为：

$$K_s = \frac{D_1}{P_0} \times 100\% + G$$

式中：K_s 为留存收益成本，其他符号含义与普通股成本计算公式相同。

▶【例 5-7】 某公司普通股目前的股价为 10 元/股，筹资费率为 8%，第一年预期每股股利为 2.06 元，股利固定增长率为 3%。该企业留存收益筹资的成本计算如下：

$$K_s = \frac{2.06}{10} \times 100\% + 3\% = 23.6\%$$

（二）综合资本成本

受多种因素的影响，企业不可能只使用某种单一的筹资方式，往往需要通过多种方式筹集所需资金。为了进行筹资决策，就要计算确定企业全部长期资金的总成本，即综合资本成本。它是以各种资本占全部资本的比重为权数，对各种资本成本进行加权平均计算出来的，故又被称为加权平均资本成本。其计算公式为：

$$K_w = \sum W_j K_j$$

式中：K_w 表示综合资本成本；W_j 表示第 j 种个别资本占全部资本的比重；K_j 表示第 j 种个别资本成本。

▶【例 5-8】 某企业现有长期资本总额为 1 050 万元，其中债券 400 万元，银行借款 200 万元，普通股 300 万元，留存收益 150 万元。其资本成本分别为 10%、6.7%、14.5% 和 15%。试计算该企业的综合资本成本。

第一步，计算各种长期资本的比例：

$$W_B = \frac{400}{1\,050} = 38\%$$

$$W_I = \frac{200}{1\,050} = 19\%$$

$$W_C = \frac{300}{1\,050} = 28.5\%$$

$$W_S = \frac{150}{1\,050} = 14.3\%$$

第二步,计算综合资本成本:

$$K_w = 10\% \times 38\% + 6.7\% \times 19\% + 14.5\% \times 28.5\% + 15\% \times 14.3\% = 11.35\%$$

(三)边际资本成本

1. 边际资本成本的概念

任何一个企业都不可能以某一固定的资本成本来筹措无限的资金。当其筹集的资金超过一定限度时,原来的资本成本就会增加,这就要用到边际资本成本的概念。

边际意味着增量。边际资本成本是指资金每增加一个单位而增加的成本。企业追加筹资有时可能只采取某一种筹资方式,但在筹资数额较大,或在目标资本结构既定的情况下,往往需要通过多种筹资方式的组合来实现。这时,边际资本成本应按加权平均法计算,边际资本成本也被称为边际加权资本成本。

2. 边际资本成本的计算

边际资本成本的计算分以下四个步骤进行:

(1)确定目标资本结构。
(2)测算个别资本的成本率。
(3)计算筹资总额分界点。
(4)计算边际资本成本。

▶【例 5-9】 某公司目前有长期资金 200 万元。其中,长期借款 40 万元,普通股 160 万元。为了适应追加投资的需要,该公司准备筹措新的资金。要求:测算追加筹资的边际资本成本。

(1)确定目标资本结构。经分析测算,该公司财务人员认为目前的资本结构是理想的目标结构,即长期借款 20%,普通股 80%。

(2)确定个别资本成本。随着公司筹资额的不断增加,各种资金的成本率也会增加。测算结果见表 5-1。

表 5-1　　　　　　　　　　　公司筹资资料

筹资方式	目标资本结构	追加筹资数额范围	个别资本成本率/%
长期借款	0.2	10 000 元及以下	6
		10 001~40 000 元	7
		40 000 元以上	8
普通股	0.8	22 500 元及以下	14
		22 501~75 000 元	15
		75 000 元以上	16

(3)计算筹资总额分界点。筹资总额分界点的计算公式为:

$$\text{筹资总额分界点} = \frac{\text{可用某一特定成本率筹集到的某种资金额}}{\text{该种资金在资本结构中所占的比重}}$$

根据上述公式,该公司计算的筹资总额分界点见表 5-2。

表 5-2　　　　　　　　　　　　公司筹资总额分界点计算表　　　　　　　　　　　　单位：元

筹资方式	个别资本成本率/%	各种筹资方式的筹资范围	筹资总额分界点/元	筹资总额范围
长期借款	6	10 000 元及以下	10 000÷0.2=50 000	50 000 元及以下
	7	10 001～40 000 元	40 000÷0.2=200 000	50 001～200 000 元
	8	40 000 元以上	—	200 000 元以上
普通股	14	22 500 元及以下	22 500÷0.8=28 125	28 125 元及以下
	15	22 501～75 000 元	75 000÷0.8=93 750	28 126～93 750 元
	16	75 000 元以上	—	93 750 元以上

（4）计算边际资本成本。根据第（3）步计算的筹资总额分界点，可以得出如下 5 组新的筹资范围：28 125 元及以下；28 126～50 000 元；50 001～93 750 元；93 751～200 000 元；200 000 元以上。对这五个筹资总额范围分别测算其加权平均资本成本，计算过程见表 5-3。该公司可根据表 5-3 的计算结果进行筹资决策。

表 5-3　　　　　　　　　　　　　　边际资本成本计算表

序号	筹资总额范围/元	筹资方式	目标资本结构	个别资本成本	边际资本成本
1	28 125 元及以下	长期借款 普通股	20% 80%	6% 14%	6%×20%=1.2% 14%×80%=11.2% 第 1 个范围边际资本成本=12.4%
2	28 126～50 000 元	长期借款 普通股	20% 80%	6% 15%	6%×20%=1.2% 15%×80%=12% 第 2 个范围边际资本成本=13.2%
3	50 001～93 750 元	长期借款 普通股	20% 80%	7% 15%	7%×20%=1.4% 15%×80%=12% 第 3 个范围边际资本成本=13.4%
4	93 751～200 000 元	长期借款 普通股	20% 80%	7% 16%	7%×20%=1.4% 16%×80%=12.8% 第 4 个范围边际资本成本=14.2%
5	200 000 元以上	长期借款 普通股	20% 80%	8% 16%	8%×20%=1.6% 16%×80%=12.8% 第 5 个范围边际资本成本=14.4%

四、降低资本成本的途径

企业资本的高低是各种主客观因素综合作用的结果。一般而言，企业应从以下几个方面考虑降低资本成本：

（1）根据国家产业政策的变化趋势适时调整生产方向，以期获得包括利率在内的各种政策优惠。

（2）科学开展市场利率的预期工作，尽量利用市场利率变化和有利时机开展筹资活动。

（3）按照用资进度合理安排筹资期限，在减少资金闲置的情况下更进一步降低不必要的资本成本。科学安排，以短养长是降低资本成本的最佳途径。

（4）强化企业管理，提高企业信用，从而降低筹资成本和用资成本。

（5）科学运用财务杠杆原理，积极运用负债经营，通过提高杠杆效益来最终降低企业的总体资本成本。

(6)通过对金融市场及资本市场的科学预期及企业自身财务状况,选择适当的筹资方式筹资进而建立合理的资本结构,在风险、成本间做出合理的均衡从而降低综合资本成本。

第二节 杠杆效应

一、杠杆效应的含义

杠杆效应是物理学中的一个概念,是指利用杠杆可以用较小的力量移动较重物体的现象。从物理学的角度讲,杠杆是增加力的一个装置。在经济领域,我们可以利用别人的钱作为财务杠杆来降低资本成本。它是用来增加企业收益的一种手段。

在公司金融中也存在着类似的杠杆效应,其表现为由于固定成本或固定财务费用的存在,当产销量或息税前利润变动时,公司的每股利润会以较大的幅度变动。合理利用杠杆原理有助于企业有效规避风险,提高资金运营效率。

公司金融中的杠杆效应有三种形式,即经营杠杆、财务杠杆和复合杠杆。财务杠杆具有优化企业资本结构的作用。要了解这些杠杆原理,需要先了解成本习性、边际贡献和息税前利润等相关概念。

二、成本习性、边际贡献和息税前利润

(一)成本习性

1.成本习性的类型

成本习性又称成本性态,是指成本总额与业务量(或产销量)之间在数量上的依存关系。成本按习性可划分为固定成本、变动成本和混合成本三大类。

(1)固定成本。固定成本是指其总额在一定时期和一定业务量范围内不随业务量发生任何变动的那部分成本,如按直线法计提的折旧费、保险费、管理人员工资、办公费等。这些费用的每年支出水平基本相同,即使业务量在一定范围内变动,它们也保持固定不变。然而,由于其成本总额在一定时期和一定业务量范围内保持不变,意味着单位固定成本随业务量的增加而逐渐变小。

(2)变动成本。变动成本是指其成本总额随着业务量成正比例变动的那部分成本,如直接材料、直接人工等。但从产品单位成本来看,则恰恰相反,产品单位成本中的直接材料、直接人工将保持不变。

(3)混合成本。在实务中,有些成本虽然也随业务量的变动而变动,但不成同比例变动,不能简单地将其归为变动成本或固定成本。这类成本称为混合成本。混合成本按其与业务量的关系又可分为半变动成本和半固定成本。

①半变动成本。它是混合成本的基本类型。它通常有一个初始量,类似固定成本,在这个

初始量的基础上随产量的增长而增长，又类似于变动成本。如在租用机器设备时，有的租约规定租金按如下两种标准计算：每年支付一定租金数额（固定部分）；每运转一小时支付一定租金数额（变动部分）。此外，企业的公共事业费，如电费、水费、电话费等均属于半变动成本。

②半固定成本。这类成本随业务量的变化而呈阶梯型增长，业务量在一定限度内，这种成本不变，当业务量增长到一定限度后，这种成本就上升到一个新的水平。例如，企业的化验员、质检员、运货员等人员的工资就属于这类成本。

2.总成本习性模型

总成本习性模型可以表示为：

$$y = a + bx$$

式中：y 代表总成本，a 代表固定成本，b 代表单位变动成本，x 代表业务量。

若能求出 a 和 b 的值，就可以利用这个直线方程来进行成本预测和成本决策。

（二）边际贡献

边际贡献是指销售收入减去变动成本后的差额。其计算公式为：

$$M = px - bx = (p-b)x = mx$$

式中：M 表示边际贡献，p 表示销售单价，b 表示单位变动成本，x 表示产销量，m 表示单位边际贡献。

（三）息税前利润

息税前利润是指企业支付利息和缴纳所得税前的利润。其计算公式为：

$$EBIT = px - bx - a = (p-b)x - a = M - a$$

式中：EBIT 表示息税前利润，a 表示固定成本。

需要注意的是，上式中的固定成本和变动成本不应包括利息费用。此外，息税前利润也可以用利润总额加上利息费用求得。

三、经营杠杆

（一）经营杠杆的含义

在其他条件不变的情况下，产销量的增加虽然不会影响固定成本总额，但会降低单位固定成本，从而提高单位利润，使息税前利润的增长率大于产销量的增长率；反之，产销量的减少会提高单位固定成本，降低单位利润，使息税前利润的下降率也大于产销量的下降率。如果不存在固定成本，所有成本都是变动的，那么边际贡献就是息税前利润，这时息税前利润的变动率同产销量的变动率完全一致。这种由于固定成本的存在而导致息税前利润的变动率大于产销量变动率的杠杆效应称为经营杠杆。

（二）经营杠杆的计量

只要企业存在固定成本，就存在经营杠杆效应。对经营杠杆的计量最常用的指标是经营杠杆系数或经营杠杆作用度。经营杠杆系数是指息税前利润变动率相当于产销量变动率的倍数。其计算公式为：

$$DOL = \frac{\Delta EBIT / EBIT}{\Delta Q / Q}$$

式中：DOL 表示经营杠杆系数；$\Delta EBIT$ 表示息税前利润变动额；EBIT 表示变动前（或基期）息

税前利润；ΔQ 表示产销变动量(额)；Q 表示变动前(或基期)产销量(额)。

▶【例5-10】 某公司2019年和2020年有关销售与利润的资料见表5-4。试计算该公司2020年的经营杠杆系数。

表5-4　　　　　　　　　某公司有关销售与利润的资料　　　　　　　　　单位：万元

项目	2019年	2020年	变动额	变动率
销售额	2 000	2 400	400	20%
变动成本	1 200	1 440	240	20%
边际贡献	800	960	160	20%
固定成本	400	400	0	0
息税前利润	400	560	160	40%

2020年经营杠杆系数计算如下：

$$\text{DOL} = \frac{160/400}{400/2\,000} = \frac{40\%}{20\%} = 2$$

计算结果表明，当企业的产销量增长1倍时，息税前利润将增长2倍；反之，当企业的产销量下降1倍时，息税前利润将下降2倍。

上述公式为经营杠杆系数的理论公式，利用该公式，必须以已知变动前后的有关资料为前提，比较麻烦，而且无法预测未来(如2021年)的经营杠杆系数。因此，企业在实际运用该公式时，可将其做如下变形：

因为 $\text{EBIT} = (p-b)x - a$，所以 $\triangle \text{EBIT} = (p-b)\triangle x$ 代入理论公式中化简得：

$$\text{DOL} = \frac{M}{\text{EBIT}}$$

需注意的是，上式中的分子和分母都是基期数。

如上例，该公司2020年的经营杠杆系数为：

$$\text{DOL} = \frac{800}{400} = 2$$

计算结果表明，两个公式计算出的2020年经营杠杆系数是完全相同的。同理，利用2020年的资料可计算出2021年的经营杠杆系数：

$$\text{DOL} = \frac{960}{560} = 1.71$$

(三)经营杠杆与经营风险的关系

经营风险是指企业因经营上的原因导致利润变动的风险。引起企业经营风险的主要原因是市场需求和成本等因素的不确定性。经营杠杆本身并不是利润不稳定的根源。但是，当产销量增加时，息税前利润将以经营杠杆系数的倍数幅度增加；反之，当产销量减少时，息税前利润将以经营杠杆系数的倍数幅度减少。可见，经营杠杆扩大了市场和成本等不确定性因素对利润变动的影响，且经营杠杆系数越高，利润变动越剧烈，企业的经营风险就越大。由此可知，经营风险与经营杠杆有着重要的关系。一般来说，在其他因素不变的情况下，固定成本越高，经营杠杆系数就越大，经营风险也就越大。

四、财务杠杆

(一)财务杠杆的含义

财务杠杆又称筹资杠杆,是指由于固定财务费用的存在而导致普通股每股收益变动率大于息税前利润变动率的杠杆效应。在资本总额和资本结构一定的情况下,企业从息税前利润中支付的债务利息是相对固定的,当息税前利润增加时,每1元息税前利润所负担的固定财务费用(如利息、优先股股利、融资租赁租金等)就会相应降低,从而给普通股股东带来更多的盈余;反之,当息税前利润减少时,每1元息税前利润所负担的固定财务费用就会相应增加,就会减少普通股股东的盈余。财务杠杆可用表5-5加以说明。

表 5-5　　　　　　　　　　甲、乙公司资本结构与普通股利润表

时间	项目	甲公司	乙公司	备注
2019年	普通股发行在外股数(股)	2 000	1 000	(1)已知
	普通股股本(每股面值100元)	200 000	100 000	(2)已知
	债务(年利率8%)	0	100 000	(3)已知
	资金总额	200 000	200 000	(4)=(2)+(3)
	息税前利润	20 000	20 000	(5)已知
	债务利息	0	8 000	(6)=(3)×8%
	利润总额	20 000	12 000	(7)=(5)-(6)
	所得税(税率25%)	5 000	3 000	(8)=(7)×25%
	净利润	15 000	9 000	(9)=(7)-(8)
	每股收益	7.5	9	(10)=(9)÷(1)
2020年	息税前利润增长率	20%	20%	(11)已知
	增长后的息税前利润	24 000	24 000	(12)=(5)×(1+20%)
	债务利息	0	8 000	(13)=(6)
	利润总额	24 000	16 000	(14)=(12)-(13)
	所得税(税率25%)	6 000	4 000	(15)=(14)×25%
	净利润	18 000	12 000	(16)=(14)-(15)
	每股收益	9	12	(17)=(16)÷(1)
	每股收益增加额	1.5	3	(18)=(17)-(10)
	普通股每股收益增长率	20%	33.3%	(19)=(18)÷(10)

在表5-5中,甲、乙两个公司的资金总额相等,息税前利润相等,息税前利润的增长率也相同,不同的只是资本结构。甲公司的全部资金都是普通股,乙公司的资金中普通股和债券各占一半。在甲、乙公司息税前利润均增长20%的情况下,甲公司每股收益增长20%,而乙公司却增长了33.3%,这就是财务杠杆效应。当然,如果息税前利润下降,那么乙公司每股收益的下降幅度要大于甲公司每股收益的下降幅度。

(二)财务杠杆的计量

只要在企业的筹资方式中有固定财务费用支出的债务,就会存在财务杠杆效应。不同的企业财务杠杆的作用程度是不完全一致的,为此,需要对财务杠杆进行计量。对财务杠杆计量的主要指标是财务杠杆系数。财务杠杆系数是指普通股每股收益的变动率相当于息税前利润变动率的倍数。其计算公式为:

$$DFL = \frac{\Delta EPS/EPS}{\Delta EBIT/EBIT}$$

式中:DFL 表示财务杠杆系数;EPS 表示变动前(或基期)的普通股每股利润;ΔEPS 表示普通股每股利润变动额。

【例 5-11】 将表 5-5 中的有关资料代入上式,可求得甲、乙两公司 2020 年的财务杠杆系数。

$$DFL_甲 = \frac{20\%}{20\%} = 1$$

$$DFL_乙 = \frac{33.3\%}{20\%} = 1.67$$

计算结果表明,甲公司的财务杠杆系数为 1,当息税前利润增长(或下降)1 倍时,普通股每股利润也将增长(或下降)1 倍,即不产生财务杠杆效应;乙公司的财务杠杆系数为 1.67,当息税前利润增长(或下降)1 倍时,普通股每股利润将增长(或下降)1.67 倍。

上述公式是计算财务杠杆系数的理论公式。企业利用该公式,必须以已知变动前后的相关资料为前提,比较麻烦,而且无法预测未来(如 2021 年)的财务杠杆系数。因此,企业在实际运用该公式时可将其做如下变形:

因为 $EPS = \frac{(EBIT-I)(1-T)}{N}$(式中,$I$ 为利息费用,T 为所得税税率,N 为发行在外的普通股股数),所以 $\Delta EPS = \frac{\Delta EBIT(1-T)}{N}$ 代入理论公式中化简得:

$$DFL = \frac{EBIT}{EBIT-I}$$

需注意的是,上式中的分子和分母都是基期数。

如上例,将表 5-5 中 2019 年的有关资料代入上式,可求得甲、乙两公司 2020 年的财务杠杆系数。

$$DFL_甲 = \frac{20\ 000}{20\ 000-0} = 1$$

$$DFL_乙 = \frac{20\ 000}{20\ 000-8\ 000} = 1.67$$

计算结果表明,两个公式计算出的 2020 年甲、乙公司的财务杠杆系数是完全相同的。同理,利用 2020 年的资料可计算出 2021 年甲、乙公司的财务杠杆系数。

(三)财务杠杆与财务风险的关系

财务风险是指企业为取得财务杠杆利益而利用负债资金时,增加破产机会或普通股收益大幅度变动的机会所带来的风险。企业在经营中总会发生借入资金,而债务利息是不变的。于是,当息税前利润增大时,普通股的每股收益将以更快的速度增加;反之,如果息税前利润减少时,普通股的每股收益将以更快的速度减少。一般而言,财务杠杆系数越大,公司的财务杠杆利益和财务风险就越高;财务杠杆系数越小,公司的财务杠杆利益和财务风险就越低。

五、复合杠杆

(一)复合杠杆的概念

由于存在固定生产经营成本,产生经营杠杆效应,使得息税前利润变动率大于产销量的变动率;同样,由于存在固定财务费用,产生财务杠杆效应,使得普通股每股收益变动率大于息税前利润的变动率。如果两种杠杆共同起作用,那么产销量的细微变动就会使每股收益产生更大的变动。这种由于固定生产经营成本和固定财务费用的共同存在而导致的普通股每股收益的变动率大于产销量变动率的杠杆效应称为复合杠杆。

(二)复合杠杆的计量

只要企业同时存在固定生产经营成本和固定财务费用,就会存在复合杠杆的作用。对复合杠杆计量的主要指标是复合杠杆系数或复合杠杆度。复合杠杆系数是指普通股每股收益变动率相当于产销量变动率的倍数。它是经营杠杆系数与财务杠杆系数的乘积。其计算公式为:

$$\text{DCL} = \frac{\Delta \text{EPS}/\text{EPS}}{\Delta Q/Q} = \text{DOL} \times \text{DFL}$$

式中:DCL 为复合杠杆系数。

上式经过化简后可得出如下计算公式:

$$\text{DCL} = \frac{M}{\text{EBIT} - I}$$

需注意的是,上式中的分子和分母都是基期数。

【例 5-12】 某公司的经营杠杆系数为 2,财务杠杆系数为 1.5。该公司的复合杠杆系数计算如下:

$$\text{DCL} = 2 \times 1.5 = 3$$

上述计算结果表明,当公司的产销量增长 1 倍时,普通股每股利润将增长 3 倍;反之,当公司的产销量下降 1 倍时,普通股每股利润将下降 3 倍。

(三)复合杠杆与企业复合风险的关系

复合杠杆系数可用来衡量企业复合风险或企业总体风险的大小。复合杠杆的作用程度一般要比单一的经营杠杆或财务杠杆的作用程度更大,当产销量稍有变动时就会使普通股每股收益产生更大的变动。一般来说,在其他因素不变的情况下,复合杠杆系数越大,企业的复合风险就越大;反之,复合杠杆系数越小,企业复合风险也就越小。

第三节 资本结构

一、资本结构的概念

资本结构是企业筹资决策的核心问题。长期以来,学者对资本结构有着不同的认识,提出了各种资本结构理论,主要包括净收益理论、MM 理论、代理理论、等级筹资理论等。上述各项理论对企业资本结构认识的视角各有不同。但都对负债融资形成一定共识,即考虑了财务杠杆收益,适当的负债有利于增加企业的价值等。

资本结构是指公司各种资本的价值构成及其比例关系。在公司的筹资管理活动中,资本结构有广义和狭义之分。广义的资本结构是指公司全部资本价值的构成及其比例关系。它不仅包括长期资本,还包括短期资本,主要是短期债务资本。狭义的资本结构是指公司各种长期资本价值(长期权益资本与债务资本)的构成及其比例关系。在狭义的资本结构下,短期债务资本一般作为营运资本来管理。本节所指的资本结构是狭义资本结构。

资本结构是由企业采用的各种筹资方式筹集资金而成的。企业筹资方式有很多,但总的来看分为负债资本和权益资本两类,因此,资本结构问题总的来说是负债资本的比例问题,即负债在企业全部资本中所占的比重是资本结构的基本内容。合理的资本结构是企业筹资决策的支撑。

二、资本结构决策的影响因素

1.资本成本

企业资本来自长期负债和股东权益,包括普通股成本、留存收益成本、债券成本等。其中,负债成本具有抵税的作用,其使得负债成本低于股权成本。随着债务比率的增加,企业整体的综合资金成本将不断下降。在企业追求资金成本最小、价值最大的前提条件下,企业倾向于使用负债筹资。因此,企业往往提高负债在资本结构中的比重而降低权益性资本的比重。

2.财务风险

财务风险是指全部资本中负债资本比率的变化带来的风险。当负债资本比率较高时,投资者将负担较多的债务成本,从而加大财务风险。当负债比率达到某一程度时,息税前盈余会下降,企业负担破产成本的概率增加。

3.行业因素

不同行业资本的有机构成存在差异。企业资本的有机构成主要取决于企业所处行业生产经营业务的特点。资本有机构成高的企业,经济规模要求的投入资本起点就较高;反之则较低。

4.企业增长率

企业成长性越强,意味着在一定时期内所需的资金投入多,从而所需融通的资本就多。此外,成长性强的企业往往有着良好的未来前景,因而不愿过多地发行新股,以免分散老股东控制权和稀释每股收益。

5.管理者的态度

管理者的态度包括对企业控制权以及风险的态度。如果增加权益资本,就有可能稀释原有所有者权益和分散经营权,从而对企业所有权和经营权的控制造成影响;如果过多使用负债,就会增加企业风险。

6.信用等级评定机构或贷款人的态度

信用等级评定机构或贷款人的态度往往决定了企业扩大融资和选择融资种类的可能性。纵然企业对未来充满信心认为可以超出企业能力大胆运用财务杠杆,但此时贷款人的态度未必与企业一致。如果企业负债过高,信用评定机构对它的信用评价会较低。此时,企业要获得贷款会比较困难或要以较高的资金成本才能获得贷款。

7.企业资本结构

企业资本结构的稳定性和安全性取决于资产结构与资本结构的对称性,即要分析资产的流动性或变现能力与负债的偿还压力的对称性。例如,分析资本结构特有的比率可能表现为存在较小风险,如长期资本比重大但长期资产比重大且周转期超出负债的偿还期限,企业面临的财务风险会加大。所以,企业必须结合资产结构与资本结构的对称性来分析资本结构。不同资产结构的企业利用财务杠杆的能力不同,房地产公司的抵押贷款较多,而以技术开发为主的公司则较少。

三、最佳资本结构的决策

(一)最佳资本结构的含义

从资本成本与筹资风险的分析可看出,负债筹资可以降低资本成本和发挥财务杠杆作用,但当负债筹资比例过高时,又会带来较大的财务风险。为此,企业必须权衡财务风险和资本成本的关系,找出最佳的负债点,即最佳资本结构。所谓最佳资本结构,是指在一定条件下使综合资本成本最低、企业价值最大的资本结构。

(二)最佳资本结构的决策方法

最佳资本结构的决策方法主要有比较资本成本法和每股利润无差别点法等。

1. 比较资本成本法

比较资本成本法是指先拟订若干个资本结构备选方案,并分别计算各方案的综合资本成本,然后根据综合资本成本的高低来确定最佳资本结构的方法。

▶【例 5-13】 某公司拟筹资规模确定为 20 000 万元,有三个备选方案,其资本结构分别如下:甲方案,长期借款 4 000 万元,发行债券 8 000 万元,普通股 8 000 万元;乙方案,发行债券 10 000 万元,普通股 10 000 万元;丙方案,发行债券 8 000 万元,普通股 12 000 万元。相对应的个别资本成本见表 5-6。

表 5-6　　　　　　　　　　各方案的资本成本　　　　　　　　　　单位:万元

筹资方式	甲方案		乙方案		丙方案	
	筹资额	资本成本	筹资额	资本成本	筹资额	资本成本
长期借款	2 000	6%	4 000	6.5%	5 000	7%
发行债券	8 000	8.5%	6 000	8	5 000	7.5%
普通股	10 000	15%	10 000	15%	10 000	15%
合计	20 000	—	20 000	—	20 000	—

计算各方案的综合资本成本:

$$K_{W甲} = \frac{2\,000}{20\,000} \times 6\% + \frac{8\,000}{20\,000} \times 8.5\% + \frac{10\,000}{20\,000} \times 15\% = 11.5\%$$

$$K_{W乙} = \frac{4\,000}{20\,000} \times 6.5\% + \frac{6\,000}{20\,000} \times 8\% + \frac{10\,000}{20\,000} \times 15\% = 11.2\%$$

$$K_{W丙} = \frac{5\,000}{20\,000} \times 7\% + \frac{5\,000}{20\,000} \times 7.5\% + \frac{10\,000}{20\,000} \times 15\% = 11\%$$

从上述计算结果可以看出,丙方案的综合资本成本最低,即丙方案为最佳资本结构方案。

该方法通俗易懂,计算过程也不十分复杂,是确定最佳资本结构的一种常用方法。但此法因拟订的方案数量有限,故有把最优方案漏掉的可能。

2.每股利润无差别点法

每股利润无差别点法又称 EBIT-EPS 分析法,是利用每股利润无差别点来进行资本结构决策的方法。所谓每股利润无差别点,是指在所有者权益与负债两种筹资方案下普通股每股利润相等时的息税前利润点,亦称息税前利润平衡点、筹资无差别点。在这一点上的两种筹资方案的每股利润相等,此点处的息税前利润用 $\overline{EBIT}$ 表示。若资金筹集到位后实际息税前利润 (EBIT)高于 $\overline{EBIT}$,利用负债方式筹资企业的普通股每股收益(EPS)会更高,此时选择负债筹资方式较为有利;若资金筹集到位后实际息税前利润(EBIT)低于 $\overline{EBIT}$,利用所有者权益方式筹资企业的普通股每股收益会(EPS)更高,此时选择所有者权益筹资方式较为有利。

每股利润无差别点处息税前利润的计算公式为:

$$\frac{(\overline{EBIT}-I_1)\times(1-T)}{N_1}=\frac{(\overline{EBIT}-I_2)\times(1-T)}{N_2}$$

$$\overline{EBIT}=\frac{N_2\times I_1-N_1\times I_2}{N_2-N_1}$$

式中:$\overline{EBIT}$ 表示每股利润无差别点处的息税前利润;I_1、I_2 表示两种筹资方式下的年利息;N_1、N_2 表示两种筹资方式下流通在外的普通股股数;T 表示所得税税率。

▶【例 5-14】 某公司 2020 年年初的负债及所有者权益总额为 9 000 万元。其中,公司债券为 1 000 万元(按面值发行,票面年利率为 8%,每年年末付息,三年后到期);普通股股本为 4 000 万元(面值 1 元,4 000 万股);资本公积为 2 000 万元;其余为留存收益。

2020 年,该公司为扩大生产规模,需要再筹集 1 000 万元资金,有以下两个筹资方案可供选择:

方案一:增加发行普通股,预计每股发行价格为 5 元。

方案二:增加发行同类公司债券,按面值发行,票面年利率为 8%。

该企业预计 2020 年可实现息税前利润 2 000 万元,适用的企业所得税税率为 25%。

要求:试计算每股利润的无差别点,并据此进行筹资决策。

依题意可得:

$$EPS=\frac{(\overline{EBIT}-1\,000\times 8\%)\times(1-25\%)}{4\,000+\frac{1\,000}{5}}=\frac{(\overline{EBIT}-2\,000\times 8\%)\times(1-25\%)}{4\,000}$$

$$\overline{EBIT}=\frac{160\times 4\,200-80\times 4\,000}{4\,200-4\,000}=1\,760\ 万元$$

将计算结果代入上式,可得无差别点的每股利润 $EPS_1=EPS_2=0.3$ 元。

也就是说,当息税前利润等于 1 760 万元时,每股利润相等,均为 0.3 元,采用两种方案筹资没有差别。该公司 2020 年预计可实现息税前利润 2 000 万元,大于每股利润无差别点的息税前利润(1 760 万元),所以,应通过增加发行公司债的方式筹集所需资金,即应按方案二筹资。

该公司不同资本结构下的每股利润分析见表 5-7。

表 5-7　　　　　　　　　不同资本结构下的每股利润表　　　　　　　　　单位:万元

项目	增发股票(方案一)	增发债券(方案二)
预计息税前利润(EBIT)	2 000	2 000
利息	80	160
利润总额	1 920	1 840

(续表)

项目	增发股票(方案一)	增发债券(方案二)
所得税(税率为25%)	480	460
净利润	1 440	1 380
普通股股数(股)	4 200	4 000
每股利润(元)	0.343	0.345

从表 5-7 中可以看出,在息税前利润为 2 000 万元的情况下,利用增发公司债的形式筹集资金能使每股利润上升较多,这可能更有利于股票价格上涨,更符合理财目标。

【例 5-15】 光华公司是一老牌"三资"企业,其总资本为 1 000 万元,其中债务资本 400 万元(年利息 40 万元),普通股资本 600 万元(600 万股,面值 1 元,市价 5 元)。该公司由于扩大规模经营,需要追加筹资 800 万元。该公司适用的所得税税率为 20%,不考虑筹资费用。

光华公司有以下三个筹资方案可供选择:

甲方案:增发普通股 200 万股,每股发行价为 3 元;同时,向银行借款 200 万元,利率保持原来的 10%。

乙方案:增发普通股 100 万股,每股发行价为 3 元;同时,溢价发行 500 万元面值为 300 万元的公司债券,票面利率为 15%。

丙方案:不增发普通股,溢价发行 600 万元面值为 400 万元的公司债券,票面利率为 15%。由于受到债券发行数额的限制,需要补充向银行借款 200 万元,利率为 10%。

要求:根据以上资料对三个筹资方案进行选择。

解:(1)依题意先列出三个筹资方案的 EPS 算式如下:

甲:$\dfrac{(\text{EBIT}-40-20)\times(1-20\%)}{600+200}$

乙:$\dfrac{(\text{EBIT}-40-45)\times(1-20\%)}{600+100}$

丙:$\dfrac{(\text{EBIT}-40-80)\times(1-20\%)}{600}$

(2)分别计算三个方案息税前利润平衡点。

甲、乙方案比较:

$$\dfrac{(\text{EBIT}-40-20)\times(1-20\%)}{600+200}=\dfrac{(\text{EBIT}-40-45)\times(1-20\%)}{600+100}$$

解得:EBIT=260 万元

乙、丙方案比较:

$$\dfrac{(\text{EBIT}-40-45)\times(1-20\%)}{600+100}=\dfrac{(\text{EBIT}-40-80)\times(1-20\%)}{600}$$

解得:EBIT=330 万元

甲、丙方案比较:

$$\dfrac{(\text{EBIT}-40-20)\times(1-20\%)}{600+200}=\dfrac{(\text{EBIT}-40-80)\times(1-20\%)}{600}$$

解得:EBIT=300 万元

(3)决策。根据上述计算结果绘制图 5-1。

每股利润无差别点法认为,凡能提高每股收益的资本结构都是合理的,反之则是不合理的。该公司结合图 5-1 可做出以下决策:当 EBIT<260 万元时,应选择甲方案筹集所需 800 万元资金;当 260<EBIT<330 万元时,应选择乙方案筹集所需 800 万元资金;当 EBIT>330 万元时,应选择丙方案筹集所需 800 万元资金。

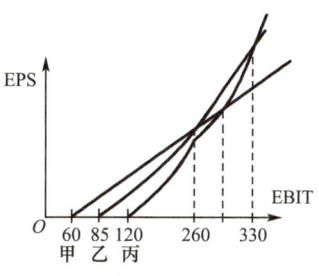

图 5-1　三种筹资方式的比较

每股利润无差别点法的原理比较容易理解,计算过程也较为简单。它以普通股每股收益最高为决策标准,并假定每股利润最大,股票价格也最高。但其局限性是不考虑资本结构(负债的比例)对风险的影响。

企业应综合考虑有关影响因素,运用适当的方法确定最佳的资本结构,并在以后追加筹资中继续保持。

四、资本结构优化方法

优化资本结构的根本是合理配置债务资本和权益资本的比例关系。具体可以采用以下几种方法来优化资本结构:

1.存量调整

存量调整是指企业在既有资产规模基础上,对现存的负债资本与权益资本进行结构上的相互转换,如将债权直接转换为股权。

2.变量调整

变量调整是指通过追加筹资量或者缩减资产总量来实现筹资结构的合理调整。不同性质的企业应采取不同的调整方式。国有大中型、有发展潜力的企业可以改组为股份制公司,吸收其他投资者投入的资本金。这样不仅可以为企业的发展注入新的资金,还改善了企业的资本结构。至于那些由于资产结构不合理而导致资金周转困难的企业,应充分利用企业中的优良资产,将这些优良资产重新组合,形成新的股份公司。这样既可以实现融资,又盘活了存量资产。

3.合理运用财务杠杆

财务杠杆是指那些仅支付固定性资金成本的筹资方式(如债券、优先股、租赁等)对增加所有者(普通股持有者)收益的作用。财务杠杆理论的中心是负债对股东报酬的扩张作用。当企业的全部资金为权益资金时,或在企业的投资利润率与负债利率一致的情况下,企业不会形成财务杠杆利益;当投资利润率高于负债利率时,借入资金的存在可提高普通股的每股利润,表现为正财务杠杆利益;当投资利润率低于负债利率时,则普通股的利润率低于税后投资利润率,股东收益下降,表现为负财务杠杆利益。

另外,企业还可以通过选择合理的还本付息方式最大限度地降低借款实际利率,根据企业资产配置的要求优化借款结构,在不增加筹资风险的情况下最大限度地利用短期贷款。

资本结构是企业筹资决策的核心问题。在企业的生产经营过程中若出现资本结构不合理,则应通过筹资活动进行调整,使其趋于合理。

思政小课堂

筹资成本与资本结构决策思政小课堂

资金是企业运行的血液,决定着企业的生存和发展。企业进行长期筹资可以为其注入新鲜的血液供其发展。每一种筹资方式都有其自身的特点,无论选择何种方式进行筹资,合法合规是前提条件,立足自身是基本要求,长远发展是核心要义,职业操守是坚守底线,社会效益是共同目标。俗话说:"君子爱财、取之有道、视之有度、用之有节。"在正义的道路上方可越走越远,在追求财富和创造社会价值的道路上任重而道远,不管是企业还是个人都应尽心尽力让自己做到"爱富不嫌贫""不忘初心、牢记使命"。

知识拓展

发行成本与资本预算

如果一个公司接受新项目,那么它可能需要发行新的股票或者债券。这意味着公司会增加一些新的成本,即发行成本(Floatation Cost)。

有人建议公司的加权平均资本成本(WACC)应该调高以反映发行成本。但实际上这不是最好的方法。因为一项投资的要求收益率取决于投资的风险,而不是募集资本的来源。但这并不是说发行成本就可以被忽略。这些成本之所以发生是因为这个项目将被执行,它们是相关现金流量。在这里我们简单讨论如何将其纳入项目分析。

基本方法

我们以一个简单的案例开始。Spatt 公司是一个完全权益公司,权益成本为 20%。因为这个公司是 100% 的权益公司,所以它的 WACC 和权益成本相同。Spatt 正在考虑一项高达 1 亿美元的针对现有经济业务的扩张计划。这次扩张需通过发行新股来募集资金。

根据其与投资银行的会谈,Spatt 相信募集新股的发行成本将会达到募集金额的 10%。这意味着来自股权出售的收益将只有发售金额的 90%。考虑到发行成本,这次扩张的成本是多少呢?

Spatt 需要出售足够的权益来募集到扣除发行成本之后还有 1 亿美元的资金。

因此,Spatt 的发行成本是 1 111 万美元,而一旦包括发行成本之后,实际的扩张成本就是 1.111 1 亿美元。

如果公司既有权益又有债券,问题就会稍微复杂点。例如,假设 Spatt 的目标资本结构是 60% 的权益和 40% 的债券。权益的发行成本仍然是 10%,而债务的发行成本相对少些,比如 5%。

之前,当债券和权益的资本成本不同时,我们通常用目标资本结构计算出一个加权平均资本成本。这里,我们采取同样的做法。我们可以分别将权益的发行成本 fE 乘以权益的百分比(E/V),将债券的发行成本 fD 乘以债券的百分比(D/V),然后将两者相加计算出一个加权平均发行成本 fA。

所以加权平均发行成本为8%。这告诉我们,为了向新项目提供1美元资金,公司实际上要募集1美元/(1−0.08)=1.087美元。在我们的案例中,忽略发行成本时,项目成本是1亿美元。

如果我们考虑发行成本,那么实际成本就是1亿美元/(1−fA)=1亿美元/0.92=1.087亿美元。

在考虑发行成本时,公司必须要十分小心不要弄错权重。公司应该使用目标权重,哪怕公司可以通过权益或者债券募集到项目所需的全部资金。至于公司到底是通过权益还是债券来募集某个特定项目资金,是没有直接关系的。举个例子,如果公司的目标债务权益比是1,但是选择通过债务来为某一个项目募集全部的资金,那么它必须接着募集另外的权益资本来维持它的目标债务权益比。考虑到这个,公司应该一直运用目标权重来计算发行成本。

计算加权平均发行成本

Weinstein公司的目标资本结构为80%权益和20%债务。权益的发行成本为募得资金的20%,债券则为6%。如果Weinstein需要为新的制造设备募集6 500万美元资金,那么考虑了发行成本之后,真正的成本是多少?

我们首先来计算加权平均发行成本 fA。

加权平均发行成本是17.2%。当我们忽视发行成本时,项目成本是6 500万美元。当我们考虑发行成本时,真正的成本是6 500/0.828=7 850万美元。这再次强调了发行成本是一个不可忽视的费用。

发行成本和NPV

为了说明如何在分析NPV的过程中考虑发行成本,假设Tripleday打印公司当前的目标资本结构是债务权益比等于100%。它正在考虑在堪萨斯州兴建一个价值500 000美元的印刷厂。这个新工厂预期会无限期地在每年产生73 150美元的税后现金流量。税率是34%。这里有两种融资选择。

(1)发行500 000美元新普通股:新普通股的发行成本为募集资金的10%。公司新股的必要报酬率为20%。

(2)发行500 000美元的30年期债务:新债发行成本是实收金额的2%。公司可以按10%的利率发行新债。

那么,新的印刷厂的NPV是多少?

因为印刷是公司的主要业务,我们将用公司的加权平均资本成本来对新印刷厂估价。

知识演练

一、快速测试

(一)单项选择题

1.某企业本期财务杠杆系数为3,本期息税前利润为600万元,则本期实际利息费用为( )万元。

  A.100   B.275   C.400   D.550

2.企业通过调整资金结构可以( )。

  A.降低经营风险 B.影响财务风险 C.提高经营风险 D.不影响财务风险

3.某企业借入资本和权益资本的比例为1:1,则该企业( )。
A.只有经营风险　　B.只有财务风险　　C.既有经营风险又有财务风险
D.没有风险,因为经营风险和财务风险可以相互抵消

4.在个别资本成本的计算中,不用考虑筹资费用影响因素的是( )。
A.长期借款成本　　B.债券成本　　C.保留盈余成本　　D.普通股成本

5.某公司的年营业收入为500万元,变动成本率为40%,经营杠杆系数为1.5,财务杠杆系数为2。如果固定成本增加50万元,那么总杠杆系数将变为( )。
A.2.4　　B.3　　C.6　　D.8

6.某公司的经营杠杆系数为2,财务杠杆系数为1.6,则该公司销售额每增长1倍,就会造成每股收益增加( )。
A.2.6　　B.5　　C.9　　D.3.2

7.某企业希望在筹资计划中确定期望的加权平均资本成本,为此需要计算个别资本占全部资本的比重。企业应采用的计算基础是( )。
A.目标市场价值　　B.目前的市场价值　　C.目前的账面价值　　D.预计的账面价值

8.既具有抵税效应又能带来杠杆利益的筹资方式是( )。
A.发行优先股　　B.发行债券　　C.发行普通股　　D.使用内部留存

9.财务杠杆效应是指( )。
A.提高债务比例导致的所得税降低　　B.利用现金折扣获取的利益
C.利用债务筹资给企业带来的额外收益　　D.降低债务比例所节约的利息费用

10.A企业的本期息税前利润为1 000万元,本期实际利息为200万元。该企业的财务杠杆系数为( )。
A.4.42　　B.1.3　　C.5.51　　D.1.25

(二)多项选择题
1.融资决策中总杠杆的性质有( )。
A.总杠杆能够起到财务杠杆和经营杠杆的综合作用
B.总杠杆能够表达企业边际贡献与税前盈余的比率
C.总杠杆能够估计出销售额变动对每股收益的影响
D.总杠杆系数越大,企业经营风险越大

2.企业降低经营风险的一般途径有( )。
A.增加销售量　　B.增加自由资本　　C.降低变动成本　　D.增加固定成本比例

3.下列关于债券筹资与普通股筹资比较的说法,正确的有( )。
A.普通股筹资的风险相对较高
B.公司债券筹资的资本成本相对较低
C.普通股筹资不可以利用财务杠杆的作用
D.公司债券利息可以税前列支,普通股股利必须是税后支付

4.下列关于保留盈余的资本成本的说法,正确的有( )。
A.它不存在成本问题
B.其成本是一种机会成本
C.它的成本计算不考虑筹资费用
D.它相当于股东投资于某种股票所要求的必要收益率

5.在个别资本成本中必须考虑的抵税因素有( )。
A.债券成本　　　　　　　　　B.银行借款成本
C.普通股成本　　　　　　　　D.留存收益成本
6.当企业债务成本过高时,企业调整其资金结构的方式有( )。
A.以公积金转增资本
B.利用税后留存归还债务,以降低债务比重
C.提前偿还长期债务,筹集相应的权益资金
D.将可转换债券转换为普通股
7.最佳资本结构的判断标准是( )。
A.资本规模最大　　　　　　　B.筹资风险最小
C.企业价值最大　　　　　　　D.加权平均资本成本最低
8.企业在确定资本结构时,下列说法正确的有( )。
A.如果企业的销售不稳定,那么可较多地筹措负债资金
B.所得税税率越高,举债利益越明显
C.为了保证原有股东的绝对控制权,一般应尽量避免普通股筹资
D.若预期市场利率上升,则企业应尽量利用短期负债

(三)判断题

1."财务费用"账户的发生额可以大体上反映企业资本成本的实际数额。　　( )
2.一般认为,当市场利率达到历史性高点时,风险溢价通常较高。　　　　( )
3.某种证券的流动性差或者市场价格流动大,对筹资者来说都要支付相当大的筹资代价。
　　　　　　　　　　　　　　　　　　　　　　　　　　　　　　　　( )
4.资本成本的计算正确与否通常会影响企业的筹资决策,不会影响投资决策。( )
5.每股收益无差别点分析不能用于确定最优资本结构。　　　　　　　　　( )
6.经营风险是指企业未使用债务时经营的内在风险。它是企业投资决策的结果,表现在资产息税前利润率的变动上。　　　　　　　　　　　　　　　　　　　　( )
7.企业在计算综合资本成本时,也可以按照债券、股票的市场价格确定其占全部资金的比重。　　　　　　　　　　　　　　　　　　　　　　　　　　　　　　( )
8.经营杠杆并不是经营风险,而是放大了经营风险。　　　　　　　　　　( )
9.当经营杠杆系数趋近于无穷大时,企业的经营利润率为零。　　　　　　( )
10.最佳资本结构是企业筹资能力最强、财务风险最小的资本结构。　　　 ( )

二、实训

(一)计算分析题

1.某企业发行普通股800万元,发行价为8元/股,融资费率为6%,第一年预期股利为0.8元/股,以后各年增长2%。该公司股票的β系数等于1.2,无风险利率为8%,市场上所有股票的平均收益率为12%,风险溢价为4%。

要求:根据上述资料使用股利折现模型、资本资产定价模型以及无风险利率加风险溢价法分别计算普通股的资金成本。

2.某公司计划筹集新的资金,并维持目前的资金结构(债券占60%,普通股占40%)。随着融资额的增加,各融资方式的资金成本变化见表5-8。

表 5-8　　某公司各融资方法的资金成本

融资方式	新融资额	资金成本
债　券	60 万元以下	8%
	61～120 万元	9%
	120 万元以上	10%
普通股	60 万元及以下	14%
	60 万元以上	16%

要求:计算各融资总额范围内资金的边际成本。

3.某企业只生产和销售甲产品,其总成本习性模型为 $y=15\,000+4x$。假定该企业 2020 年该产品的销售量为 20 000 件,每件售价为 8 元,按市场预测 2021 年 A 产品的销售数量将增长 15%。

要求:

(1)计算 2020 年该企业的边际贡献总额。

(2)计算 2020 年该企业的息税前利润。

(3)计算 2021 年该企业的经营杠杆系数。

(4)计算 2021 年该企业的息税前利润增长率。

(5)假定该企业 2020 年发生负债利息及融资租赁租金共计 5 000 元,优先股股息 300 元。企业所得税税率为 25%,试计算 2021 年该企业的复合杠杆系数。

4.某企业 2019 年资产总额是 1 000 万元,资产负债率是 40%,负债的平均利息率是 5%,实现的销售收入是 1 000 万元,变动成本率为 30%,固定成本和财务费用共 220 万元。如果预计 2020 年销售收入会提高 50%,其他条件不变。

要求:

(1)计算 2020 年该企业的经营杠杆、财务杠杆和复合杠杆。

(2)预计 2020 年该企业的每股利润增长率。

5.某公司原有资本 1 000 万元,其中债务资本 400 万元(每年负担利息 30 万元),普通股资本 600 万元(发行普通股 12 万股,每股面值 50 元)。企业所得税税率为 25%。由于扩大业务,该公司需要追加融资 300 万元。其融资方式有三个:一是全部发行普通股:增发 6 万股,每股面值 50 元;二是全部按面值发行债券:债券利率为 10%;三是发行优先股 300 万元,股息率为 12%。

要求:

(1)分别计算普通股融资与债券融资,以及普通股融资与优先股融资每股利润无差别点的息税前利润。

(2)假设扩大业务后的息税前利润为 300 万元,试确定公司应当采用的融资方式(不考虑风险)。

(二)思考讨论题

1.试述资本结构的含义及债务资本在资本结构中的作用。

2.什么是经营杠杆和经营风险?经营杠杆系数是如何计算得出的?

3.什么是财务杠杆和财务风险?财务杠杆系数是如何计算得出的?

4.总杠杆说明了什么?

第六章

资本预算决策

学习目标与要求

投资活动是通过各个投资项目进行的,而项目投资活动是生产经营型企业的主要投资活动,形成企业的生产经营能力,代表企业生产力水平,影响企业的发展方向。进行科学有效的项目投资决策有利于改善企业生产条件、扩大生产能力,进而获取更多的经营利润,为企业长期发展提供内生动力。

通过本章的学习,应达到以下目标与要求:

理解现金流量的含义与构成;

理解项目投资的含义与类型;

能够运用现金流量估算和编制方法编制项目投资决策现金流量表;

能够熟练运用项目投资决策评价指标与方法,结合企业投资项目的特点,对各备选投资方案进行决策分析。

案例导入

"变化"的企业投资决策

康柏公司原来是生产计算机的,曾在美国排在第二位。它当初做的是中高档产品,认为PC机一定是有钱人买的,所以它的销售观点、生产观念和成本控制都以中高档产品来设定。人们以前买计算机时,中高档品牌只选择两个:

IBM 和康柏，其次是 APPLE。美国的 PC 市场发展得非常快，现在 PC 市场上很少能见到 IBM 和康柏，它们已被一些公司替代。原因就是市场的个性化。当人们有钱之后，就不希望自己所拥有的是和别人一样的东西。康柏公司就因为这个原因开始走下坡路了，因为它的老总一直认为自己的思路还是对的。没想到苹果公司的个性化服务、价廉物美的 PC 机一下子冲击了康柏公司。最后康柏公司亏损，到了濒临倒闭的状态。当时，它的一个执行副总裁曾经做过这方面的研究和调查，认为康柏公司应该马上开辟一条生产线，生产具有个性化的 PC 机，但是一开始就被 CEO 给否决了，后来董事会主席出面在董事会上将这位 CEO 给辞退了，让这位副执行总裁担任 CEO。这样，康柏公司才逐步走出困境，重新占领自己的市场份额，因为它的无形资产还是比较高的，它的品牌和服务还是比较好的。

在计算机行业中，个性化服务做得较好的是戴尔。戴尔提出"无工厂化"，它只创品牌。它吸收了耐克的理念。耐克是没有工厂的，它只有两方面的人：设计者和广告策划者。每年先由设计人员设计出新的产品，然后做广告，让所有的老百姓知道这个产品，然后等到有订单就开始生产。戴尔也一样，它所有的产品没有自己的生产场所，只有设计人员，有人订货后，就交给指定的厂家去生产，并由工厂将产品直接交到消费者手里，所以戴尔没有库存。当然，戴尔又发现了新问题，就是达不到规模化，所以它又在考虑一种新的方式。

由此可知，公司的决策者们应该考虑组织结构怎么变、产品市场怎么变、产品结构怎么变、新产品怎么出和设备如何更新等问题。这些问题也是本章所要阐述的。

资料来源：《世界知识》，2020(12)：16-16

第一节　资本预算概述

一、资本预算的含义和内容

公司金融研究的主要内容之一就是公司应该投资于什么样的固定资产，也就是资本预算决策。资本预算又称投资预算或建设预算，是指企业为了今后更好发展，获取更大的报酬而做出的资本支出计划。项目投资预算是资本预算的基本内容。项目投资是指企业为了在未来可预见的时期内获得收益或使资本增值，在一定时期内向一定对象投放资本或实物等货币等价物的经济行为。简单地说，投资就是为了获得收益而向一定对象投放资本的经济行为。它包括用于机器、设备、厂房的购建与更新改造等生产性资产的投资（简称项目投资），也包括购买债券、股票等金融资产的投资和其他类型的投资。本章所介绍的项目投资是以特定项目为对象，为了新增或更新改造生产经营能力的长期资本投资行为。

项目投资主要包括新建项目和更新改造项目两种类型。

1.新建项目

新建项目是以新增工业生产能力为主的外延式投资项目。新建项目按其涉及内容又可分为单纯固定资产投资项目和完整工业投资项目。

单纯固定资产投资项目是指只涉及固定资产投资而不涉及无形资产投资、其他资产投资和流动资金投资的建设项目。它以新增生产能力与提高生产效率为特征。

完整工业投资项目不仅包括固定资产投资项目,还涉及流动资金投资项目,甚至包括无形资产等其他长期资产投资的建设项目。

2.更新改造项目

更新改造项目是指以恢复或改善生产能力为目的的内含式投资项目。更新改造项目可分为以恢复固定资产生产效率为目的的更新项目和以改善企业经营条件为目的的改造项目两种类型。

二、项目投资的特点

1.投资金额大

项目投资属于长期资本投资,一般需要大量的资金投放。其投资额往往是企业及其投资者多年的资金积累,在企业总资产中通常占有相当大的比重,对企业未来现金流量和财务状况有深远影响。

2.影响时间长

项目投资发挥作用的时间比较长,需要几年、十几年甚至几十年才能收回投资。因此,项目投资对企业未来经营活动和长期的经济效益,甚至对企业的命运都有着决定性的影响。

3.发生频率低

与企业的短期投资和长期性金融资产投资相比,项目投资的发生不太频繁,特别是大规模的具有战略投资意义的扩大生产能力项目投资更是如此。这就要求企业公司金融人员有必要对此进行慎之又慎的可行性研究。

4.变现能力差

作为长期投资的项目投资具有投资刚性特征,不准备在短期内变现,在长时期内的变现能力也很差。项目投资一旦实施或完成就决定了企业的经营方向,要想改变是相当困难的,不是无法实现,就是代价高昂。

5.决策风险大

因为影响项目投资未来收益的因素特别多,加上投资数额多、回收时间长和变现能力差,因此其投资风险比其他投资大。当不利状况出现时,其先天的决定性及无法逆转的损失足以削减企业的价值甚至摧毁一个企业。

三、项目投资的程序

企业项目投资的制定与实施是一项复杂的系统工程。项目投资一旦决策失误,对企业未来的生产经营活动、长期经济效益甚至对企业的命运都有着重大而深远的影响。因此,企业既要抓住投资机会,又要进行深入、仔细的调查研究,对其进行科学严密的可行性研究决策。

项目投资的程序主要一般包括以下几个环节:

(一)提出投资项目

投资项目的提出是项目投资程序的第一步。它主要是以自然资源和市场状况为基础,以国家产业政策为导向,以财政、金融、税收政策为依据,根据企业的发展战略、投资计划和投资环境的变化,在发现和把握良好投资机会的情况下提出的。它既可以由企业管理当局或高层管理人员提出,也可以由企业的各级管理部门和相关部门领导提出。一般而言,企业管理当局和企业高层管理人员提出的项目投资大多数是大规模的战略性投资,投资金额巨大,影响深远。其方案一般由生产、市场、财务、战略等各方面专家组成的专门小组拟订。企业各级管理部门和相关部门领导提出的项目投资主要是一些战术性项目投资和维持性项目投资。其方案由主管部门组织人员拟订。

(二)评价投资项目

投资项目评价的重点是算经济账,在分析和评价投资方案经济、技术可行性的基础上进一步评价其财务可行性。它包括对投资项目的投入、产出进行测算,进而估计方案的相关现金流量;计算投资项目的价值指标,如净现值、内部收益率、投资回收期等;将有关价值指标与可接受标准比较,选择可执行的方案。

(三)决策投资项目

投资额较小的战术性项目投资或维持项目投资,一般由部门经理做出决策;金额较大的项目投资,一般由企业最高管理当局或企业高层管理人员做出决策;特别重大的项目投资,还需要由董事会或股东大会批准形成决策。

(四)实施投资项目

投资项目一旦批准成立,即应付诸实施,积极筹措资金,进入投资预算的执行过程。在这一过程中,企业应建立一套预算执行情况的跟踪系统,对工程进度、工程质量、施工成本和预算执行等进行监督、控制、审核,防止在工程建设中出现舞弊行为,确保工程质量,保证按时完成。

(五)投资项目再评价

企业在投资方案的执行过程中,应对已实施的投资项目进行跟踪审计,注意原来做出的投资决策是否合理,是否正确。一旦出现新的情况,就要随时根据变化的情况做出新的评价和调整。如果情况发生重大变化确实使原来的投资决策变得不合理,就要进行是否终止投资和怎样终止投资的决策,以避免更大损失。

四、项目计算期及资金投入

(一)项目计算期

项目计算期是指投资项目从投资建设开始到最终清理结束整个过程的全部时间,即该项目的有效持续期间。完整的项目计算期包括建设期和运营期。其中,建设期(记作 S,$S \geqslant 0$)是指项目资金正式投入开始到项目建成投产为止所需要的时间,建设期的第一年年初(第 0 年)为建设起点,建设期的最后一年年末(第 s 年)为投产日。在实践中,企业通常应参照项目建设的合理工期或项目的建设进度计划合理确定建设期。项目计算期的最后一年年末(记作第 n 年)称为终结点,投产日与终结点之间的时间间隔称为运营期(记作 p)。运营期又包括试产期和达产期(完全达到设计生产能力)两个阶段。试产期是指项目投入生产,但生产能力尚未完全达到设计能力时的过渡阶段。达产期是指生产运营达到设计预期水平后的时间。运营期一般根据项目主要设备的经济使用寿命期确定。项目计算期、建设期和运营期之间的关系为:

$$项目计算期 = 建设期 + 运营期$$

【例6-1】
某企业拟购建一项固定资产,预计使用寿命为5年。

要求:就以下各种不相关情况分别确定该项目的项目计算期:

(1)在建设起点投资并投产。

(2)建设期为两年。

解:(1)项目计算期＝0＋5＝5(年)

(2)项目计算期＝2＋5＝7(年)

(二)原始总投资和投资总额

原始总投资又称初始投资,是反映项目所需现实资金水平的价值指标。从项目投资的角度看,原始总投资等于企业为使该项目完全达到设计生产能力、开展正常生产经营而投入的全部现实资金。原始总投资包括建设投资和流动资金投资两项内容。

1. 建设投资

建设投资是指在建设期内按一定生产经营规模和建设内容进行的投资。其具体包括固定资产投资、无形资产投资和其他资产投资三项内容。

(1)固定资产投资。固定资产投资是指项目用于购置或安装固定资产应当发生的投资。固定资产原值与固定资产投资之间的关系如下:

$$固定资产原值＝固定资产投资＋建设期资本化借款利息$$

(2)无形资产投资。无形资产投资是指项目用于取得无形资产应当发生的投资。

(3)其他资产投资。其他资产投资是指建设投资中除固定资产投资和无形资产投资以外的投资,包括生产准备和开办费投资。

2. 流动资金投资

流动资金投资又称垫支流动资金或营运资金投资,是指项目投产前后分次或一次投放于流动资产项目的投资增加额。

(三)项目投资资金的投入方式

从时间特征来看,原始总投资的投入方式包括一次投入和分次投入两种形式。一次投入是指投资行为集中一次发生在项目计算期第一个年度的年初或年末。如果投资行为涉及两个或两个以上年度,或虽然只涉及一个年度但同时在该年的年初和年末发生则属于分次投入方式。

第二节 资本预算中的现金流量估算

一、现金流量的含义

现金流量又称现金流动数量,简称现金流。在项目投资决策中,现金流量是指一个投资项目在其项目计算期内引起的现金流入和现金流出的数量。此处的"现金"是广义的现金,不仅包括各种货币资金,还包括项目需要投入的企业拥有的非货币资源的变现价值。例如,一个项目需要使用原有的厂房、设备和材料等,则相关的现金流量是指它们的变现价值,而不能用它们的账面价值来表示其现金流量。对于一个具体的投资项目而言,其现金流出量是指该项目投资等引起的企业现金支出增加的数量;现金流入量是指该项目投产运营等引起的企业现金收入增加的数量。

企业在对投资项目进行可行性分析时,都需要用特定指标来进行评价,而这些指标的计算都是以投资项目的现金流量为基础的。现金流量是评价一个投资项目是否可行时必须事先计算的一个基础性数据。企业在正确理解和应用现金流量时,必须认识和把握现金流量的两大特性:特定性,即它是特定项目的现金流量,与别的项目或企业原先的现金流量不可混淆;增量性,即项目的现金流量是由于采纳特定项目而引起的现金支出或收入增加的数量。

二、现金流量的内容

投资项目的现金流量可以从两个不同的角度去考量,一是从现金流量产生的时间先后去考量,二是从现金流量的流动方向去考量。

(一)从现金流量产生的时间先后去考量

现金流量按其产生的时间先后,可划分为初始现金流量、营业现金流量和终结现金流量三个部分。

1.初始现金流量

初始现金流量是指开始投资时发生的现金流量,通常包括固定资产投资(这些投资既可能是一次性进行的,也可能是分次进行的)、无形资产投资、开办费投资、流动资金投资和原有固定资产的变价收入等。初始现金流量以现金流出为主,会涉及一些现金流入的发生。总体来看,初始现金流量的流出会大于流入,即表现为净流出。

2.营业现金流量

营业现金流量是指投资项目建设完工投入运营后,在其寿命周期内由于生产经营所带来的现金流入和现金流出的数量。营业现金流量一般按年度进行计算。此处的现金流入主要指营业现金收入,而现金流出则主要指营业现金支出和缴纳的税金。在通常情况下,营业现金流量的现金收入会大于现金支出,所以一般表现为净流入。

3.终结现金流量

终结现金流量是指项目完成时所发生的现金流量,主要包括固定资产的最后净残值或变价收入和初始垫付流动资金在终结时的收回等。初始现金流量表现为净流出,而终结现金流量则表现为净流入。

(二)从现金流量的流动方向去考量

现金流量按其流动方向,可划分为现金流入量、现金流出量和现金净流量三项内容。

1.现金流入量

现金流入量是指投资项目实施后在项目计算期内所引起的企业现金收入的增加额。其包括以下几个方面内容:

(1)营业收入。营业收入是指项目投产后每年实现的全部营业收入。为简化核算,假定正常经营年度内每期发生的赊销额和回收的应收账款大致相等,即全部营业收入均可看作现金营业收入。营业收入是经营期内主要的现金流入量项目。

(2)固定资产的余值。固定资产的余值是指投资项目的固定资产在终结点报废清理时的残值收入或转让时的变价收入。

(3)回收流动资金。回收流动资金是指投资项目在项目计算期结束时,收回的原来投放在各种流动资产上的营运资金。

固定资产的余值和回收流动资金统称为回收额。

(4)其他现金流入量。其他现金流入量是指除上述项目以外的现金流入量。

2.现金流出量

现金流出量是指投资项目引起的企业现金支出的增加额。其包括以下几个方面内容:

(1)建设投资或更改投资。建设投资或更改投资是指项目投资过程中发生的固定资产投资、无形资产投资、开办费投资等发生的投资额。

(2)垫支的流动资金。垫支的流动资金是指投资项目建成投产后为开展正常经营活动而投放在流动资产上的营运资金投资额。它是项目投产前后投放于投资项目的营运资金。建设投资和垫支的流动资金合称为项目的原始总投资。

(3)经营成本。经营成本是指企业投资项目投产后在生产经营期内为满足正常生产经营需要而发生的用现金支付的成本费用,不包括折旧和摊销等费用。它是生产经营期内最主要的现金流出量。

(4)所得税支出。所得税支出是指项目投产后的收益中应支付给国家的所得税税额。

(5)其他现金流出量。其他现金流出量是指除上述项目以外的其他各项现金流出项目。

3.现金净流量

现金净流量记作NCF,又称净现金流量,是指投资项目在项目计算期内现金流入量和现金流出量之间的差额。它是计算投资项目中投资决策评价指标的重要依据。现金净流量的计算一般以年度为单位进行。

现金净流量的计算公式为:

$$现金净流量(NCF)=年现金流入量-年现金流出量$$

当流入量大于流出量时,现金净流量为正值;反之,现金净流量为负值。

根据现金流入量、现金流出量的构成内容和现金净流量的计算公式,我们可以得出现金净流量结合项目计算期的分期简化计算公式。

(1)建设期内现金净流量。建设期内现金净流量(NCF_S)的计算公式为:

$$NCF_S=-该年原始投资额(固定资产投资+无形资产投资+其他资产投资+流动资金投资)$$

由于在建设期没有现金流入量,所以建设期的现金净流量总为负值。

(2)经营期内现金净流量。经营期内现金净流量(NCF_P)的计算公式为:

$$NCF_P=营业收入-付现成本-所得税 \tag{1}$$
$$=营业收入-(总成本-折旧额)-所得税$$
$$=营业利润-所得税+折旧$$
$$=净利润+折旧 \tag{2}$$
$$=(营业收入-付现成本-折旧)\times(1-所得税税率)+折旧$$
$$=(营业收入-付现成本)\times(1-所得税税率)+折旧\times所得税税率 \tag{3}$$

公式(1)是根据现金流量的定义计算的。折旧是一种非付现成本,在总成本中抵扣非付现成本后称为付现成本。付现成本与所得税合起来是现金的支付,表现为现金流出,应当作为每年营业现金流入的减项。公式(2)是根据年末营业结果计算的。企业每年营业现金增加来自增加的净利和提取的折旧。此处的折旧是指广义的折旧,包括本项目固定资产折旧再加上本项目相关长期资产的摊销和减值准备的提取等。折旧是一种现金来源,它以现金形式从营业收入中扣回,留用在企业里。公式(3)是根据所得税对收入和折旧的影响计算的。收入的增加会增加税负,最终形成现金流出量的增加;折旧的增加会减少税负,最终形成现金流出量的减少。

上述三个计算公式均可互为前提进行推导而得到,所以其实际计算结果相等。

(3)经营期终结现金净流量。经营期终结现金净流量(NCF_n)的计算公式为:

$$NCF_n = 营业现金净流量 + 回收额$$

在投资项目寿命期满的最后那一年,除了当年产生的营业现金净流入之外,还将发生两项终结回收的现金流入量:一是固定资产出售或报废时的变价收入或净残值收入;二是原先垫付流动资金的收回。这笔资金垫付的使命结束,收回后可再用于别处。

三、现金流量估算的原则和相关假设

(一)现金流量估算的原则

1.实际现金流量原则

实际现金流量原则是指企业在计量投资项目的成本和收益时,采用现金流量而不采用会计利润。

现金流量以收付实现制为基础,比会计利润更具有刚性,它不会随着会计处理方法的变化而变化。而会计利润的计算包含了一些非现金因素,如折旧费在会计上作为一种费用抵减了当期的收益,但这种费用并没有发生实际的现金支出,只是账面记录而已,因此在现金流量分析中,折旧应加回到收益中。会计利润在很大程度上会受到存货估价、费用摊配和折旧计提等方面不同方法的影响,在一定程度上存在主观随意性。也就是说,会计利润不仅与企业的经营活动有关,还取决于所选择的会计政策与方法;而现金流量净额则是企业经营活动的沉淀,不受会计政策与方法选择的影响,因而更具客观性和准确性。

实际现金流量原则的另一个含义是项目未来的现金流量必须用预计未来的价格和成本来计算,而不是用现在的价格和成本计算,要考虑资金的时间价值。由于投资项目的时间跨度大,所以其投资的资金时间价值作用和影响是不容忽视的。现金流量反映了预期每笔收入与支出款项的具体发生时间,以此为基础进行的有关投资项目指标计算就能很好地反映时间价值因素。

2.增量现金流量原则

现金流量的预测要建立在增量或边际的概念基础上。只有增量现金流量才是与投资项目相关的现金流量。增量现金流量是指接受或拒绝某个投资项目时,企业总的现金流量因此而发生的变动,而不仅仅是该项目的现金流量所发生的变动。只有那些因采纳某个项目而引起的整个企业的现金流入增加额才是该项目的现金流入;只有那些因采纳某个项目引起的整个企业现金流出增加额才是该项目的现金流出。为了正确计算投资方案的增量现金流量,企业需要正确判断哪些因素会引起现金流量的变动,哪些因素不会引起现金流量的变动。企业在判断增量现金流量时,要注意以下几个问题:

(1)关联效应。在估计项目现金流量时,企业要以投资对所有经营活动产生的整体效果为基础进行分析,而不是孤立地考察新上项目。例如,某公司决定开发一种新型挖掘机,预计该设备上市后的销售收入为4 000万元,但会冲击原来的普通型挖掘机,使其销售收入减少800万元。

因此,在投资分析时,新型挖掘机的增量现金流入量从公司全局的角度应计为 3 200(4 000－800)万元,而不是 4 000 万元。

需要注意的是,不能将市场变化,如竞争对手生产和销售这种新型挖掘机而挤占了该公司普通挖掘机的销售,纳入这种关联效应中来,因为无论公司是否生产和销售新型挖掘机,这种损失都会发生,它们属于与项目无关的成本。

与此相反,某些新项目可能有助于其他项目的发展。例如,某旅游公司准备开辟 A、B 两地之间的旅游线路。假设这两地之间的旅游线路开通后能使该公司 B、C 两地之间的旅游业务量增加,从而使 B、C 这条旅游线路收益增加,这种增加的效益对 A、B 旅游线路的投资来说是一种间接效益,在评价 A、B 旅游线路投资收益时应考虑这种关联效应。

(2)沉没成本。沉没成本是指过去已经发生,无法由现在或将来的任何决策所能改变的成本。在投资决策中,沉没成本属于与决策无关的成本,因此在决策中不予考虑。例如,某公司打算在 2018 年建造一条新生产流水线,所以聘请了咨询公司进行可行性分析,为此支付了 2 万元的咨询费。后来由于种种原因,该项目没有实施。当 2020 年再次进行该项投资分析时,该笔咨询费就是沉没成本。因为这笔支出已经发生,无论公司是否决定现在投资建造该生产流水线,它都无法收回,因此它与公司未来的现金流量无关。如果将沉没成本纳入投资成本总额,则原本有利的投资项目可能会变得无利可图,从而造成决策失败。一般来说,大多数沉没成本是与研究开发及投资决策前进行市场调查有关的成本。

(3)机会成本。在投资方案的选择中,如果选择了一个投资方案,就必须放弃投资于其他途径的机会。其他投资机会可能取得的收益是实行该方案的一种代价,被称为该项投资方案的机会成本。例如,某投资项目需要在公司所有的一块土地上建造厂房,如果将该土地出售,可获净收入 40 万元。由于用于建造厂房,该公司丧失这 40 万元的土地变现收入。这部分丧失的收入就是建造厂房的机会成本,是该项目投资总成本的组成之一。机会成本不是实际发生的成本,而是失去的潜在收益。机会成本总是针对具体方案而言的,离开被放弃的方案就无从计量确定。机会成本在决策中的意义在于它有助于全面考虑可能采取的各种方案,以便为既定资源寻求最为有利的使用途径。

3.税后原则

企业取得收益后必须以税收形式让国家无偿参与收益分配,在评价投资项目时所使用的现金流量应当是税后现金流量,因为只有税后现金流量才与投资者的利益相关。作为项目投资分析依据的是税后现金流量,而不是税前现金流量。一个不考虑所得税的项目可能是个很好的项目,但考虑所得税后可能就变得不可取了。在各种现金流量中,项目的营业现金流量是最受所得税影响的。又由于所得税的大小取决于利润的大小和税率的高低,而利润大小又受折旧方法的影响,因此,折旧对现金流量产生影响也会受所得税的影响。

(二)现金流量估算的相关假设

为克服估算投资项目现金流量的困难,简化现金流量的计算过程,企业除应把握上述的原则外,还有一些必须明确的相关假设和约定。

1.投资项目类型假设

假设投资项目只包括单纯固定资产投资项目、完整工业性投资项目和更新改造投资项目三种类型。

2.财务可行性分析假设

假设投资决策是从企业投资者的立场出发,投资决策者确定现金流量就是为了进行财务项目可行性研究。该项目已经具备技术可行性和经济可行性。

3.投资项目全投资假设

企业在评价和分析投资项目的现金流量时,通常站在投资者的立场上考虑全部投资的运动情况,将投资决策与融资分开。假设全部投入资金都是企业的自有资金,即全投资设定,而不具体区分自有资金和借入资金等具体形式的现金流量。实际上,企业在对项目现金流量进行折现时,采用的折现率已经隐含了该项目的融资成本(计入项目的资本化利息除外),若将项目投入使用后的利息支出计入该期现金流出量,那就出现了重复计算,所以,无论项目投资的资金是权益资金还是债务资金,这样设定才具有一致性和可比性。

4.经营期与折旧年限一致假设

假定项目主要固定资产的折旧年限或使用年限与经营期相同。

5.流量时点设定

为便于利用货币时间价值的形式,现金流量无论是流入还是流出,都设定为只发生在年初或年末两个时点上,如建设投资都假定在建设期内有关年度的年初或年末发生,垫付流动资金是在项目建设期末发生的,营业现金流入确认于年末实现,终结回收发生在项目经营期结束时等。

项目现金流量的估算是一件复杂而重要的工作,需要企业各相关部门的参与,需要充分发挥企业各相关部门的信息优势。例如,营销部门测算收入和市场竞争变化后果;产品开发和技术部门测算投资项目的研制费用、设备购置、厂房建筑等投资支出;生产和成本部门测算生产成本,如原材料采购成本、生产工艺安排、产品成本等;财务部门既要为估算建立共同的基本假设条件,如物价水平、贴现率、可供资源的限制条件等,又要协调参与预测工作的各方人员,使之能相互衔接与配合,防止预测者因个人偏好或部门利益而高估或低估收入和成本。

四、现金流量估算举例

(一)单纯固定资产投资项目现金流量的估算

【例6-2】 某企业拟购建一项固定资产,需要在建设起点一次投入资金500万元,按直线法折旧,使用寿命为5年,期末有100万的净残值。建设期为一年,预计投产后每年营业收入为240万元,每年付现成本为80万元。假设企业所得税税率为25%。试计算该方案的现金流量。

解:依题意计算有关指标如下:

年折旧 $= \dfrac{\text{固定资产原值} - \text{净残值}}{\text{固定资产使用年限}} = \dfrac{500-100}{5} = 80$ 万元

项目计算期 = 建设期 + 运营期 = 1 + 5 = 6 年

建设期某年净现金流量 = −该年发生的固定资产投资

$NCF_0 = -500$ 万元

$NCF_1 = 0$ 万元

运营期某年净现金流量 = 净利润 + 年折旧
  = (营业收入 − 付现成本) × (1 − 所得税税率) + 折旧 × 所得税税率

$NCF_{2\sim5} = (240-80) \times (1-25\%) + 80 \times 25\% = 140$ 万元

终结点净现金流量 = 营业现金净流量 + 回收额

$NCF_6 = 140 + 100 = 240$ 万元

下面先计算该方案的营业现金流量(表 6-1),再结合初始现金流量和终结现金流量编制该方案的全部现金流量表(表 6-2)。

表 6-1   **投资项目营业现金流量计算表**   单位:万元

项目	第1年	第2年	第3年	第4年	第5年
营业收入(1)	240	240	240	240	240
付现成本(2)	80	80	80	80	80
折旧(3)	80	80	80	80	80
税前利润(4)	80	80	80	80	80
所得税(5)=(4)×25%	20	20	20	20	20
税后净利(6)=(4)-(5)	60	60	60	60	60
营业现金流量(7)=(1)-(2)-(5)=(3)+(6)	140	140	140	140	140

表 6-2   **投资项目现金流量计算表**   单位:万元

时间/年	0	1	2	3	4	5	6
固定资产投资	−500	0					
营业现金流量			140	140	140	140	140
净残值收入							100
现金流量合计	−500	0	140	140	140	140	240

(二)完整工业投资项目现金流量的估算

【例 6-3】 某公司正考虑购入一种新设备来扩充生产能力,现有甲、乙两个方案可供选择。甲方案为购买半自动化的设备,需投资 40 万元,使用寿命为 5 年,采用直线法折旧,5 年后设备无残值,5 年中每年营业收入为 24 万元,每年的付现成本为 8 万元。乙方案购置全自动化的设备,需投资 48 万元,采用直线法折旧,使用寿命也为 5 年,5 年后有 8 万元的残值收入,5 年中每年的营业收入为 32 万元,付现成本为第 1 年 12 万元,以后随着设备陈旧,维修费将逐年增加 1.6 万元,另外在第一年年初需垫支营运资金 2 万元。假设企业所得税税率为 25%。试计算两个方案的现金净流量。

解:依题意有关指标计算如下:

甲方案:

年折旧 $= \dfrac{40}{5} = 8$ 万元

项目计算期 $= 0 + 5 = 5$ 年

$NCF_0 = -40$ 万元

$NCF_{1-5} = (24 - 8 - 8) \times (1 - 25\%) + 8 = 14$ 万元

乙方案:

年折旧 $= \dfrac{48 - 8}{5} = 8$ 万元

项目计算期 $= 0 + 5 = 5$ 年

$NCF_0 = -(48 + 2) = -50$ 万元

$NCF_1 = (32 - 12 - 8) \times (1 - 25\%) + 8 = 17$ 万元

$NCF_2 = (32-13.6-8) \times (1-25\%) + 8 = 15.8$ 万元

$NCF_3 = (32-15.2-8) \times (1-25\%) + 8 = 14.6$ 万元

$NCF_4 = (32-16.8-8) \times (1-25\%) + 8 = 13.4$ 万元

$NCF_5 = (32-18.4-8) \times (1-25\%) + 8 + 8 + 2 = 22.2$ 万元

甲乙两方案的营业现金流量的计算见表 6-3。表 6-4 反映甲乙两方案现金流量计算表。

表 6-3　　　　　　　　　投资项目营业现金流量计算表　　　　　　　　单位：万元

项目	第1年	第2年	第3年	第4年	第5年
甲方案：					
营业收入(1)	24	24	24	24	24
付现成本(2)	8	8	8	8	8
折旧(3)	8	8	8	8	8
税前利润(4)	8	8	8	8	8
所得税(5)=(4)×25%	2	2	2	2	2
税后净利(6)=(4)-(5)	6	6	6	6	6
营业现金流量(7)=(1)-(2)-(5)=(3)+(6)	14	14	14	14	14
乙方案：					
营业收入(1)	32	32	32	32	32
付现成本(2)	12	13.6	15.2	16.8	18.4
折旧(3)	8	8	8	8	8
税前利润(4)	12	10.4	8.8	7.2	5.6
所得税(5)=(4)×25%	3	2.6	2.2	1.8	1.4
税后净利(6)=(4)-(5)	9	7.8	6.6	5.4	4.2
营业现金流量(7)=(1)-(2)-(5)=(3)+(6)	17	15.8	14.6	13.4	12.2

表 6-4　　　　　　　　　投资项目现金流量计算表　　　　　　　　单位：万元

时间/年	0	1	2	3	4	5
甲方案：						
固定资产投资	-40					
营业现金流量		14	14	14	14	14
现金净流量	-40	14	14	14	14	14
乙方案：						
固定资产投资	-48					
垫支流动资金	-2					
营业现金流量		17	15.8	14.6	13.4	12.2
净残值收入						8
营运资金回收						2
现金净流量	-50	17	15.8	14.6	13.4	22.2

（三）固定资产更新改造项目现金流量的估算

【例 6-4】 某公司考虑用一台全自动化的新设备来代替原半自动化的旧设备以提高

效率。旧设备的原购置成本为12万元,已使用5年,估计还可使用5年,已提折旧6万元。假定使用期满后无残值。如果现在销售可得价款6万元,使用该设备每年可获收入15万元,每年的付现成本为9万元。该公司现准备用一台新设备来代替原有的旧设备,新设备的购置成本为18万元,估计可使用5年,期满残值收入为3万元。该公司使用新设备后,每年收入可达24万元,每年付现成本为12万元。假设所得税税率为25%,新、旧设备均采用直线法计提折旧。试分别计算继续使用旧设备方案和更新方案的现金流量。

解:(1)继续使用旧设备。

年折旧 $=\dfrac{6}{5}=1.2$ 万元

项目计算期 $=0+5=5$ 年

$NCF_0 = -6$ 万元

$NCF_{1-5} = (15-9-1.2) \times (1-25\%) + 1.2 = 4.8$ 万元

(2)更换新设备。

年折旧 $=\dfrac{18-3}{5}=3$ 万元

项目计算期 $=0+5=5$ 年

$NCF_0 = -18$ 万元

$NCF_{1-4} = (24-12-3) \times (1-25\%) + 3 = 9.75$ 万元

$NCF_5 = 9.75 + 3 = 12.75$ 万元

两方案的营业现金流量见表6-5,两方案的现金流量见表6-6。

表 6-5　　　　　　　　投资项目营业现金流量计算表　　　　　　　　单位:万元

时间/年	1	2	3	4	5
继续使用旧设备:					
营业收入(1)	15	15	15	15	15
付现成本(2)	9	9	9	9	9
折旧(3)	1.2	1.2	1.2	1.2	1.2
税前利润(4)	4.8	4.8	4.8	4.8	4.8
所得税(5)=(4)×25%	1.2	1.2	1.2	1.2	1.2
税后净利(6)=(4)-(5)	3.6	3.6	3.6	3.6	3.6
营业现金流量(7)=(1)-(2)-(5)=(3)+(6)	4.8	4.8	4.8	4.8	4.8
更换新设备:					
营业收入(1)	24	24	24	24	24
付现成本(2)	12	12	12	12	12
折旧(3)	3	3	3	3	3
税前利润(4)	9	9	9	9	9
所得税(5)=(4)×25%	2.25	2.25	2.25	2.25	2.25
税后净利(6)=(4)-(5)	6.75	6.75	6.75	6.75	6.75
营业现金流量(7)=(1)-(2)-(5)=(3)+(6)	9.75	9.75	9.75	9.75	9.75

表 6-6　　　　　　　　　投资项目现金流量计算表　　　　　　　　　单位：万元

时间/年	0	1	2	3	4	5
继续使用旧设备：						
固定资产投资	-6					
营业现金流量		4.8	4.8	4.8	4.8	4.8
现金净流量	-6	4.8	4.8	4.8	4.8	4.8
更换新设备：						
固定资产投资	-18					
营业现金流量		9.75	9.75	9.75	9.75	9.75
净残值收入						3
现金净流量	-18	9.75	9.75	9.75	9.75	12.75

第三节　项目投资决策评价指标

一、投资决策评价指标的内容与分类

（一）投资决策评价指标的内容

项目投资时间跨度大，贯穿于企业的整个存续期，是企业生存和发展的基础。项目投资决策是所有决策中最重要的决策，因此对项目投资方案进行可行性分析显得尤其重要。投资决策指标是评价投资方案是否可行或优劣的标准。从财务评价的角度来看，投资决策评价指标主要包括投资回收期、投资收益率、净现值、净现值率、获利指数、内部收益率等。

（二）投资决策评价指标的分类

1. 按是否考虑资金时间价值来分类

按是否考虑资金时间价值，投资决策评价指标可分为非贴现现金流量指标和贴现现金流量指标。

非贴现现金流量指标又称静态指标，是指在决策时不考虑资金的时间价值，认为不同时期的现金流量的价值是相等的，可以直接比较的指标。非贴现现金流量指标的最大优点是计算简单。其包括投资回收期和投资收益率两个指标。

贴现现金流量指标又称动态指标，是指在决策时要考虑货币时间价值的要求，将投资项目的现金流量按某一基础折算成同一时期点的量，再对投资支出和各年现金流量的大小进行比较以确定方案可行性的指标。贴现现金流量指标考虑了货币时间价值这一因素，与非贴现现金流量指标相比，准确度更高，客观性更强，能较好地反映投资项目或投资方案的优劣。常用的贴现现金流量指标有净现值、净现值率、获利指数和内含报酬率。

2.按指标性质不同来分类

按指标性质不同,投资决策评价指标可分为正指标和反指标两大类。正指标表示在一定范围内越大越好的指标,如投资利润率、净现值、净现值率、获利指数、内部收益率。反指标表示在一定范围内越小越好的指标,如投资回收期。

3.按照数据特征来分类

按照数据的不同特征,投资决策评价指标可分为绝对数指标和相对数指标。绝对数指标包括以时间为计量单位的投资回收期和以价值量为计量单位的净现值指标。相对数指标包括投资利润率、净现值率、获利指数、内部收益率、投资报酬率等。

二、非贴现现金流量指标

(一)投资回收期

1.投资回收期的含义与计算

投资回收期是指投资项目收回原始总投资所需要的时间,即用投资项目产生的经营净现金流量逐渐抵偿原始投资支出,从而使投资支出正好全部收回所经历的时间长度。它一般以年为单位。它有包括建设期的投资回收期(记作 PP)和不包括建设期的投资回收期(记作 PP′)两种形式。

投资回收期法就是以投资回收的时间长短作为评价和分析项目可行性标准的一种方法。一般而言,投资者总是希望尽快地收回投资,即投资的回收期越短越好。

投资回收期的计算因每年的现金净流量是否相等而有所不同,具体分析如下:

(1)若每年现金净流量相等。如果投资方案各年的现金净流量相等,那么投资回收期可以直接用投资总额除以年现金净流量来计算,即

$$\text{不包括建设期的投资回收期}(PP') = \frac{\text{原始总投资}}{\text{投产后若干年相等的净现金流量}}$$

【例 6-5】 【例 6-3】中若甲方案的各年现金净流量均为 12.8 万元,则该方案的投资回收期计算如下:

$$PP_{\text{甲}} = \frac{40}{12.8} = 3.125 \text{ 年}$$

(2)若每年现金净流量不等。如果投资方案各年的现金净流量不等,则可用累计现金净流量的方法来确定包括建设期的投资回收期,进而推算出不包括建设期的投资回收期。因为不论在什么情况下,都可以通过这种方法来确定投资回收期。因此,此方法又被称为计算投资回收期的一般方法。该方法的原理是按照回收期的定义,包括建设期的投资回收期 PP 满足以下关系式,即

$$\sum_{t=0}^{PP} NCF_t = 0$$

这表明在投资项目现金流量表的"现金净流量"一行中,包括建设期的投资回收期(PP)恰好是累计现金净流量为零的年限。如果无法在"现金净流量"行中找到累计现金净流量为零的年份,就必须按下式计算包括建设期的投资回收期(PP)。

包括建设期的投资回收期(PP)=

最后一项为负值的累计净现金流量对应的年数 + $\dfrac{\text{最后一项为负值的累计净现金流量绝对值}}{\text{下年净现金流量}}$

或 =累计净现金流量第一次出现正值的年份－1＋$\dfrac{该年初尚未回收的投资}{该年净现金流量}$

【例 6-6】 假设【例 6-3】中乙方案的各年现金净流量具体见表 6-7，则可以用逐年获得的净现金流量补偿初始的投资总额，直到累计现金净流量为零为止。

表 6-7　　　　　　　　　　乙方案投资回收期计算表　　　　　　　　　　单位：万元

时间/年	每年现金净流量	累计现金净流量
0	－50	－50
1	15.2	－34.8
2	14.24	－20.56
3	13.28	－7.28
4	12.32	5.07
5	21.36	26.43

从表 6-7 可以看出，累积到第 3 年的现金净流量为－7.28 万元，累积到第 4 年的现金净流量为 5.07 万元，则乙方案的投资回收期应在 3～4 年。下面用公式计算其投资回收期：

$$PP = 3 + 7.28/12.32 = 3.59 \text{ 年}$$

或
$$= 4 - 1 + 7.28/12.32 = 3.59 \text{ 年}$$

2. 投资回收期的评价

投资回收期是一个非贴现的绝对数反指标。在评价方案的可行性时，包括建设期的投资回收期比不包括建设期的投资回收期的用途更为广泛。运用投资回收期法进行投资决策时，首先要确定一个企业能够接受的期望投资回收期，然后用投资方案的投资回收期与期望投资回收期进行比较。只有在实际的投资回收期小于期望投资回收期时，才可接受该投资回收期最短的方案为最优方案。在【例 6-3】中，若仅以投资回收期为评价标准，则应选择甲方案。

投资回收期法是一种使用很早、很广泛的投资决策方法。其优点是能够直观地反映原值总投资的收回期限，便于理解，计算也比较简单，可以直接利用回收期之前的净现金流量信息。其缺点是没有考虑资金时间价值因素和回收期满后继续发生的现金流量，不能正确反映投资方式不同对项目的影响，所以，单独使用投资回收期进行投资项目评价难免有得出错误结论的可能性。

投资回收期现在一般作为辅助方法使用，主要用于测定方案的流动性和盈利性。

（二）投资利润率

1. 投资利润率的含义与计算

投资利润率又称投资报酬率（记作 ROI），是指达产期正常年度利润或年均利润占投资总额的百分比。其计算公式为：

$$投资利润率 = \dfrac{年利润或年均利润}{投资总额} \times 100\%$$

【例 6-7】 以【例 6-3】、【例 6-5】与【例 6-6】的相关资料为基础，若甲方案各年现金净流量均为 12.8 万元，计算甲、乙二个方案的投资利润率。

$$甲方案的投资利润率 = \dfrac{12.8 - 8}{40} \times 100\% = 12\%$$

$$乙方案的投资利润率 = \dfrac{(15.2 + 14.24 + 13.28 + 12.32 + 21.36)/5 - 8}{50} \times 100\% = 14.56\%$$

2. 投资利润率的评价

投资利润率是一个非贴现的相对数正指标。企业在运用投资利润率法进行决策时,首先要确定企业的期望报酬率以作为衡量评价的标准。在单个方案的可行性分析时,只要该投资方案的投资利润率大于企业的期望报酬率,就可接受;反之拒绝。在多个方案比选时,以满足期望报酬率要求的方案中投资利润率最高的方案为最优方案。

投资利润率的优点是计算公式简单;缺点是没有考虑资金时间价值因素,不能正确反映建设期长短及投资方式不同和回收额的有无对项目的影响,分子、分母计算口径的可比性较差,无法直接利用净现金流量信息。

三、贴现现金流量指标

(一)净现值

1. 净现值的含义与计算

净现值(记作 NPV),是指在项目计算期内,投资项目按设定折现率或基准收益率计算的各年净现金流量现值的代数和。事实上,项目各年现金净流量在初始投资阶段是负值,即净流出;而在项目投产运营直至项目终结阶段是正值,即净流入。因此,净现值的计算也表现为投资项目现金净流入的现值与现金净流出的现值之间的净差额。

净现值法就是按投资项目的净现值大小来分析投资方案的经济效益,评价和选择投资方案的方法。一般而言,净现值越大,投资项目或方案的效益越好,反之亦然。净现值的计算公式为:

$$\text{净现值(NPV)} = \sum_{t=0}^{n}[\text{NCF}_t \times (P/F, i, t)]$$

式中:n 表示项目投资计算期;$(P/F, i, t)$ 表示第 t 年、折现率为 i 的复利现值系数。

▶【例 6-8】 仍以【例 6-3】、【例 6-5】与【例 6-6】的相关资料数据,假设预定的贴现率为 10%,试计算两个方案的净现值。

方案甲:每年的现金净流量相等,可以将上式转换成年金形式,其净现值计算如下:

$\text{NPV}_甲 = 12.8 \times (P/A, 10\%, 5) - 40 = 12.8 \times 3.790\ 8 - 40 = 8.52$ 万元

方案乙:每年的现金净流量不等,则只能用各年的复利现值系数将现金净流量折合成现值,其净现值计算如下:

$\text{NPV}_乙 = 15.2 \times (P/F, 10\%, 1) + 14.24 \times (P/F, 10\%, 2) + 13.28 \times (P/F, 10\%, 3) +$
$\quad 12.32 \times (P/F, 10\%, 4) + 21.36 \times (P/F, 10\%, 5) - 50$
$= 15.2 \times 0.909\ 1 + 14.24 \times 0.826\ 4 + 13.28 \times 0.751\ 3 + 12.32 \times 0.683\ 0 + 21.36 \times$
$\quad 0.620\ 9 - 50 = 57.24 - 50 = 7.24$ 万元

2. 净现值的评价

投资项目评价的关键是折现率的选择。实务中,企业通常以投资项目的资金成本率、投资的机会成本和行业平均收益率等作为折现率。

净现值是贴现的绝对数正指标。运用净现值法对投资项目进行决策的一般标准:只要投资项目的净现值大于或等于零,就是可行的,就应接受该方案;若其净现值小于零,就不可行,就应拒绝该方案。如果有多个方案进行比选,则应以净现值最大正值者作为首选。例如,在【例 6-8】中,甲、乙两个方案的净现值均为正值,都是可行方案,但因为甲方案的净现值更大,

所以应选择甲方案。

净现值法是最基本的投资决策评价方法。它具有广泛的适用性,在理论上也比其他方法更完善。它的优点主要表现在以下几个方面:

(1)净现值考虑了资金时间价值,增强了投资经济型的评价。

(2)净现值指标是一个绝对数指标,能明确地反映出从事一项投资会使企业增值或减值的数额大小,从而为企业提供是否增加企业价值的有用信息。

净现值法也存在不足,其缺点主要表现在以下几个方面:

(1)净现值指标没能反映投资方案所能达到的实际投资报酬率,所以,依据净现值的大小不能对投资获利水平做出正确判断,而必须结合其他方法做出分析评价。

(2)净现值法是依据净现值绝对数的大小分析投资方案,但是如果存在几个初始金额不同的方案,就无法利用净现值指标说明各方案的优劣。

(3)净现值的大小与给定的贴现率反向变化,而合理确定贴现率比较困难。如果选择的贴现率过低,就会导致一些经济效益差的项目得以通过,造成社会资源的浪费;相反也是同样道理。

(二)净现值率

1.净现值率的含义与计算

净现值率(记作 NPVR),是指投资项目的净现值占原始投资现值总和的比率,亦可将其理解为单位原始投资的现值所创造的净现值。

净现值率的计算公式如下:

$$净现值率 = \frac{项目的净现值}{原始投资的现值合计}$$

【例 6-9】有关数据资料见【例 6-3】和【例 6-8】,试计算两个方案的净现值率。

$$方案甲的净现值率 = \frac{8.52}{40} = 0.213$$

$$方案乙的净现值率 = \frac{7.24}{50} = 0.144\ 8$$

2.净现值率的评价

净现值率是贴现的相对数正指标,反映了投入与产出的关系。运用净现值率对投资项目进行决策的一般标准:若投资项目的净现值率大于或等于零,则该方案可行;若投资项目的净现值率小于零,则该方案不可行;若几个投资项目的净现值率都大于零,则净现值率最大者方案最优。例如,在【例 6-9】中,根据计算结果可知,甲方案的净现值率比乙方案的要大,故甲方案为最佳方案。

净现值率的优点是除综合考虑了资金时间价值、项目计算期的全部现金净流量和部分投资风险外,还从动态的角度反映项目投资的资金投入和净产出之间的关系,计算过程也比较简单,较适宜多种投资额不等方案的决策评价。其缺点是无法直接反映投资项目的实际收益率水平。

(三)获利指数

1.获利指数的含义与计算

获利指数(记作 PI)又称现值指数,是指投产后按基准收益率或设定折现率折算的各年净现金流量的现值合计与原始投资的现值合计之比。

获利指数的计算公式为：

$$获利指数 = \frac{投产后各年净现金流量的现值合计}{原始投资的现值合计}$$

或

$$= 1 + 净现值率$$

【例6-10】 仍按【例6-3】和【例6-8】中的现金流量资料和净现值资料，计算两方案的获利指数，验证获利指数和净现值率的关系。

（1）计算获利指数。

$$方案甲的获利指数 = \frac{48.52}{40} = 1.213$$

$$方案乙的获利指数 = \frac{57.24}{50} = 1.144\ 8$$

（2）验证获利指数和净现值率的关系。依据【例6-9】中的计算，方案甲的净现值率为0.213，方案乙的净现值率为0.144 8，而方案甲的获利指数为1.213，方案乙的获利指数为1.144 8，则可以很清楚看出 $1 + NPVR = PI$。

2. 获利指数的评价

获利指数是贴现的相对数正指标，反映了投入和产出的关系。获利指数法的评价标准：若投资方案的获利指数大于或等于1，则说明投资方案可行，应予接受；若投资方案的获利指数小于1，则说明投资方案不可行，应予拒绝。企业在对多个方案进行优选时，应在满足获利指数大于1的方案中选获利指数最大的方案。例如，【例6-10】中甲、乙两个方案的现值指数均大于1，但甲方案的获利指数大于乙方案，故应选择甲方案。

获利指数法和净现值法的本质是相同的：若一个方案的净现值大于等于0，则其获利指数必定大于等于1；反之亦然。现值指数是用相对数表示的，它有利于在原始投资额不同的投资方案之间进行对比。在对多个相互独立的投资方案进行优劣排序时，使用获利指数为决策标准有利于将资金投入的总效益发挥到最大。这也是在使用净现值法的同时又使用获利指数法的原因。获利指数的优点是可以从动态的角度反映项目的资金投入与总产出之间的关系；缺点是除了无法直接反映投资项目的实际收益率外，计算也相对复杂。

（四）内部收益率

1. 内部收益率的含义与计算

内部收益率（记作IRR），又称内含报酬率，是指项目投资实际可望达到的收益率。也就是使投资项目的净现值等于零时的折现率。IRR满足下面的等式：

$$\sum_{t=0}^{n}[NCF_t \times (P/F, IRR, t)] = 0$$

在实际计算求解中，根据各年现金净流量是否相等，可以采用不同的方法。

（1）经营期内每年的现金净流量相等。经营期内每年的净现金流量相等时，则每年NCF可以表现为普通年金的形式，可以直接利用年金现值系数然后再用内插法计算出内部收益率。此种情况的计算相对容易一些，故该方法又被称为简便算法。在此法下，内部收益率IRR可按下式确定：

$$(P/A, IRR, n) = \frac{1}{NCF}$$

式中:I 为原始总投资;$(P/A,\text{IRR},n)$ 是 n 期、设定折现率为 IRR 的年金现值系数;NCF 为投产后 $1\sim n$ 年每年相等的净现金流量。

该方法的具体计算程序如下:

①按上式计算 $(P/A,\text{IRR},n)$ 的值,假定该值为 C。

②根据计算出来的年金现值系数 C,查 n 年的年金现值系数表。

③若在 n 年系数表上恰好能找到等于上述数值 C 的年金现值系数 $(P/A,\text{IRR},n)$,则该系数所对应的折现率 r_m 即所求的内部收益率 IRR。

④若在系数表上找不到事先计算出来的系数值 C,则需要找到系数表上同期略大及略小于该数值的两个临界值 C_m 和 C_{m+1} 及相对应的两个折现率 r_m 和 r_{m+1},然后用内插法计算近似的内部收益率,即以下关系式成立:

$$(P/A,r_m,n)=C_m>C$$
$$(P/A,r_{m+1},n)=C_{m+1}<C$$

⑤按下列具体公式计算内部收益率 IRR:

$$\text{IRR}=r_n+\frac{C_m-C}{C_m-C_{m+1}}\times(r_{m+1}-r_m)$$

为缩小误差,按照有关规定,r_{m+1} 与 r_m 之间的差不得大于 5%。

▶【例 6-11】 仍沿用【例 6-3】与【例 6-5】的相关资料,试计算甲方案的内含报酬率。

甲方案在经营期内每年的净现金流量相等,可以采用简便算法,分步计算如下:

第一步,计算年金现值系数。

$$(P/A,\text{IRR},5)=\frac{40}{12.8}=3.125$$

第二步,用内插法求出内含报酬率。

利用内插法进行计算,查年金现值系数表,在 $n=5$ 的行中找与 3.125 对应的年金现值系数,与 3.125 相邻的年金现值系数为 3.127 2 和 3.057 6,对应的折现率为 18% 和 19%,则该方案的内含报酬率为

$$\text{IRR}=19\%+(3.127\ 2-3.125)/(3.125-3.057\ 6)\times(19\%-18\%)=19.03\%$$

(2)经营期内每年的现金净流量不相等。此种情况下的计算相对比较复杂,一般要采用逐步测试法计算。该法是通过计算项目不同设定折现率的净现值,然后根据内部收益率的定义所揭示的净现值与设定折现率的关系,采用一定的技巧,最终设法找到能使净现值等于零的折现率——内部收益率 IRR 的方法。

它的基本原理是:首先估计一个折现率,用它来计算方案的净现值;其次,判断所估计的折现率是偏大还是偏小,如果净现值为正数,则说明所估计的折现率小于方案的内部收益率,应提高折现率后进行进一步测试;如果净现值为负数,则说明所估计的折现率大于方案的内部收益率,应降低折现率后进行进一步测试;如果计算的净现值为零,则说明所估计的折现率等于方案的内部收益率。经过多次反复测试,可以找到一个最接近于零的正净现值 NPV_m 和一个最接近于零的负净现值 NPV_{m+1} 以及它们所对应的折现率 r_m 和 r_{m+1},内含报酬率就介于这两个相邻的贴现率之间。然后,再用插值法计算出该方案的实际内含报酬率,计算公式如下:

$$\text{IRR}=r_m+\frac{\text{NPV}_m-0}{\text{NPV}_m\text{NPV}_{m+1}}\times(r_{m+1}-r_m)$$

第六章 资本预算决策

【例 6-12】 仍沿用【例 6-3】与【例 6-6】的相关中的资料,计算乙方案的内含报酬率。

乙方案每年的净现值不一样,只能采用逐步测试法计算。

由于企业的必要报酬率是投资方案的评价基础,因此【例 6-3】中的乙方案在折现率为 10% 的条件下已计算出的净现值为 7.24 万元。其可以作为进一步提高折现率加以测算的依据。假如估计一个贴现率 15%,得出相应的净现值为 0.381 2 万元,再估计一个贴现率 16%,得出相应的净现值为 -0.828 5 万元,于是可确定内含报酬率处在 15% 至 16% 之间。具体计算过程见表 6-8。

表 6-8   乙方案内含报酬率计算表   单位:万元

时间/年	NCF	测试 15%		测试 16%	
		复利现值系数	现值	复利现值系数	现值
0	-50	1	-50	1	-50
1	15.2	0.869 6	13.217 9	0.862 1	13.103 9
2	14.24	0.756 1	10.766 9	0.743 2	10.583 2
3	13.28	0.657 5	8.731 6	0.640 7	8.508 5
4	12.32	0.571 8	7.044 6	0.552 3	6.804 5
5	21.36	0.497 2	10.620 2	0.476 1	10.169 5
净现值			0.381 2		-0.830 6

用插值法计算内含报酬率,即

$$IRR = 5\% + 0.381\ 2 / (0.381\ 2 + 0.830\ 6) \times (16\% - 15\%) = 15.31\%$$

2. 内部收益率的评价

内部收益率是一个折现的相对数正指标。运用内部收益率对投资项目进行评价的一般标准:若投资方案的内部收益率大于或等于企业的必要投资报酬率,则可接受该方案;若投资方案的内部收益率小于企业的必要报酬率,则应拒绝该方案;若对多个方案进行优选,则应在满足内部收益率大于或等于必要报酬率的方案中选择内部收益率最大的方案为最优方案。例如,【例 6-3】中甲、乙两个方案的内部收益率均大于必要报酬率,但甲方案的内部收益率大于乙方案,因此应选择甲方案。

内部收益率反映了投资方案内在的获利水平。如果投资项目的现金流量估计符合客观实际,那么内含报酬率就是真实而可信的。内部收益率的优点是注重资金的时间价值,既可以从动态的角度直接反映投资项目的实际收益水平,又不受基准收益率高低的影响,比较客观。内部收益率的不足之处在于计算比较复杂,特别是某种非常规投资方案如经营期内有追加投资时,各年现金净流量会时为正值、时为负值号,这就会导致出现多个内部收益率,给投资方案的评价和选择带来困难。

(五) 年等额净回收额

1. 年等额净回收额的含义与计算

年等额净回收额又称年回收额、年金净流量(Annual Net Cash Flow,ANCF),是指项目期间内全部现金净流量的总现值或总终值折算为等额年金的平均现金净流量。

年等额净回收额的计算步骤如下：

(1) 计算各方案的净现值 NPV。

(2) 计算各方案的年等额净回收额。若贴现率为 i，项目计算期为 n，则

$$\text{年等额净回收额（ANCF）} = \frac{\text{净现值}}{\text{年金现值系数}} = \frac{\text{NPV}}{(P/A, i, n)}$$

与净现值指标一样，年等额净回收额指标大于 0，说明每年平均的现金流入能抵补现金流出，投资项目的净现值（或净终值）大于 0，方案的实际报酬率大于所要求的报酬率，方案可行。在两个以上寿命期不同的投资方案比较时，先满足年等额净回收额大于 0，然后选择年等额净回收额大的方案。年等额净回收额指标值越大，方案越好。

【例 6-13】 甲、乙两个投资方案，甲方案的寿命期为 8 年，乙方案的寿命期为 5 年，项目现金流量见表 6-9。

表 6-9　　　　　　　　　　　现金流量明细表　　　　　　　　　　　　单位：万元

期间	甲方案	乙方案
第 0 年	(10 000)	(10 000)
第 1 年	4 000	3 000
第 2 年	4 000	4 000
第 3 年	4 000	5 000
第 4 年	4 000	6 000
第 5 年	4 000	7 000
第 6 年	4 000	
第 7 年	4 000	
第 8 年	4 000	

要求：当资本成本率为 10% 时，应采用哪种方案？

解： 甲方案净现值

$= 4\,000 \times (P/A, 10, 8) - 10\,000$

$= 4\,000 \times 5.334\,9 - 10\,000$

$= 21\,339.6 - 10\,000$

$= 11\,339.6$ 万元

乙方案净现值

$= 3\,000 \times (P/F, 10, 1) + 4\,000 \times (P/F, 10, 2) + 5\,000 \times (P/F, 10, 3) + 6\,000 \times (P/F, 10, 4) + 7\,000 \times (P/F, 10, 5) - 10\,000$

$= 3\,000 \times 0.909\,1 + 4\,000 \times 0.826\,4 + 5\,000 \times 0.751\,3 + 6\,000 \times 0.683 + 7\,000 \times 0.620\,9 - 10\,000$

$= 2\,727.3 + 3\,305.6 + 3\,756.5 + 4\,098 + 4\,346.3 - 10\,000$

$= 18\,233.7 - 10\,000$

$= 8\,233.7$ 万元

甲方案年等额净回收额 $= 11\,339.6 \div (P/A, 10\%, 8)$

$= 11\,339.6 \div 5.334\,9$

$= 2\,125.55$ 万元

乙方案年等额净回收额＝8 233.7÷(P/A,10%,5)
　　　　　　　　　＝8 233.7÷3.790 8
　　　　　　　　　＝2 172.02 万元

虽然甲方案的净现值大于乙方案的净现值,但是甲方案的年等额净回收额却小于乙方案的年等额净回收额,如果把乙方案的使用年限转换为 8 年,则乙方案的净现值为 2 172.02×5.334 9＝11 587.51 万元,显然转换后的乙方案净现值大于甲方案,故乙方案优于甲方案。

2.年等额净回收额的评价

年等额净回收额法是净现值法的辅助方法,主要适用于期限不同的投资方案决策,年等额净回收额越大,方案越好。但它也具有与净现值法同样的缺点,不便于对原始投资额不相等的独立投资方案进行决策。

第四节　项目投资决策分析

计算评价指标的目的主要是为项目投资方案的决策从定量方面提供一定的决策依据,但不同性质的投资方案在决策时采用的评价指标有一定的区别。

一、独立方案的投资决策分析

独立方案是指那些互相独立、互不排斥的方案。在独立方案中,选择某一方案并不排斥选择另一方案。独立方案的决策是指对特定投资方案采纳与否的决策,如是否要购入办公电脑、是否要扩建某生产车间、是否要新建一栋厂房等。这种投资决策可以不考虑任何其他投资项目是否被采纳。这种投资的收益和成本也不会因其他项目的采纳或否决而受到影响。企业既可以全部不接受这些方案,也可以接受其中一个方案,接受多个方案或者接受全部方案。方案的取舍取决于项目本身的经济价值。

对于独立方案来说,评价其财务可行性也就是对其做出最终决策的过程。因为对于一组独立方案中的任何一个方案,都存在着接受或拒绝的选择。只有具备财务可行性的方案,才可以接受;而不具备财务可行性的方案,只能选择拒绝。

在独立方案的投资决策中,常用的评价指标有净现值、净现值率、获利指数、内部收益率和年等额净回收额。如果评价指标同时满足以下条件:NPV≥0,NPVR≥0,PI≥1,IRR≥i(基准折现率),ANCF≥0,那么项目具有财务可行性;反之,则不具备财务可行性。事实上,对于独立方案而言,它的 NPV 大于等于零,即可证明 NPVR 大于等于零、PI 大于等于 1、IRR 大于等于基准折现率和 ANCF 大于等于零。另外,非贴现现金流量的指标投资回收期和投资利润率可作为辅助指标评价投资项目,但需注意,当辅助指标与主要指标(净现值等)的评价结论出现矛盾时,应当以主要指标的结论为准。

独立投资方案之间比较时,决策要解决的问题是如何确定各种可行方案的投资顺序,即各独立方案之间的优先次序。排序分析时,以各独立方案的获利程度作为评价标准,一般采用内含报酬率法进行比较决策。

【例 6-14】 新生公司有足够的资金准备投资于三个独立投资方案。甲方案的投资额 10 000 万元,期限为 5 年;乙方案的投资额为 18 000 万元,期限为 5 年;丙项目原始投资额为 18 000 万元,期限为 8 年。贴现率为 10%,其他有关资料见表 6-10。如何合理安排投资顺序?

表 6-10　　　　　　　　　　独立投资方案相关评价指标值　　　　　　　　　　单位:万元

方案	甲方案	乙方案	丙方案
原始投资额	(10 000)	(18 000)	(18 000)
每年现金净流量	4 000	6 500	5 000
期限(年)	5	5	8
净现值	5 164	6 642	8 675
现值指数	1.52	1.37	1.48
内部收益率	28.68%	23.61%	22.28%
年等额净回收额	1 362	1 752	1 626

解:由表 6-10 可知,三个方案都具有财务可行性,当对三个方案进行投资排序时,选用不同的评价指标,投资顺序将不同,具体情况参见表 6-11。

表 6-11　　　　　　　　　　独立方案评价指标的决策

净现值	丙＞乙＞甲
现值指数	甲＞丙＞乙
内部收益率	甲＞乙＞丙
年等额净回收额	乙＞丙＞甲

(1)甲方案与乙方案相比较。

两方案原始投资不同但期限相同,尽管乙方案净现值和年等额净回收额均大于甲方案,但乙方案的内部收益率、现值指数低于甲方案,主要是乙方案的原始投资额高,获利程度低导致的。因此,应优先安排内部收益率和现值指数较高的甲方案。

(2)乙方案与丙方案相比较。

两方案原始投资相同但期限不同,尽管丙方案净现值和现值指数较高,但它需要经历 8 年才能获得。乙方案 5 年项目结束后,所收回的投资可以进一步投资于其他后续项目。如果把乙方案 5 年的项目期转换成 8 年的项目期,再与丙方案比较,此时净现值和现值指数会高于丙方案。因此,应该优先安排内部收益率和年等额净回收额较高的乙方案。

(3)甲方案与丙方案相比较。

两方案的原始投资和期限都不相同,甲方案内部收益率较高,但净现值和年等额净回收额都较低。丙方案净现值高,但期限长,年等额净回收额也较高,但它是依靠较大的投资额取得的。因此,从获利程度的角度来看,甲方案是优先方案。

综上所述,本例中,应该按甲、乙、丙顺序实施投资。

净现值指标和年等额净回收额指标反映各方案的获利数额,是绝对数指标;现值指数指标反映各方案的获利程度,是一个相对数,但对期限不相等的方案进行比较时,该指标存在一定的缺陷;内部收益率指标反映各方案的真实报酬水平,故在独立投资方案比较决策分析时,应该优先采用内部收益率指标,因为该指标综合反映了各方案的获利程度,在各种情况下的决策结论都是正确的。

二、多个互斥方案的投资决策分析

互斥方案是指在投资决策时涉及的多个互相关联、互相排斥的方案,即一组方案中各个方案彼此可以相互代替,采纳方案组中的某一方案,就会自动排斥这组方案中的其他方案。因此,互斥方案具有排他性。例如,某一块土地是用于建住宅商品房还是用于建写字楼的选择就属于互斥项目。

对互斥项目进行投资决策分析就是指在每一个方案已具备财务可行性的前提下,利用具体决策方法在两个或两个以上互相排斥的待选项目之间进行比较,区分它们的优劣,从而最终选择出最优的投资方案。

由于各个备选方案的投资额、项目计算期不一致,因而要根据各个方案的有效期、投资额相等与否,采用不同的方法进行选择。

(一)互斥方案的投资额、项目计算期均相等

若互斥方案的投资额、项目计算期均相等,则可采用净现值法或内部收益率法。所谓净现值法,是指通过比较互斥方案的净现值指标的大小来选择最优方案的方法。所谓内部收益率法,是指通过比较互斥方案的内部收益率指标的大小来选择最优方案的方法。净现值或内部收益率最大的方案为最优方案。

▶【例 6-15】 某企业有 100 万元资金可用于固定资产项目投资,现有 A、B、C、D 四个互相排斥的备选方案可供选择。这四个方案的投资总额均为 100 万元,项目计算期均为 5 年,贴现率为 10%。经过计算,这四个方案的净现值和内部收益率如下:

$NPV_A = 10.48$ 万元,$IRR_A = 15.34\%$

$NPV_B = 15.35$ 万元,$IRR_B = 17.52\%$

$NPV_C = -1.05$ 万元,$IRR_C = 8.57\%$

$NPV_D = 7.523$ 万元,$IRR_D = 12.2\%$

要求:该企业应选择哪个方案?

解:因为方案 C 的净现值为 -1.05 万元,小于零,内部收益率为 8.57%,小于贴现率,不具备财务可行性,可排除。

方案 A、B、D 三个备选方法的净现值均大于零,且内部收益率均大于贴现率,故此三个方案具有财务可行性。

按净现值比较决策,$NPV_B > NPV_A > NPV_D$,则 B 方案为最优,A 方案其次,D 方案最差;按内部收益率比较决策,$IRR_B > IRR_A > IRR_D$,则 B 方案为最优,A 方案其次,D 方案最差。

(二)互斥方案的投资额不相等,项目计算期相等

当互斥方案的投资额不相等,但项目计算期相等时可以采用差额法。所谓差额法,是指在两个投资总额不同方案的差量现金净流量(记作 ΔNCF)的基础上计算出差额净现值(记作 ΔNPV)或差额内部收益率(记作 ΔIRR),并据以判断最佳方案的方法。

在此法下,一般以投资额大的方案减去投资额小的方案,当 $\Delta NPV \geq 0$ 或 $\Delta IRR \geq i$(基准折现率)时投资额大的方案较优;反之,则投资额小的方案较优,常用于更新改造项目的投资决策中。

差额净现值 ΔNPV 或差额内部收益率 ΔIRR 的计算过程和计算技巧同净现值 NPV 和内

部收益率 IRR 完全一样,只是所依据的是 ΔNCF。

【例 6-16】 沿用【例 6-4】的资料,行业基准折现率为 16%,若差量净现金流量为:
$\Delta NCF_0 = -18-(-6) = -12$ 万元,$\Delta NCF_{1\sim 4} = 8.4-4.08 = 4.32$ 万元,$\Delta NCF_5 = 11.4-4.8 = 6.6$ 万元。试运用差额法做出决策。

解: 更换新设备方案初始投资额较大,用更换新设备方案的现金流量减去继续使用旧设备方案的现金流量计算,则差量净现值为:

$$\Delta NPV = 4.32 \times (P/A, 16\%, 4) + 6.6 \times (P/F, 16\%, 5) - 12 = 3.230\ 5\ \text{万元}$$

差量内部收益率采用逐步测试法,可计算求得。

当 $\Delta IRR = 24\%$ 时,$\Delta NPV = 4.32 \times (P/A, 24\%, 4) + 6.6 \times (P/F, 24\%, 5) - 12 = 0.349\ 3$ 万元

当 $\Delta IRR = 28\%$ 时,$\Delta NPV = 4.32 \times (P/A, 28\%, 4) + 6.6 \times (P/F, 28\%, 5) - 12 = -0.667\ 2$ 万元

则 $\Delta IRR = 24\% + \dfrac{0.349\ 3}{0.349\ 3 + 0.667\ 2} \times (28\% - 24\%) = 25.37\%$

由以上计算可以看出,$\Delta NPV > 0$,$\Delta IRR > 16\%$,所以应选择更换新设备。

(三)互斥方案的投资额不相等,项目计算期也不相同

若互斥方案的投资额不相等,项目计算期也不相同,就可采用年等额净回收额法。年等额净回收额法是指通过比较所有投资方案的年等额净回收额(记作 ANCF)指标的大小来选择最优方案的决策方法。在此法下,年等额净回收额最大的方案为最优方案。

【例 6-17】 某企业拟投资建设一条新生产线。现有甲、乙两个方案可供选择。甲方案的原始投资为 1 000 万元,项目计算期为 10 年,净现值为 836.6 万元;乙方案的原始投资为 900 万元,项目计算期为 8 年,净现值为 810.23 万元。行业基准折现率为 10%。试做出决策。

解: $ANCF_{甲} = \dfrac{836.6}{(P/A, 10\%, 10)} = \dfrac{836.6}{6.144\ 6} = 136.152\ 1\ \text{万元}$

$ANCF_{乙} = \dfrac{810.23}{(P/A, 10\%, 8)} = \dfrac{810.23}{5.334\ 9} = 151.873\ 5\ \text{万元}$

因为 $ANCF_{甲} < ANCF_{乙}$,所以应该选择乙方案。

(四)其他方案的对比与决策

在实际工作中,有些投资方案不能单独计算盈亏,或者投资方案的收入相同或收入基本相同且难以具体计量,所以一般考虑采用总费用现值法或年均成本法来进行比较和评价。

1. 总费用现值法

总费用现值法是指通过计算各备选方案中全部费用的现值来进行项目比较和评价的一种方法。这种方法适用于收入相同、计算期相同的项目之间的比较与评价。总费用现值最低的方案为最佳方案。

【例 6-18】 某企业有 A、B 两个投资方案可供选择,两个方案的设备生产能力相同,设备的寿命期均为 4 年,无建设期。已知 A 方案的投资额为 128 000 元,每年的经营现金流出为 8 000 元、8 800 元、9 200 元、9 600 元,期满有 12 800 元的净残值;B 方案的投资额为 120 000 元,每年的经营现金流出均为 12 000 元,期满有 12 000 元的净残值。如果企业的折现率为 10%,试做出选择决策。

解:由于无法测算两个方案的收入,但可以确定整个项目计算期的现金流出,所以可以采用总费用现值法来进行比较。

A 方案的总费用现值 $=128\,000+8\,000\times(P/F,10\%,1)+8\,800\times(P/F,10\%,2)+$
$9\,200\times(P/F,10\%,3)+(9\,600-12\,800)\times(P/F,10\%,4)$
$=128\,000+8\,000\times0.909\,1+8\,800\times0.826\,4+9\,200\times0.751\,3-$
$3\,200\times0.683\,0=147\,271.48$ 元

B 方案的总费用现值 $=120\,000+12\,000\times(P/A,10\%,4)-12\,000\times(P/F,10\%,4)$
$=120\,000+12\,000\times3.169\,9-12\,000\times0.683\,0=149\,842.8$ 元

从以上计算结果可以看出,A 方案的总费用现值比 B 方案的总费用现值要低,所以应选择 A 方案。

2.年均成本法

年均成本法是指通过计算各个方案的年均成本来比较和评价方案的一种方法。这种方法适用于收入相同、计算期不同的项目之间的比较与评价。年均成本最低的方案为最佳方案。年均成本的计算公式为:

$$年均成本=\frac{总费用现值}{年金现值系数}$$

【例 6-19】 承【例 6-18】,假设 A、B 两方案的寿命周期分别为 4 年和 5 年,建设期为零,其余资料不变。假设企业的贴现率仍为 10%,那么应选择哪个方案?

解:两个方案的收入无法准确测算且项目计算期不同,但整个项目计算期的现金流出可以准确测算,故可以采用年均成本法来进行决策。

(1)计算 A、B 两方案的总费用现值。

A 方案的总费用现值 $=147\,271.48$ 元

B 方案的总费用现值 $=120\,000+12\,000\times(P/A,10\%,5)-12\,000\times(P/F,10\%,5)$
$=120\,000+12\,000\times3.790\,8-12\,000\times0.620\,9=158\,038.8$ 元

(2)计算 A、B 两方案的年均成本。

A 方案的年均成本 $=\dfrac{147\,271.48}{(P/A,10\%,4)}=\dfrac{147\,271.48}{3.169\,9}=46\,459.35$ 元

B 方案的年均成本 $=\dfrac{158\,038.8}{(P/A,10\%,5)}=\dfrac{158\,038.8}{3.790\,8}=41\,690.09$ 元

以上计算结果表明,B 方案的年均成本低于 A 方案的年均成本,故 B 方案优于 A 方案。

三、固定资产更新决策

固定资产更新是用新的资产替换在技术上或经济上不宜继续使用的旧资产。固定资产更新后,可能会提高企业的生产能力,增加企业的现金流入;也可能并不改变企业的生产能力,但会节约企业的付现成本。从决策性质上看,固定资产更新决策属于互斥投资方案的决策类型。因此,固定资产更新决策所采用的决策方法是净现值法和年金净流量法。

(一)寿命期相同的设备重置决策

寿命期相同的设备重置,一般采用净现值法进行项目决策。

【例 6-20】 新生公司有一台设备购于三年前,现正考虑是否更新。假设该公司所得税税率为 40%,公司最低投资报酬率为 10%,旧设备按直线法计提折旧,新设备按年数总和法计提折旧,其他有关资料见表 6-12:

表 6-12　　　　　　　　　　新旧设备相关信息　　　　　　　　金额单位:元

项目	旧设备	新设备
原始价值	60 000	50 000
税法规定残值	6 000	5 000
税法规定使用年限(年)	6	4
已使用年限(年)	3	0
尚可使用年限(年)	4	4
每年付现成本	8 600	5 000
两年后大修理成本	28 000	0
最终报废残值	7 000	10 000
目前变现价值	10 000	50 000

要求:该公司应采用旧设备还是新设备?

解:由于两设备的尚可使用年限相同,因此比较各方案的净现值更有利于进行合理选择。

第一步:计算两设备的年折旧额。

旧设备的年折旧额 = (60 000 − 6 000) ÷ 6 = 9 000 元

旧设备现在的账面价值 = 60 000 − 9 000 × 3 = 33 000 元

新设备的第 1 年折旧额 = (50 000 − 5 000) × 4/10 = 18 000 元

新设备的第 2 年折旧额 = (50 000 − 5 000) × 3/10 = 13 500 元

新设备的第 3 年折旧额 = (50 000 − 5 000) × 2/10 = 9 000 元

新设备的第 4 年折旧额 = (50 000 − 5 000) × 1/10 = 4 500 元

第二步:计算现金净流量。

在计算投资期现金流时,可根据公式:

$$建设期某年的现金净流量 = 该年现金流入 - 该年现金流出$$

在经营期计算现金流时,可使用公式:

$$经营期现金净流量 = (营业收入 - 付现成本) \times (1 - 所得税税率) + 折旧 \times 所得税税率$$

在最后一年需要考虑资产残值收入以及残值与账面价值之间所得或者亏损对所得税所产生的影响。

旧设备:

$NCF_0 = CI_0 - CO_0 = 0 - [10\,000 - (10\,000 - 33\,000) \times 0.4] = -19\,200$ 元

$NCF_1 = (0 - 8\,600) \times (1 - 0.4) + 9\,000 \times 0.4 = -1\,560$ 元

$NCF_2 = (0 - 8\,600) \times (1 - 0.4) + 9\,000 \times 0.4 - 28\,000 \times (1 - 0.4) = -18\,360$ 元

$NCF_3 = (0 - 8\,600) \times (1 - 0.4) + 9\,000 \times 0.4 = -1\,560$ 元

$NCF_4 = (0 - 8\,600) \times (1 - 0.4) + [7\,000 - (7\,000 - 6\,000) \times 0.4] = 1\,440$ 元

新设备:

$NCF_0 = CI_0 - CO_0 = 0 - 50\,000 = -50\,000$ 元

$NCF_1 = (0 - 5\,000) \times (1 - 0.4) + 18\,000 \times 0.4 = 4\,200$ 元

$NCF_2 = (0-5\ 000) \times (1-0.4) + 13\ 500 \times 0.4 = 2\ 400$ 元

$NCF_3 = (0-5\ 000) \times (1-0.4) + 9\ 000 \times 0.4 = 600$ 元

$NCF_4 = (0-5\ 000) \times (1-0.4) + 4\ 500 \times 0.4 + [10\ 000 - (10\ 000 - 5\ 000) \times 0.4] = 6\ 800$ 元

第三步：分别计算新旧设备的净现值。

旧设备的净现值

$= -19\ 200 - 1\ 560 \times 0.909\ 1 - 18\ 360 \times 0.826\ 4 - 1\ 560 \times 0.751\ 3 + 1\ 440 \times 0.683$

$= -35\ 979.41$ 元

新设备的净现值

$= -50\ 000 + 4\ 200 \times 0.909\ 1 + 2\ 400 \times 0.826\ 4 + 600 \times 0.751\ 3 + 6\ 800 \times 0.683$

$= -39\ 103.24$ 元

综上可知，从成本角度去考虑，旧设备的净现值比新设备的净现值要好，故采用旧设备更优。

(二)寿命期不相同的设备重置决策

寿命期不同的设备重置方案，用净现值指标可能无法得出正确决策结果，应当采用年金净流量法决策。

寿命期不同的设备重置方案，在决策时有如下特点：

第一，扩建重置的设备更新后会引起营业现金流入与流出的变动，应该考虑年金净流量最大的方案。替换重置的设备更新一般不改变生产能力，营业现金流入不会增加，只需比较各方案的年金流出量即可，年金流出量最小的方案最优。

第二，如果不考虑各方案的营业现金流入量变动，只比较各方案的现金流出量，我们把按年金净流量原理计算的等额年金流出量称为年金成本。替换重置方案的决策标准是要求年金成本最低。扩建重置方案所增加或减少的营业现金流入也可以作为现金流出量的抵减，并据此比较各方案的年金成本。

第三，设备重置方案运用年金成本方式决策时，应该考虑的现金流量主要有：①新旧设备目前市场价值。对于新设备而言，目前市场价值就是新设备的购价，即原始投资额；对于旧设备而言，目前市场价值就是旧设备的重置成本或变现价值。②新旧设备残值变价收入。残值变价收入应该作为现金流出量的抵减。残值变价收入现值与原始投资额的差额，称为投资净额。③新旧设备的年营运成本，即年付现成本。如果考虑每年的营业现金流入，应该作为每年营运成本的抵减。

年金成本计算公式如下：

年金成本 $= \sum$(各项目现金净流出现值)/年金现值系数

$\qquad$ =(原始投资额－残值收入×一般现值系数＋$\sum$年营运成本现值)/年金现值系数

$\qquad$ =(原始投资额－残值收入)/年金现值系数＋残值收入×贴现率＋$\sum$年营运成本现值/年金现值系数

▶【例6-21】 新生公司现有旧设备一台，由于生产经营的需要，准备予以更新。当期资本成本率为15%，不考虑企业所得税，有关资料见表6-13：

表 6-13　　　　　　　　　　　　新旧设备相关信息　　　　　　　　　　　金额单位：元

项目	旧设备	新设备
原始价值	33 000	45 000
税法规定残值	3 000	5 000
预计使用年限（年）	10	10
已使用年限（年）	4	0
每年营运成本	15 000	10 000
每年折旧额（直线法）	3 000	4 000
最终报废残值	2 000	4 000
目前变现价值	20 000	45 000

要求：该公司应采用旧设备还是新设备？

解：由于两设备的尚可使用年限不同，因此比较各方案的年金成本更有利于进行合理选择。按不同方式计算如下：

旧设备年金成本：

年金成本 = [20 000 − 2 000 × (P/F,15%,6)] / [(P/A,15%,6)] + 15 000

　　　　 = 20 056.26 元

新设备年金成本：

年金成本 = [45 000 − 4 000 × (P/F,15%,10)] / [(P/A,15%,10)] + 10 000

　　　　 = 18 769.27 元

综上可知，继续使用旧设备的年金成本为 20 056.26 元，高于购买新设备的年金成本 18 769.27 元，故应当选择新设备。

四、资本限量决策分析

任何企业的资金都是有一定限度的，不可能为了追求增值而投资于所有可接受的项目。所以，当备选的独立项目较多而资本有一定限量时，只能在资本限量范围内选择若干个项目的组合进行投资以获得最大收益。这就是资本限量决策。

研究发现，为了获得最大利益，企业应投资于净现值最大的项目。如果资金总量没有限制，那么可按每一项目的净现值排序。在资本限量时，如果原始投资额相同，获利指数大的投资项目的净现值也大，因此，可按投资项目的获利指数为基本标准，并结合净现值进行各种组合排序，这样可以保证项目组合在资本限量内获得最大的净现值。虽然它可能受限于资本而放弃了一些净现值相对较大的单个项目，但它考虑了投入与产出的关系，实现了限量资本的最优投资组合。

资本限量决策的具体步骤如下：

第一步，计算所有方案的获利指数和净现值，并列出每一个方案的初始投资。

第二步，将各方案的获利指数由高到低对投资方案进行排序，逐项计算累计投资额，并与限定投资总额进行比较。

第三步，当截至某投资项目（假定为第 j 项）的累计投资额恰好达到限定的投资总额时，第 1 至第 j 项的项目组合为最优的投资组合。

第四步，如果在排序过程中未能找到最优投资组合，就应按下列方法进行决策：对所有的项目都在资本限量范围内进行各种可能的组合,计算出各种组合的净现值总额,接受净现值的合计数最大的组合。

总之,在主要考虑投资效益的条件下,资本限量决策的主要依据就是能否保证在充分利用资金的前提下,获得尽可能多的净现值总量。

【例6-22】 某企业有五个可供选择的项目:A、B、C、D、E,有关原始投资、净现值、获利指数数据见表6-14。

表6-14　　　　　某企业可供选择投资项目的相关数据　　　　　单位:万元

投资项目	原始投资	获利指数 PI	净现值 NPV
A	60	1.44	27
B	28	1.35	10
C	40	1.49	20
D	30	1.16	5
E	20	1.25	6
合计	178	—	68

要求:分别就以下不相关情况做出投资方案组合决策。

(1)投资总额不受限制。

(2)投资总额不超过60万元。

(3)投资总额不超过80万元。

(4)投资总额不超过100万元。

(5)投资总额不超过140万元。

解:按各方案的获利指数排序,并计算累计原始投资和累计净现值的数据。其结果见表6-15。

表6-15　　　　　各方案获利指数的排序及其相关数据　　　　　单位:万元

顺序	项目	原始投资	累计原始投资	净现值	累计净现值
1	C	40	40	20	20
2	A	60	100	27	47
3	B	28	128	10	57
4	E	20	148	6	63
5	D	30	178	5	68

根据表6-15按投资组合决策原则做出如下决策:

(1)当投资总额不受限制或者限额大于或等于178万时,最优投资组合方案为ACBED。

(2)当投资总额不超过60万元时,按顺序无法直接找到最优投资组合,故列示投资限额内的各种可能投资组合如下:CE,投资总额为60万元,累计净现值为26万元;A,投资总额为60万元,累计净现值为27万元;BE,投资总额为48万元,累计净现值为16万元;BD,投资总额为58万元,累计净现值为15万元;ED,投资总额为50万元,累计净现值为11万元。经比较可知,最佳投资组合为A。

(3)当投资总额不超过80万元时,按排序无法直接找到最优投资组合,故列示投资限额内的各种可能投资组合如下:CB,投资总额为68万元,累计净现值为30万元;CE,投资总额为60万元,累计净现值为26万元;CD,投资总额为70万元,累计净现值为25万元;AE,投资总额为 80 万元,累计净现值为 33 万元;BE,投资总额为 48 万元,累计净现值为 16 万元;BD,投资总额为 58 万元,累计净现值为 15 万元;ED,投资总额为 50 万元,累计净现值为 11 万元。经比较可知,最佳投资组合为 AE。

(4)当投资总额不超过 100 万时,截至 A 投资项目(第 2 项)的累计投资额恰好达到限定投资额,故第 1 项与第 2 项的项目组合 CA 为最优投资组合,其投资总额为 100 万元,累计净现值为 47 万元。

(5)当投资总额不超过 140 万时,按排序无法直接找到最优投资组合,故列示投资限额内的各种可能投资组合如下:CAB,投资总额为 128 万元,累计净现值为 57 万元;CAE,投资总额为 120 万元,累计净现值为 53 万元;CAD,投资总额为 130 万元,累计净现值为 52 万元;ABED,投资总额为 138 万元,累计净现值为 48 万元;CBED,投资总额为 118 万元,累计净现值为 41 万元。经比较可知,最佳投资组合为方案 CAB。

思政小课堂

投资是企业获取利润的基本前提,是企业风险控制的重要手段。所以企业在进行投资决策时,既要纵观全局,以国家经济政策为导向,还要结合企业自身的特点,综合权衡,选择一个在现有条件下最适合企业发展的投资方案。而对当代青年来讲,在这样一个信息大爆炸、互联网快速发展的时代,也需要结合自身特点选择一个好的方案来投资自己(比如学习、健身),让自己在未来的人生道路上拥有更多的选择权。打铁还需自身硬,选好大于努力,思路决定出路,观念决定命运,梦想照亮人生。同学们,你们准备好了吗?

资本预算决策思政小课堂

知识演练

一、快速测试

(一)单项选择题

1.某公司拟新建一车间用以生产受市场欢迎的 A 产品。据预测,A 产品投产后每年可创造 120 万元的收入;但公司原生产的 B 产品会因此受到影响,其年收入会由原来的 200 万元降至 160 万元。那么,与新建车间相关的现金流量为( )万元。

　　A.100　　　　　B.80　　　　　C.20　　　　　D.120

2.一台旧设备的账面价值为 30 000 元,变现价值为 32 000 元。某企业打算继续使用该设备,但由于物价上涨,估计需增加经营性流动资产 5 000 元,增加经营性流动负债 2 000 元。假定所得税税率为 25%,则继续使用该设备初始的现金流出量为( )元。

　　A.32 200　　　B.33 800　　　C.34 500　　　D.35 800

3.某公司已投资 50 万元用于一项设备研制,但它不能使用。于是,该公司又决定再投资 50 万元,但仍不能使用。如果再继续投资 40 万元,就有成功把握,并且可至少取得( )万元的现金流入。

　　A.40　　　　　B.100　　　　　C.140　　　　　D.60

4.企业在进行资本投资评价时,( )。

　　A.只有当投资项目的收益率超过资本成本时,才能为股东创造财富

B.当新项目的风险与企业现有资产的风险相同时,就可以使用企业当前的资本成本作为项目的折现率

C.增加债务会降低加权平均成本

D.不能用股东要求的报酬率去折现股东的现金流量

5.下列关于投资项目营业现金流量预计的各种做法中,不正确的是( )。

A.营业现金流量等于税后净利加上折旧

B.营业现金流量等于营业收入减去付现成本再减去所得税

C.营业现金流量等于税后收入减去税后成本再加上折旧引起的税负减少额

D.营业现金流量等于营业收入减去营业成本再减去所得税

6.下列关于评价投资项目的回收期的说法中,不正确的是( )。

A.它忽略了货币时间价值

B.它需要一个主观上确定的最长的可接受回收期作为评价依据

C.它不能测度项目的盈利性

D.它不能测试项目的流动性

7.年末,ABC公司正在考虑卖掉现有的一台闲置设备。该设备于8年前以40 000元购入。税法规定的折旧年限为10年。ABC公司对其按直线法计提折旧,预计残值率为10%,已提折旧28 800元。目前,该设备可以按10 000元价格卖出,假设所得税税率为25%,卖出现有设备对本期现金流量的影响是( )。

A.减少360元　　　B.减少1 200元　　　C.增加9 640元　　　D.增加10 300元

8.在计算投资项目的未来现金流量时,报废设备的预计净残值为12 000元,按税法规定计算的净残值为14 000元,所得税税率为25%,则设备报废引起的预计现金流入量为( )元。

A.7 380　　　B.8 040　　　C.12 500　　　D.16 620

9.一个公司当期的营业性现金净流入量等于当期的净利润加折旧之和就意味着( )。

A.该公司不会发生偿债危机

B.该公司当期没有分配股利

C.该公司当期的营业收入都是现金收入

D.该公司当期的营业成本与费用除折旧外都是付现费用

10.在对投资项目进行评价时,投资者要求的风险报酬取决于该项目的( )。

A.经营风险　　　B.财务风险　　　C.系统风险　　　D.特有风险

(二)多项选择题

1.在单一方案决策过程中,与净现值评价结论可能发生矛盾的评价指标是( )。

A.现值指数　　　B.会计收益率　　　C.投资回收期　　　D.内含报酬率

2.与财务会计使用的现金流量表中的现金流量相比,项目投资决策所使用的现金流量的特点有( )。

A.只反映特定投资项目的现金流量　　　B.只反映某一会计年度的现金流量

C.只反映经营活动的现金流量　　　D.所依据的数据是预计信息

3.影响项目内含报酬率的因素包括( )。

A.投资项目的有效年限　　　B.投资项目的现金流量

C.企业要求的最低投资报酬率　　　D.银行贷款利率

4.在计算投资方案的增量现金流量时,所谓应考虑的净营运资本的需要不是指( )。

A.经营性流动资产与经营性流动负债之间的差额

B.增加的经营性流动资产与增加的经营性流动负债之间的差额

C.减少的经营性流动资产与减少的经营性流动负债之间的差额

D.增加的经营性流动负债与增加的经营性流动资产之间的差额

5.某公司正在开会讨论是否投产一种新产品,对以下收支发生争论。你认为不应列入该项目评价的企业实体现金流量有( )。

A.新产品投产需要占用营运资本80万元,它们可在公司现有周转资金中解决,不需要另外筹集

B.该项目利用现有未充分利用的厂房和设备,如将该设备出租可获收益200万元,但公司规定不得将生产设备出租,以防止对本公司产品形成竞争

C.如果公司销售新产品,就会使本公司同类产品减少收益100万元;如果公司不销售新产品,那么竞争对手也会推出此新产品

D.拟采用借债方式为本项目筹资,新债务的利息支出为每年50万元

6.企业降低经营风险的途径一般有( )。

A.增加销售量　　　B.增加自有资本　　　C.降低变动成本　　　D.增加固定成本比例

7.下列关于投资者要求的投资报酬率的说法中,正确的有( )。

A.风险程度越高,要求的报酬率越低

B.无风险报酬率越高,要求的报酬率越高

C.无风险报酬率越低,要求的报酬率越高

D.风险程度、无风险报酬率越高,要求的报酬率越高

(三)判断题

1.若A、B、C三个方案是独立的,那么采用内含报酬率法可以对它们进行排列。( )

2.单项目自身特有的风险不宜作为项目资本风险的度量。( )

3.某项目在讨论更新现有的生产线时有两个备选方案:A方案的净现值为400万元,内含报酬为10%;B方案的净现值为300万元,内含报酬率为15%。据此可以认定A方案较好。
( )

4.某公司购入一批价值20万元的专用材料。该批材料因规格不符无法投入使用。该公司拟以15万元将其变价处理,并已找到购买单位。此时,技术部门完成一项新品开发,并准备支出50万元购入设备并当年投产。经检验,上述专用材料完全符合新产品使用,故不再对外处理,从而使企业避免损失5万元,并且不需要再为新项目垫支流动资金。因此,若不考虑所得税的影响,在评价该项目时第一年的现金流出应按70万元计算。( )

5.ABC公司对某投资项目的分析与评价资料如下:该投资项目适用的所得税税率为30%,年税后营业收入为700万元,税后付现成本为350万元,税后净利润210万元。那么,该项目年营业现金流量为410万元。( )

6.投资项目评价的现值指数法和内含报酬率法都是根据相对比率来评价投资方案的。因此,这两种方法都可以用于比较独立方案的获利能力。这两种方法的评价结论也是相同的。
( )

7.如果一个项目的内含报酬率大于风险报酬率,那么该方案可行。( )

8.如果把原始投资看成按预定折现率借入的,那么在净现值法下,当净现值为正数时还本

付息后该项目仍有剩余利益。   （ ）

9.在利用内含报酬率法评价投资项目时,计算出的内含报酬率是方案本身的投资报酬率,因此不需要再估计投资项目的资本成本或最低报酬率。   （ ）

二、实训

(一)计算分析题

1.某企业准备购入一设备以扩充生产能力。现有甲、乙两个方案可供选择。甲方案需要投资20 000元,设备的使用寿命为5年,并采用直线法计提折旧。该设备5年后无残值。该企业5年中每年的销售收入为8 000元,每年的付现成本为3 000元。乙方案需要投资24 000元,采用直线法计提折旧。该设备的使用寿命也为5年,5年后有残值收入4 000元,5年中每年的销售收入为10 000元,第一年的付现成本为4 000元,以后随着设备陈旧逐年增加修理费200元,另需垫支营运资金3 000元。假设所得税税率为25%,资金成本为10%。

要求:
(1)计算两个方案的现金净流量。
(2)计算两个方案的现值指数并做出决策。

2.某企业计划投资新建一个生产车间,投资105 000元购买设备。该设备的使用寿命为5年,预计固定资产净残值为5 000元,按直线法折旧。建设期初,该企业需要投入营运资本15 000元。投产后,预计第1年的营业收入为10万元,以后每年增加5 000元,所得税税率为25%。营业成本(含折旧)每年为5万元,管理费用和财务费用每年各为5 000元。

要求:判断各年的现金净流量。

3.某公司现有一台旧设备,由于生产能力低下,现在正考虑是否更新。有关资料如下:
(1)旧设备原值为15 000元,预计使用年限为10年,现已使用6年,最终残值为1 000元,变现价值为6 000元,年运行成本为8 000元。
(2)新设备原值为20 000元,预计使用年限为10年,最终残值为2 000元,年运行成本为6 000元。
(3)企业要求的最低收益率为10%。

现有两种主张,有人认为由于旧设备还没有达到使用年限,应继续使用;有人认为旧设备的技术程度已不理想,应尽快更新。你认为应该如何处理?

4.某公司拟引进一条新的生产线,估计原始投资3 000万元,预期每年税前利润为500万元(按税法规定生产线应以5年期直线法折旧,净残值率为10%,会计政策与此相同),已测算出该方案的净现值大于零,然而董事会对该生产线能否使用5年有争议。有人认为只可用4年,有人认为可用5年,还有人认为可用6年以上。已知所得税税率为25%,资本成本率为10%,报废时残值净收入为300万元。

要求:
(1)计算该方案可行的最短使用寿命。(假设使用年限与净现值呈线性关系,用插值法求解,计算结果保留两位小数)
(2)你认为他们的争论对引进生产线的决策有影响吗?为什么?

5.某公司准备购入一设备以扩充生产能力。现有甲、乙两个方案可供选择。甲方案需要投资30 000元,使用寿命为5年,采用直线法计提折旧,5年后设备无残值,5年中每年的销售收入为15 000元,每年的付现成本为5 000元。乙方案需要投资36 000元,采用直线法计提折旧,使用寿命也是5年,5年后有残值收入6 000元。5年中每年的收入为17 000元,第一年的付现成本为6 000元,以后随着设备陈旧,逐年将增加修理费300元,另需垫付营运资金3 000元。假设所得税税率为25%,资金成本率为10%。

要求:
(1)计算两个方案的现金流量。
(2)计算两个方案的净现值、现值指数和内含报酬率。
(3)计算两个方案的投资回收期。
(4)试判断应选用哪个方案。

6.某企业拟投资185 000元兴建某项目。该项目无建设期,税法规定的折旧年限为3年,按直线法折旧(与会计政策相同),3年后有净残值35 000元,投产后第1年实现营业收入80 000元,以后每年增加5 000元,每年营业成本为各年营业收入的70%。该企业适用25%的所得税税率。假设折现率为10%。

要求:
(1)计算投资回收期。
(2)计算会计收益率。
(3)假设该项投资按折现率借入,则第3年年底的借款余额是多少?

(二)思考讨论题

1.什么是现金流量?估算现金流量应遵循哪些原则?为什么?
2.人们在进行项目投资决策时为什么更重视现金流量而不是会计利润?
3.如何评价投资回收期和会计收益率?
4.试述NPV、PI和IRR在项目评价中的决策规则及其内在联系。

第七章

金融证券投资决策

学习目标与要求

证券投资是购买金融资产,这些资金转移到企业手中后再投入生产活动,属于间接投资。企业在进行证券投资时,必须对证券投资的价值进行评价,从证券市场上选择合适的证券进行投资。

通过本章的学习,应达到以下目标与要求:

掌握债券和股票的估价和投资收益率的计算方法;

能够运用金融证券投资决策的分析评价方法对所投资金融证券(债券与股票)进行价值估算和投资收益分析;

能够运用资本资产定价模型对金融证券投资组合的风险收益率和投资必要收益率进行计算分析。

案例导入

雪银化纤股份有限公司股票发行价格的确定

雪银化纤股份有限公司(以下简称雪银公司)拟发行股票 3 500 万股,面值 1 元,采取溢价发行,由蓝天金融证券公司(以下简称蓝天公司)包销。雪银公司在与蓝天公司确定股票的发行价格时提出本公司盈利能力强,产品质量好,在市场上有较强的竞争实力,流通盘又小,应将股票发行价格定为 7 元/股为宜。蓝天公司认为,该股票所在行业前景不是很好,同类股票近期在二级市场上表现不很理想,而且大盘处于疲软状况,因此提出将发行价格定为 4.5 元/股较为合适。后经双方协商,在对雪银公司现状和前景以及二级市场分析的基础上,决定将股票发行价格定为 5.2 元/股,并上报中国证监会核准。

资料来源:中国注册会计师协会.财务成本管理[M].北京:中国财政经济出版社,2021.

第一节　股票投资决策

在金融证券投资工具中,股票是最基本的一种投资方式,也是最复杂的投资工具之一。股票是股份公司的产物,它随股份公司的产生而产生,是股份公司向其投资者签发的出资证明,是投资人入股并借以取得股利的一种有价金融证券。

一、股票投资的目的

企业进行股票投资的目的主要有以下两种:

1.获利

获得投资收益是企业金融证券投资的主要目的。企业获利形式有:股利分配与分红、短期买卖差价(资本利得)等。在这种情况下,企业仅将股票作为金融证券组合的一个组成部分,不应冒险将大量资金投资于某一企业的股票上。

2.控股

控股是利用购买某一企业的大量股票达到控制该企业的目的。企业为了自己的长期发展目的,或者加强自己在生产经营中的独立性,有效推进自己的经营策略,有时希望控制相关企业足够多的股份,以形成控制权,从而有效地实施自己的发展策略。

二、股票投资的特点

1.投资风险大

股票投资的显著特点是投资风险大,因为股票没有到期日,公司破产或解散时其求偿权滞后,股价波动幅度较大时股东可能连本都收不回。

2.参与发行公司的经营管理

股东有权参与公司的经营管理,在公司股东大会上所拥有的权利大小以其所持有的公司股份数计算确定,但同时以其所持有的股份额度对外承担经济责任。

3.不可偿还性

股票是一种无偿还期限的有价金融证券。投资者一旦投资入股,在公司的存续期间就不能直接向公司退股收回投资,只能到金融证券市场转让。股票的转让只意味着公司股东的改变,并不减少公司资本。这是因为任何公司运作的资本都是由众多股东投入的,公司业务有着明确的产业定位、规模界限、客户联系等。若股东可以随意退股,则一个或几个股东的这类行为将打乱公司的正常业务活动,给公司的客户和其他股东造成损失,使市场经济运行秩序和资本市场的融资关系受到损害。

为此,各国公司法都规定,通过股票所进行的投资是一种永久性投资。股票作为永久性投资的法律凭证,反映着股东与公司之间长期稳定的经济关系。正是由于股票投资是一种永久性投资,所以,通过股票投资进入公司的资金可以成为公司的资本,公司能够运用这些资金来保障营运活动的长期稳定和持续发展。

4. 收益性

股东凭持有股票,有权从公司领取股息和红利,获取投资的收益。股息和红利的多少主要取决于公司的盈利水平和公司的盈利分配政策。

股票的收益性还体现在股票投资者可以获得价差收入或实现资产保值增值。通过低价买入和高价卖出股票,投资者可赚取价差利润。在通货膨胀时,股价会随着公司原有资产重置价格的上升而上升,从而避免资产贬值。股票通常被视为在高通货膨胀期间可优先选择的投资对象。

5. 流通性

由于股票是永久性投资,具有一定风险,客观上要求股票可以在不同投资者之间进行交易。股票持有者可根据预期收益大小随时买卖、转让变现。股票的流通性不仅满足了投资者灵活转换资产的需求,还为保障公司的存续与发展提供了条件。

6. 股份的可伸缩性

股份的可伸缩性是指股票所代表的股份既可以拆分,又可以合并。股份的拆分是将原来的 1 股分为若干股。股份的拆分没有改变资本总额,只是增加了股份总数和股权总数,即采取分割股份的方式可降低单位股票的价格以争取更多的投资者,扩大市场的交易量。股份的合并则与之相反,是指将若干股股票合并成 1 股。股份合并可能基于不同的原因,如减少公司名义股本,公司合并重组以及促使过低的股票价格回升等。

除此之外,股票还具有可抵押性、可赠送性、可继承性等特点。

三、股票投资的相关概念

股票是股份公司发放给股东的所有权凭证,是一种长期有价金融证券。与股票投资相关的概念有以下几个:

(一)股票的票面价值

股票的票面价值又称股票面值,是指在股票票面所标明的股票货币金额。从最一般的意义上说,它指的是该股票的理论购买价格,并反映着该股票发行主体本次募集资金的每一发行单位的额度。股票的票面价值是由企业的净资产状况与发行数量决定的。其计算公式为:

$$股票面值 = 发行总金额 \div 发行的股票总份额$$

股票面值最为原始的作用是为购买股票指明支付标准。同时,由于它总是在发行前设定的,故也可以看作股票最初设定的发行价格。随着股票交易过程的日趋复杂化,股票的实际发行价格往往根据市场具体情况确定。其不一定等于票面价格。例如,股票的票面价格通常根据股票数量设定为每股 1 元,而实际发行时可能为 5.5 元、10 元,甚至更高。这样,股票的票面价值就失去了原始的表示意义,其作用实际上主要是反映单位股票在总股本中所占的比例。

(二)股票的账面价值

股票的账面价值是指上市公司财务报表上反映出的每股实际拥有的资产额,以真实地显示单位股份的含金量。每股账面价值是公司的资产净值除以普通股总份数。公司资产净值又称股东权益,是全体股东在公司所拥有的权益资产的总和。例如,某公司有总资产 2 000 000 万元,其中负债 500 000 万元,则其股东权益为 1 500 000 万元,即股票的总账面价值为 1 500 000 万元。若该公司已发行 100 000 万股普通股,其股票账面价值为每股 15 元。

(三)股票的内在价值

股票的内在价值是指预期的未来现金流入的现值。它是股票的真实价值,也称理论价值。它包括两部分内容,即每期预期股利现值和出售时所得到的价格收入的现值。在现金流入预期可确定的情况下,股票的内在价值也可以确定。

(四)股票的市场价格

股票的市场价格是股票上市后在市场交易的价格。它受多种因素影响。

(五)股利

股利是股份公司从其税后利润中分给股东的一种投资报酬,包括股息和红利两部分。股利分配是影响股票价值和市场价格的重要因素。

(六)股票预期报酬率

股票预期报酬率是投资者期望在持股期间的所得与投入资本之比。股票预期报酬率是投资者进行股票投资选择的重要依据。只有股票预期报酬率高于投资人要求的最低报酬率时,投资者才肯投资。

四、股票投资的价值分析

实践中,普通股的定价是比较困难的(与债券相比)。这至少有三个原因:首先,即使是那些预先允诺的现金流量实际上也无法提前知道;其次,投资生命周期通常是无限的,因为普通股没有到期日;再次,人们无法轻易地获知市场的要求收益率。尽管如此,人们可以通过获得每股股票未来现金流量的现值来确定股票的价值,并进行相关投资分析。

股票投资的价值分析是投资者正确进行股票投资选择的依据。其主要包括股票内在价值确定与股票投资收益的计算等。

(一)股票内在价值确定

股票内在价值确定主要是通过股票内在价值与市场价格的对比来决定是否买入、卖出或持股。由于股票价值的确认主要涉及每期股利收入与出售股票所得收入,所以根据对股票现金流入的不同情况与不同企业股票的变化情况,企业股票投资内在价值确定有以下几种情况:

1. 短期持有、未来准备出售的股票内在价值的确定

投资者投资于股票,通常不仅希望得到股利收入,还希望在未来出售股票时从股票价格的上涨中获得好处。其估价模型为:

$$P = \sum_{t=1}^{n} \frac{d_t}{(1+K)^t} \times \frac{P_n}{(1+K)^n}$$

式中:P 表示股票内在价值;d_t 表示第 t 期的预期股利;P_n 表示未来出售时预计的股票价格;

K 表示投资人要求的必要投资收益率;n 表示预计持有股票的期数。

这是股票价值确定的基本形式。

【例 7-1】 佳美公司拟购入万达公司发行的股票,预计 3 年中每年的获利依次为 10 元、5 元、20 元。佳美公司 3 年后出售该股票,预计股票售价为 300 元,预期报酬率为 10%,则该股票的内在价值计算如下:

$$P = 10 \times (P/F, 10\%, 1) + 5 \times (P/F, 10\%, 2) + 20 \times (P/F, 10\%, 3) + 300 \times (P/F, 10\%, 3)$$
$$= 253.64 \text{ 元}$$

可见,万达公司股票价值为 253.64 元。若当前该股票的市场价格低于其价值,则佳美公司应购入该股票;否则,不宜购入。

2. 长期持有、股利稳定不变的股票内在价值的确定

在股票投资中存在一些特殊的情形能够使我们获知股票的价值,即我们可以对未来的股利模式进行一些简单化的假设。这种设想包括两个简单情形,即股利的增长率为零,股利的增长率是固定的。下面先看股利增长率为零时的估价模型:

$$P = \sum_{t=1}^{n} \frac{d}{(1+K)^t} + \frac{P_n}{(1+K)^n} = d \times (p/A, k, n) + \frac{P_n}{(1+K)^n}$$

$$= d \times \frac{1-(1+K)^{-n}}{K} + \frac{P_n}{(1+K)^n}$$

$$\lim p = \lim d \times \frac{1-(1+K)^{-n}}{K} + \frac{P_n}{(1+K)^n} = \frac{d}{K}$$

长期持有股票,即 $n \to \infty$ 时,

即

$$P = \frac{d}{1+K}$$

式中:P 表示股票内在价值;d 表示每年固定股利;K 表示投资人要求的投资收益率。

【例 7-2】 国安公司购入某股票并准备长期持有。该股票每年股利固定不变,预计未来每股股息为 5 元,期望回报率为 10%。该股票的市场价格为每股 44 元,国安公司是否能买进该股票?

$$P = 5 \div 10\% = 50 \text{ 元}$$

该股票市价为 44 元,说明其价值被低估,可以买进。

3. 长期持有、股利固定增长的股票内在价值的确定

公司的普通股支付固定股利的情形与优先股类似。若一个公司的股利不断增长,投资人的投资期限又很长,则此时股票的内在价值是很难确定的,只能计算近似值。其估价模型为:

$$P = \frac{d_1}{K-g}$$

式中:g 表示股利增长率;d_1 表示第一年的股利。

【例 7-3】 中信公司欲购入东方信托投资公司发行的股票并准备将其长期持有。该股票上年支付的股利为 1 元,预计该股股利将以每年 2% 的速度固定增长。该公司要求的最低报酬率是 10%。试计算该股票的内在价值。

$$P = \frac{1 \times (1+2\%)}{10\% - 2\%} = 12.75 \text{ 元}$$

该股票的内在价值为 12.75 元,这就是中信公司可以接受的最高价格。如果东方信托投

资公司股票的价格超过 12.75 元,那么中信公司就不能购买该股票,否则将得不到 10% 的收益率。

【例 7-4】 B 公司最近发放了每股 2 元的现金股利。投资者要从此类投资上得到 16% 的回报。假如预期股利以每年 8% 的固定比率增长,当前的股票价值是多少?5 年后的股票价值又是多少?

上期的股利 d_0 是 2 元。预期股利将以 8% 的速度增长。收益率为 16%。根据股利增长模型,当前的股票价值如下:

$$P_0 = d_1/(K-g) = d_0 \times (1+g)/(K-g) = 2 \times 1.08 \div (0.16-0.08) = 2.16 \div 0.08 = 27 \text{ 元}$$

5 年后股票的价值:

$$P_5 = P_0 \times (1+g)^5 = 27 \times 1.08^5 = 27 \times 1.4693 = 39.67 \text{ 元}$$

(二)股票投资收益的计算

股票投资的收益由股利收益、股利再投资收益、转让价差收益三部分构成。只要按货币时间价值的原理计算股票投资收益,就无须单独考虑再投资收益因素。

企业进行股票投资可以取得股利,股票出售时也可收回一定资金,只是股利是经常变动的,无法用年金现值来计算收益率,只能用股利的复利现值之和及股票售价的复利现值来计算。股票内部收益率是使这两者之和等于股票买价时的贴现率。其计算公式为:

$$P = \sum_{j=1}^{n} \frac{D_j}{(1+i)^j} + \frac{F}{(1+i)^n}$$

式中:P 表示股票的购买价格;F 表示股票的出售价格;D_j 表示股票的投资报酬(各年获得的股利);n 表示投资期限;i 表示股票投资收益率。

(三)股票投资的市盈率分析

1.用市盈率估计股价高低

市盈率可以粗略地反映股价的高低,表明投资者愿意用盈利的多少倍的货币来购买这种股票,反映了市场对该股票的评价。

一般地,市盈率=股票市价÷每股盈利

则,股票价值=该股票所处行业平均市盈率×该股票每股盈利

根据证券机构或权威刊物提供的同行业公司股票过去若干年的平均市盈率,乘以该公司股票当前的每股盈利,便可以得出该公司股票的价值。再用它和该公司股票当前市场价格比较,可以看出所付出价格是否合理。

2.市盈率决定的收益率

由于预计未来股利的困难极大地限制了股票价值估价模型使用的广泛性,所以在实际工作中可以利用市盈率大致地估计股票投资的内部收益率。

市盈率是股票目前市价与每股盈余的比值,反映投资者为取得对每股盈余的要求权而愿意支付的代价,即购买价格是每股盈余的倍数。由于股票的购买价格就是在股票上的投资额,每股盈余则表示在该股票上应当取得的投资收益(包括股利收益和留存收益),那么市盈率的倒数就表示在股票上的收益率。用 PE 表示市盈率,则有:

投资收益率 $P = 1/$市盈率(PE)

3.用市盈率估计股票风险

一般来讲,股票的市盈率比较高,表明投资者对公司的未来充满信心,这种股票的风险较

小。但当受到不正常因素干扰时,有些股票的市价会被哄抬到不应有的高度,使市盈率变得超高,则又很可能成为股价下跌的前兆,风险很大。通常认为,超过 30 倍的市盈率是不正常的。

因此,过高或过低的市盈率都不是好兆头,市盈率在 5～20 倍是比较正常的,但各行业的正常值区间有区别,最好能够通过研究拟投资股票市盈率的长期变化来估计其正常值,并以此作为分析决策的基础。

五、股票投资的优缺点

(一)股票投资的优点

1. 投资收益高

股票投资的风险大,收益高。投资者只要选择得当,就能取得优厚的投资收益。

2. 购买力风险低

与固定收益金融证券相比,普通股能有效地降低购买力风险。因为通货膨胀率较高时,物价普遍上涨,股份公司盈利增加,股利也会随之增加。

3. 拥有经营控制权

普通股股票的投资者是被投资企业的股东,拥有一定的经营控制权。

(二)股票投资的缺点

1. 求偿权居后

企业破产时,普通股投资者对被投资企业的资产求偿权居于最后,其投资有可能得不到补偿。

2. 价格不稳定

股票价格受多种因素影响,极不稳定,收益不能保障。

3. 收入不稳定

股票股利的多少视被投资企业的经营状况和财务状况而定,很不稳定。

第二节 债券投资决策

债券是政府、企业、金融机构发行的到期还本付息的固定收益金融证券。债券可供投资者投资,也是资产组合中的一类搭配资产。

一、债券投资的目的

债券是政府、公司、金融机构等主体为筹集资金而向债权人发行的,约期还本付息的凭证。债券反映了交易双方的债权债务关系,一般具有固定的到期日和固定的利息负担。

企业进行债券投资的目的主要有以下几个:

1.获得较高的利息收入

一般来说,债券的利率是固定的,且利率水平会高于同期银行存款利率水平。债券又具有较好的流通性。因此,当公司在短期内具备一定的闲置资金时,就可以买入债券;当公司再有资金需求时,就可以变现债券,重新投入生产。

2.满足未来的财务需求

如果企业在未来有一笔资金需求,但现在资金闲置,便可以将闲置资金投资于债券,在资金需求日前变现债券,这样通过债券投资就会满足该项资金需求,又可以获得一定的利息收入。

3.投机获利

企业可以利用金融证券市场的价格波动获利。

4.平衡资金需求量的要求

企业在正常的生产经营过程中通常会保持一定的现金持有量。当企业某一时期所持有的资金数量高于标准需要量时,为平衡资金需求量,企业会转向金融证券投资;而在低于标准需要量时,就会卖出所投资的债券以获得现金。

二、债券投资的一般特征

1.风险较小

政府债券有国家担保、安全可靠。金融债券由于金融企业的资金实力雄厚,一般也比较安全。企业作为债券的发行人必须经过严格审批,资信度较高,因而债券投资风险也较小,债券本金一般都能收回。如果发行企业破产,债券持有人作为企业债权人也比企业股东享有优先清偿的权利。

2.收益稳定

债券的投资收益包括利息和资本利得收益。利息固定不变。由于债券价格一般波动较小,所以债券的资本收益即债券卖出价与债券买入价一般相差不大。

3.投资者无权参与发行单位的经营管理

债券投资者与债券发行单位之间是债权债务关系。债券投资者一般无权参与发行单位的经营管理。

三、债券投资的相关概念

1.债券面值

债券面值是债券票面标明的面额,是债券发行人承诺于将来特定日偿付给持券人的本金数额。债券面值是债券记载的重要内容,是企业还本付息的依据。

2.债券票面利率

债券票面利率是债券票面标明的利率,是债券发行人一年内向持有人发放的利息占票面价值的比率。与之相对应的是市场利率。票面利率与市场利率的高低对比可以决定债券的投资价值,同时也是决定债券发行价格的关键。

一般来说,发行人确定债券票面利率主要受借贷资金市场利率水平、筹资者的资信程度及债券期限三大因素影响。

(1)当市场利率较高时,需要将债券票面利率定高,否则,投资者会选择其他收益更高的金融证券资产;反之,当市场利率较低时,债券票面利率可定低,以减少利息负担。

(2)以利率差异来反映信用风险大小。如发行人资信状况好,债券信用等级高,投资者的风险小,债券票面利率可定得比条件相同的债券低一些;否则就需要定得高一些。高利率是对高风险的补偿。

(3)期限较长的债券流动性差,风险相对较大,票面利率应定得高一些;期限较短的债券流动性强,风险相对较小,票面利率可定得低一些。

但是,债券票面利率与期限结构的关系较复杂,二者还受其他因素的影响,有时也会出现短期债券票面利率高于长期债券票面利率的现象。

3.债券的到期日与付息日

债券的到期日是债券发行人偿还债券本金的日期,也是债券发行人承诺履行合同义务的全部时间。债券的到期期限有长有短。短期债券有1月、数月、1年。中期债券一般3~5年。长期债券有十几年、几十年不等。发行人在确定债券期限时主要考虑以下三大因素:

(1)资金使用方向。为弥补临时性资金周转短缺,应发行短期债券;为满足长期资金需求,则应发行中长期债券。这样就能既满足发行人的资金需要,又不因借入资金占用时间过长而增加利息负担。

(2)市场利率变化。根据对市场利率的预期选择有助于减少筹资成本的期限。当未来市场利率趋于下降时,应选择发行期限较短的债券,以避免今后市场利率下跌后仍需支付较高的利息;而当未来利率趋于上升时,应选择发行中长期债券,以获得低于市场的利息负担。

(3)债券的变现能力。这与流通市场发育程度有关。流通市场发达,债券容易变现,长期债券较能为投资者接受;否则,长期债券的发行就不如短期债券顺利。

债券的付息日是发行人按规定的利率和期限向持有人支付利息的时间。

四、债券投资价值分析

债券投资价值分析是根据债券基本内容确定债券内在价值和收益状况的过程。它是决定投资的关键因素,是企业决定是否进行债券投资的依据。它包括以下两个内容:

(一)债券投资内在价值的确定

1.债券投资内在价值的含义

债券投资内在价值是指债券投资所带来现金流入的现值。债券投资中现金流出量是其购买价格,现金流入量是利息与归还的本金之和或出售时得到的现金。只有现金流入量现值大于购买价时,该债券才值得购买。

2.债券投资内在价值的确定方法

债券价值在很大程度上取决于利率。根据不同债券的具体情况,债券投资内在价值的确定主要分为以下三种情况:

(1)债券内在价值的确定。债券投资内在价值确定的基本模型是指按复利方式计算的债券估价。其计算公式为:

$$P = \sum_{t=1}^{n} \frac{I}{(1+K)^t} + \frac{F}{(1+K)^n}$$
$$= I \times (P/A, k, n) + F \times (P/F, k, n)$$

式中,P 表示债券价格;F 表示债券面值;I 表示每年利息;i 表示债券票面利息率;K 表示市场利率或投资人要求的必要收益率;n 表示付息总期数。

▶【例 7-5】 ABC 公司发行面值为 2 000 元、票面利率为 15%、偿还期限为 5 年的债券。ABC 公司于每年年末支付利息,当前市场利率为 12%。试计算债券价值以确定投资者的投资界线。

$$P = 2\,000 \times 15\% \times (P/A, 12\%, 5) + 2\,000 \times (P/F, 12\%, 5) = 2\,216.24 \text{ 元}$$

以上计算表明,该债券的内在价值是 2 216.24 元,即只有这种债券的价格等于或低于 2 216.24 元时,投资者才会购买。

(2) 一次还本付息且不计复利的债券内在价值的确定。相关计算公式为:

$$P = (F + F \times i \times n) \times (P/F, k, n)$$

▶【例 7-6】 阳光公司发行债券。其面值为 1 000 元,票面利率为 15%,期限为 5 年,期内不计利息,到期按面值偿还。当时市场利率为 12%。试计算该债券的价值。

$$P = (1\,000 + 1\,000 \times 15\% \times 5) \times (P/F, 12\%, 5) = 1\,750 \times 0.567\,4 = 992.95 \text{ 元}$$

以上计算表明,该债券的内在价值是 992.95 元,则只有这种债券的价格等于或低于 992.95 元时,投资者才会购买,其投资收益率不低于 12%。

(3) 折现发行时债券内在价值的确定。有些债券以贴现方式发行,没有票面利率,到期按面值偿还。其价值确定方法为:

$$P = F \times (P/F, k, n)$$

(二)债券投资收益率的计算

债券投资收益率反映了 6 种不同因素的综合结果,即实际利率和投资者所要求的 5 种溢价补偿:通货膨胀、利率风险、违约风险、税收和流动性风险。下面从两个方面看债券投资收益率的计算方法。

1. 持有期债券收益率

持有期债券收益一般不用考虑时间价值因素,只考虑债券价差及利息。将其与投资额相比即可求出短期债券收益率。其计算公式为:

$$K = \frac{S_1 - S_0 + P}{S_0} \times 100\%$$

式中:K 表示债券投资收益率;S_0 表示债券购买价格;S_1 表示债券出售价格;P 表示债券投资报酬(利息)。

▶【例 7-7】 甲公司于 2020 年 1 月 1 日购入面值为 1 000 元、利息为 10%、于每年 1 月 1 日付息的 5 年期债券。该债券的购买价格为 1 150 元,持有至 2021 年 1 月 1 日出售,卖出价为 1 350 元。试计算其持有期收益率。

$$\text{持有期收益率 } K = \frac{1\,000 \times 10\% + \dfrac{1\,350 - 1\,150}{4}}{1\,150} \times 100\% = 13.04\%$$

2. 到期债券收益率

由于到期债券涉及的时间往往较长,所以需要考虑资金时间价值。到期债券收益率的计算公式为:

$$V = I \times (P/A, i, n) + F \times (P/F, i, n)$$

式中:V 表示债券的购买价格;I 表示每年获得的固定利息;F 表示债券到期收回的本金或中途出售收回的资金;I 表示债券投资的收益率;n 表示投资期限。

▶【例 7-8】 乙公司以 2 170 元的价格购买面值为 2 000 元的债券。票面利率为 10%,于每年付息一次,3 年后到期。试计算该债券的到期收益率。

$$2\,170 = 2\,000 \times 10\% \times (P/A, i, 3) + 2\,000 \times (P/F, i, 3)$$

假设 $i = 10\%$,等式右方 $= 200 \times 2.487 + 2\,000 \times 0.751 = 2\,000$ 元

假设 $i = 6\%$,等式右方 $= 200 \times 2.673 + 2\,000 \times 0.840 = 2\,214.6$ 元

下面使用比例法计算到期债券收益率。

$$\frac{2\,214.6 - 2\,170}{1\,124.6 - 2\,000} \times (10\% - 6\%) = 0.83\%$$

$$i = 6\% + 0.83\% = 6.83\%$$

该债券的到期债券收益率是 6.83%。

到期债券收益率可以反映出债券投资的真实收益率。如果其高于投资者要求的最低报酬率,就可以进行投资;反之,就应放弃。

五、债券投资的策略

(一)消极的投资策略

消极的投资策略是指投资者在买入债券后的一段时间内,很少进行买卖或者不进行买卖,只要求获取不超过目前市场平均收益水平的收益。典型的消极投资策略主要就是买入债券并持有至到期。这种策略的现金流是确定的,投资中选取信用程度较高的债券即可。

(二)积极的投资策略

积极的投资策略是指投资者根据市场情况不断调整投资行为,以期获得超过市场平均水平的收益率。积极的投资策略包括:

1.根据预计利率的变动主动交易

预计利率下降时,买进债券或增持期限较长的债券;预计利率上升时,卖出债券或增加期限较短的债券比例。

2.控股收益率曲线法

由于期限较长的债券一般有较高的收益率,因此投资人购买债券持有至到期前卖出债券,再购入另一个同样期限的债券,从而能够始终获得较高的收益率。

(三)投资组合策略

债券因发行主体经营情况、债权期限等不同,其风险和收益也各不一样。投资债券的企业可以根据需要,对购买的债券从发行主体、期限、风险和收益等不同方面进行适当搭配,形成符合企业需要的债券投资组合。从规避投资风险的角度,债券投资组合的主要形式有:浮动利率债券与固定利率债券组合;短期债券与长期债券组合;政府债券、金融债券与企业债券组合;信用债券与担保债券组合等。

六、债券投资的优缺点

(一)债券投资的优点

1. 本金安全性高

相对于股票投资而言,债券投资风险较小。

2. 收入稳定性强

债券投资者在正常情况下可获得定期的利息收入。发行者有按时支付利息的法定义务。因此,在一般情况下,投资债券都能获得比较稳定的收益。

3. 市场流动性好

债券尤其是政府债券很容易在金融市场上迅速出售,流动性较强。

(二)债券投资的缺点

1. 购买力风险大

由于债券面值和利率是固定的,如果投资期间通货膨胀率较高,债券面值和利息的实际购买力就会降低。

2. 没有经营管理权

债券投资者只能定期取得利息,无权影响控制被投资企业。

第三节 基金投资决策

20世纪70年代以来,国际市场的金融创新全面展开,金融工具层出不穷,金融证券投资品种越来越多。基金作为又一基本投资工具为人们所接受,并迅速推广。

一、投资基金的特征

投资基金是以投资基金为运作对象的投资方式。在美国,它被称为共同基金;在英国,它被称为信托单位,是一种集合投资制度。与直接参与金融证券买卖相比,投资基金具有以下几个特征:

1. 组合投资、分散风险

基金的特点是将零散的资金汇集起来,交给专业机构投资于各种金融工具,以谋取资产的增值。基金对投资的最低限额要求不高,投资者可以根据自己的经济能力决定购买数量,有些基金甚至不限制投资额大小,因此,基金可以最广泛地吸收社会闲散资金,汇成规模巨大的投资资金。在参与金融证券投资时,资本越雄厚,优势越明显,而且可能享有大额投资在降低成本上的相对优势,从而获得规模效益的好处。

以科学的投资组合降低风险、提高收益是基金的另一大特点。在投资活动中,风险和收益总是并存的,因此,"不能将鸡蛋放在一个篮子里"。但是,要实现投资资产的多样化,就需要一定的资金实力。对小额投资者而言,由于资金有限,很难做到这一点,而基金则可以帮助中小投资者解决这个困难,即可以凭借其集中的巨额资金,在法律规定的投资范围内进行科学的组合,分散投资于多种金融证券,实现资产组合多样化。通过多元化的投资组合,一方面可以借助资金庞大和投资者众多的优势使每个投资者面临的投资风险变小,另一方面又可以利用不同投资对象之间收益率变化的相关性以达到分散或互相抵消投资风险的目的。

2. 集合投资、专业理财

金融证券投资基金是一种专家理财制度。基金募集众多投资者的资金成功后,积少成多,体现出集合投资的特点,有利于发挥资金的规模优势,降低投资成本。基金资产须交给具有专门投资知识和经验的专家管理运用,以确保较高的投资回报。金融证券投资基金实行专家管理制度,由受过专门训练、具有比较丰富的金融证券投资和其他项目投资经验的专业人员运用各种技术手段收集、分析各种信息资料,预测金融市场上各个品种的价格变动趋势,制定投资策略和投资组合方案,从而最大限度地避免投资决策失误,提高投资收益。

3. 流动性强

基金股份可以随时出售给基金管理公司,也可以在二级市场转让。这就保证了金融证券的流动性。

4. 共享利益、共担风险

基金投资者是基金的所有者。基金投资收益在扣除基金运作的费用后的盈余全部归基金投资者所有,并依据各投资者所持有的基金份额比例进行分配。为基金提供服务的基金托管人、基金管理人只能按规定收取一定的托管费、管理费,并不参与基金收益的分配。

基金投资也存在风险。其根本原因是金融证券投资基金主要投资于股票、债券、货币市场工具等金融产品,而金融产品的价格是会波动的。尽管基金的投资一般都会采取分散化组合投资方式,但是这种基本价格的波动所导致的基金整体资产价值的波动是不能完全消除的。所以购买了基金并不意味着基金的收益是确定的,换句话说是会有一定风险,而这种风险也是由投资者共同承担,因此投资者要做好防范投资风险的思想准备。

5. 严格管理、信息透明

为确实保护投资者的利益,增强投资者对基金投资的信心,各国基金监管机构都对基金实行严格的监管,对各种有损投资者利益的行为进行严厉的打击,并强制基金进行较为充分的信息披露。在这种情况下,严格监管与信息透明也就成为基金的一个显著特点。

二、投资基金的选择

1. 基金选择指标

目前,一般的投资者在选择证券投资基金时仅凭以往的业绩。实际上,理性的投资者在选择基金时,往往需要考虑基金的结构指标。

所谓基金的结构指标,是指影响基金业绩的潜在因素,主要包括以下几方面的内容:

(1)基金的规模。
(2)现金流量。
(3)基金的资产结构。
(4)基金的股票行业结构。

2. 投资基金的目标

投资基金的目标主要有资本迅速增值、资本长期增值、收益与风险平衡、收益长期稳定、投资基金的策略。

三、投资基金的价值分析

(一) 投资基金的价值

投资基金也是一种金融证券，与其他金融证券一样，基金的内涵价值也是指在基金投资上所能带来的现金净流量。

1. 基金的价值

投资基金的价值取决于目前能给投资者带来的利息收入和所收回的本金。这种目前的现金流量用基金的净资产价值来表达。其原因是基金未来收益不可预测，故要把握基金资产的现有市场价值。

2. 基金的单位净值

基金的单位净值又称单位净资产值或单位资产净值，是在某一时点每一基金单位或基金股份所具有的市场价值。基金的价值取决于基金净资产的现在价值，因此基金单位净值是评价基金业绩的最基本和最直观指标，也是确立开放型基金的申购价格、赎回价格以及封闭型基金上市交易的交易价格的重要依据。

基金的单位净值可以通过下面这个公式计算：

$$基金单位净值 = \frac{基金净资产价值总额}{基金单位总份数}$$

$$基金净资产价值总额 = 基金总资产价值 - 基金负债总额$$

【例 7-9】 某基金公司目前基金资产的账面价值为 2 000 万元，负债的账面价值为 500 万元，基金资产目前的市场价值为 3 000 万元，基金股份数为 1 000 万元。试计算该基金公司基金净资产价值总额与基金单位净值。

该基金公司基金净资产价值总额 = 3 000 - 500 = 2 500 万元

该基金公司基金单位净值 = 2 500 ÷ 1 000 = 2.5 元

3. 基金的报价

从理论上说，基金的价值决定了基金的价格，基金的交易价格是以基金单位净值为基础的，基金单位净值高，基金的交易价格也高。封闭型基金在二级市场上竞价交易，其交易价格由供求关系和基金业绩决定，围绕着基金单位净值上下波动。开放型基金的柜台交易价格则完全以基金单位净值为基础，通常采用两种报价形式：认购价（卖出价）和赎回价（买入价）。开放型基金柜台交易价格的计算公式为：

$$基金认购价 = 基金单位净值 + 首次认购费$$

$$基金赎回价 = 基金单位净值 - 基金赎回费$$

基金认购价也就是基金经理公司的卖出价，卖出价中的首次认购费是支付给基金经理公司的发行佣金。基金赎回价也就是基金经理公司的买入价，赎回价低于基金单位净值是由于抵扣了基金赎回费，以此提高赎回成本，防止投资者的赎回，保持基金资产的稳定性。

【例 7-10】 假设某基金公司收取首次认购费，认购费率为基金资产净值的 4%。若该公司不再收取赎回费。其余条件同【例 7-9】，试计算该基金公司基金认购价与赎回价。

该基金公司基金认购价＝2.5＋2.5×4‰＝2.6 元

该基金公司基金赎回价＝2.5 元

(二)基金收益率

基金收益率用以反映基金增值的情况。它是通过基金净资产的价值变化来衡量的。基金净资产的价值是以市价计量的。基金资产的市场价值增加,意味着基金的投资收益增加,基金投资者的权益也随之增加。基金收益率的计算公式为：

$$基金收益率 = \frac{年末持份数 \times 年末基金单位净值 - 年初持份数 \times 年初基金单位净值}{年初持份数 \times 年初基金单位净值}$$

式中：持份数是指基金单位的持有份数。如果年末和年初基金单位的持有份数相同,那么基金回报率就简化为基金单位净值在本年内的变化幅度。

(三)有价金融证券周转率

对于投资对象全部是有价金融证券的基金而言,可以用有价金融证券周转率来衡量基金的投资组合政策。有价金融证券周转率的计算方式与一般企业资产周转率的计算方式相同,都是资产周转额与资产平均余额的比值。有价金融证券周转率的计算公式为：

$$有价证券周转率 = \frac{证券年售出净额}{证券资产年平均余额}$$

有价金融证券周转率的高低在一定程度上反映了基金的投资组合政策；周转率越高,表明基金投资越偏重于能获取资本利得的投资组合；周转率越低,表明基金投资越偏重于能获取稳定红利收入的投资组合。当然,从过高的周转率上可以看出基金投资组合的不稳定,对金融证券频繁地购买和抛售会带来较高的投资管理成本；过低的周转率只能表明基金没有进取性,从中也无法判断基金经理人对基金投资的操作能力。

四、基金的投资策略

基金的投资策略虽然千差万别,但总体而言可以分为两类：一类是积极的投资策略；另一类是消极的或被动的投资策略。

(一)积极的投资策略

采用积极投资策略的投资者一般会有两种方式构筑投资组合：

一种是自下而上(Bottom-up)；自下而上的投资组合构筑方法,主要关注股票的分析,而对宏观经济和资本市场的周期波动不很重视。

另一种是自上而下(Top-down)。首先,基金管理人将对宏观经济环境进行评估。其次,基金管理人要对股票市场各个板块和行业进行分析。最后,在决定了板块和行业的资金分布之后,再决定具体在相应板块和行业中个别股票的资金分布。

(二)消极的投资策略

根据现代投资组合理论,"市场组合"在定价有效率的市场中,给单位风险提供了最高的收益率水平。市场组合在理论上包含了整个市场的股票。构造市场组合时,每个股票在组合中的权重中应该是该股票的资本总额在整个资本市场资本总额中的比例。这种以市场组合为投资组合的消极投资策略称为指数法。

五、投资基金的优缺点

(一)投资基金的优点

投资基金的突出优点是能够在不承担太大风险的情况下获得较高收益。原因在于金融证券投资基金是由专家或专家机构管理操作的,比个人投资更能掌握全球经济和市场的信息,具有资金规模优势,增加投资获利机会。

(二)投资基金的缺点

在投资组合过程中,投资基金在降低风险的同时也丧失了获得巨大收益的机会。因为基金是一种相对稳定的投资方式,故可能在出现股市多头时,基金获利不如某些股票。基金虽然可以分散投资风险,降低风险,但在大盘大幅度下跌时,并不能完全消除风险,投资基金可能会损失较多,投资人承担较大的风险。基金虽由专家经营,但也不排除经理人管理不善和投资失误的存在。这也是投资基金的风险。

> **思政小课堂**
>
> 1.股票上市揭示企业家拼搏精神;股票的退市揭示了市场风险,彰显企业的社会责任。
>
> 2.债券是一种古老的筹资和投资工具,起源于资本主义国家。短短的四十年,我国证券市场取得了长足发展、成绩斐然。形成了银行间的国债交易系统和上海交易所与深圳交易所的交易系统。公司债大幅度增长,成为公司融资的重要渠道,可转换债券成为常见的上市公司融资形式。同时,资产债券化也得到有效的发展。这些成就是在充分借鉴西方经验的基础上结合中国实际发展而来的,体现了洋为中用的中国特色。
>
> 3.投资基金起源于十九世纪的英国,二十世纪二十年代被引入美国,而后得以推广和流行。基金成为继股票、债券之后非常重要的投资工具。我国基金市场发展迅速,目前有证券投资基金、私募股权投资基金,形成了多层次种类繁多、品种齐全的基金体系,推动了证券市场的发展,为大众创业、万众创新起到了积极的推动作用,体现了博采众长的中国文化特色。

知识拓展

中国互联网股票的估值

1997—1999年是门户网站的启动阶段。1998年2月25日,中国首家大型分类查询搜索引擎横空出世,搜狐品牌由此诞生。此后,四通利方宣布并购海外最大的华人网站公司"华渊资讯",成立全球最大的华人网站"新浪网"。

由于当时的门户网站普遍没有盈利,未来的盈利模式尚且在探索之中,用现金流贴现的方法显然很难准确估计网站的价值。华尔街开始流行用销售额定价(Price to Sales)和注册用户

世界三大评级机构

中国互联网股票的估值

定价(Price to Register Users)的估值方法,即用网站已经实现的销售额或者注册用户的数量乘以某一个乘数来对网站进行定价。这一阶段被形象地称为"眼球经济时代"——网站能否得到融资以及融资多少取决于网站吸引用户关注的数量。

1999年7月12日,靠"中国"与"互联网"这两个当时炙手可热的概念,中华网在纳斯达克首发上市,融资8 600万美元,2000年1月增发新股,又从纳斯达克募得令人炫目的3亿美元。2000年3月纳斯达克综合指数冲上5 000点大关的时候,中华网的股价也被推高到令人咋舌的每股300美元,公司市值高达50多亿美元,相当于电信制造业巨头爱立信当时的市值。2000年4月13日,新浪网首次公开发行股票,第一只真正来自中国大陆的网络股登上纳斯达克。2000年7月5日,网易首次公开发行股票,登陆纳斯达克。2000年7月12日,搜狐在纳斯达克挂牌上市。国内几大门户网站纷纷进入处于"巅峰"的纳斯达克市场。

股神巴菲特以搜狐为例说:"分析一只股票与分析一家企业其实没有什么不同。在评估当地一家冰激凌店时所采用的标准,也就是评估任何一家上市公司所需要采用的标准,包括中国互联网公司在内。"

整个2001年是互联网的"寒冬",各大门户网站纷纷为越冬探索各种盈利渠道。2002年7月,国内三大门户网站先后公布了自己的第二季度财务报告,以不同的方式宣布:中国互联网已经告别了烧钱时代,开始步入盈利阶段。

2003年,中国网民创纪录地达到了6 800万。由于三大门户业绩出众,在纳斯达克曾经是每股不到一美元的"垃圾股",到2003年却涨到了数十美元一股。以短信、网络游戏和网络广告为主的门户盈利模式已经清晰。从2004年开始,门户网站进入了稳定发展阶段。

国外门户网站主要的盈利渠道是广告收益,雅虎2005年超过87%的收入都来自广告。而国内三大门户的主要收入来源是在线广告、付费体验(包括移动增值服务和网络游戏等)和在线购买(电子商务),分别对应的门户网站功能是媒体功能和服务及应用提供商功能。广告只占网站总收入的30%~40%。门户网站的收入与上网人数密切相关。据中国互联网络信息中心(CNNIC)透露,2005年中国网民数仅次于美国,居世界第二位。在成功发现自身的盈利模式之后,中国门户网站又迎来了新的喜讯——潜在用户市场开始飞速增长。

在短短的几年内,中国互联网经历了从一掷千金到一贫如洗又逐步小康的戏剧性过程。中国互联网的先锋和曾经的旗帜瀛海威告诫我们,互联网不相信眼泪,没有好的盈利模式,只能成为先烈。清晰的盈利模式是网站成功的前提。互联网企业也是经济实体,"注意力经济""眼球经济"等都是虚的,只有建立在切实的盈利模式基础上才能健康发展。衡量一家公司股票价值的最优方法仍然是预期未来收益的现值。

资料来源:刘力,唐国正.公司财务[M].2版.北京:北京大学出版社,2014:65-66.

知识演练

一、快速测试

(一)单项选择题

1.按照我国有关规定,股票不得(　　)。
A.溢价发行　　　　　　　　　　B.折价发行
C.平价发行　　　　　　　　　　D.市价发行

2.某企业于2020年3月1日购得平价发行的面额为10 000元的债券。其票面利率为12%,每年3月1日计算并支付一次利息,并于三年后到期还本。该公司若持有该债券至到期日,则其到期收益率为( )。

A.12% B.16%
C.8% D.10%

3.投资者在购买债券时可以接受的最高价格是( )。

A.市场的平均价格 B.债券的风险收益
C.债券的内在价值 D.债券的票面价格

4.避免债券利率风险的方法是( )。

A.分散债券的到期 B.投资预期报酬率会上升的资产
C.不买质量差的债券 D.购买长期债券

5.由于市场利率变动而使投资者遭受损失的风险是指( )。

A.违约风险 B.再投资风险
C.利率风险 D.变现力风险

6.企业同时进行两项或两项以上的投资时,总投资风险( )。

A.是各个投资项目的风险累加 B.是各个投资项目的风险抵消
C.可以通过方差和相关系数来衡量 D.是各个投资项目的风险加权平均数

7.债券按已发行时间可分为( )。

A.短期债券、中期债券和长期债券 B.政府债券、金融债券和公司债券
C.固定利率债券和浮动利率债券 D.新上市债券和已流通在外的债券

8.投资者对某公司发行的股票要求的必要报酬率为20%,最近刚支付的股利为每股2元,估计股利年增长率为10%,则该种股票的价值为( )元。

A.20 B.24
C.22 D.18

9.某股票为固定成长股,其成长率为3%,预期第一年后的股利为4元。假定目前国库券收益率为13%,平均风险股票必要收益率为18%,而该股票的β为1.2,那么该股票的价值为( )元。

A.15 B.20
C.25 D.30

10.某人以40元的价格购入一张股票。该股票预期股利为每股1.02元,预计半年后能以50元的价格出售,则该股票的年持有期收益率应为( )。

A.2.04% B.27.55%
C.21% D.55.1%

(二)多项选择题

1.从公司金融的角度看,政府债券不同于企业债券的特点包括( )。

A.流动性强 B.抵押代用率高
C.可享受免税优惠 D.违约风险大

2.购入股票可在预期的未来获得的现金流入包括( )。

A.到期按面值返还的本金 B.每期预期的股利
C.出售时得到的价格收入 D.预期资本利得

3.下列关于债券到期收益率的表述中,正确的有( )。

A.它是指导选购债券的标准

B.它是指购进债券后一直持有该债券至到期日可获取的收益率
C.它可以反映债券投资按复利计算的真实收益率
D.它是能使未来现金流入现值等于债券买入价格的贴现率

4.下列关于市盈率的说法中,正确的有( )。
   A.市盈率很高,风险相当大　　　　　B.市盈率越低,风险越小
   C.预期将提高利率时市盈率会普遍下降　D.预期公司利润增长时市盈率会上升

5.长期债券收益率一般高于短期债券收益率。这是因为( )。
   A.债券的到期时间越长,利率风险越大　B.债券的持有时间越长,购买力风险越大
   C.长期债券的流动性差,变现力风险大　D.长期债券的面值较高

6.风险分散理论认为,市场风险的特征有( )。
   A.不能通过多角化投资来回避,只能靠更高的报酬率来补偿
   B.该类风险来源于公司之外,如通货膨胀、经济衰退等
   C.它表现为整个股市平均报酬率的变动
   D.它表现为个股报酬率变动脱离整个股市平均报酬率的变动

7.风险分散理论认为,以等量资金投资于A、B两种股票,( )。
   A.如果A和B完全负相关,组合的风险被全部抵消
   B.如果A和B完全负相关,组合的风险既不扩大也不减少
   C.如果A和B完全正相关,组合的风险被全部抵消
   D.如果A和B完全正相关,组合的风险既不扩大也不减少

8.投资者进行债券投资,应考虑的风险有( )。
   A.违约风险　　　　　　　　　　　　B.利率风险
   C.购买力风险　　　　　　　　　　　D.变现力风险

9.下列风险中,一般固定利率债券比变动利率债券风险大的有( )。
   A.违约风险　　　　　　　　　　　　B.利率风险
   C.购买力风险　　　　　　　　　　　D.变现力风险

10.下列有关债券到期收益率的说法中,正确的有( )。
   A.平价发行的债券,其到期收益率等于票面利率
   B.若债券的价格不等于面值,则其实际收益率与票面利率不同
   C.若债券到期收益率高于投资人要求的报酬率,则该债券应买入
   D.如果债券不是定期付息,那么即使平价发行到期收益率也可能与票面利率不同

(三)判断题

1.判断投资组合调整是否合理有效的标准是看收益提高的幅度是否大于风险上升的幅度,或风险降低的幅度是否超过收益降低的幅度。　　　　　　　　　　　　　　( )
2.国库券是政府发行的债券,由于有政府做担保,所以没有任何风险。　　　　( )
3.若现行国库券的收益率为10%,平均风险股票的必要收益率为16%,某种股票的β系数为1.5,则该股票的预期报酬率应为19%。　　　　　　　　　　　　　　　　( )
4.当票面利率大于市场利率时,债券发行时的价格大于债券的面值。　　　　( )
5.债券的价格会随着市场利率的变化而变化。当市场利率上升时,债券价格下降;当市场利率下降时,债券价格会上升。　　　　　　　　　　　　　　　　　　　( )
6.投资组合的收益率都不会低于所有单个资产中的最低收益率。　　　　　　( )

7. 以平价购买到期一次还本付息的债券。其到期收益率和票面利率相等。 （   ）

8. 债券投资的到期日越长，投资者受不确定性因素的影响就越大，其承担的变现力风险就越大。 （   ）

9. 债券到期日越长，则承受的风险越大，因此，分散债券的到期日可避免购买力风险。 （   ）

二、实训

(一) 计算分析题

1. 某公司于 2017 年 1 月 1 日发行一种三年期的新债券。该债券的面值为 1 000 元，票面利率为 14%，于每年付息一次。

要求：

(1) 若债券的发行价为 1 040 元，则其到期收益率是多少？

(2) 若 2018 年 1 月 1 日的市场利率为 12%，债券市价为 1 040 元，则是否应购买该债券？

(3) 若 2019 年 1 月 1 日的市场利率下降到 10%，则此时债券的价值是多少？

(4) 若 2019 年 1 月 1 日的债券市价为 950 元，则此时购买债券的到期收益率是多少？

2. 某投资者准备从金融证券市场购买 A、B、C 三种股票组成投资组合。已知 A、B、C 三种股票的 β 系数分别为 0.8、1.2、2。现行国库券的收益率为 8%，市场平均股票的必要收益率为 14%。

要求：

(1) 采用资本资产定价模型分别计算这三种股票的预期收益率。

(2) 假设该投资者准备长期持有 A 股票，A 股票去年的每股股利为 2 元，预计年股利增长率为 8%，当前每股市价为 40 元。那么，投资者投资 A 股票是否合算？

(3) 若投资者按 5∶2∶3 的比例分别购买了 A、B、C 三种股票，试计算该投资组合的 β 系数和预期收益率。

3. 预计 A 公司的税后净利为 1 000 万元，发行在外的普通股 500 万股。

要求：

(1) 假设其市盈率为 12 倍，试计算其股票的价值。

(2) 预计其盈利的 60% 将用于发放现金股利，股票获得率应为 4%，试计算其股票的价值。

(3) 假设成长率为 6%，必要报酬率为 10%，预计盈余的 60% 用于发放股利，试计算其股票价值。

4. 某公司于 2021 年 1 月 1 日投资 1 000 万元购买了正处于生命周期成长期的 200 万股 X 股票，在以后持股的三年中，每年年末各分得现金股利 0.5 元、0.8 元、1 元，并于三周年期满日以每股 6 元的价格将股票全部出售。试计算该项投资的投资收益率。

5. 振兴公司拟将闲余资金投资于债券和股票。目前市场上 A 公司债券和 B 公司股票的资料如下：

(1) A 公司的债券市价为 9.2 万元，面值为 10 万元，票面利率为 8%，期限为 5 年，每年 1 月 1 日与 7 月 1 日付息。假设当时市场利率为 12%。

(2) B 公司股票的 β 系数为 2.5，目前无风险收益率为 8%，市场上所有股票的平均报酬率为 10%。若该股票为固定成长股，则成长率为 6%，预计一年后的股利为 1.5 元。

要求：A 公司的债券是否值得购买？如果按债券价值购入该债券，此时购买债券的到期收益率是多少？B 公司股票的风险收益率和必要投资收益率是多少？该股票的价格为多少时可购买？

(二)思考讨论题

1.请说明普通股与优先股的区别。
2.股票价值评估的模型有哪些?它们分别适用于哪些情况?
3.债券的价值评估模型有哪些?它与股票的价值评估模型有何不同?
4.开放式基金与封闭式基金有何区别?开放式基金的优势有哪些?

第八章

营运资本决策

学习目标与要求

营运资金管理在企业资金周转过程中处于重要地位,对企业利润目标的实现会产生重大影响。

通过本章的学习,应达到以下目标与要求:

理解营运资本决策的相关概念与方法;

掌握最佳现金持有量的计算、信用政策的制定和经济批量的决策方法;

理解和掌握现金、应收账款和存货的管理与控制方法;

能够运用营运资本管理控制的原理与方法,结合企业营运资本管理的特点,针对营运资本管理中存在的问题,选择与制订适合企业管理要求的营运资本管理方案。

案例导入

Qualcomm 信用管理的失败

为了刺激销售,企业通常会向顾客提供信用。正如 Qualcomm(高通创立于 1985 年,总部设于美国加利福尼亚州圣迭戈市,其 33 000 多名员工遍布全球。高通连续 12 年入选《财富》"美国 500 强",并入围 2014 年《财富》"世界 500 强";连续 16 年被《财富》评为美国 100 家"最适合工作的公司"之一。)提供给 Globalstar(低轨道卫星系统的全球星。它可以为 33 个国家提供服务,其中包括 14 个欧洲国家,8 个亚洲国家,6 个美洲国家以及其他地区的5个国家)的信用。当时Globalstar正计划建造一个全球卫星电话系统。1995—2000年,Globalstar一直是Qualcomm的大客户,在此期间Qualcomm每年对Globalstar的销售额占总销售额的7%～19%。但实际上Qualcomm只收回了大约一半的销售款,未收回的另一半相当于借给了Globalstar。不幸的是,2001年年初,Globalstar破产了,Qualcomm只好把5.95亿美元的应收账款转为坏账。正如该案例所示,信用管理非常重要,它是人们通常在管理营运资本的时候必须考虑的重要主题之一。

本章讨论营运资本管理的多个方面。在很多情况下,对营运资本管理的责任要跨越企业的多个部门。会计部门通常负责应收账款和应付账款;生产运作部门负责存货;财务部门负责现金管理。由于销售预测是营运资本需求的一个决定因素,营销部门也在营运资本管理中起着关键作用。因此,了解营运资本管理对企业中的任何一员都很重要。

资料来源:博迪,默顿,克利顿.曹辉,等,译.金融学[M].第2版.北京:中国人民大学出版社,2020.

第一节 营运资本概述

一、营运资本的内涵

营运资本是指一个企业维持日常经营所需的资本。它包括净营运资本和总营运资本两个方面。

(一)净营运资本

净营运资本又称狭义的营运资本、营运资本净额,是指流动资产和流动负债的差额。其一般用来衡量企业避免发生流动性问题的程度。其计算公式为:

$$净营运资本=流动资产-流动负债$$

当流动资产大于流动负债时,净营运资本是正值,表示流动负债提供了部分流动资产的资本来源,另外的部分是由长期资本来源来支持的,这部分金额就是净营运资本。故净营运资本也可以理解为长期筹资用于流动资产部分。

(二)总营运资本

总营运资本又称广义的营运资本,是指一个企业投放在流动资产上的资本,也可理解为流动资产的资本来源,如短期借款、应付账款。有时广义的营运资本与流动资产作为同义语使用,因为它们的数额相等。

营运资本是流动资产的一个有机组成部分,因其具有较强的流动性而成为企业日常生产经营活动的润滑剂和衡量企业短期偿债能力的重要指标。在客观上存在现金流入量与流出量不同步和不确定的现实情况下,企业持有一定量的营运资本十分重要。

二、营运资本周转的特点

营运资本从货币资本形态出发,经过一系列环节之后又回复到货币资本的过程被称为营运资本循环。周而复始、往复不止的营运资本循环就形成了营运资本周转。

(一)营运资本周转的特征

1. 运动性

营运资本周转首先体现为依托于实物流动的价值运动。营运资本一旦出现呆滞,企业的生产经营过程就会停止,存在于实物资产上的价值就会逐渐消失。流动资产在生产经营过程中虽需经历供产销循环周转过程,但这一过程时间很短,使流动资产的变现能力较强。

2. 继起性

流动资产的价值表现就是流动资金。流动资金的占用形态在时间上表现为依次继起、相继转化。流动资金以货币资金开始依次转化为储备资金、生产资金、成品资金、结算资金,最后又回到货币资金,它的每一次转化都是一种形态的结束和另一种形态的开始。这就是继起性。

3. 补偿性

营运资本周转是一个资本不断被消耗而后又不断地予以补偿的过程。营运资本的周转不应导致资本价值的丧失,而应有相应的物质内容来补偿这一已消耗的价值。流动资产的投资回收期短,它的耗费能较快地从产品销售收入中得到补偿。即流动资产的实物耗费与价值补偿在一个生产经营周期内同时完成的。

4. 增值性

营运资本周转绝不仅仅是一种形态的简单过渡,还是一个价值增值的过程。这也是营运资本存在和延续的动力源泉。

(二)营运资本周转的内在要求

从营运资本周转的基本模式和主要特征中不难看出:营运资本周转要协调和持久地进行下去,就必然要求营运资本各项目在空间上合理并存,在时间上继起并能实现消耗的足额补偿。所谓空间上合理并存,就是要求企业营运资本的各项目要同时存在,合理配置,以便使营运资本的结构处于一种良好状态;而时间上继起则是要求营运资本各项目之间的转换应顺畅迅速,以加速营运资本周转。需要强调的是,营运资本消耗的足额补偿不仅要求货币形式的补偿,还应保证实物形态的补偿和生产能力的补偿,尤其是在物价频繁变动时期。

三、营运资本管理的地位与要求

(一)营运资本管理的地位

1. 流动资产是企业平稳经营的重要基础

资产是企业经营发展的源泉,流动资产占企业总资产的比例必须适度。一个企业过多的流动资产很容易使企业的投资回报率降低;然而,如果企业的流动资产太少,就会给企业保持平稳经营造成困难,甚至出现偿债风险。如果营运资本管理不善,就会导致企业资本周转不灵,乃至破产。因此,企业的财务经理常把大量的时间用于营运资本管理,中小企业尤为如此。

2.流动负债是企业外部融资的重要来源

在众多小企业中,流动负债是外部融资的重要来源。这些小企业除了以不动产为抵押取得短期借款以外,基本上不能利用较长期的资本市场。即使是增长迅速且规模较大的企业也要利用成本较低且十分便利的流动负债来进行融资。

3.流动资产与流动负债的匹配是资产负债管理的重要组成部分

虽然流动资产与流动负债比例的大小会因各个企业所处的行业特性不同而有所差异,但是净营运资本的绝对金额和流动资产与流动负债的相对比率(流动比率)是衡量企业偿债能力、营运能力和企业整个资产负债管理的重要指标。

(二)营运资本管理的要求

营运资本因其较强的流动性而成为企业日常生产经营活动的润滑剂和基础,在客观存在现金流入量与流出量不同步和不确定的现实情况下,企业持有一定量营运资本是十分重要的。企业进行营运资本管理必须遵循以下几个原则:

1.认真分析生产经营状况,合理确定营运资本的需要数量

企业应控制营运资本的持有数量,既要防止营运资本的不足,也要避免营运资本的过多。这是因为企业营运资本越大,风险越小,但收益率也越低;相反,营运资本越小,风险越大,但收益率也越高。企业营运资本的需要数量与企业生产经营活动有直接关系,当企业产销两旺时,流动资产会不断增加,流动负债也会相应增加;而当企业产销量不断减少时,流动资产和流动负债也会相应减少。

2.建立和完善企业内部资本管理责任制

内部资本管理不仅是指对现金、银行存款的管理,还包括对各种存货等具有实物形态的资产的管理。企业应建立健全存货的收发、领退、保管制度,保证存货的安全完整,制定合理的消耗定额和储备定额,降低材料、能源等的消耗量,减少各项存货的储备量。企业还应严格遵守国家规定的现金管理办法和银行结算制度,加强现金和银行存款收支管理,认真进行现金盘点和银行存款清查,以保证现金、银行存款的账实相符。

3.合理组织和筹措资本

在营运资本管理中,企业应合理地组织使用资本,正确处理保证生产经营需要和节约使用资本之间的关系;同时在短期融资过程中,应合理安排流动资产与流动负债的比例关系,保证有足够的短期偿债能力。流动资产是在短期内可转化为现金的资产,而流动负债则是在短期内需要偿还的债务。因此,如果一个企业的流动资产过多,流动负债较少,就说明企业的短期偿债能力较强;反之,则说明短期偿债能力较弱。一般而言,流动资产是流动负债的 2 倍是比较合理的。因此,在营运资本管理中,企业应合理地组织和筹措资本。

4.加速营运资本周转,提高资本的利用效果

营运资本周转是指企业的营运资本从现金投入生产经营开始到最终转化为现金的过程。在其他因素不变的情况下,加速营运资本的周转也就相应地提高了资本的利用效果。因此,企业要加速存货、应收账款等流动资产的周转,以便用有限的资本取得最优的经济效益。

因为流动负债管理的内容已经在"筹资方式管理"中讲述,故本章主要介绍现金、应收账款和存货的管理与控制方法。

第二节 现金管理

现金是指在生产过程中暂时停留在货币形态的资本,包括库存现金、银行存款、银行本票和银行汇票等。现金是变现能力最强的非营利性资产。现金管理的过程就是在现金的流动性与收益性之间进行权衡选择的过程。其目的是在保证企业经营活动现金需要的同时降低企业闲置的现金数量,提高资本收益率。现金管理通常采用的方法有确定现金持有量,采用邮政信箱法、银行业务集中法等方法加快现金回收,合理利用浮游量、推迟支付应付款及采用汇票付款等方法延迟现金支出。

一、现金管理的目标

(一)持有现金的动机

企业持有一定数量的现金主要是基于以下三个方面的动机:

1. 交易动机

交易动机,即企业在正常生产经营秩序下应当保持一定的现金支付能力。企业为了组织日常生产经营活动,如购买原材料、支付工资、偿付到期债务、缴纳税款等,必须保持一定数额的现金余额。一般来说,企业为满足交易动机所持有的现金余额主要取决于企业的销售水平。企业销售量扩大,销售额增加,所需的现金也随之增加。

2. 预防动机

预防动机,即企业为应付紧急情况而需要保护的现金支付能力。由于市场行情的瞬息万变和其他各种不测因素的存在,企业通常难以对未来现金流入量和流出量做出准确的估计和预期。因此,企业在正常业务活动现金需要量的基础上追加一定数量的现金余额以应付未来现金流入和流出的随机波动,是企业在确定必要现金持有量时应当考虑的因素。

3. 投机动机

投机动机是指持有现金以用于不寻常的购买机会或投资机会,即企业为了抓住各种瞬息即逝的市场机会,获取较大的利益而准备的现金金额。投机动机只是企业确定现金余额时所需考虑的次要因素之一。其持有量往往与企业在金融市场的投资机会及企业对待风险的态度有关。

(二)持有现金的成本

企业持有现金的成本通常由以下三个部分组成:

1. 持有成本

持有成本是指企业因保留一定现金余额而增加的管理费及丧失的再投资收益。企业保留现金,对现金进行管理,会发生一定的管理费用,如管理人员工资及必要的安全措施费等。这部分费用具有固定成本的性质。它在一定范围内与现金持有量关系不大,是与决策无关的成本。再投资收益是企业不能同时用该现金进行有价证券投资所产生的机会成本。这种成本在数额上等同于资本成本。放弃的再投资收益即机会成本属于变动成本。它与现金持有量成正比例关系。

2. 转换成本

转换成本是企业用现金购入有价证券以及转让有价证券换取现金时付出的交易费用,即现金同有价证券之间相互转换的成本,如委托买卖佣金、委托手续费、证券过户费、实物交割手续费等。

3. 短缺成本

短缺成本是指在现金持有量不足而又无法及时通过有价证券变现加以补充而给企业造成的损失,包括直接损失与间接损失。现金的短缺成本与现金持有量呈反方向变动关系。

(三)现金管理的目标

现金管理目标的主要内容有:

(1)编制现金计划或预算,以便合理估计未来的现金需求。

(2)用特定的方法确定适当的目标现金余额或最佳现金持有量。

(3)对日常的现金收支进行监管,有效地控制现金收支。

二、最佳现金持有量的确定

确定最佳现金持有量的模式主要有现金周转模式、成本分析模式和存货模式三种。

(一)现金周转模式

现金周转模式是根据现金周转期来确定最佳现金持有量的一种方法。现金周转期是指从现金投入生产经营活动开始,到收回现金为止平均所需的时间。在企业的全年现金需求总量一定的情况下,现金周转期越短,则企业所需现金持有量就越小。以现金周转模式确定最佳现金持有量的步骤如下:

(1)确定现金周转期。现金周转期的计算公式为:

$$现金周转期 = 应收账款周转期 - 应付账款周转期 + 存货周转期$$

式中:应收账款周转期是指从应收账款发生开始到收回应收账款平均所需的时间;应付账款周转期是指从收到尚未付款的材料开始到偿还货款支付现金所需的时间;存货周转期是指从生产投入材料开始到产品出售为止所需的时间。

(2)确定现金周转率。现金周转期就是现金周转一次所需的天数。根据现金周转期可以计算出现金周转率,即在1年中现金周转的次数。其计算公式为:

$$现金周转率 = 360 \div 现金周转期$$

(3)确定现金最佳持有量。在企业全年的现金需求总量确定后,可以根据现金周转期或者现金周转率来计算最佳现金持有量。其计算公式为:

$$最佳现金持有量 = 年现金需求总量 \div 现金周转率$$

【例8-1】 某公司的材料采购和产品销售都采用赊销方式,其应收账款周转期为60天,应付账款周转期为46天,存货周转期为58天。预计该公司2022年的现金需求总量为

720万元。

要求：以现金周转模式确定该公司2022年的最佳现金持有量。

解：首先，计算该公司的现金周转期为：

现金周转期＝60－46＋58＝72 天

其次，计算该公司的现金周转率为：

现金周转率＝360÷72＝5 次

最后，确定该公司2022年的最佳现金持有量为：

最佳现金持有量＝720÷5＝144 万元

以现金周转模式确定最佳现金持有量方法简单明了，但要求企业的生产经营活动保持相对稳定，并且要保持长期稳定的信用政策，否则计算出的最佳现金持有量就是不确定的。

(二) 成本分析模式

成本分析模式的基本思路是首先找出与持有现金相关的成本，然后在相关总成本最低时找出所对应的现金余额即最佳现金持有量。与企业持有现金相关的成本有机会成本、管理成本和短缺成本。它们之和就是企业持有现金的总成本。

1. 机会成本

机会成本是指企业因持有现金而放弃投资收益的机会损失。例如，某企业每年平均持有100万元的现金，假设资本成本为6％，则该企业每年持有现金的机会成本为6(100×6％)万元。现金持有量越大，机会成本就越高。企业为了交易性、预防性和投机性需要而持有一定的现金，付出相应的机会成本代价是必要的，但是现金持有量过多，导致机会成本大幅度上升就不合算了。

2. 管理成本

管理成本是指持有现金而发生的管理人员的工资、福利费和安全措施费用等。这些成本是一种固定成本，与现金持有量之间没有明显的数量关系。

3. 短缺成本

短缺成本是指因缺乏必要的现金，不能应付业务开支所需，而使企业蒙受损失或为此付出的代价。现金的短缺成本随现金持有量的增加而下降，随现金持有量的减少而上升。

上述三项成本之和最小的现金持有量就是最佳现金持有量，如图8-1所示。

最佳现金持有量的计算可以先分别计算各种方案的机会成本、管理成本、短缺成本之和，再从中选出总成本之和最低的现金持有量，即最佳现金持有量。

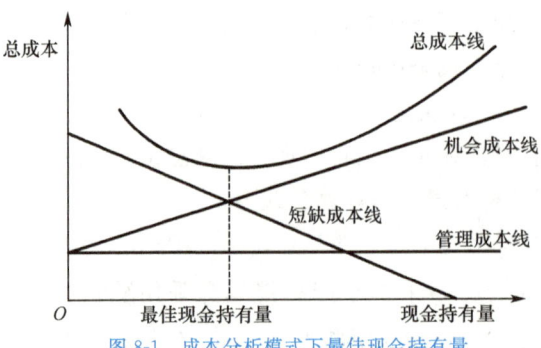

图 8-1 成本分析模式下最佳现金持有量

>【例 8-2】 某公司有 A、B、C 三种现金持有方案。各方案的成本资料见表 8-1。

表 8-1 各现金持有方案的成本资料 单位:元

项　目	A方案	B方案	C方案
现金持有量	3 000 000	6 000 000	9 000 000
固定成本	30 000	30 000	30 000
机会成本	180 000	360 000	540 000
短缺成本	300 000	100 000	0
总成本	510 000	490 000	570 000

将以上各方案的总成本之和进行比较,可知 B 方案的总成本最低,即应选择 B 方案,公司应持有现金 6 000 000 元。

(三) 存货模式

存货模式的基本原理是将企业现金持有量和短期有价证券联系起来,考虑现金持有的相关成本,在成本总额最低时的现金余额就是最佳现金持有量。但是,此处的现金持有的相关成本与成本分析模式里的成本有所不同。由于把现金持有量和短期有价证券联系起来,因此在现金的持有成本中可以不考虑现金短缺成本和现金管理成本。因为当现金不足时,企业可以出售有价证券,所以不存在现金的短缺成本。对于现金的管理成本,由于它是持有现金的固定成本,因而不是现金持有量的一个决策变量。

利用存货决策模式确定最佳现金持有量的假设前提条件有:

①一定时期现金需求总量确定。

②每天现金需求量均匀稳定并可预测。

③预测期企业不发生现金短缺,并可以通过出售有价证券来补充现金。

随着每天现金的耗用,现金持有量呈直线下降的趋势,当现金持有量下降为零时,再变现一批有价证券,现金持有量又重新恢复到最高点,如此循环往复。因此,平均的现金持有量可以按每次有价证券变现数量的 1/2 计算。具体现金变动模式如图 8-2 所示。

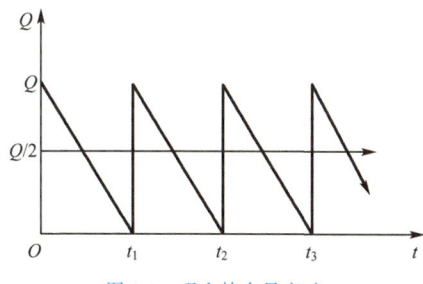

图 8-2 现金持有量变动

在存货模式下需要考虑两种成本,机会成本和转换成本。所谓转换成本,指的是短期有价证券与现金转换时发生的佣金、税金等费用。在一定时期内,当现金需要的总量一定时,现金持有量越低,现金与短期有价证券之间的转换次数就越多,则转换成本就越高,反之,转换成本越低。这两种成本与现金持有量之间的关系如图 8-3 所示。

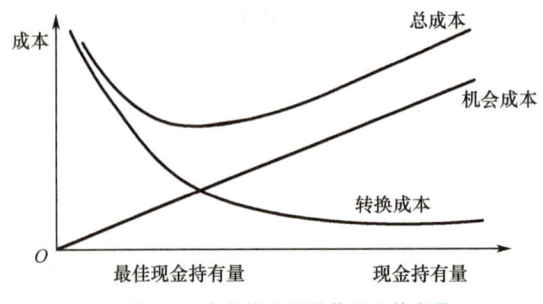

图 8-3　存货模式下最佳现金持有量

由图 8-3 可见,持有现金的机会成本与现金持有量成正比。现金余额越大,持有现金的机会成本就越高,但短期有价证券的转换成本与现金持有量成反比,持有量越大,转化次数就越少,则转换成本就越小。因此,最佳现金持有量就是求出二者之和最低时的现金持有量。相关计算公式为:

$$总成本\ T = 机会成本 + 转换成本 = \frac{Q}{2} \times C + \frac{D}{Q} \times S$$

式中:Q 表示最佳现金持有量;C 表示短期有价证券的投资报酬率;D 表示一定时期现金总需求;S 表示每次转换成本。

运用微积分求最小值的原理,可推出最佳现金持有量 $Q = \sqrt{\dfrac{2DS}{C}}$,将其代入总成本公式可得最低总成本 $T = \sqrt{2DSC}$。

【例 8-3】 某公司预计全年现金需求总量为 9 000 元,现金和有价证券每次的转换成本为 150 元,有价证券的利息率为 30%,则最佳现金持有量计算如下:

$$Q = \sqrt{\frac{2 \times 9\,000 \times 150}{30\%}} = 3\,000\ 元$$

公司最佳现金持有量为 3 000 元,则此时的总成本计算如下:

$$T = \frac{3\,000}{2} \times 30\% + \frac{9\,000}{3\,000} \times 150 = 900\ 元$$

或 $T = \sqrt{2 \times 9\,000 \times 150 \times 30\%} = 900\ 元$

转换成本 = (9 000 ÷ 3 000) × 150 = 450 元

机会成本 = (3 000 ÷ 2) × 30% = 450 元

转换次数 = 9 000 ÷ 3 000 = 3 次

转换间隔期 = 360 ÷ 3 = 120 天

三、现金的日常管理

(一) 遵守现金管理的有关规定

(1) 遵守现金使用范围的规定。

(2) 遵守库存现金限额的规定。企业库存现金由其开户银行根据企业的实际需要核定限额,一般以不超过 5 天的零星开支额为限。

(3) 钱、账分管,建立现金交接手续。出纳和会计必须分开,要做到管钱的不管账,管账的不管钱。

(4) 严格现金存取手续,不得坐支现金。

(二)加强现金的收支管理

1.加速收款

加速收款主要指缩短应收账款的时间,即提升现金回收的速度。现金回收管理的目的是尽快收回现金,加速现金的周转。为此,企业应根据成本与收益比较原则选用适当方法加速账款的回收。

现金回收方法主要有邮政信箱法和银行业务集中法两种。

(1)邮政信箱法。邮政信箱法又称锁箱法,是西方企业加速现金流转的一种常用方法。企业可以在各主要城市租用专门的邮政信箱,并开立分行存款户,授权当地银行每日开启信箱,在取得客户支票后立即予以结算,并通过电汇将货款拨给企业所在地银行。该方法缩短了支票邮寄及在企业的停留时间,但成本较高。

(2)银行业务集中法。银行业务集中法是一种通过建立多个收款中心来加速现金流转的方法。在这种方法下,企业指定一个主要开户行(通常是总部所在地)为集中银行,并在收款额较集中的若干地区设立若干个收款中心;客户收到账单后直接汇款到当地收款中心,中心收款后立即存入当地银行;当地银行在进行票据交换后立即转给企业总部所在地银行。该方法缩短了现金从客户到企业的中间周转时间,但在多处设立收账中心,增加了相应的费用支出。为此,企业应在权衡利弊得失的基础上做出是否采用银行业务集中法的决策。

2.推迟付款

推迟付款是指企业在不影响自己信誉的前提下,尽可能地推迟应付款的支付期,充分运用供货方所提供的信用优惠。

延期支付账款的方法一般有以下几种:

(1)推迟支付应付款。在不影响企业信用的前提下,利用合理合法的结算手段及对方给本企业提供的信用政策,在企业有利可图的情况下,把付款时间尽量推迟到最后一刻是明智的选择。例如,在信用条件为"$2/10, n/30$"的情况下,企业要获得现金折扣,应该在发票开出第10天支付货款。如不能获得现金折扣,则应在发票开出后的第30天付款。

(2)采用汇票付款。在使用支票付款时,只要收票人将支票存入银行,付款人就要无条件地支付货款。但汇票并非见票即付,在收票人将汇票存入银行后,银行要将汇票送交付款人承兑,并由付款人将一笔相当于汇票金额的资本存入银行,银行才会付款给收票人。这样就有可能使资本在最大限度内停留在企业。

(3)合理安排资本支出的时间,力争使现金流出与流入的时间趋于同步。企业应尽量使现金流出与现金流入同步,这样就可以降低交易性现金余额,可以减少有价证券转换为现金的次数,提高现金的利用效率,节约转换成本。为此,企业应认真编制现金预算,从而有效地组织销售及其他现金流入,合理安排购货等现金支出,使现金流入线与现金流出线的波动基本一致。

3.合理利用现金浮游量

所谓现金浮游量,是指企业账户上现金余额与银行账户上所示的存款余额之间的差额。有时,企业账户上的存款余额已经为零,而银行账簿上的存款余额可能还有很多,这是因为企业的支票已经开出,而客户可能并未到银行兑现。如果能预测现金浮游量并加以利用,就可以节约使用现金,解决偶然的现金不足的问题。但是,不适当地利用现金浮游量有可能会降低公司的信用等级。所以,企业利用现金浮游量需要谨慎,要有正确的判断,要处理好企业与银行之间的关系。

（三）做好闲置资金的投资管理

现金流入与流出在时间上和数量上的同步往往是不易做到的,有时资金不足,有时也会出现暂时的资金剩余。在出现资金剩余时,可用于短期有价证券投资,以获取一定的收益;当资金不足时,可将这些有价证券变现,以满足经营业务的需要。若将暂时闲置的资金投资有价证券,则应优先考虑安全性和流动性,以便在需要现金时,能够迅速地将其变为现金,而不应过分追求收益性。

第三节 应收账款管理

应收账款是指因对外销售产品、材料、供应劳务及其他原因,应向购货单位或接受劳务的单位及其他单位收取的款项。它包括应收销售款、其他应收款、应收票据等。

一、应收账款的作用

应收账款的发生意味着企业有一部分的资本被顾客占用,由此将发生一系列的成本。那么,企业为什么还愿意持有应收账款呢?究其原因,主要有以下两个:

1.扩大销售

在市场竞争比较激烈的情况下,赊销是促进销售的一种重要的方式。例如,有同等的产品价格、类似的质量水平、一样的售后服务,实行赊销的产品或商品的销售额将大于现销的产品或商品的销售额。进行赊销的企业实际上是向顾客提供了两项交易:向顾客销售产品,以及在一个有限的时间里向顾客提供资本。

虽然赊销仅仅是影响销售金额的因素之一,但在银根紧缩、市场疲软、资本匮乏的情况下,赊销的促销作用是很明显的。

2.减少存货

企业持有产成品存货,要增加管理费、仓储费和保险费等支出;相反,企业持有应收账款则无须上述支出。因此,无论是季节性生产企业还是非季节性生产企业,当产成品存货较多时,一般都可采用较为优惠的条件进行赊销,把存货转化为应收账款,减少产成品存货,节约各种支出。

二、应收账款的成本

持有应收账款要付出一定的代价。这种代价即应收账款的成本。它主要包括以下几方面内容:

1.机会成本

应收账款其实可以看作企业的一种投资。企业的资本如果不投资到应收账款,就可用于其他方面,如投资到有价证券会有利息收入。这种因投资应收账款而放弃其他投资的投资收益即应收账款的机会成本。相关计算公式为：

$$应收账款的机会成本 = 维持赊销业务所需资本 \times 资本成本率$$

$$维持赊销业务所需资本 = 应收账款平均余额 \times 变动成本率 = 应收账款平均余额 \times \frac{变动成本}{销售收入}$$

$$应收账款平均余额 = 平均每日赊销额 \times 平均收账天数 = \frac{年赊销额}{360} \times 平均收账天数$$

▶【例 8-4】 某公司预测的年赊销额为 2 000 万元，应收账款平均收账天数为 45 天，变动成本率为 60％，资本成本率为 8％，一年按 360 天计，则应收账款的机会成本计算如下：

应收账款平均余额 = $\frac{2\ 000}{360} \times 45 = 250$ 万元

维持赊销业务所需资本 = $250 \times 60\% = 150$ 万元

应收账款机会成本 = $150 \times 8\% = 12$ 万元

这表明了该公司只要投放 150 万元的资本就可以维持 2 000 万元的赊销业务，相当于垫支资本的 13 倍。这一较高的倍数在很大程度上取决于应收账款的收账速度。在正常情况下，应收账款的收账天数越少，一定数量资本所维持的赊销额就越大；应收账款的收账天数越多，维持相同赊销额所需要的资本数量就越大。而应收账款的机会成本在很大程度上取决于企业维持赊销业务所需要资本的数量。

2. 管理成本

应收账款的管理成本是指企业对应收账款进行管理而耗费的开支。它主要包括对客户的资信调查费用、收集各种信息的费用、收账费用及其他费用。

3. 坏账成本

应收账款的坏账成本指的是因故不能收回应收账款而发生的损失。为规避发生坏账成本给企业生产经营活动的稳定性带来不利的影响，企业应合理提取坏账准备。

三、应收账款的管理目标

既然持有应收账款的主要原因是扩大销售，增强竞争能力，则其管理目标就是求得利润。再者，应收账款是企业的一种资本的投放，是为了扩大销售而进行的投资。既然是投资，就会发生成本。

应收账款的管理目标是在应收账款信用政策所增加的盈利和这种政策的成本之间做出权衡。只有当应收账款所增加的盈利超过所增加的成本时，企业才应当实施应收账款赊销；如果应收账款有着良好的盈利前景，就应当放宽信用条件增加赊销量。

四、应收账款的信用政策

应收账款的信用政策是企业财务政策的一个重要组成部分。企业要管好用好应收账款，必须事先制定合理的信用政策。应收账款的信用政策主要包括信用标准、信用条件和收账政策三部分。

(一) 信用标准

信用标准是指顾客获得企业的交易信用所具备的条件。如果顾客达不到信用标准，便不能享受企业的信用或只能享受较低的信用优惠。信用标准通常采用坏账损失率作为判别标准。如果企业的信用标准较严,只对信用很好、坏账损失率很低的顾客给予赊销,就会减少坏账损失,减少应收账款的机会成本,但是这样不利于扩大销售,甚至会减少销售量;反之,如果信用标准较宽,虽然会增加销售,但会相应增加坏账损失和应收账款的机会成本。企业应根据具体情况进行权衡。

【例 8-5】 某公司的经营情况和信用政策见表 8-2。

表 8-2　　　　　　　　某公司的经营情况和信用政策　　　　　　　　单位:元

项目	数据
现行信用政策下的赊销收入	100 000
现行信用政策情况下的应收账款投资	12 500
利润	20 000
销售利润率	20%
信用标准	10%
平均坏账损失率	6%
信用条件	30 天付清
平均收现期	45 天
应收账款的机会成本	15%

假设该公司想改变信用标准,于是提出了 A、B 两个方案,见表 8-3。

表 8-3　　　　　　　　　A、B 方案的情况

A 方案(较紧的信用标准)	B 方案(较松的信用标准)
信用标准:只对预计坏账损失率在 5% 以下的企业提供商业信用	信用标准:对那些预计坏账损失率低于 15% 的企业提供商业信用
标准的变化使销售减少 10 000 元	标准的变化使销售增加 15 000 元
减少的销售额平均收现期为 90 天,其余的 90 000 元平均收现期降为 40 天	增加的销售额平均收现期为 75 天,原 100 000 元的平均收现期为 45 天
减少的销售额的平均坏账损失率为 8.7%,其余的 90 000 元降为 5.7%	增加的销售额坏账损失率为 12%,原 100 000 元的坏账损失率为 6%

为了比较 A、B 方案的优劣,可分别计算两个方案带来的利润与成本,见表 8-4。

表 8-4　　　　　　　　A、B 方案的利润与成本　　　　　　　　单位:元

项目	A 方案	B 方案
信用标准的变化对销售利润的影响	$-10\,000 \times 20\% = -2\,000$	$15\,000 \times 20\% = 3\,000$
信用标准的变化对应收账款机会成本的影响	$90/360 \times (-10\,000) \times 15\% = -375$	$75/360 \times 15\,000 \times 15\% = 469$
信用标准的变化对坏账成本的影响	$-10\,000 \times 8.7\% = -870$	$15\,000 \times 12\% = 1\,800$
信用政策的变化带来的净利润	$-2\,000 + 375 + 870 = -755$	$3\,000 - 469 - 1\,800 = 731$

以上计算表明,采用较为宽松的信用标准方案 B 能使公司增加利润 731 元,故该企业应采用 B 方案。

(二)信用条件

信用条件是指企业要求顾客支付赊销款项的条件,包括信用期限、现金折扣和折扣期限。

1.信用期限

信用期限是企业允许顾客从购货到付款之间的时间,或者是企业给予顾客的付款时间。例如,企业允许顾客在购货后的 50 天内付款,则信用期为 50 天。信用期过短,不足以吸引顾客,在竞争中会使销售额下降;信用期过长,销售额固然会增加,但只顾及销售的增长而盲目放宽信用期,所得收益有时会被增长的费用抵消,甚至造成利润减少。因此,企业必须慎重研究,确定恰当的信用期。

信用期的确定主要是分析改变现行信用期对收入和成本的影响。延长信用期会使销售额增加,产生有利影响;与此同时,应收账款、收账费用和坏账损失增加会产生不利影响。但前者大于后者时,可以延长信用期,否则不宜延长。

▶【例 8-6】某公司采用 30 天按发票金额付款的信用政策,拟将信用期放宽至 60 天,仍按发票金额付款即不给折扣。该公司的投资最低报酬率为 15%。具体资料见表 8-5。

表 8-5　　　　　　　　　　　某公司的信用政策　　　　　　　　　　　单位:元

项　目	30 天	60 天
销售量	100 000	120 000
销售额	500 000	600 000
变动成本	400 000	480 000
固定成本	50 000	50 000
毛利	50 000	70 000
可能发生的收账费用	3 000	4 000
可能发生的坏账损失	5 000	9 000

分析:

收益的增加 = (120 000 - 100 000) × (5 - 4) = 20 000 元

30 天信用期应计利息 = 500 000 ÷ 360 × 30 × 400 000 ÷ 500 000 × 15% = 5 000 元

60 天信用期应计利息 = 600 000 ÷ 360 × 60 × 480 000 ÷ 600 000 × 15% = 12 000 元

应计利息增加 = 12 000 - 5 000 = 7 000 元

收款费用增加 = 4 000 - 3 000 = 1 000 元

坏账损失增加 = 9 000 - 5 000 = 4 000 元

改变信用期的净损益 = 20 000 - (7 000 + 1 000 + 4 000) = 8 000 元

由于收益的增加大于成本增加,故采用 60 天的信用期。

2.现金折扣和折扣期限

折扣期限是指为顾客规定的可享受现金折扣的付款时间。现金折扣是指在顾客提前付款时给予的优惠。向顾客提供这种价格上的优惠的主要目的在于吸引顾客为享受优惠而提前付款,缩短企业的平均收款期。另外,现金折扣也能招徕一些视折扣为减价出售的顾客前来购货,借此扩大销售量。折扣常采用"5/10,3/20,n/30"这样的符号来表示。它们的含义分别是:5/10 表示 10 天内付款,可享受 5% 的价格优惠,只需付原价的 95%;3/20 表示 20 天内付款,可享受 3% 的折扣优惠,只需付原价的 97%;n/30 表示付款的最后期限是 30 天,此时付款无优惠。此处,5%、3% 是现金折扣,10 天和 20 天是折扣期,30 天是信用期限。

企业采用什么程度的现金折扣,要与信用期结合起来考虑。不论是信用期限还是现金折扣,都可能给企业带来收益和增加成本。因此,企业在考虑给顾客某种现金折扣时,应当考虑折扣所能带来的收益和成本的高低,权衡利弊,抉择决断。

(三)收账政策

企业对各种不同过期账款的催收方式,以及准备为此付出的代价就是它的收账政策。如果企业采取较积极的收账政策,就可能会减少应收账款投资,减少坏账损失,但会增加收账成本;如果企业采用较消极的收账政策,就可能会增加应收账款投资,增加坏账损失,但会减少收账费用。

一般而言,收账费用支出越多,坏账损失越少。通常情况是:开始花费一些收账费用,应收账款和坏账损失有小部分的降低;随着收账费用的继续增加,应收账款和坏账损失的减少就明显地减少;当收账费用达到某一限度以后,应收账款和坏账损失的减少就不是那么明显了。这个限度称为饱和点。如图 8-4 所示,P 点就是饱和点。

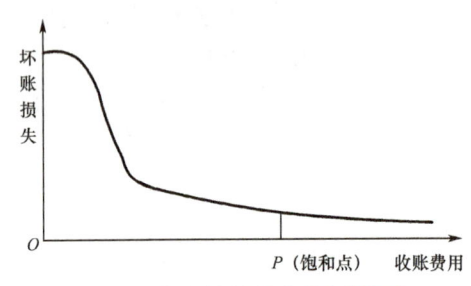

图 8-4 收账费用与坏账损失的关系

【例 8-7】 万达公司在不同收账政策下的资料见表 8-6。

表 8-6 万达公司的收账政策

项 目	现行的收账政策	建议收账政策
年收账费用/元	10 000	15 000
应收账款平均收现期/天	60	30
坏账损失率/%	4	2

万达公司当年的销售额为 1 200 000 元,全部赊销,收账政策对销售收入的影响忽略不计。万达公司应收账款的机会成本为 10%,现根据以上资料做出的计算见表 8-7。

表 8-7 万达公司收账政策的相关计算　　　　　　　　　　　　单位:元

项 目	当前收账政策	建议收账政策
年销售收入	1 200 000	1 200 000
应收账款周转次数	6	12
应收账款平均占用额	200 000	100 000
建议收账政策节约的机会成本	—	10 000
坏账损失	48 000	24 000
建议政策减少坏账成本	—	24 000
两项节约合计	—	34 000
按建议政策增加收账费用	—	5 000
建议政策可获得收益	—	29 000

由计算可知,按建议的收账政策可获得收益 29 000 元,故采用建议收账政策。

五、应收账款的日常管理

(一)事前预防

应收账款日常管理的事前预防主要是做好三件事:一是建立销售责任制和赊销审批制。对应收账款的回收,应明确规定谁经办、谁负责,对销售人员实行销售量与货款回笼双向考核,建立催收账款的奖惩制度。二是加强合同的管理和审查。三是积极开展信用调查和信用评估工作。

信用政策建立以后,企业要做好应收账款的日常管理工作,进行信用调查和信用评价以确定是否同意顾客赊欠货款。当顾客违反信用条件时,企业还要做好账款催收工作。

1.企业的信用调查

对顾客的信用进行评价是应收账款日常管理的重要内容。要想合理地评价顾客的信用,必须对顾客信用进行调查,收集有关的信息资料。信用调查有以下两类:

(1)直接调查。直接调查是指调查人员直接与被调查单位接触,通过当面采访、询问、观看、记录等方式获取信用资料的一种方法。直接调查能保证收集资料的准确性和及时性,但若不能得到被调查单位的合作,则会使调查资料不完整。

(2)间接调查。间接调查是以被调查单位以及其他单位保存的有关原始记录和核算资料为基础,通过加工整理获得被调查单位信用资料的一种方法。这些资料主要如下:

①财务报表。通过单位的财务报表,基本上能掌握一个企业的财务状况,它是信用资料的重要来源。

②信用评估机构。许多国家都有信用评估的专门机构。其会定期发布有关企业的信用等级报告。在信用评估等级方面,目前主要有两种方法:第一种是采用三类九级制(AAA、AA、A、BBB、BB、B、CCC、CC、C);第二种是采用三级制(AAA、AA、A)。专门的信用评估机构通常评估方法先进评估调查细致、评估程序合理、可信度较高。

③银行。银行也是信用资料的一个重要来源。因为许多银行都设有信用部为顾客提供服务。当企业在交易时,最好通过当地的开户银行向其征询有关信用资料。

④其他。如工商管理部门、财税部门、消费者协会、证券交易部门等。

2.企业的信用评估

收集好信用资料后就要对这些资料进行分析,并对其顾客信用状况进行评估。信用评估的方法很多,此处介绍一种比较常见的方法,即 5C 评估法。

5C 评估法是指重点分析影响信用的五个方面的一种方法。这五个方面是品德(Character)、能力(Capacity)、资本(Capital)、抵押(Collateral)和条件(Condition)。

(1)品德。品德是指顾客的信誉,是顾客履行偿债义务的可能性。企业必须设法了解顾客过去的付款记录,看其是否有按期如数付款的一贯做法,以及与其他供货企业的关系是否良好。这一点经常被视为评价顾客信用的首要因素。

(2)能力。能力是指顾客的偿债能力,即其流动资产的数量和质量以及与流动负债的比例。顾客的流动资产越多,其转换为现金的支付款项的能力越强。同时,企业还应注意顾客流动资产的质量,看是否有存货过多、过时或质量下降,影响其变现能力和支付能力的情况。

(3)资本。资本是指顾客的财务实力和财务状况,表明顾客可能偿还债务的背景。

(4)抵押。抵押是指顾客拒付款项或无力支付款项时能被用作抵押的资产。这对于不知底细或信用状况有争议的顾客尤为重要。一旦收不到这些顾客的款项,便可以抵押品抵补。如果这些顾客提供足够的抵押,就可以考虑向他们提供相应的信用。

(5)条件。条件是指可能影响顾客付款能力的经济环境。比如,万一出现经济不景气,会对顾客的付款产生什么影响、顾客会如何做等,这需要了解顾客在过去困难时期的付款历史。

通过以上五个方面的分析,基本上可以判断企业顾客的信用情况,为是否向顾客提供商业信用做好准备。

(二)事中控制

应收账款一旦为客户所欠,赊销企业就必须考虑如何按期足额收回的问题。一般来讲,拖欠时间越长,款项收回的可能性越小。对此,企业应实施严密的监督,随时掌握回收情况。实施对应收账款收回情况的监督,可以通过编制账龄分析表进行。账龄分析表见表8-8。

表8-8　　　　　　　　　　账龄分析表

应收账款账龄	账户数量/个	金额/万元	金额占比/%
信用期内	200	80	40
超过信用期1~20天	100	40	20
超过信用期21~40天	50	20	10
超过信用期41~60天	30	20	10
超过信用期61~80天	20	20	10
超过信用期81~100天	15	10	5
超过信用期101天	5	10	5
合计	420	200	100

利用账龄分析表,企业可以了解以下情况:

(1)有多少欠款还在信用期内。表8-8中有价值800 000元占40%比例的应收账款在信用期内,这些欠款未到期限,欠款属正常的;但到期后能否收回,还要待时再定,故应实施必要的监督。

(2)有多少超过了信用期,超过时间的长短及其款项各占多少,有多少欠款会因时间太久而可能成为坏账。对于不同拖欠时间的欠款,企业应采取不同的收账方法,制定出经济、可行的收账政策;对可能发生的坏账损失,应提前做出准备,充分估计这一因素对损益的影响。

(三)事后管理

1.确定合理的收账程序

催收账的一般程序是信函通知、电话催收、派人面谈、法律行动。当顾客拖欠账款时,要先给顾客有礼貌的通知信件,接着可以寄出一封措辞较直率的信件,进一步则可通过电话催收。如再无效,企业收账员可直接与顾客面谈,协商解决。如果谈判不成,可以由企业的律师采取法律行动。

顾客拖欠货款的原因可能比较多,有的是无力偿付,有的是故意拖欠。对于无力偿付的情况,企业要进行具体分析。如果顾客确实是遇到暂时的困难,经过努力可以东山再起,企业应帮助顾客渡过难关,以便收回较多的账款;如果顾客遇到严重的困难,已经到达破产界限,无法恢复,则应及时向法院起诉,以期在破产清算时得到债权的部分清偿。对于故意拖欠的情况,企业需要制定合理的讨债方法,以达到收款的目的。

2.做好悬账、呆账的清算工作

悬账是指公司与客户因业务纠纷而引起结算过程中断,从而暂时无法收回的账款,常由客户拒付而引起。呆账是指公司长期逾期未清账款。悬账和呆账拖延越久,越有可能会转变为坏账。

3.坏账损失的处理

坏账损失有时无法避免,为了使公司的收入和费用相匹配,企业常按期预提坏账准备金。企业可根据具体情况,采用应收账款余额百分比法、账龄分析法、个别认定法等先预提坏账准备,计入当期的资产减值损失,在实际发生坏账时,再冲减坏账准备金。

第四节 存货管理

一、存货的功能、成本及存货管理的目标

存货是指企业在日常活动中持有以备出售的产成品或商品、处在生产过程中的在产品、在生产过程或提供劳务过程中耗用的材料和物料等。

(一)存货的功能

存货的功能是指存货在生产经营活动中的作用,主要表现为以下几个方面:

(1)保证生产经营正常进行。必要的原材料和半成品是企业正常生产的前提和保证。实际上,企业很少能做到随时购入生产所需的各种物资,这不仅因为会出现某种材料的断档,还因为企业距供货点较远而需要的途中运输及可能出现运输故障。

(2)满足市场销售的需要。必要的产成品和库存商品的储备,有利于满足销售的需求。

(二)存货的成本

企业持有充足的存货,不仅有利于生产过程的顺利进行,节约采购费用与生产时间,而且能够迅速地满足客户各种订货的需要,从而为企业的生产与销售提供较大的机动性,避免因存货不足带来的机会损失。但是,存货的存在会产生下列成本:

(1)采购成本。采购成本是构成存货本身价值的成本,主要包括买价、运杂费等。

(2)订货成本。订货成本是指企业为组织订购存货而发生的各种费用支出,如为订货而发生的差旅费、邮资、通信费、专设采购机构的经费等。

(3)储存成本。储存成本是指在存货储存过程中发生的各种费用支出,如仓储费、保管费、保险费、存货残损变质损失、仓库折旧费和维修费等。

(4)短缺成本。短缺成本是由于存货数量短缺不能及时满足企业生产和销售的需要而给企业造成的经济损失,如原材料储备不足造成的停工损失、商品储备不足造成销售中断的损失等。

(三)存货管理的目标

企业进行存货管理,就要尽力在存货的功能(收益)与存货成本之间进行利弊权衡,在充分发挥存货功能的同时降低成本,增加收益,实现两者的最佳结合。这也就是存货管理的目标。

二、经济订货量的计算

(一)经济订货量的一般模型(基本模型)

存货的经济订货量是指在保证企业生产经营活动正常进行的情况下,能使企业一定时期存货的相关总成本达到最低的进货批量或生产批量。一般情况下,企业在一定时期内某存货的需要量是一定的。如果采购批量大,则的储存成本就会升高,但采购的次数会减少,订货成本就会降低;反之,如果采购批量小,存货的储存成本就会降低,但采购的次数会增加,订货成本就会升高。可见,储存成本和订货成本二者是互为消长的。存货控制的目的就是寻找这两种成本合计数最低的订购批量,即经济订购批量。

企业在确定经济订购批量时,需要设立一些假设条件,在此基础上建立经济订货批量基本模型。经济订货批量基本模型需要设立的假设条件如下:

(1)企业能够及时补充存货,即需要订货时可立即取得存货。
(2)能集中到货,而不是陆续入库,且存货的耗用或销售比较均衡。
(3)不允许缺货,即无缺货成本。
(4)一定时期存货需求量稳定,并且能预测。
(5)存货单价不变,不存在数量折扣。
(6)企业现金充足,不会因现金短缺而影响进货。
(7)所需存货市场供应充足。

设立了上述假设后,存货总成本的公式为:

$$存货总成本\ T = 订货成本 + 储存成本 = \frac{D}{Q} \times K + \frac{Q}{2} \times K_c$$

式中:T 表示总成本;D 表示全年需要量;K 表示每次订货成本;K_c 表示单位年储存成本;Q 表示经济订货量。

然后用数学中求导的方法,求出最小值,最后推导出

$$经济订货量\ Q = \sqrt{\frac{2DK}{K_c}}$$

$$经济进货批量下存货总成本(T) = \sqrt{2DKK_c}$$

$$经济进货批量下平均占用资本(W) = \frac{PQ}{2}$$

$$年度最佳进货批次(N) = D/Q$$

【例 8-8】 某公司生产一种产品,需要耗用 A 材料,年需要量为 600 000 件。该材料的单位成本为 100 元,每次订货成本为 320 元,单位年储存成本为 6 元。该材料的经济批量计算如下:

$$Q = \sqrt{\frac{2 \times 600\ 000 \times 320}{6}} = 8\ 000\ 件$$

$$T = \sqrt{2 \times 600\ 000 \times 320 \times 6} = 48\ 000\ 元$$

$$W = \frac{8\,000}{2} \times 100 = 400\,000 \text{ 元}$$

$$N = \frac{600\,000}{8\,000} = 75 \text{ 次}$$

(二)有数量折扣的经济订货量

有数量折扣的经济订货量一般按以下步骤进行决策：

第一，按照存货经济订货的基本模型计算在没有数量折扣情况下的经济订货量及存货总成本。

第二，依不同数量折扣的不同优惠价格，计算在不同折扣起点数量订货的相关总成本。

第三，比较不考虑数量折扣的经济订货量与各折扣起点订货量下的存货总成本，其中总成本最低的批量就是最佳订货量。

▶【例 8-9】 某公司每年耗用某种材料 9 600 千克，单价为 10 元，每次订货成本为 400 元，单位存货年平均储存变动成本为单价的 30%。供货单位提出，如果一次订货 2 400 千克，在价格上可以享受 2% 的折扣；如果一次订货 4 800 千克，在价格上可享受 3% 的折扣。要求：确定该材料的经济订货量。

解：首先，计算不存在折扣的情况下的经济订货量（Q）及其相关总成本（T）。

经济订货量 $Q = \sqrt{\dfrac{2DK}{K_c}} = \sqrt{\dfrac{2 \times 9\,600 \times 400}{10 \times 30\%}} = 1\,600$ 千克

相关总成本 $T = \sqrt{2 \times 9\,600 \times 400 \times 10 \times 30\%} + 9\,600 \times 10 = 100\,800$ 元

其次，计算一次订货量为 2 400 千克和 4 800 千克时的相关总成本。

当 $Q = 2\,400$ 千克时：

单位储存变动成本 $= 10 \times (1 - 2\%) \times 30\% = 2.94$ 元

相关总成本 $T = 9\,600 \times 400 \div 2\,400 + 2\,400 \times 2.94 \div 2 + 9\,600 \times 10 \times (1 - 2\%)$
$= 99\,208$ 元

当 $Q = 4\,800$ 千克时：

单位储存变动成本 $= 10 \times (1 - 3\%) \times 30\% = 2.91$ 元

相关总成本 $T = 9\,600 \times 400 \div 4\,800 + 4\,800 \times 2.91 \div 2 + 9\,600 \times 10 \times (1 - 3\%)$
$= 100\,904$ 元

最后，比较总成本并确定最佳经济订货量。

由于订货量为 2 400 千克时的存货总成本最低，因此应按 2 400 千克组织订货。

(三)一次订货分批送货情况下的经济订货量

经济订货量的基本模型假设每次订货后集中一次到货，而实际上订货后供应商可能分批送货。分批送货一般是在订货间隔期内分次平均供应，设 M 为每次订货的送货次数，则存货相关总成本为：

$$T = \frac{DK}{Q} + \frac{QK_c}{2M}$$

经济订货量是能够使一定时期存货相关总成本 T 为最低的每次订货量。当 D、K、K_c、M 为常数量时，T 的大小取决于 Q。为了求得 T 的极小值，对其求导演算：

$$T' = \left(\frac{DK}{Q} + \frac{QK_c}{2M}\right)' = \frac{K_c}{2M} - \frac{DK}{Q^2}$$

令：$T'=0$，即

$$\frac{K_C}{2M} - \frac{DK}{Q^2} = 0$$

得：

$$Q = \sqrt{\frac{2KDM}{K_C}}$$

Q 即一次订货分批送货情况下的经济订货量。

▶【例 8-10】 某公司每年耗用某种材料 10 800 千克，该材料每次订货成本为 400 元，单位存货年平均储存变动成本为 6 元。通过与供货厂商协商，每次订货分 4 次平均供货。要求：确定该材料的经济订货量。

该材料的经济订货量：

$$Q = \sqrt{\frac{2KDM}{K_C}} = \sqrt{\frac{2 \times 10\ 800 \times 400 \times 4}{6}} = 2\ 400 \text{ 千克}$$

该材料与经济订货批量有关的存货总成本：

$$T = 10\ 800 \times 400 \div 2\ 400 + 2\ 400 \times 6 \div (2 \times 4)$$
$$= 3\ 600 \text{ 元}$$

该材料的全年经济订货次数：

$$N = 10\ 800 \div 2\ 400 = 4.5 \text{ 次}$$

（四）订货提前期、再订货点

经济订货量的基本模型假设可以立即到货，实际上企业的存货不能做到随用随时补充，因此不能等到存货用完再去订货，而需要在没有用完时提前订货。在提前订货的情况下，企业再次发出订货单时尚有的存货库存量，称为再订货点。

设：R 表示再订货点；d 表示每天平均需要量；L 表示订货提前期。

如果不考虑保险储备，再订货点 $R = L \times d$。

然而，实际上每天存货的需要量可能是不均匀的，存货在途时间也可能由于种种原因被拖延。因此，在确定再订货点时应当考虑必要的保险储备。保险储备是为了防止存货耗用突然增加或交货延期而建立的最低储备量，它取决于订货提前期及每天存货需求的变化情况。

在不允许缺货的情况下，保险储备为：

$$u = (m - d) \times L$$

式中：m 表示每天最大需要量。

即如果考虑保险储备，再订货点 $R = L \times d + u = m \times L$。

▶【例 8-11】 某公司每天正常耗用某种材料 50 千克，该材料从发出订单到货物验收入库需要 15 天，该材料每天最大需要量估计为 100 千克。

则，该材料的保险储备量为：

$$u = (m - d) \times L = (100 - 50) \times 15 = 750 \text{ 千克}$$

该材料的再订货点为：

$$R = L \times d + u = 50 \times 15 + 750 = 1\ 500 \text{ 千克}$$

三、存货的日常管理

（一）存货归口分级管理

企业的存货管理，应当在财务部门集中管理的前提下，实行存货的归口分级管理，这一管

理方法包括以下三项内容:
(1)实行存货资金集中统一管理。
(2)实行存货资金的归口管理。
(3)实行存货资金的分级管理。

(二)存货的 ABC 分类管理

ABC 分类法就是按照一定的标准,将企业的存货划分为 A、B、C 三类,分别实行分品种重点管理、分类别一般控制和按总额灵活掌握的存货管理方法。企业存货品种繁多,尤其是大中型企业的存货往往多达上万种甚至数十万种。实际上,不同的存货对企业财务目标的实现具有不同的作用。有的存货尽管品种数量很少,但金额巨大,如果管理不善,将给企业造成极大的损失;相反,有的存货虽然品种数量繁多,但金额小,即使管理当中出现一些问题,也不至于对企业产生较大的影响。因此,无论是从能力角度还是从经济角度,企业均不可能也没有必要对所有存货不分巨细地严加管理。ABC 分类法正是基于这一考虑而提出的。其目的在于使企业分清主次,突出重点,以提高存货资本管理的整体效果。

1.存货 ABC 分类的标准

分类的标准主要有两个:一是金额标准,二是品种数量标准。其中,金额标准是最基本的标准,品种数量标准仅作为参考。

A 类存货的特点是金额巨大,但品种数量较少;B 类存货金额一般,品种数量相对较多;C 类存货品种数量繁多,但价值金额却很小。例如,一个拥有上万种商品的百货公司,家用电器、高档皮货、家具、摩托车、大型健身器械等商品的品种数量并不太多,但价值额却相当较大。大众化的服装、鞋帽、床上用品、布匹、文具用具等商品品种数量比较多,但价值额相对 A 类商品要小得多。至于各种小百货,如针线、纽扣、化妆品、日常卫生用品及其他日杂用品等品种数量非常多,但所占金额却很小。一般而言,三类存货的金额比重大致为 $A:B:C=0.7:0.2:0.1$,而品种数量比重大致为 $A:B:C=0.1:0.2:0.7$。可见,由于 A 类存货占用着企业绝大多数的资本,只要能够控制好 A 类存货,基本上也就不会出现较大的问题。同时,由于 A 类存货品种数量较少,企业完全有能力按照每一个品种进行管理。B 类存货金额相对较小,企业不必像对待 A 类存货那样花费太多的精力。同时,由于 B 类存货的品种数量远远多于 A 类存货,企业通常没有能力对每一具体品种进行控制,因此可以对其采用划分类别的方式进行管理。C 类存货尽管品种数量繁多,但其所占金额却很小,对此,企业只要把握一个总金额也就完全可以。不过,在此需要提醒的是,由于 C 类存货大多与消费者的日常生活息息相关,虽然这类存货的直接经济效益对企业并不重要,但如果企业能够在服务态度、花色品种、存货质量、价格方面加以重视,其间接经济效益将是无法估量的。相反,企业一旦忽视了这些方面的问题,其间接的经济损失同样也是无法估量的。

2.ABC 分类法在存货管理中的运用

通过对存货进行 ABC 分类,可以使企业分清主次,采取相应的对策进行有效的管理、控制。企业在组织经济进货批量、储存期分析时,对 A、B 两类存货可以分别按品种、类别进行。企业对 C 类存货只需要加以灵活掌握即可,一般不必进行上述各方面的测算与分析。此外,企业还可以运用 ABC 分类法区分为 A、B、C 三类,通过研究各类消费者的消费倾向、档次等,对各档次存货的需要量(额)加以估算,并购进相应数量的存货。这样,能够使存货的购进与销售工作有效地建立在市场调查的基础上,从而取得良好的控制效果。

思政小课堂

本部分所讲营运资本决策方法皆源于国外,是现代公司金融研究的主要内容之一,亦是我国企业在资金融通过程中应该学习的方法和技巧。中国文化历来具有兼收并蓄、博采众长、海纳百川的优点,早在洋务运动时期就借鉴学习西方的公司制,试行股份制和发行股票,产生了招商局、江南机器制造总局、汉阳铁厂等一大批民族工业。21世纪80年代,我国改革开放,学习先进经验与科技技术,进行市场经济体制改革,取得了举世瞩目的成就,体现了中国文化海纳百川的优秀文化传统,从而有助于实现中华民族的伟大复兴。

知识演练

一、快速测试

(一)单项选择题

1. 在最佳现金持有量的存货控制模式中,应考虑的相关成本主要有( )。
   A. 机会成本和交易成本
   B. 交易成本和短缺成本
   C. 机会成本和短缺成本
   D. 管理成本和短缺成本

2. 下列关于现金周转期的表述中,正确的是( )。
   A. 现金周转期=存货周转期+应收账款周转期+应付账款周转期
   B. 现金周转期=存货周转期-应收账款周转期+应付账款周转期
   C. 现金周转期=存货周转期+应收账款周转期-应付账款周转期
   D. 现金周转期=存货周转期-应收账款周转期-应付账款周转期

3. 下列各项中,属于持有现金的机会成本的是( )。
   A. 现金管理人员的工资
   B. 现金安全措施费用
   C. 现金被盗损失
   D. 现金再投资收益

4. 某企业预测的年度赊销收入净额为600万元,应收账款收账期为30天,变动成本率为60%,资本成本率为10%,则应收账款的机会成本为( )万元。
   A. 10   B. 6   C. 3   D. 2

5. 某公司持有有价证券的平均年利率为5%。该公司的现金最低持有量为1 500元,现金余额的最优返回线为8 000元。如果该公司现有现金20 000元,那么根据现金持有量随机模型,此时应当投资于有价证券的金额是( )元。
   A. 0   B. 6 500   C. 12 000   D. 18 500

6. 根据5C系统原理,企业在确定信用标准时应掌握客户能力方面的信息。下列各项中,最能反映客户能力的是( )。
   A. 流动资产的数量、质量及流动负债的比例
   B. 获取现金流量的能力
   C. 财务状况
   D. 获利能力

7. 在通常情况下,企业持有现金的机会成本( )。
   A. 与现金余额成反比
   B. 与有价证券的利息率成正比

C.与持有时间成反比　　　　　　　D.属于决策的无关成本

8.某企业每月的现金需要量为250 000元,现金与有价证券的每次转换金额和转换成本分别为50 000元和40元,其每月现金的转换成本为(　　)元。

A.200　　　　B.1 250　　　　C.40　　　　D.5 000

9.在其他因素不变的情况下,企业采用积极的收账政策可能导致的后果是(　　)。

A.坏账损失增加　　　　　　　　B.应收账款投资增加

C.收账费用增加　　　　　　　　D.平均收账期延长

10.根据存货陆续供应和使用模式,下列情形中能够导致经济批量降低的是(　　)。

A.存货需求量增加　　　　　　　B.一次订货成本增加

C.单位储存变动成本增加　　　　D.每日消耗量增加

(二)多项选择题

1.下列因素中,会使企业营运资本周转的数额增大的有(　　)。

A.应收账款周转期　　　　　　　B.应付账款周转期

C.偿债风险收益要求和成本约束　D.存货周转期

2.下列关于最佳现金持有量确定的随机模式的说法中,正确的有(　　)。

A.若现金持有量在控制的上下限之间,便不需要进行现金和有价证券的转换

B.控制下限的确定要受到企业每日的最低现金需要、管理人员的风险承受倾向等因素的影响

C.该模式建立在企业的现金未来需求总量和收支不可预测的前提下,因此计算出来的现金持有量比较保守

D.企业可以根据历史经验和现实需要测算出一个现金持有量控制的上下限

3.提供比较优惠的信用条件可增加销售量,但也会付出一定代价,主要有(　　)。

A.应收账款的机会成本　　　　　B.坏账损失

C.收账费用　　　　　　　　　　D.现金折扣成本

4.在存货陆续供应和使用的情况下,导致经济批量增加的因素有(　　)。

A.存货年需要量增加　　　　　　B.一次订货成本增加

C.日耗用量增加　　　　　　　　D.日耗用量降低

5.下列各项中,属于存货的储存变动成本的有(　　)。

A.存货占用资本的应计利息　　　B.紧急额外购入成本

C.存货的破损变质损失　　　　　D.存货的保险费用

6.为了提高现金使用效率,企业应当(　　)。

A.加速收款并尽可能推迟付款　　B.尽可能使用汇票付款

C.使用现金浮游量　　　　　　　D.用现金支付工人工资

7.下列关于最佳现金持有量确定的存货模式和随机模式的说法中,正确的有(　　)。

A.存货模式和随机模式均将机会成本作为现金持有量确定的相关成本

B.存货模式和随机模式均将交易成本作为现金持有量确定的相关成本

C.存货模式认为每期现金需求量是确定的

D.随机模式认为每期现金需求量是随机变量

8.存货管理的经济订货量基本模型建立的假设条件有(　　)。

A.企业能及时补充所需存货

B.存货单价不考虑销售折扣

C.不允许缺货

D.存货的需求量稳定或虽有变化但可根据历史经验估计其概率

9.某企业每年需要耗用甲材料 8 000 吨。该材料的购入价格为每吨 1 500 元,每订购一次的订货变动成本为 400 元,材料在仓库中的每吨储存变动成本为 40 元。假设保险储备为零,则达到经济批量时的相关最低总成本及平均占用资本分别为(　　)元。

A.16 000　　　　B.300 000　　　　C.32 000　　　　D.350 000

10.在存货模式中,最佳现金持有量是(　　)。

A.机会成本和交易成本之和最小的现金持有量

B.机会成本线和管理成本线交点所对应的现金持有量

C.管理成本线和短缺成本线交点所对应的现金持有量

D.机会成本线和交易成本线交点所对应的现金持有量

(三)判断题

1.在计算经济订货批量时,若考虑订货提前期,则应在按经济订货量基本模型计算出订货批量的基础上,再加上订货提前天数与每日存货消耗量的乘积,才能求出符合实际的最佳订货批量。(　　)

2.为提高营运资本周转效率,企业的营运资本应维持在既没有过度资本化又没有过量交易的水平上。(　　)

3.存货模式下的最佳现金持有量是使机会成本和交易成本之和最小的现金持有量。(　　)

4.企业在设定某一顾客的信用标准时,往往要评估它赖账的可能性,可能通过 5C 系统来进行。(　　)

5.现金折扣是企业为了鼓励客户多买商品而给予的价格优惠。企业每次购买的数量越多,价格也就越便宜。(　　)

6.如果存货市场供应不充足,即使满足有关的基本假设条件,也不能利用经济订货量基本模型。(　　)

7.根据存货经济订货量模型,经济订货量是能使订货总成本与储存总成本相等的订货批量。(　　)

8.最佳现金持有量确定的成本分析模式和存货模式均把机会成本作为相关成本考虑。(　　)

9.一般来说,当某种存货品种数量比重达到 70% 时,可将其划分为 A 类存货,进行重点管理和控制。(　　)

10.因为现金的管理成本是相对固定的,所以在确定现金最佳持有量时可以不考虑它的影响。(　　)

二、实训

(一)计算分析题

1.某公司预计某月经营所需现金总量为 20 000 元,主要由短期借款取得。借款年利率为 12%,借款手续费每次为 100 元。

要求:计算该公司现金最佳余额。

2.已知 M 公司某项目的单位变动成本为 20 元、售价为 40 元。若实行 30 天信用期,销售量预计 10 000 件、收账费用 2 000 元;若实行 60 天信用期,销售量预计 16 000 件、收账费用与损失预计 4 000 元。该公司全年的固定成本为 8 000 元,资本成本率为 10%。

要求:对 M 公司信用条件进行分析,并做出信用决策。

3.M 公司收到客户交来的已承兑商业汇票,金额为 8 000 元,50 天到期。7 天后,该公司因为急需用款而向开户银行申请贴现,贴现率为年息 12%。

要求:

(1)计算贴现息。

(2)若上述汇票为带息票据,年利率为 10.8%,试计算贴现净额。

4.M 公司某材料的年需求量为 4 500 箱,每次订购成本为 100 元,年储存成本为 0.9 元。

要求:

(1)计算该材料的经济订购量。

(2)计算该材料的年最佳订购次数。

(3)计算该材料的年最低存货成本。

(二)思考讨论题

1.公司持有现金的动机是什么?最佳现金持有量是如何确定的?

2.如何有效控制现金收支?企业日常可应用哪些措施?

3.信用政策包括哪些内容?企业制定合理的信用政策需要考虑哪些因素?

4.如何获取客户信用的相关信息并对客户的信用水平进行评估?

5.传统存货指决策模型存在哪些局限性?

第九章

收益分配决策

学习目标与要求

企业收益分配决策是处理经营者、所有者等各方面物质利益关系的基本手段。它需要相应的股利政策,股利政策的最终目标是实现公司价值最大化。股利政策关系到公司在投资者中间、在市场上的形象,而成功的股利政策有利于提高公司的市场价值。

通过本章的学习,应达到以下目标与要求:

了解利润分配的基本原则;

掌握股利分配政策的影响因素、类型、股利支付形式与程序;

能够制定企业利润分配程序;

能够分析企业股利政策对企业的影响;

能够确定企业股利支付形式。

案例导入

用友软件股利分配故事

曾经,用友软件公司长期实施高现金分红方式,每年均有现金股利,并根据发展情况适当转增股票。用友软件 2001—2013 年度总计实现净利润 31.77 亿元,派发现金共计 19.28 亿元,总现金分红比例(现金股利/净利润)高达 60.7%,股本扩张 8.6 倍。

通过用友软件的基本财务数据可以发现,该公司的主营业务收入每年都在稳定增长,从2001年的3.332亿元增加到2013年的42.35亿元,总增长幅度高达11.7倍;净利润从2001年的0.7亿元增长到3.8亿元,总增长幅度高达4.4倍。其中,2005—2009年的利润增长最快,从0.99亿元增长到5.94亿元,增长5倍。4次股票转增,股本增加5.91亿股。现金股利10.15亿元,总现金分红比例高达62.7%。然而,自2009年以后,该公司的增长速度放缓,盈利能力有所减弱。资产净收益率从2009年的27.29%降为2013年的12.91%,营业收入增长了80%,但净利润却是负增长(−36%)。在这期间,仅有一次股票转增(10转2),现金股利7.02亿元,总现金分红比率为56.2%,与2005—2009年期间相比呈现下滑趋势。

从用友软件公司的财务数据可以清晰看到,自上市开始的前15年,公司的平均现金分红比例(现金红利/净利润)高达60.7%,通过资本公积转增股票,股本扩展8.6倍,股票市值增长50%以上。用友软件公司良好的股利分配源于公司良好的经营业绩和盈利能力。该公司在快速发展时期实施了较好的现金股利与股本扩张政策,充分说明用友软件在考虑大股东利益的同时也顾及了小股东的利益,并实现了股本扩张。在经营增长放缓时,适度降低分红比例,减缓股本扩张,保障其稳定的收益率,因此,用友软件的股利分配政策具有一定的灵活性与合理性。

大量的现金派发表明了公司的盈利能力和对未来利润增长的信心。同时,现金股利又可以把没有更好投资机会的现金返还股东,以免在企业内部因为代理成本的存在而浪费,给投资者以回报。这些都是对股价的有利影响。

用友软件公司曾经长期采用的现金股利分配政策需要哪些前提条件?如何评价用友股份2011—2013年的持续现金股利政策?用友软件在选择股利分配政策时考虑了哪些影响因素?这些问题的答案均在本章学习过程中被揭晓。

资料来源:用友软件公司2001—2013年度相关财务报告信息资料。

第一节 收益分配概述

一、收益分配的基本原则

企业通过经营活动赚取收益,并将其在相关各方之间进行分配。企业的收益分配有广义的收益分配和狭义的收益分配两种。广义的收益分配是指对企业的收入和收益总额进行分配的过程;狭义的收益分配则是指对企业净收益的分配。本章所指收益分配是指企业净收益的分配。作为一项重要的财务活动,企业的收益分配应当遵循以下几个原则:

1. 依法分配原则

企业的收益分配必须依法进行。企业的收益分配涉及国家、企业、股东、债权人、职工等多方面的利益。正确处理各方的利益关系,协调各方面的利益矛盾是进行收益分配的重要方面。为了规范企业的收益分配行为,国家颁布了相关法规。这些法规规定了企业收益分配的基本要求、一般程序和重要比例,企业应当认真执行,不得违反。

2. 兼顾各方面利益原则

企业的收益分配必须兼顾各方面的利益。企业是经济社会的基本单元,企业的收益分配直接关系到各方的切身利益。投资者作为资本投入者、企业的所有者,依法享有净收益的分配权。企业的债权人在向企业投入资金的同时也承担了一定的风险,企业的收益分配中应当体现出对债权人利益的充分保护,不能伤害侵权人的利益。另外,企业的员工是企业净收益的直接创造者,企业的收益分配应当考虑到员工的长远利益。因此,企业在进行收益分配时应当统筹兼顾,维护各利益相关团体的合法权益。

3. 分配与积累并重原则

企业的收益分配必须坚持分配与积累并重的原则。对企业来说,可用于向投资者分配的利润是否全部分配要视企业的经营情况而定。如何对当期可供分配的利润实施分配关系到企业、投资者的眼前利益和长远利益的协调平衡。一般而言,企业按规定在可供分配的利润中提取法定盈余公积金,体现了积累优先的原则。企业在可用于向投资者分配的利润中仍可适当留存一部分。这部分利润可投入企业生产过程用于周转。这样,一方面增加了企业的积累,为企业扩大再生产筹措了资金,另一方面也能提高企业应付意外、承受风险的能力,使企业的经营更加安全。

4. 投资与收益对等原则

通常而言,企业的收益分配必须遵循投资与收益对等的原则,即企业进行收益分配应当体现谁投资谁收益、收益大小与投资比例相适应的原则。投资与收益对等原则是正确处理投资者利益关系的关键。投资者因其投资行为而享有收益权,投资收益应同其投资比例对等。企业在向投资者分配收益时,应本着平等一致的原则,按照投资者投入资本的比例来进行分配,不允许发生任何一方随意多分多占的现象。这样才能从根本上实现收益分配中的公开、公平、公正,保护投资者的利益,提高投资者的积极性。

二、影响收益分配政策的主要因素

(一)法律因素

为了保护债权人和股东的利益,法律法规会就公司的收益分配作为规定,公司的收益分配政策必须符合相关法律规范的要求。相关要求主要体现在资本保全约束、偿债能力约束、资本积累约束等方面。

1. 资本保全约束

资本保全约束要求公司股利的发放不能侵蚀资本,即公司不能因支付股利而引起资本减少。资本保全的目的在于防止企业任意减少资本结构中的所有者权益的比例,以保护债权人的利益。

2. 偿债能力约束

偿债能力是指企业按时足额偿还各种到期债务的能力,是企业确定收益分配政策时要考虑的一个基本因素。现金股利是企业现金的支出,而大量的现金支出必然影响公司的偿债能力。因此,公司在确定股利分配数量时,一定要考虑现金股利分配对公司偿债能力的影响,保证在现金股利分配后公司仍能保持较强的偿债能力,以维护公司的信誉和借贷能力,从而保证公司的正常资金周转。

3. 资本积累约束

资本积累约束要求企业必须按照一定的比例和基数提取各种公积金。股利只能从企业的可供分配收益中支付,企业当期的净利润按照规定提取各种公积金后和过去累积的留存收益形成企业的可供分配收益。企业在进行收益分配时,一般应当贯彻无利不分的原则,即当企业出现年度亏损时,一般不进行利润分配。

(二)公司因素

公司出于长期发展和短期经营的考虑,需要考虑以下几个因素来确定收益分配政策:

1.现金流量

公司资金的正常周转是公司生产经营得以有序进行的必要条件。因此,保证企业正常的经营活动对现金的需求是确定收益分配政策的最重要的限制因素。企业在进行收益分配时,必须充分考虑企业的现金流量,而不仅仅是企业的净收益。由于会计规范的要求和核算方法的选择,有一部分项目增加了企业的净收益,但并未增加企业可供支配的现金流量,因而企业在确定收益分配政策时应当充分考虑该方面的影响。

2.资产的流动性

企业现金股利的支付能力在很大程度上受其资产变现能力的限制。较多地支付现金股利会减少企业的现金持有量,使资产的流动性降低,而保持一定的资产流动性是企业正常运转的基础和必备条件。如果一个公司的资产有较强的变现能力,现金的来源较充裕,那么它的股利支付能力也比较强。

3.筹资成本

留存收益是企业内部筹资的一种重要方式。与发行新股或举债相比,其具有成本低的优点。因此,很多企业在确定收益分配政策时,往往将企业的净收益作为首选的筹资渠道,特别是在负债资金较多、资本结构欠佳的时期。

4.股利政策惯性

一般情况下,企业不宜经常改变其收益分配政策。企业在确定收益分配政策时,应当充分考虑股利政策调整有可能带来的负面影响。如果企业历年采取的股利政策具有一定的连续性和稳定性,那么重大的股利政策调整有可能对企业的声誉、股票价格、负债能力、信用等多方面产生影响。另外,靠股利来生活和消费的股东不愿意投资于股利波动频繁的股票。

(三)股东因素

股东在收入、控制权、税费及投资机会等方面的考虑也会对企业的收益分配政策产生影响。

1.收入

有的股东依赖公司发放的现金股利维持生活,他们往往要求公司能够支付稳定的股利,反对公司留存过多的收益。另外,有些股东认为留存利润使公司股票价格上升而获得资本利得具有较大的不确定性,取得现实的股利比较可靠,因此,这些股东也会倾向于多分配股利。

2.控制权

收益分配政策也会受到现有股东对控制权要求的影响。以现有股东为基础组成的董事会在长期的经营中可能形成了一定的有效控制格局。他们往往会将股利政策作为维持其控制地位的工具。当公司为有利可图的投资机会筹集所需资金,而外部又无适当的筹资渠道可以利用时,为避免由于增发新股,可能会有新的股东加入公司,从而打破目前已经形成的控制格局,股东就会倾向于较低的股利支付水平,以便从内部的留存收益中取得所需资金。

3.税费

公司的股利政策会受股东对税费因素考虑的影响。一般来讲,股利收入的税率要高于资本利得的税率。很多股东会由于对税费因素的考虑而偏好于低股利支付水平。因此，低股利政策会使他们获得更多纳税上的好处。

4.投资机会

股东的外部投资机会也是公司制定分配政策必须考虑的一个因素。如果公司将留存收益用于再投资的所得报酬低于股东个人单独将股利收入投资于其他投资机会所得的报酬，那么股东倾向于公司不应多留存收益，而应多发放股利给股东，因为这样做将对股东更为有利。

三、股利支付方式

（一）现金股利（Cash Dividend）

现金股利是指上市公司分红时向股东分派现金。发放现金股利将减少公司资产负债表上的现金和留存收益，同时股东得到现金股利需要纳税。企业支付现金股利，除了要有累计的未分配利润外，还要有足够的现金。因此，企业在支付现金前，必须做好财务上的安排，以便有充足的现金支付股利。一旦公司宣布发放股利，股利就成为公司的一项不可撤销的负债。现金股利是公司最常采用的股利支付方式。

（二）股票股利（Stock Dividend）

股票股利是指公司将应分给投资者的股利以股票的形式发放。从会计处理的角度看，股票股利只是将资本从留存收益账户转移到其他股东权益账户，并未改变每位股东的持股比例，也不增加公司的资产。

从公司价值的角度来看，股票股利只是改变流通在外的股票数量并不会对公司现金流量产生实质性的影响，因而不会增加股权价值总量。

▶【例9-1】 LN公司准备发放10%的股票股利，公司股票当前价格为25元/股，税后利润为200万元。股票股利发放前后公司的所有者权益状况见表9-1。

表9-1　　　　　　　　股票股利发放前后公司的所有者权益状况

股票股利发放前		股票股利发放后	
普通股（100万股,2元/股）	2 000 000	普通股（110万股,2元/股）	2 100 000
资本公积	8 000 000	资本公积	10 400 000
留存收益	15 000 000	留存收益	12 500 000
股东权益	25 000 000	股东权益	25 000 000

公司发放10%的股票股利，相当于公司要增发100 000股普通股股票，现有股东每持有100股即可收到10股增发的股票。随着股票股利的发放，留存收益中有2 500 000元（1 000 000股×10%×25元/股）的资本要转移到普通股和资本公积账户中。由于普通股的面值不变（2元/股），因此，增加的100 000股股票使得普通股股本账户增加100 000元，其余2 400 000元转移到资本公积账户中，而公司股东权益总额不变。

从公司的角度看，股票股利发放前后，股票的市场价值并没有改变，仍然是25 000 000元，而公司发行在外的股票数量增加了10%。这样，股票的价值从原来的每股25元下降为22.73[25÷(1+10%)]元，公司的每股收益从原来的每股2(2 000 000÷1 000 000)元降低为1.82(2 000 000÷1 100 000)元。

从股东角度看，假设在股利发放前，某股东拥有该公司10 000股，则在股票股利发放前后其财务状况见表9-2。

表 9-2　　　　　　　　　　股票股利发放前后其财务状况

项　目	股票股利发放前	股票股利发放后
每股收益 EPS(元)	2 000 000÷1 000 000＝2	2 000 000÷1 100 000＝1.82
持股比例	10 000÷1 000 000＝1%	11 000÷1 100 000＝1%
持股收益(元)	2×10 000＝20 000	1.82×11 000＝20 000

对于股东而言,股票股利除了使其所持股票增加之外,几乎没有任何其他价值。由于公司的收益不变,股东所持股份的比例不变,每位股东所持有股票的市场价值总额也保持不变,但如果公司在发放股票股利之后还能发放现金股利,且能够维持每股现金股利不变,那么股东会因所持股数的增加而能获得更多的现金股利。

对于管理者来说,发放股票股利可以获得以下好处:一是在盈利和现金股利预期不会增加的情况下,股票股利的发放可以有效地降低每股价格,由此可以提高投资者的投资兴趣;二是股票股利的发放是让股东分享公司的收益而无须分配现金,由此可以将更多的现金留存下来,用于再投资,有利于公司的长期健康和稳定发展。

(三)股票分割(Stock Split)

股票分割是指将一股面额较高的股票交换成数股面额较低的股票的行为。从本质上讲它也不是股利,但它产生的效果与股票股利十分相近。就会计而言,公司的资本结构不发生任何变化,只是发行在外的普通股股数增加,每股面值降低。

【例 9-2】 在【例 9-1】中,如果 LN 公司改变财务方案,决定对股票进行 1∶2 的分割,则股票分割前后公司的所有者权益状况见表 9-3。

表 9-3　　　　　　　　股票分割前后公司的所有者权益状况

股票股利发放前		股票股利发放后	
普通股(100 万股,2 元/股)	2 000 000	普通股(200 万股,1 元/股)	2 000 000
资本公积	8 000 000	资本公积	8 000 000
留存收益	15 000 000	留存收益	15 000 000
股东权益	25 000 000	股东权益	25 000 000

进行股票分割没有改变资产负债表上所有者权益的数额,但是可以降低股票市场价格。从管理层的角度出发,股票分割有利于将公司的股票价格保持在一个合理的范围之内。如果股票价格的上升超过了这个范围,通过股票分割就能够使股价回落到该范围之内;相反,如果公司认为自己的股票价格过低,为了提高股价,可以采取逆分割(也称股票合并)措施,即将数股面额较低的股票合并为一股面额较高的股票,股票逆分割之后,股价通常会上升。股票分割的目的是促进投资者购买该公司的股票。股票分割也有利于公司发行新股;同时,在并购过程中,并购方通过对自己的股票进行分割,可提高对被兼并方股东的吸引力,有助于公司兼并收购政策的实施。

表 9-4 对股票股利和股票分割进行了比较。

表 9-4　　　　　　　　　股票股利和股票分割的比较

项　目	股票股利	股票分割
股东的现金流量	不增加	不增加

(续表)

项 目	股票股利	股票分割
普通股股数	增加	增加
股票市场价格	下降	下降
股东权益总额	不变	不变
股东权益结构	变化	不变
收益限制程度	有限制	无限制

尽管在实践中现金股利比股票股利和股票分割使用得更加频繁,但是很多人认为股票股利和股票分割可以为公司保留现金,可以通过填权效应使股东极大地获益,在公司前景看好,尤其是股价远远超出正常水平的时候实行股票股利和股票分割很有意义。同时,尽管股票分割与发放股票股利都能达到降低公司股价的目的,但一般来说,只有在公司股价暴涨且预期难以下降时,才会采用股票分割的办法降低股价;而在公司股价上涨幅度不大时,公司往往通过发放股票股利将股价维持在理想的范围之内。

(四)股票回购(Stock Repurchase)

股票回购是指公司出资购回其本身发行的流通在外的股票的行为。被购回的股票一般作为库藏股,如果需要也可重新出售。股票回购实际上是现金股利的一种替代形式,一般会改变公司的资本结构,减少流通在外的普通股股数,提高财务杠杆比率。

【例 9-3】 在【例 9-1】中,假设公司本年度拿出 250 万元发放现金股利或者进行股票回购,表 9-5 是公司发放现金股利和股票回购前后的资产负债表。

表 9-5　　　　　公司发放现金股利和股票回购前后的资产负债表　　　　　单位:元

资产		负债和所有者权益	
1.股利分配前的资产负债表			
现金	10 000 000	负债	5 000 000
其他资产	20 000 000	股东权益	25 000 000
合计	30 000 000	合计	30 000 000
流通在外的普通股股数:1 000 000 股			
每股市价＝25 000 000÷1 000 000＝25 元			
2.发放现金股利后的资产负债表(每股发放 1 元现金股利)			
现金	9 000 000	负债	5 000 000
其他资产	20 000 000	股东权益	24 000 000
合计	29 000 000	合计	29 000 000
流通在外的普通股股数:1 000 000 股			
每股市价＝24 000 000÷1 000 000＝24 元			
3.股票回购后的资产负债表(以每股 25 元的价格回购股票)			
现金	7 500 000	负债	5 000 000
其他资产	20 000 000	股东权益	22 500 000
合计	27 500 000	合计	27 500 000
流通在外的普通股股数:900 000 股			
每股市价＝22 500 000÷900 000＝25 元			

对于公司的管理者而言,股票回购具有以下优点:

第一,采用股票回购不会提高投资者对于公司未来股利的预期。与定期分配的现金股利相比,股票回购通常被看作一次性的现金回报,因此对于那些暂时取得了超额现金流量,但是不能保证未来继续创造这些流量的公司而言,股票回购更为适当。

第二,可以更加集中地向那些需要现金的股东支付现金。这种好处来源于股票回购的自愿原则:需要现金的股东可以将股票卖给公司,相反,不需要现金的股东可以继续持有股票。

第三,改善公司的资本结构。当公司认为其股东权益比过大、负债-权益比例失衡时,就有可能对外举债,并用举债所得现金回购本公司的股票,由此实现资本结构的合理化。

第四,用于公司兼并收购。在并购过程中,产权交换的支付方式主要有现金收购和换股合并两种。如果公司有库藏股,就可以使用公司本身的库藏股交换被并购公司的股票,由此可以减少公司的现金支出。

第五,有助于认股权和转换权的行使。在公司发行可转换证券或附认股权证的情况下,公司可以使用库藏股票来满足认股权证持有人以特定的价格认购股票,以及可转换证券持有人将其转换成普通股的要求,而不必另外发行新股。

表 9-6 比较了现金股利与股票回购。

表 9-6　　　　　　　　　　　现金股利与股票回购比较

项目	现金股利	股票回购
返还现金的方式	对全部股东按持股数量派发现金	从某些股东处买回股票
股东参与程度	非自愿(持股者都将收到红利)	自愿(股东自己选择是否出售其所持股票)
普通投资者纳税	通常作为一般所得纳税	作为资本利得纳税
对股价的影响	股价下跌,跌幅等于每股股利数额	只要按公允市价回购,股价不受影响

第二节　股利政策理论

股利政策问题一直以来被人们称为"股利之谜"。我们已经知道,公司金融管理的目标是股东财富最大化。当公司决定分配给股东多少现金的时候,目标支付率在很大程度上取决于投资者对股利和资本利得的偏好:投资者是更偏好公司以现金股利的形式分配收入,还是用它来回购股票抑或将盈利重新投入公司。公司的最优股利政策就是要在当前的股利和未来的成长之间寻求平衡以使股票价格最大化。传统的股利理论主要围绕着股利与公司价值(股票价格)和资本成本是否相关这一问题展开,主要包括股利无关论、"在手之鸟"理论和税差理论等。

一、股利无关论(Dividend Irrelevance Theory)

股利无关论的主要倡导者是莫迪格里亚尼和米勒,也称为 MM 理论。他们认为,在完善的资本市场条件下,股利政策不会影响公司的价值。公司价值是由公司投资决策所决定的本身获利能力和风险组合决定的,而不是由公司股利分配政策所决定的。

MM 理论的基本假设：

(1)没有公司所得税和个人所得税；

(2)没有股票的发行成本和交易成本；

(3)投资者和管理者对于未来的投资机会拥有相同的信息；

(4)投资者对于股利收益和资本利得收益具有相同的偏好；

(5)公司的投资决策独立于其股利政策，即与股利分配方案无关。

MM 理论认为，在不改变投资决策和目标资本结构的条件下，无论用剩余现金流量支付的股利是多少，都不会影响股东的财富。

MM 股利无关论的实质是，公司股票的价值仅取决于公司的投资决策。由此衍生出一个结论：无论公司以何种方式筹集资金，它都不应该放弃净现值为正的投资项目。

二、"在手之鸟"理论（Bird-in-hand Theory）

"在手之鸟"理论主要代表人物是 Myron Gordon 和 JohnLintner。他们认为 k_s 随着股利支付率的增加而减少，因为投资者对股利收益与资本利得收益的偏好是不同的。

由于资本利得风险高于股利收益的风险，投资者都是厌恶风险的，他们更倾向于相对可靠的股利收入。

公司的股利支付率与公司价值成正比，与权益成本成反比；公司必须制定高股利政策才能使公司价值最大化。

三、税差理论（Tax Differential Theory）

税差理论这是由 Litzenberger 和 Ramaswamy 提出的。他们认为，由于股利收入所得税税率高于资本利得税率，这样，公司保留收益而不是支付股利对投资者更有利。

由于资本利得税要递延到股票真正售出的时候才会发生，同时考虑到货币的时间价值和风险价值，即使股利和资本利得这两种收入所征收的税率相同，实际的资本利得税率也比股利收入税率要低。

股利支付率与公司价值成反比，与权益成本成正比；公司必须制定低股利政策才能使企业价值最大化。

四、信号传递理论（Signaling Transferring Theory）

信号传递理论放开市场摩擦的假设，考虑信息不对称对股利的影响。

如果公司的管理者比投资者拥有（质量上和数量上）更好的关于公司未来前景的信息，他们的股利决策就有可能传递这一信息。

1.现金股利与信号传递

林特纳（Lintner）认为：①管理者相信投资者偏好持续成长基础上的平稳股利；②管理者希望将股利的长期目标水平维持在收益的一定比例。

只有当公司认为期望未来收益将长期持续增长时，才会增加股利，而削减股利只能是无奈之举。

2.股票回购与信号传递

管理者相信公司的股价被低估(或至少没有被严重高估)。股票回购是关于股票被低估的一个可信信号,因为如果股价被高估,则股票回购对公司当前股东而言势必带来高昂的成本。

如果投资者相信管理者掌握了更多有关公司前景信息,并且代表公司当前股东的利益,那么投资者将对公司宣告股票回购反应积极。

五、客户效应理论(Clientele Effect Theory)

客户效应理论是对税差理论的进一步扩展,研究处于不同税收等级的投资者对待股利分配态度的差异。

不同群体或客户的股东对股利政策有着不同的偏好。当前需要投资收入的股东会持有支付高股利公司的股票,而那些不需要当前投资收入的股东则会持有支付低股利公司的股票。

管理当局对于改变股利政策总是很慎重的,因为这样的变动可能会使现有股东卖掉他们的股票从而使股价下跌。

六、代理成本理论(Agency Cost Theory)

代理成本理论放松了 MM 股利无关论中"委托人和代理人之间没有利益冲突"的假设,使理论研究与现实更加吻合;代理成本、自由现金流量概念的引入拓宽了股利政策研究的范围,从代理成本角度解释股利政策。

Jensen 和 Meckling(1976)认为股东和管理者的利益冲突主要通过股利政策的选择表现出来,由管理者控制的公司倾向于支付较低的股利,并将现金投入风险较高的项目或盲目扩大组织规模;而由股东控制的公司更倾向于执行较高的股利支付率,并适时根据未来发展调整股利政策。因此,Jenson 认为股利政策有助于缓解股东和管理者之间的代理冲突,进而能够降低权益的代理成本。

第三节 股利政策

股利政策是指在法律允许的范围内,企业是否发放股利、发放多少股利以及何时发放股利的方针及对策。企业的净收益既可以支付给股东,也可以留存在企业内部。股利政策的关键问题是确定分配和留存的比例。股利政策不仅会影响股东的财富,还会影响企业在资本市场上的形象及企业股票的价格,更会影响企业的长短期利益。因此,合理的股利政策对企业及股东来说都是非常重要的。企业应当确定适当的股利政策,并使其保持连续性,以便股东据以判断其发展的趋势。

一、几种典型股利政策

在实践中,公司通常采用的股利政策包括以下几种:

(一)剩余股利政策

剩余股利政策就是以首先满足公司资金需求为出发点的股利政策。根据这一政策,公司将按如下步骤确定其股利分配额:

(1)确定公司的最佳资本结构。

(2)确定公司下一年度的资金需求量。

(3)确定需要增加的股东权益数额。

(4)公司税后利润首先用于满足公司下一年度的资金需求,剩余部分用来发放股利。

按照剩余股利政策公司每年的股利分配额变化不定。

【例 9-4】 某公司 2020 年全部可用于分配股利的盈余为 1 000 万元,2021 年的投资计划所需资金为 1 200 万元。该公司的目标资本结构为权益资本占 60%,债务资本占 40%。该公司当年流通在外的普通股为 500 万元。根据剩余股利政策,该公司 2020 年的每股股利计算如下:

投资方案中所需的权益资本 = 1 200 × 60% = 720 万元

当年可用于发放的股利额 = 1 000 − 720 = 280 万元

每股股利 = 280 ÷ 500 = 0.56 元

(二)稳定股利额政策

稳定股利额政策要求公司各年发放的股利额保持稳定或稳中有增的态势。它以确定的股利分配额作为利润分配的首要目标。该股利政策有两个优点:

(1)稳定的股利额给投资者一个稳定的预期。

(2)许多长期投资者希望公司股利能够成为其稳定的收入来源,以便安排各项支出。稳定股利额政策有利于公司吸引这部分投资者。

在发达的资本市场中,分配股利的公司大都采用稳定股利额政策。一般来说,公司确定的稳定股利额不应太高,要留有余地,以免不可持续。如果公司的盈利短期内大幅上升,而长期盈利能力没有显著提高,那么,公司一般不会提高正常股利水平,而是考虑向股东派发一次性的特别股利(Special Dividend)。通常而言,只有当公司的长期盈利能力显著提高时,公司才可能提高正常股利水平。

(三)固定股利率政策

固定股利率政策要求公司每年按固定比例从税后利润中支付股利。该政策会导致公司股利分配额随利润频繁变化,所以公司很少采用。

【例 9-5】 新生公司是一家零负债的公司,共发行了 600 万股普通股。长期以来,该公司的再投资比率(Plowback Ratio)高达 80%,税后净利润一直保持着 12% 的年增长率。自 2020 年起,由于竞争环境的变化,公司永久性地丧失了大量有利可图的投资机会,预期公司的净利润增长率将因此永久性地下降至每年 5%,但公司 2019 年度的盈利能力不受影响。据估计,2019 年度公司的税后净利润为 3 000 万元,但可选择的收益率在 14%(此为公司的普通股成本)以上的投资项目只需要 1 200 万元资金。如果公司继续保持原来 20% 的现金股利分配率,则公司 2019 年年底的留存收益将达到 2 400 万元。目前管理层正在重新考虑他们的利润分配方案。

(1) 假设新生公司2019年采用剩余股利政策,并且完全利用税后利润对收益率在14%以上的项目进行投资,该公司2019年度预计的每股现金股利是多少?现金股利分配率是多少?

(2) 如果新生公司未来将始终保持60%的现金股利分配率,你估计该公司普通股当前的市场价格是多少?

(3) 如果新生公司始终保持20%的现金股利分配率,且其留存收益的平均投资收益率(ROE)将因此下降为7.5%,新生公司普通股的价格将如何变化?

解:(1) 预计税后净利润(元)　　　30 000 000
减:投资需求(元)　　　　　　　12 000 000
剩余利润(元)　　　　　　　　　18 000 000
发行在外的普通股数量(股)　　　6 000 000
每股现金股利 DPS＝18 000 000/6 000 000＝3.0 元
每股收益 EPS＝30 000 000/6 000 000＝5.0 元
现金股利分配率＝DPS/EPS＝3.0/5.0＝60%

(2) 设 2019 年度的每股现金股利为 DIV_1,且已知未来的现金股利增长率 $g=5\%$,股票价格 P_o 为:

$$P_o = DIV_1/(k-g) = 3.0/(0.14-0.05) = 3.0/0.09 = 33.33 \text{ 元}$$

(3) 如果新生公司始终保持20%的现金股利分配率,其2019年度的每股现金股利 DPS(DIV_1)为1.0元,其现金股利增长率为:

$$g = (1.0 - \text{现金股利分配率}) \times ROE = (1.0-0.2) \times 7.5\% = 6.0\%$$

所以,这时的股票价格

$$P_o = DIV_1/(k-g) = 1.0/(0.14-0.06) = 1.0/0.08 = 12.5 \text{ 元}$$

【例 9-5】说明,如果公司将利润用于低效益的投资,公司的股票价格将明显下跌,股东将因此蒙受损失。

(四) 低正常股利加额外股利政策

低正常股利加额外股利政策是指公司在一般情况下每年只支付固定数额的较低的股利,在盈余增长较多的年度再根据实际情况向股东分派额外股利的政策。但额外股利并不固定化,不意味着公司永久地提高了规定的股利率。

公司采用低正常股利加额外股利政策的理由如下:

(1) 公司在分派股利时有较大的灵活性。当公司获得盈余较少或投资需用较多资金时,可维持设定的较低但正常的股利,股东不会有股利跌落感;当盈余有较大幅度增加时,可适度增发股利,把经济繁荣的部分利益分配给股东,使他们增强对公司的信心,这有利于稳定股票的价格。

(2) 这种股利政策可使那些依靠股利度日的股东每年至少可以得到虽然较低但比较稳定的股利收入,从而吸引这部分股东。

以上各种股利政策各有所长,公司在分配股利时应根据其基本决策思想,制定适合自己具体实际情况的股利政策。

二、公司的实际股利政策

由于股利政策具有重要的信息传递作用,因此会影响公司股票价格和投资者对公司未来发展的信心,所以,股份公司都非常重视公司股利政策的制定和现金股利的发放。总体来讲,我国上市公司股利分配的基本形式为现金股利与股票股利。美国公司大多采用稳定现金股利额的政策,尽管公司税后利润起伏较大,但现金股利额却基本上保持增长的态势。

第四节　股利分配的程序和方案

一、股利分配的程序

根据《公司法》和《企业财务通则》的规定,企业利润首先应按照国家规定做出调整,增减有关收支项目,然后依法缴纳所得税。税后利润除国家另有规定者外,应按相应下列顺序分配:

(1)弥补被没收的财产损失,支付各项税收的滞纳金和罚款。

(2)弥补超过用税前利润抵补期限、需用税后利润来弥补的亏损。

(3)提取法定盈余公积金。企业税后利润扣除前两项后的余额,要按10%的比例提取法定盈余公积金,用于发展生产、弥补亏损或按规定转增资本金。法定盈余公积金已达注册资本的50%时,可不再提取。

(4)提取公益金。公益金主要用于企业职工的集体福利设施支出。

(5)向投资者分配利润。企业以前年度的未分配利润,可以并入本年度向投资者分配。

1.税前调整项目

按照现行财务制度和税收制度的规定,企业税前需要调整的项目主要包括:

(1)在规定期限内经批准可以用本年利润弥补的以前年度亏损;

(2)实行"先税后分"的办法后,企业对外投资分回的利润、股利等投资利益,在分回前已缴纳所得税的,应从税前利润总额中扣除;

(3)企业超过国家规定在所得税前列支的费用开支以及罚款、罚息、滞纳金等,在缴纳所补税前应对利润总额予以调整、追加,消除账面利润与应税利润之间的时间性差异和永久性差异;

(4)企业用于公益、救济性的捐赠中多于年度应纳税所得额3%的部分。

2.所得税的计算与缴纳

一般来说,企业所得税是按应纳税所得额的一定比例计算的,根据前述税前利润调整项目进行调整后的企业利润总额即为应纳税所得额。按比例税率计算所得税的方法如下:

$$本期累计应纳所得税额 = 本期累计应纳税所得额 \times 适用税率 \qquad (9-1)$$

$$本期应纳所得税额 = 本期累计应纳税所得额 - 上期累计已缴所得税额 \qquad (9-2)$$

目前,我国企业所得税采用按年计征,按月或季预缴的办法,月份或季度终了后十五日预缴,年度终了后四个月汇算清缴,多退少补。除国家另有规定外,企业所得税按属地原则向所在地税务主管机关缴纳。

公司弥补亏损和提取公积金后所余的税后利润可以向股东(投资者)分配股利(利润)。其中,有限责任公司股东按照实缴的出资比例分取红利,全体股东约定不按照出资比例分取红利的除外;股份有限公司按照股东持有的股份比例分配,但股份有限公司章程规定不按持股比例分配的除外。

【例9-6】 某公司2×15年初未分配利润账户的贷方余额为37万元,2015年发生亏损100万元,2016—2020年的每年税前利润为10万元,2021年税前利润为15万元,2022年税前利润为20万元。所得税税率为25%,盈余公积金(含公益金)计提比例为15%。

要求:(1)2021年是否缴纳所得税?是否计提盈余公积金(含公益金)?
(2)2022年可供给投资者分配的利润为多少?

解:(1)2021年初未分配利润=37-100+10×5=-13万元
2021年应缴纳所得税=15×25%=3.75万元
2021年税后利润=15-3.75=11.25万元
企业可供分配的利润=11.25-13=-1.75万元,不能计提盈余公积金(含公益金)
(2)2022年税后利润=20(1-25%)=15万元
可供给分配的利润=15-1.75=13.25万元
计提盈余公积金(公益金)=13.25×15%=1.99万元
可供给投资者分配的利润=13.25-1.99=11.26万元

股东会、股东大会或者董事会违反相关规定,在公司弥补亏损和提取法定公积金之前向股东分配利润的,股东必须将违反规定分配的利润退还公司。另外,公司持有的本公司股份不得分配利润。

二、股利分配方案的确定

公司确定股利分配方案需要考虑以下几个方面的内容:

1.选择股利政策

股利政策不仅会影响股东的利益,还会影响公司的正常运营以及未来的发展。因此,公司制定恰当的股利政策就显得尤为重要。由于各种股利政策各有利弊,所以公司在进行股利政策决策时,要综合考虑公司面临的各种具体影响因素,适当遵循收益分配的各项原则,以保证不偏离公司目标。

2.确定股利支付水平

股利支付水平通常用股利支付率来衡量。股利支付是当年发放股利与当年净利润之比,或每股股利除以每股收益。股利支付率政策的制定往往使公司处于两难境地。低股利支付率政策虽然有利于公司对收益的留存,有利于扩大投资规范和未来的持续发展,但显然在资本市场上对投资者的吸引力会大大降低,进而影响公司未来的增资扩股;而高股利支付率政策有利于增强公司股票的吸引力,有助于公司在公开市场上筹措资金,但由于留存收益的减少,又会给企业资金周转带来影响,加重公司财务负担。

是否对股东派发股利以及股利支付率高低的确定取决于企业对下列因素的权衡:企业所处的成长周期、企业的投资机会、企业的筹资能力及筹资成本、企业的资本结构、股利的信号传递功能、借款协议及法律限制、通货膨胀等因素。

3.确定股利支付形式

按照股份有限公司对其股东支付股利的不同方式,股利可以分为不同的种类。其中,常见的股利支付形式有以下几种:

（1）现金股利。现金股利是以现金支付的股利。它是股利支付的最常见的方式。发放现金股利将同时减少公司资产负债表上的留存收益和现金，所以公司选择支付现金股利时，除了要有足够的留存收益之外，还要有足够的现金。而充足的现金往往会成为公司发放现金股利的主要制约因素。

（2）财产股利。财产股利是以现金以外的其他资产支付的股利，主要是以公司所拥有的其他公司的有价证券（如公司债券、公司股票等）作为股利发放给股东。

（3）负债股利。负债股利是以负债方式支付的股利，通常以公司的应付票据支付给股东，有时也以发行公司债券的方式支付股利。

财产股利和负债股利实际上都是现金股利的替代方式，但目前这两种股利方式在我国公司实务中极少使用。

（4）股票股利。股票股利是公司以增发股票的方式所支付的股利，我国实务中通常也称其为红股。股票股利对公司来说，并没有现金流出企业，也不会导致公司的财产减少，而只是将公司的留存收益转化为股本。但股票股利会增加流通在外的股票数量，同时降低股票的每股价值。它不会改变公司股东权益总额，但会改变股东权益的构成。

三、股利的发放

公司在选择了股利政策、确定了股利支付水平和方式后，应当进行股利的发放。公司股利的发放必须遵循相关的要求，按照日程安排来进行。一般情况下，股利的发放需要按照下列日程来进行：

1.预案公布日

上市公司分派股利时，首先要由公司董事会制定分红预案，包括本次分红的数量、分红的方式，股东大会召开的时间、地点及表决方式等，以上内容由公司董事会向社会公开发布。

2.宣布日

董事会制定的分红预案必须经过股东大会讨论。只有讨论通过之后，才能公布正式分红方案及实施的时间。

3.股权登记日

这是由公司在宣布分红方案时确定的一个具体日期。凡是在此指定日期收盘之前取得了公司股票，成为公司在册股东的投资者都可以作为股东享受公司分派的股利。在此日之后取得股票的股东则无权享受已宣布的股利。

4.除息日

在除息日，股票的所有权和领取股息的权利分离，股利权利不再从属于股票，所以在这一天购入公司股票的投资者不能享有已宣布发放的股利。另外，由于失去了附息的权利，除息日的股价会下跌，下跌的幅度约等于分派的股息。

5.股利发放日

在这一天，公司按公布的分红方案向股权登记日在册的股东实际支付股利。

股份公司的股利分配方案通常由公司董事会提出，经股东大会批准后实施，公司每年发放股利的次数，因不同的公司、不同的国家而异。比如，我国的股份公司一般一年发放一次股利，美国公司则多为一季度发放一次股利。

【例 9-7】 2020 年 12 月 21 日，A 公司宣布：2021 年 1 月 13 日记录在公司股东名册上的股东将收到每股 0.19 美元的股利，股利将于 2021 年 2 月 15 日发放。A 公司股利发放程序如图 9-1 所示。

```
12月21日     1月11日     1月13日     2月15日        日期
股利宣布日    除息日      股利登记日   股利支付日
```

图 9-1 A 公司 2020 年现金股利发放程序

【例 9-8】 2021 年 6 月 1 日(星期五)招商银行股份有限公司(招商银行)发布 2020 年度利润分配方案实施公告，表示将在 6 月 13 日(星期三)对 6 月 6 日(星期三)休市后登记在册的全体股东派发每股 0.42 元(含税)的现金股利，以人民币向 A 股股东支付，以港币向 H 股股东支付。

除权(除息)日：2021 年 6 月 7 日(周四)。

现金股利发放中涉及的重要日期如下：

(1) 公告日(Declaration Date)。股份公司董事会根据定期发放股利的周期举行董事会会议，讨论并提出股利分配方案，由公司股东大会讨论通过后，正式公布股利发放方案。然后，在发放股利之前不久，公司发布股利实施公告，内容为股利发放方案与具体日程。公告日通常是指公司发布股利实施公告的那一天。在公告日，股份公司应登记有关股利负债(应付股利)。【例 9-8】中，6 月 1 日即为公告日。

(2) 登记日(Date-of-record)。由于实施方面的原因，自股利公告日至公司将股利实际发出要有一定的时间间隔。由于上市公司的股票在不停地交易之中，股东会随股票交易而不断易人。为了明确股利的归属，公司事先确定股权登记日，凡在股权登记日列于公司股东名单上的股东，将得不到此次发放的股利。【例 9-8】中，6 月 6 日就是登记日。

(3) 除息日(Ex-dividend Date)。除息是指在股票交易价格中去除股息，通常总是发生在股票市场开市之时。除息日是指股票除息的那一个交易日。在除息日之前(不含除息日)股票交易价格中含有将要发放的股利，在除息日之后(含除息日)股票交易价格中不再包含股利。因此除息会导致股价下跌。

除息日与登记日的时间先后关系，取决于股票交易与过户之间的时间间隔。我国 A 股市场是电子交易市场，交易当天就过户，所以，除息日为登记日之后第一个交易日。【例 9-8】中，除息日为 2021 年 6 月 7 日(周四)。在 A 股市场上，在登记日买入股票的投资者，当天休市后就会被登记为股东，因此将会获得股息。

在非电子交易市场，由于股票交易与过户之间相隔 1~2 个交易日，因此，只有在登记日之前 1~2 个交易日购买股票的投资者，才会在登记日列入公司股东名单，并享有当期股利的分配权。在这种情况下，除息日设定在登记日之前 1~2 个交易日。

(4) 发放日(Date of Payment)。股利发放日是指公司向股东支付股利的一天，在这一天，公司可以按规定采用各种方式支付股利，并冲销股利负债。【例 9-8】中，股利发放日为 6 月 13 日(星期三)。

【例 9-9】 某上市公司于 2020 年 4 月 10 日公布 2019 年度的最后分红方案。其发布的公告如下："2020 年 4 月 9 日，在上海召开的股东大会通过了 2019 年 12 月 15 日董事会关于每股分派 0.5 元的 2019 年股息分配方案。股权登记日为 4 月 24 日，除息日是 4 月 25 日，股

211

东可在 5 月 10 日至 25 日通过深圳交易所按交易方式领取股息,特此公告。"

那么该公司股利支付日程如下:

预案公布日:2019 年 12 月 15 日。

宣布日:2020 年 4 月 10 日。

股权登记日:2020 年 4 月 24 日。

除息日:2020 年 4 月 25 日。

股利发放日:2020 年 5 月 10 日。

思政小课堂

企业的利润分配不仅影响到企业的投资和筹资决策,而且涉及国家、企业、职工、投资者等多方面利益关系,有关企业整体利益和局部利益的协调,有关企业近期利益与长远利益的平衡。利润分配必须兼顾各方面的利益,投资与收益对等,做到公平、公正。如果企业的利润分配不公平公正,将会影响到企业的长远利益,影响企业持续稳定发展。

利润分配需"公开公平公正"

知识拓展

税差理论

税差理论

由来

法拉和塞尔文在 1967 年提出所得税率差异理论即税差理论,主张如果股利的税率比资本利得税率高,投资者会提高股利收益率股票要求较高的必要报酬率。因此,为了使资金成本降到最低,并使公司的价值最大,应当采取低股利政策。后来的一些研究说明股票的预期必要报酬率会随股票收益率增加而有正的线性关系,表明存在税收效应。该理论认为资本利得所得税与现金所得税之间是存在差异的,理性的投资者更倾向于通过推迟获得资本收益而延迟缴纳所得税。该理论认为,股票的价格与股利支付比例成反比,权益资本费用与股利支付比例成正比。企业支付较低的股利,对实现企业价值最大化是有利的。

发展

Farrar & Selwyn(1967)通过最大化个人税后收入的局部均衡分析,得出了上述类似结论,这表明在股利税率高于资本利得税率的经济中,不管税前收益,以及个人或公司的债务额大小怎样,税后资本利得必大于税后股利所得,因此股东偏好资本利得甚于股利所得。布伦南(Brennan)通过创立一个股票评估模型,将 Farrar 和 Selwyn 的模型扩展到了一般均衡情况,使得模型更有说服力。通过最大化投资者的预期财富效用,他认为"在给定的风险水平下,股利所得税高于资本利得税,股票潜在的股利收益率越高,投资者要求的证券收益率越高"。而且结论也差不多,股利较高的股票比股利较低的股票有更高的税前收益,公司最好的股利政策就是根本不发放股利。相反地,Black & Scholes(1974)及 Fama(1974)的实证结果却表明,高收益率证券的期望收益率并不显著不同于低收益率证券的收益率,从单个公司的角度而言,这些经验检验更倾向于支持 MM 股利无关论。尽管如此,Miller(1977)发现当普通收入税与资本利得税之间的税率差异下降时,总的均衡股利供给量可能上升。更近的研究中,Keim(1985)认为股利收益率和风险调整收益率之间存在"U"形关系,即除了较小的股利支付股票外,股利收益率与风险调整收益率之间存在正的关系。Christie(1994)发现零收益率股票比支付股利的股票有显著低的收益率。Naranjo,Nimal,Eendran & Ryngaert(1998)也发现了显著的收益率效应,但认为并不能完全由税收效应来解释。另外,Hess(1982)通过研究除息(权)日平均股价下降幅度与股利大小的关系,Lakonishok & Vermaelen(1986)通过研究除息日附近的交易量,均显著支持税收效应假说。

理论分析

以上模型说明,在追求股东价值最大化目标时,公司不应支付现金股利。说明在存在税收因素的情况下,公司及投资者看来,支付现金股利就不再是最优的股利分配政策。由此可见,在存在差别税负的前提下,公司选择不同的股利支付方式,不仅会对公司的市场价值产生不同的影响,而且也会使公司(及个人)的税收负担出现差异。即使在税率相同的情况下,由于资本利得只有在实现之时才缴纳资本增值税,因此,相对于现金股利保税而言,其仍然具有延迟纳税的好处。税差理论是财务学家引进税负后对股利政策理论的研究。税差理论强调投资者由于避税需要而对股票股利的偏好,强调高股息收益率伴随高投资收益率的收益率效应,对于目前仍较为普遍的现金股利发放形式,这显然缺乏有效的解释力。事实上,这一模型中有关投资者相同边际税率的假说、完全公司假设是很难满足的,当放松这些约束条件后,有可能得到新的结果。在许多西方国家,资本利得税率低于股利收入税率,税差理论有两点结论:(1)股票价格与股利支付率成反比;(2)权益资本成本与股利支付率成正比。按照税差理论,企业在制定股利政策时必须采取低股利支付率政策,才能使企业价值最大化。

存在问题

税差理论在实际中也存在一定的问题。其成立的前提是资本利得所得税率低于股利所得税率,投资者可以通过延迟实现资本利得而延迟缴纳资本利得所得税。然而,实际生活并不一定完全如此。在西方国家,对于机构投资者,比如退休和养老基金,就既不用对股利也不用对资本利得纳税。再如存在税收优惠的条件下,公司投资者可享受股利的税收优惠,使得公司投资者实际适用的股利税率可能比资本利得的税率还要低。所以,各种各样的税收规定使税差理论缺乏足够的说服力。另外,如果是股利支付率越低越好,支付率为零时股票价值最大,那实际中公司为什么还要支付股利,甚至某些公司总是维持较高的股利支付率呢?税差理论对此也无法解释。另外,由于股利的税收是在收到股利时支付,而资本利得的税收可以递延到股票真正卖出时才支付,因此企业选择保留盈余而不支付股利时,给了股东一个有价值的时机选择权。因此基于税收差异的考虑,大多数投资者会选择公司留存利润而不是分发股利。所以,利润留存后,股价会上升,但是除非卖出股票,否则股价的上升不用纳税。总之,当存在税收差异时,投资者希望税后收益最大化,对于税收延付的股票(低股利、高资本利得)会比需要税收即付的股票(高股利、低资本利得)价格高。也就是说,高股利损害了投资者的利益,而低股利则会抬高股价,增加企业的市场价值,从而使股东财富最大化。

解读微软的股利政策

微软公司1975年由比尔·盖茨与保罗·艾伦创设,总部设在华盛顿州的雷德蒙市(Redmond,邻近西雅图)。自从1986年上市以来,微软持续高速发展,成为电脑软件业的"印钞机"。然而,微软却始终拒绝向股东派发股息,长达26年的时间里从未向股东支付现金红利。

2003年1月16日,微软公司终于拍了拍鼓鼓的钱包宣布,将于3月7日派发年度股息8美分。此为微软首次给股东发放现金红利。2004年7月20日,媒体发布了微软公司的震撼性声明:从2004年度起,现金股利翻番,每股0.32美元,每年35亿美元,连续4年,总计140亿美元;在未来4年回购300亿美元的股票、支付每股3美元的特别股利,总计320亿美元。这项计划总共花费约750亿美元,是世界公司史上回馈股东金额破纪录的壮举。盖茨宣称,2004年以后,微软现金管理的重点是增加对股东的现金股利支付,并保证公司前景乐观,所有重大投资案绝不会受到股利发放的影响。实施这一计划后,微软仍拥有390亿美元的现金储备。这一信息发布之后,微软公司的股价应声大涨3.7%。

1986年,微软以每股28美元初次上市,由于营收及获利成长实在太快,微软上市后股价一路大涨。为避免每股股价过高,影响股票的流通性,自1987年到2006年间,微软一共进行了7次"1股变成2股"的股票分割,以及2次"2股变成3股"的股票分割。具体地说,如果你在微软初次上市时持有它1股的股票,那么到2006年年底时,你这1股会变成288股($2^7 \times 1.5^2$)。在这段时间内,微软的市场价值大约成长了658倍(以2006年11月微软的收盘价每股29美元计算)。

那么,是什么促使微软公司进行如此高额的派现呢?其根本的原因是,微软积累了巨额的现金储备。

2000年成为微软公司发展的一个分水岭:公司自此从高速增长的发展阶段步入了成熟阶段。像GE公司那样成为一个成熟、以正常速度增长的公司。微软的增长速度日趋正常的同时,它手头掌握的现金越积越多。2000年6月时其现金储备约为203亿美元,2001年6月为285亿,2002年底现金则高达434亿美元。按照已公布的每股8美分,2003年微软共发8.64亿红利,这只是它手头现金的2%。2003年6月,现金460亿美元。2004年7月微软持有现金560余亿美元,派发红利后现金持有量降至约240亿。

如此巨额的现金储备应该怎么处理?扩大再生产?除了集中再投资微软的品牌软件领域之外,微软没有证明它有能力通过在主业之外的投资为股东创造超常价值。微软唯一负责任的选择是将这些累积的现金分红,至少是部分分红,让股东自己寻找适合自己的投资机会。

自2000年以来,微软公司的股票价格连续6年持平,股东和员工要求分红的压力越来越大。

另外,始于21世纪初的针对微软公司的反垄断官司基本上尘埃落定。微软管理层一直认为,微软必须拥有足够的资金来防范反垄断官司可能给公司带来的赔偿损失。而官司解决,意味着大量赔偿的危机的过去。再加上布什政府的减税政策,包括把股息税从35%下调至15%,成为公司最终派息的诱因之一。

资料来源:根据网络信息整理。

知识演练

一、快速测试

(一)单项选择题

1.某企业要缴纳25%的所得税,提取10%的法定公积金。在没有纳税调整和弥补亏损的情况下,该企业可真正自主分配的部分占利润总额的( )。

A.47%　　　　　B.67.5%　　　　　C.53%　　　　　D.80%

2.股利决策涉及面很广,其中最主要的是确定(　　)。它会影响公司的报酬率和风险。

A.股利支付日期　　　　　　　　B.股利支付方式

C.股利支付比率　　　　　　　　D.股利政策确定

3.造成股利波动较大,给投资者以公司不稳定的感觉,对于稳定股票价格不利的股利分配政策是(　　)。

A.剩余股利政策　　　　　　　　B.固定或持续增长的股利政策

C.固定股利支付率政策　　　　　D.低正常股利加额外股利政策

4.在下列股利政策中,有利于稳定股票价格,从而树立公司良好形象,但股利的支付与公司盈余相脱节的股利政策是(　　)。

A.剩余股利政策　　　　　　　　B.固定或持续增长的股利政策

C.固定股利支付率政策　　　　　D.低正常股利加额外股利政策

5.容易造成股利支付额与本期净利相脱节的股利分配政策是(　　)。

A.剩余股利政策　　　　　　　　B.固定股利政策

C.固定股利支付率政策　　　　　D.低正常股利加额外股利政策

6.企业采用剩余股利分配政策的根本理由是(　　)。

A.最大限度地用收益满足筹资的需要　　B.向市场传递企业不断发展的信息

C.使企业保持理想的资本结构　　D.使企业在资金使用上有较大的灵活性

7.下列各项中,不属于发放股票股利产生的影响的是(　　)。

A.引起每股盈余下降　　　　　　B.使公司留存大量现金

C.股东权益各项目的比例发生变化　　D.股东权益总额发生变化

8.不构成主营业务利润的组成项目的是(　　)。

A.营业费用　　　　　　　　　　B.主营业务收入

C.主营业务成本　　　　　　　　D.主营业务税金及附加

9.企业在制订分配计划时需要考虑多方面的因素,下列不属于公司因素的是(　　)。

A.公司的举债能力　　　　　　　B.资本积累约束

C.盈余稳定状况　　　　　　　　D.融资成本

10.下列各项中,不属于股利相关理论的是(　　)。

A."在手之鸟"理论　　　　　　　B.股利分配的信号传递理论

C.股利剩余论　　　　　　　　　D.股利分配的代理理论

(二)多项选择题

1.收益分配的基本原则有(　　)。

A.依法分配原则　　　　　　　　B.兼顾各方面利益原则

C.分配与积累并重原则　　　　　D.投资与收益对等原则

2.股利的种类主要有(　　)。

A.现金股利　　　　　　　　　　B.股票股利

C.财产股利　　　　　　　　　　D.负债股利

3.发放股票股利的优点主要有(　　)。

A.企业发放股票股利可免付现金,保留下来的现金可用于追加投资,扩大企业经营,减少

融资费用

B.因股票的变现能力强,易流通,所以股东乐于接受

C.可传递公司未来经营绩效的信号,增强投资者对公司未来的信心

D.便于今后配股融通更多资金和刺激股价

4.公司进行股票分割行为后产生的影响有(　　)。

A.每股市价上升　　　　　　　　B.每股市价下降

C.发行在外的股数增加　　　　　D.每股盈余增加

5.从公司的角度来看,制约股利分配的因素有(　　)。

A.控制权的稀释　　　　　　　　B.举债能力

C.盈余的变化　　　　　　　　　D.潜在的投资机会

6.股利决策涉及的内容包括(　　)。

A.股利支付程序中各日期的确定　B.股利支付比率的确定

C.股利支付方式的确定　　　　　D.支付现金股利所需现金的筹集

7.公司实施剩余股利政策意味着(　　)。

A.公司接受了股利无关论

B.公司可以保持理想的资本结构

C.公司统筹考虑了资本预算、资本结构和股利政策等财务基本问题

D.兼顾了各类股东、债权人的利益

8.下列各项中,会导致企业采取低股利政策的事项有(　　)。

A.物价持续上升　　　　　　　　B.金融市场利率走势下降

C.企业资产的流动性较弱　　　　D.企业盈余不稳定

9.下列情形中,会使企业减少股利分配的有(　　)。

A.市场竞争加剧,企业收益的稳定性减弱

B.市场销售不畅,企业的库存持续增加

C.经济增长速度减慢,企业缺乏良好的投资机会

D.为保证企业的发展,需要扩大筹资规模

10.下列方式中,可能会改变企业资本结构的有(　　)。

A.现金股利　　　　　　　　　　B.股票股利

C.财产股利　　　　　　　　　　D.股票分割

(三)判断题

1.资本保全是企业公司金融应遵循的一项重要原则。它要求企业发放的股利或投资分红不得来源于原始投资,而只能来源于企业当期利润或留存收益。(　　)

2.企业在分配收益时可以随意提取各种公积金。(　　)

3.股票回购可以巩固既定控股权或转移公司控股权,但有可能会降低股价。(　　)

4.股票分割使公司股票的每股市价降低,促进股票流通和交易,但会传递公司发展前景不好的信息。(　　)

5.股利支付率是当年发放股利与当年净利润之比,或每股股利除以每股收益。(　　)

6.负债股利是公司面临现金不足但又要顾全信誉而采用的一种股利分配方式,一般以备

查账形式对股东负债。   (   )

7.股权登记日是指有权领取股利的股东资格登记日期。只有在股权登记日后登记在公司股东名册上的股东才有权分享股利。   (   )

8.股票股利不会引起公司资产的流出或负债的增加,而会只涉及股东权益内部结构的调整。   (   )

9.在连续通货膨胀的条件下,公司应采取偏紧的股利政策。   (   )

10.股东为防止控制权稀释,往往希望公司提高股利支付率。   (   )

二、实训

(一)计算分析题

1.某公司2020年实现的税后净利润为850万元。若2021年的投资计划所需资金800万元,则该公司的目标资金结构为自有资金占60%。

要求:(1)若公司采用剩余股利政策,则2020年可以发放多少现金股利?

(2)若公司发行在外的股数为1 000万股,则该公司2020年的每股利润及每股股利分别是多少?

(3)若公司2021年决定将股利政策改为逐年稳定增长的股利政策。假设股利的逐年稳定增长率为2%,投资者要求的必要报酬率为12%,那么该公司股票的价值是多少?

2.某公司成立于2020年1月1日,2020年度实现的净利润为300万元,分配的现金股利为120万元,提取的盈余公积为180万元(所提盈余公积均已指定用途)。该公司2021年实现的净利润为500万元(不计提盈余公积)。该公司2019年计划增加投资,所需资金400万元。假定该公司的目标资本结构为自有资金占40%,借入资金占60%。

要求:(1)在保持目标资本结构的前提下,试计算2019年投资方案所需的自有资金和需要从外部借入的资金。

(2)在保持目标资本结构的前提下,公司执行剩余股利政策,试计算2021年度应分配的现金股利。

(3)在不考虑目标资本结构的前提下,公司执行固定股利政策,试计算2021年度应分配的现金股利,以及可用于2019年投资的留存收益和需要额外筹集的资金。

(4)不考虑目标资本结构的前提下,公司执行固定股利支付率政策,试计算该公司的股利支付率和2021年度应分配的现金股利。

(5)假定公司2019年面临着从外部筹资的困难,只能从内部筹资,不考虑目标资本结构,试计算在此情况下2021年度应分配的现金股利。

(二)思考讨论题

1.影响股利政策的因素有哪些?为什么?

2.不同的股利形式对公司有何影响?

3.假定股利对权益投资者的福利很重要,他们为什么还能授受股利的随意性?

4.假如你是一个大型信托基金的分析师,你在给李毅服装公司做财务分析。这个公司是给青年人做时尚棉料衣服的。最近,该公司受到外国同行的竞争,就要失去在时尚市场上的竞争优势了。该公司的每股收益在过去的三年里从2元下跌到1.8元再下降到1.2。尽管收益下跌了两年,股利却保持不变,每股支付股利1元。去年股利增加到1.5元。面对这一变化,你会给公司提出什么股利分配建议?

5.资料:东方电子股份有限公司是一家在上海证券交易所上市的股份公司。该公司没有发行优先股。2020年,该公司实现税前利润100亿元,在缴纳了企业所得税、提取法定盈余公积金后,公司董事会决定制订下一步分配方案以备股东会表决。董事会在制订分配方案时提出提取5%的任意盈余公积金的建议,并考虑到2021年因销售量增长所需要追加的投资、以前年度银行借款合同的条款规定,以及股利分配政策的连续性,并最终拟订了公司分配方案。(资料来源:东方电子股份有限公司2020—2021年相关财务信息)

要求:企业利润分配的依据是什么?东方电子股份有限公司应按什么程序进行利润分配?

第十章

财务预算

学习目标与要求

预算是指企业或个人未来的一定时期内经营、资本、财务等各方面的收入、支出、现金流的总体计划。企业预算是一种涵盖未来一定期间所有营运活动过程的计划。它是企业最高管理者为整个企业及其各部门设定的目标、战略及方案的正式表达。

通过本章的学习,应达到以下目标与要求:

了解企业全面预算管理体系的含义和内容;

熟悉财务预算不同编制方法的特点;

掌握弹性预算、零基预算和滚动预算的编制方法;

掌握现金预算、预计资产负债表、预计利润表和预计现金流量表的编制方法;

能够运用财务预算管理的原理与方法,结合企业实际经营活动的特点,选用适合的预算编制方法;

能够按照财务预算编制的依据和流程编制企业预计的财务报表。

案例导入

中国宝武武钢集团有限公司的动态预算管理

中国宝武武钢集团有限公司(下文简称"武钢")自推行预算管理开始,就率先在组织结构上进行了配套改革,成立了公司预算管理委员会,并利用机构改革之机把公司的年度生产经营计划和公司金融部门合并,组建了计划财务部,优化了预算管理的组织结构。其还利用计划财务部这个组织结构平台不断吸纳生产、销售、设备、运输、能源等各个专业的管理专家,使预算管理真正超越公司金融的范畴,使预算管理部门成了一个综合性的管理部门。预算委员会成员由公司董事长或总经理任免,董事长或总经理对公司预算的管理工作负总责。预算委员会制定公司总体预算目标及保障措施,审定公司总预算、分预算和专项预算。预算委员会设预算管理办公室,集团公司总会计师兼任办公室主任,负责全面预算管理工作的日常事宜。预算委员会下各单位成立相应的预算管理组织,一般设在财务部门,由多个部门参加,负责本单位内部的预算编制和监督执行。预算委员会建立例会制度,定期分析预算的执行情况,督促检查预算的实施。

武钢预算管理作为企业内部控制的重要方式,由预算编制、预算执行、预算分析和考核等环节构成。预算管理的内容贯穿在企业的整个生产经营活动中,对管理的各个层面、环节及总体目标进行系列、统一的规划和控制。按企业生产经营的经济内容和层次关系,预算可分为经营预算、资本支出预算和财务预算三部分。在实际的预算编制过程中,按照预算管理的对象可把预算管理的内容分为总预算、分预算和专项预算三个部分。总预算是以企业总体经济运行为对象制定的预算,分预算是以企业所属或受控制的生产经营为对象制定的预算,专项预算是为企业的生产经营预算提供专业支持、反映企业某一方面的经济活动而制定的预算。

为了比较准确地编制未来年度的预算,一般在每年的9月初开始就要对未来年度的情况进行广泛的调查研究和预测,尤其是对经营预算中的生产、销售、采购、设备和资源的平衡配置等相关情况的了解,对资本支出预算中投资项目对生产经营的影响、对集团损益的影响的了解。在充分了解未来年度生产经营的环境与条件后,由预算管理办公室起草年度的预算编制大纲报预算委员会审批后,作为预算编制的基本原则和总体要求。

预算编制大纲是编制年度预算的起点,要体现集团企业的经营思想和战略目标,明确提出预算编制的原则、要求,预算编制的具体内容、责任单位和明细分工以及上报时间等。

各责任单位、相关专业预算编制部门在预算管理办公室的组织下,按预算管理责任分工,根据预算编制大纲和专业预算目标要求编制各分预算及专项预算,并按时上报预算管理办公室。

预算管理办公室将各单位、各部门上报的分预算及专项预算草案进行分析汇总编制,在综合平衡基础上编制企业完整的总预算,并报公司预算委员会审定、颁发。此过程一般要经过几个来回,经历两个月时间,最终以公司文件形式下发。

总体来说,武钢集团的预算是先自下而上,后自上而下的。在这种预算编制方式下,集团先确定预算目标,包括一些关键性的指标,然后将指标分解后由各成员企业编制预算草案,草案上报后由集团预算管理办公室加以汇总、协调、调整,形成预算方案,报预算委员会审定后下达给成员企业和有关职能部门。事实上,这种模式下的预算编制往往不是一个过程就可以完成,而要经过多次的循环,让集团和成员企业间进行充分的信息沟通和了解,既能顾及集团的整体目标,又充分考虑到成员企业的个体差异。这样使最终的预算成为具有较强的科学性与可操作性的预算。同时,在全资子公司的利润预算指标,专项费用、归口费用、可控费用、预算保证措施的增效指标、主要的技术经济指标等专项预算指标上采用联合确定基数法来编制预算。

武钢动态预算管理充分体现了本章阐述的动态预算管理的特点,即全员参与、全程控制、全面管理。这种成功的管理方式得益于预算组织的建立,以及预算准备的调研与反复论证。

资料来源:IT168信息化频道——影响中国信息化全面预算管理的十大案例。

第一节 财务预算概述

通常,企业不会去计划失败,而许多失败的企业却是因为没有计划。预算是指企业或个人未来的一定时期内经营、资本、财务等各方面的收入、支出、现金流的总体计划。预算的目的是协调和控制给定时期内资源的获得、配置和使用。的确,企业预算是一种涵盖未来一定期间所有营运活动过程的计划。它是企业最高管理者为整个企业及其各部门设定的目标、战略及方案的正式表达。可以说,预算是控制范围最广的技术,因为它关系到整个组织机构而不仅是其中的几个部门。因此,编制预算可以看成将构成组织机构的各种利益整合成一个所有各方都同意的计划,并在试图达到目标的过程中说明计划是可行的。

有学者认为预算是行动计划的数量表达。但预算并不等同于计划。任何有意义的设想都可以称之为计划,如工作目标、实现目标的步骤和方法等,而预算则专指使用货币量度的计划。预算总是针对特定期间的,如一年或几年;也可能是某一事项的开始至结束,如某项工程的预算。预算的前提是企业已经确定了计划期的目标利润。为了达到和完成企业的总体目标,企业的销售、生产、供应、财务等职能部门必须相互配合、协调一致地开展工作,这就是预算的编制过程。因此,在企业的计划和控制中,预算是使用得最为广泛的工具之一。企业要想在激烈的市场竞争中立于不败之地,实现经济利益的最大化,就必须事先编制预算。

一、财务预算的概念与内容

(一)财务预算的概念

预算是计划工作的结果。它既是决策的具体化,又是控制生产经营活动的依据。全面预算是企业未来一段期间内全部经营活动各项目标的行动计划与相应措施的数量说明,具体包括特种决策预算、日常业务预算与财务预算三大类内容。其中,财务预算是一系列专门反映企业未来一定预算期内预计财务状况和经营成果,以及现金收支等价值指标的各种预算总称。

(二)财务预算的内容

编制财务预算是企业公司金融的一项重要内容。财务预算必须服从企业决策目标的要求,使决策目标具体化、系统化和定量化。企业的财务预算具体包括反映现金收支的现金预算、反映企业财务状况的预计资产负债表、反映企业财务成果的预计利润表等内容。财务预算是全面预算的一部分。它与其他预算是联系在一起的,整个全面预算是一个数字相互衔接的整体。图10-1反映了各预算之间的主要联系。

财务预算是企业全面预算的一个重要组成部分。与其他预算相比,财务预算的主要特点是它以价值形式将企业一定时期内生产经营活动的目标具体化,是企业各项预算的综合表现。

图 10-1 全面预算

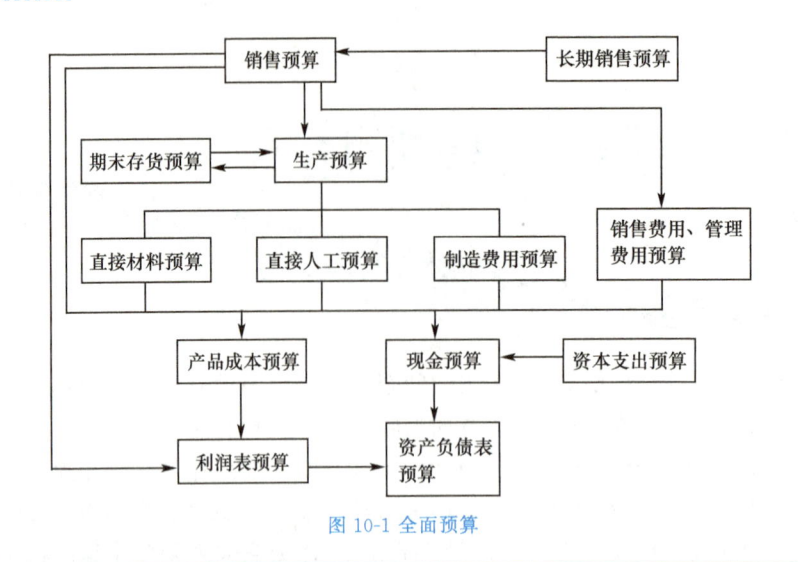

二、财务预算的地位与作用

(一)财务预算的地位

全面预算是一种管理工具,也是一套系统的管理方法,是关于企业在一定的时期内(一般为一年或一个预算期间内)各项业务活动、财务表现等方面的总体预测。企业通过全面预算合理分配企业人、财、物等战略资源,协助企业实现既定的战略目标,与相应的绩效管理配合以促进战略目标的实现,控制费用支出,并预测资金需求、利润和期末财务状况等。

财务预算作为全面预算的最后环节,从价值方面总括地反映经营期专门决策预算与业务预算的结果,反映企业的总体情况,是各种专门预算的综合,能使全面预算目标具体化、系统化和定量化。其他预算编制服务于财务预算编制,构成财务预算编制的基础。因此,财务预算是全面预算的核心。

(二)财务预算的作用

财务预算作为全面预算体系的重要组成部分,在全面预算体系中具有重要的作用,主要表现在以下几个方面:

1.明确工作目标

财务预算作为一种以价值尺度编制的计划,规定了企业一定时期的总目标以及各级各部门的具体财务目标。这样便于企业各职能部门从价值上了解本单位的经济活动与整个企业经营目标之间的关系,明确各自的职责及其努力方向,在企业总体和具体工作计划的指导下,从各自的角度去完成企业总的战略目标。

2.协调部门关系

财务预算可以把企业各方面的工作纳入统一计划,促使企业内部各部门的预算相互协调,环环紧扣,达到平衡,在保证企业总体目标最优的前提下组织各自的生产经营活动。

3.控制日常活动

编制预算是企业经营管理的起点,也是控制日常经济活动的依据。企业在预算的执行过程中,通过对日常经营活动的检查,及时发现实际脱离预算的差异并分析其产生原因,以便采取必要措施消除薄弱环节,保证企业整体目标的实现。

4.考核业绩标准

企业财务预算确定的各项指标也是考核各部门工作成绩的基本尺度。企业在评定各部门工作业绩时,可根据财务预算的完成情况分析偏离预算的程度和原因,划清责任,分明奖罚,促使各部门为完成预算规定的目标努力工作。

三、编制财务预算应遵循的原则

(1)编制财务预算要以明确的经营目标为前提。例如,如果既定了目标利润,就能相应地明确目标成本,编制有关收入、费用、成本的预算。

(2)编制预算要做到全面、完整。凡是会影响目标实现的业务、事项,均应以货币或其他计量形式来具体地加以反映,尽量避免由于预算缺乏周详的考虑而影响目标的实现。有关预算指标之间要相互衔接,勾稽关系明确,以保证整个预算的综合平衡。

(3)预算要积极可靠,留有余地。积极可靠是指要充分估计目标实现的可能性,不要把预算指标定得过低或过高,保证预算能在实际执行过程中充分发挥其指导和控制作用。为了应付实际情况的千变万化,预算又必须留有余地,具有一定的灵活性,以免在意外事项发生时被动,以至于影响原定目标的实现。

四、编制财务预算的程序

企业预算的编制涉及经营管理的各个部门,只有执行人参与预算的编制,才能使预算成为他们自愿努力完成的目标。编制财务预算应在充分预测的基础上进行,采用自上而下、自下而上、上下结合的方法,反复修订、平衡、协调,由财务部门进行综合平衡,最后报请企业决策机构批准。具体预算编制程序如下:

(1)企业决策机构根据长期规划提出企业一定时期的总目标,并下达规划指标。

(2)各有关部门根据企业下达的目标和有关指标计划编制本部门的预算草案。

(3)企业财务部门或预算委员会审查、归集、平衡各预算,并汇总出公司的总预算草案,将草案下发协调讨论,并进行进一步的修改,经过有必要的反复调整后,形成总预算报企业领导决策机构。

(4)将企业领导决策机构批准的预算下达各部门执行。

第二节 财务预算的编制方法

财务预算可以根据不同的预算项目,分别采用固定预算、弹性预算、增量预算、零基预算、定期预算和滚动预算等方法进行编制。

一、固定预算方法和弹性预算方法

按业务量基础的数量特征不同,财务预算的编制方法可分固定预算方法和弹性预算方法两大类。

(一)固定预算方法

固定预算方法简称固定预算、静态预算,是指在编制预算时,把企业预算期的业务量固定在某一预计水平上,以此为基础来编制预算的一种方法。固定预算编制出的预算具有相对的固定性,比较简单易行,但必须使预计业务量和实际业务量一致或者相差很小才比较合适。一旦实际业务量与预计业务量相差较大,就必然导致有关成本费用和利润的实际水平与预算水平因基础不一致而失去可比性,不利于开展控制和考核。所以,该方法适用于经济状况比较稳定的企业或部门。

▶【例 10-1】 天河公司采用完全成本法进行核算。其预算期生产的某种产品的预计产量为 1 000 件,按固定预算方法编制的该产品成本预算见表 10-1。

表 10-1　　　　　　　　天河公司产品成本预算(按固定预算方法编制)

预计产量:1 000 件　　　　　　　　　　　　　　　　　　　　　　　　　　　　　　单位:元

成本项目	单位成本	总成本
直接材料	6	6 000
直接人工	3	3 000
制造费用	2	2 000
合计	11	11 000

(二)弹性预算方法

弹性预算方法简称弹性预算、变动或滑动预算,是相对于固定预算而言的,是以业务量、成本和利润之间的依存关系为依据,按照预算期可预见的各种业务量水平为基础,编制能够适应多种情况预算的一种方法。由于企业的生产经营活动总是处于动态变化之中,弹性预算就是适应这种变化而编制的,所以它能够发挥预算在实际生产经营活动中的控制作用,也能在客观可比的基础上保证对预算实际执行情况的分析考核。

编制弹性预算首先应选择业务量标准,然后确定业务量范围及分析费用的性质,最后确定各个业务量水平的预算控制。编制弹性预算所依据的业务量可以是产量、销售量、直接人工工时、机器工时、材料消耗量或直接人工工资等。业务量计量单位应根据企业具体情况进行选择。一般来说,生产单一产品的部门可以选用产品实物量;生产多品种产品的部门可以选用人工工时、机器工时等;修理部门可以选用修理工时等。以手工操作为主的企业应选用人工工时;机械化程度较高的企业选用机器工时更为适宜。业务量变动范围的选择应视企业的具体情况而定。一般来说,业务量变动范围定在正常生产能力的 70%~120%为宜,或以历史上最高业务量或最低业务量为其上下限。

按照成本性态可将与业务量有关的成本划分为固定成本与变动成本两大部分。固定成本在相关范围内不随业务量增减变动而发生变动,变动成本则随企业业务量的变动成正比例变动。固定成本按总额预算和控制,变动成本则按单位成本预算和控制。预算总额根据成本性态和业务量计算确定。其基本预算公式如下:

销售收入预算＝销售量×预计销售单价

成本预算＝固定成本预算＋销售量×单位变动成本预算

利润预算＝销售量×预计销售单价－(固定成本预算＋销售量×单位变动成本预算)

从实用角度来看,一般只编制弹性成本预算和弹性利润预算。

(1)弹性成本预算的编制。弹性成本预算的编制可以选择公式法和列表法两种具体方法。

①公式法。公式法是指在成本性态分析的基础上,通过确定成本公式 $y=a+bx$ 中的 a 和 b 来编制弹性预算的方法。其中,a 表示固定成本,b 表示单位变动成本,x 表示业务量,y 表示总成本。

在公式法下,如果事先确定了有关业务量的变动范围,只要根据有关成本项目的 a 和 b 参数,就可以很方便地推算出业务量在允许范围内任何水平上的各项预算成本。

▶【例10-2】天河公司按公式法编制的制造费用弹性预算见表10-2,其中较大的混合成本项目已经被分解。

表 10-2　　　　　天河公司预算期制造费用弹性预算(公式法)

直接人工工时变动范围:35 000～60 000 小时　　　　　　　　　　　　　　　　单位:元

项目	a	b
管理人员工资	7 500	—
保险费	2 500	—
设备租金	4 000	—
维修费	3 000	0.5
水电费	250	0.3
辅助材料	2 000	0.6
辅助工工资	—	0.9
检验员工资	—	0.7
合计	19 250	3

根据表10-2,可利用 $y=19\ 250+3x$,计算出直接人工工时在 35 000～60 000 的范围内,任一业务量基础上的制造费用预算总额。假设人工工时为 40 000 小时,则制造费用预算为 139 250(19 250+3×40 000)元。

这种方法的优点是在一定范围内不受业务量波动影响,编制预算的工作量较小;缺点是在进行预算控制和考核时,不能直接查出特定业务量下的总成本预算额,而且按细目分解成本比较麻烦,同时又有一定误差。

②列表法。列表法是指通过列表的方式,在相关范围内每隔一定业务量范围计算相关数值预算来编制弹性成本预算的方法。

▶【例10-3】天河公司按列表法编制的制造费用弹性预算见表10-3。

表 10-3　　　　　天河公司预算期制造费用弹性预算(列表法)　　　　　　　　　单位:元

直接人工小时	35 000	40 000	45 000	50 000	55 000	60 000
生产能力利用	70%	80%	90%	100%	110%	120%
1.变动成本项目	56 000	64 000	72 000	80 000	88 000	96 000
辅助工人工资	31 500	36 000	40 500	45 000	49 500	54 000
检验员工资	24 500	28 000	31 500	35 000	38 500	42 000
2.混合成本项目	54 250	61 250	68 250	75 250	82 250	89 250
维修费	20 500	23 000	25 500	28 000	30 500	33 000
水电费	10 750	12 250	13 750	15 250	16 750	18 250
辅助材料	23 000	26 000	29 000	32 000	35 000	38 000

(续表)

3.固定成本项目	14 000	14 000	14 000	14 000	14 000	14 000
管理人员工资	7 500	7 500	7 500	7 500	7 500	7 500
保险费	2 500	2 500	2 500	2 500	2 500	2 500
设备租金	4 000	4 000	4 000	4 000	4 000	4 000
制造费用预算	124 250	139 250	154 250	169 250	184 250	199 250

列表法的主要优点是可以直接从表中查得各种业务量下的成本预算,便于预算的控制和考核,可以在一定程度上弥补公式法的不足。但这种方法工作量较大,且不能包括所有业务量条件下的费用预算,故适用面较窄。

(2)弹性利润预算的编制。弹性利润预算是根据成本、业务量和利润之间的依存关系,为适应多种业务量变化而编制的利润预算。弹性利润预算是以弹性成本预算为基础编制的。其主要内容包括销售量、价格、单位变动成本、边际贡献和固定成本。编制弹性利润预算可以选择因素法和百分比法两种方法。

①因素法。因素法是指根据受业务量变动影响的有关收入、成本等因素与利润之间的关系,列表反映在不同业务量条件下利润水平的预算方法。

▶【例10-4】 预计天河公司预算年度某产品的销售量在14 000~24 000 件变动;销售单价为200元;单位变动成本为86元;固定成本总额为160 000元。要求:根据上述资料以2 000件为销售量的间隔单位编制该产品的弹性利润预算。

依题意编制的弹性利润预算见表10-4。

表10-4 　　　　　　　　　　天河公司弹性利润预算 　　　　　　　　　　单位:元

销售量/件	14 000	16 000	18 000	20 000	22 000	24 000
单价	200	200	200	200	200	200
单位变动成本	86	86	86	86	86	86
销售收入	2 800 000	3 200 000	3 600 000	4 000 000	4 400 000	4 800 000
减:变动成本	1 204 000	1 376 000	1 548 000	1 720 000	1 892 000	2 064 000
边际贡献	1 596 000	1 824 000	2 052 000	2 280 000	2 508 000	2 736 000
减:固定成本	160 000	160 000	160 000	160 000	160 000	160 000
营业利润	1 436 000	1 664 000	1 892 000	2 120 000	2 348 000	2 576 000

这种方法适于单一品种经营或采用分算法处理固定成本的多品种经营的企业。

②百分比法。百分比法又称销售额百分比法,是指按不同销售额的百分比来编制弹性利润预算的方法。

一般来说,许多企业都经营多品种,在实际工作中,分别按品种逐一编制弹性利润预算是不现实的。这就要求人们用一种综合的方法——销售额百分比法对全部经营商品或商品大类编制弹性利润预算。

▶【例10-5】 天河公司预算年度的销售业务量达到100%时的销售收入为4 000 000元,变动成本为1 720 000元,固定成本为160 000元。要求:根据上述资料以10%的间隔为天河公司按百分比法编制弹性利润预算。

根据题意编制弹性利润预算见表10-5。

表 10-5　　　　　　　　　　天河公司弹性利润预算　　　　　　　　　　单位:元

销售收入百分比(1)	80%	90%	100%	110%	120%
销售收入(2)=4 000 000×(1)	3 200 000	3 600 000	4 000 000	4 400 000	4 800 000
变动成本(3)=1 720 000×(1)	1 376 000	1 548 000	1 720 000	1 892 000	2 064 000
边际贡献(4)=(2)-(3)	1 824 000	2 052 000	2 280 000	2 508 000	2 736 000
固定成本(5)	160 000	160 000	160 000	160 000	160 000
利润总额(6)=(4)-(5)	1 664 000	1 892 000	2 120 000	2 348 000	2 576 000

应用百分比法的前提条件是销售收入必须在相关范围内变动,即销售收入的变化不会影响企业的成本水平(单位变动成本和固定成本总额)。此方法主要适用于多品种经营企业。

二、增量预算方法和零基预算方法

按出发点的特征不同,编制成本费用预算的方法可分为增量预算方法和零基预算方法两大类。

(一)增量预算方法

增量预算方法简称增量预算、调整预算方法,是指在基期成本费用水平的基础上,结合预算期业务量水平及有关降低成本的措施,通过调整有关原有费用项目而编制预算的一种方法。

增量预算方法源于以下假定:

(1)现有的业务活动是企业所必需的。只有保留企业现有的每项业务活动,才能使企业的经营过程得到正常发展。

(2)原有的各项开支都是合理的。既然现有的业务活动是必需的,那么原有的各项费用开支就一定是合理的,必须予以保留。

(3)未来预算期的费用变动是在现有费用的基础上调整的结果。

增量预算方法比较简单,但也正是因为上述假设,它往往不加分析地保留或接受原有成本项目,或按主观臆断平均削减,或只增不减,这样容易造成预算的不足或者预算开支不合理。

(二)零基预算方法

零基预算方法的全称为以零为基础编制计划和预算的方法,简称零基预算、零底预算,是指在编制成本费用预算时,不考虑以往会计期间所发生的费用项目或费用数额,而将所有的预算支出均以零为出发点,一切从实际需要与可能出发,研究分析预算期内各项费用的内容及开支标准是否合理,在进行综合平衡的基础上编制费用预算的一种方法。这种预算方法打破了传统的编制预算观念,不再以历史资料为基础进行调整,而是一切以零为基础推倒重来。零基预算即因此而得名。

企业在编制预算时,首先要确定各个费用项目是否应该存在,然后按项目的轻重缓急安排企业的费用预算。零基预算的优点是不受现有条条框框的限制,对一切费用以零为出发点,这样不仅能压缩资金开支,还能将资金切实落到实处,合理使用资金,提高效益。其缺点是由于一切支出均以零为起点进行分析、研究,对所有业务活动都要重新评价,加大了预算工作量。一般情况下,企业不是每年都按零基预算来编制预算的,而是每隔若干年编制一次零基预算,以后几年内再略做适当调整,这样既可以减轻预算编制的工作量,又能适当控制费用。

三、定期预算方法和滚动预算方法

按预算期的时间特征不同,预算的编制方法可分为定期预算方法和滚动预算方法两大类。

(一)定期预算方法

定期预算方法简称定期预算,是指在编制预算时以不变的会计期间(如日历会计年度)作为预算期的一种编制预算的方法。

定期预算方法主要有以下几个缺点:

(1)盲目性。定期预算的编制多在固定会计期间开始的前一段时间进行,难以预测预算期的后期情况。未来很多数据资料只能靠估计,具有盲目性。

(2)不变性。在预算执行过程中,许多不测因素会妨碍预算的控制指导功能,甚至使之失去作用,而预算在实施过程中又往往不能进行调整,具有不变性。

(3)间断性。定期预算只考虑一个会计期间的经营活动,即使中途修订也只是针对剩余的预算期,而对下一个会计期间很少考虑,预算的连续性差,形成预算间断。

(二)滚动预算方法

滚动预算方法简称滚动预算、连续预算或永续预算,是指在编制预算时,将预算期与会计年度脱离,随着预算的执行不断延伸补充预算,逐期向后滚动,使预算期永远保持为一个固定期间的一种预算编制方法。

滚动预算方法的主要特点就是预算期是连续不断的,即企业始终保持一固定预算期限的预算,是一种动态预算。这种预算要求在固定预算期限内,预算期逐期向前滚动时,近期的执行预算要较详细完整,远期的预算较为粗略。随着时间的推移,原来较粗的预算逐渐由粗变细,后面随之又补充新的较粗的预算,以此往复,不断滚动。滚动预算按其预算编制和滚动的时间单位不同可分为逐月滚动、逐季滚动和混合滚动三种方式。例如,某企业逐月滚动预算方式如图10-2所示。

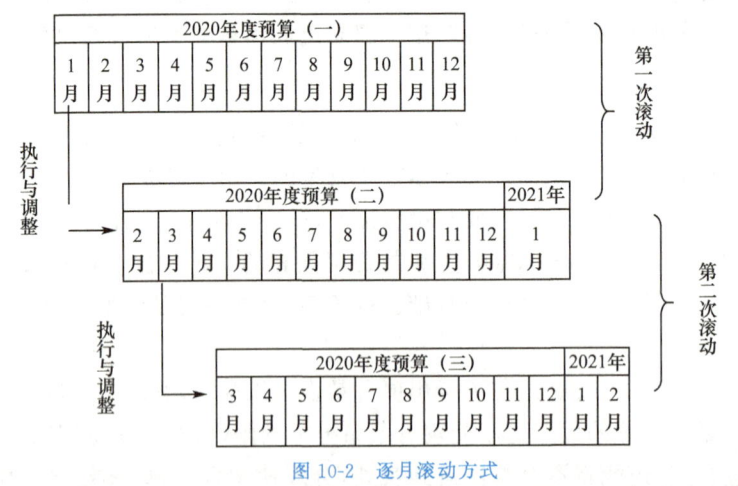

图 10-2 逐月滚动方式

滚动预算方法的优点在于可以保持预算的连续性和完整性,克服传统定期预算的盲目性、不变性和间断性。企业通过滚动预算来反映连续不断的生产经营活动过程,使预算方法和生产经营过程相适应,同时滚动预算便于随时修订预算,可确保企业经营管理工作的稳定性充分发挥预算的指导和控制作用。

滚动预算方法的缺点就是预算编制工作相对比较繁重,特别是按月滚动编制时,虽然预算比较精确,但是工作量却最大,可适当调整固定预算期限,如按季滚动或者同时使用月份和季度作为固定预算期限滚动。当然,在实际工作中,企业采用哪种滚动预算方式应视自身的实际需要而定。

第三节 财务预算的具体编制

一、现金预算的编制

现金预算又称现金收支预算,是反映预算期企业全部现金收入和全部现金支出的预算。现金预算实际上是与其他预算有关现金收支部分的汇总,以及收支差额平衡措施的具体计划。它的编制要以其他各项预算为基础。或者说,其他预算在编制时要为现金预算做好数据准备。

下面分别介绍各项预算的编制以为现金预算的编制提供数据和编制依据。

(一)销售预算的编制

销售预算是指为规划一定预算期内因组织销售活动而引起的预计销售收入而编制的一种日常业务预算。销售预算是整个预算的编制关键和起点。其他预算的编制都需要建立在销售预算的基础上或者大都与销售预算数据有关。

【例10-6】 天河公司生产和销售甲产品,根据2020年各季度的预计销售量及预计销售价格的有关资料编制的销售预算表见表10-6。

表10-6　　　　　　　　　　　销售预算表

项　目	第一季度	第二季度	第三季度	第四季度	全年
预计销售量/件	200	300	400	360	1 260
预计单位售价/元	200	200	200	200	200
销售收入/元	40 000	60 000	80 000	72 000	252 000

销售预算的主要内容是销量、单价和销售收入。销量是根据市场预测或销货合同并结合企业的生产能力确定的。单价是通过价格决策确定的。销售收入是两者的乘积,在销售预算中计算得出的。销售预算通常要分品种、月份、销售区域、业务员来编制。

在实际工作中,产品销售往往不是现购现销的,大多会采用赊销方式,因此会产生很大数额的应收账款。所以,在销售预算中通常还包括预计现金收入的计算,其目的是编制现金预算提供必要的资料。每一季度的现金收入包括两部分,即以前期的应收账款在本季度收到的货款,以及本季度销售中可能收到的货款。

假设本例中,每季度销售收入在本季度收到现金60%,另外的40%在下季度才能收到,则天河公司2020年的销售预算及预计现金收入表见表10-7。

表 10-7　　　　　　　　　　　　　销售预算及预计现金收入表　　　　　　　　　　　　　单位：元

项目	第一季度	第二季度	第三季度	第四季度	全年
预计销售量（件）	200	300	400	360	1260
预计单位售价	200	200	200	200	200
销售收入	40 000	60 000	80 000	72 000	252 000
预计现金收入					
上年应收账款	12 400				12 400
第一季度（销货 40 000）	24 000	16 000			40 000
第二季度（销货 60 000）		36 000	24 000		60 000
第三季度（销货 80 000）			48 000	32 000	80 000
第四季度（销货 72 000）				43 200	43 200
现金收入合计	36 400	52 000	72 000	75 200	235 600

（二）生产预算的编制

生产预算是为规划一定预算期内预计生产量水平而编制的一种日常业务核算。它是根据销售预算按品种分别编制的。由于企业的生产和销售不能做到"同步同量"，生产数量除了满足销售以外，还需要设置一定的存货，以保证能在发生意外需求时按时供货，并可均衡生产，节省赶工的额外支出。预计生产量可用下列公式计算：

预计生产量＝预计销售量＋预计期末存货量－预计期初存货量

式中：预计销售量可在销售预算中找到；预计期初存货量等于上季期末存货量；预计期末存货量应根据长期销售趋势来确定，在实践中，一般是按事先估计的期末存货量占下期销售量的比例进行估算。

▶【例 10-7】 假设【例 10-6】中，天河公司的期末存货按下季度销售量的 10% 来安排，上年年末的存货为 20 件，年末留存 40 件，则天河公司 2020 年的生产预算见表 10-8。

表 10-8　　　　　　　　　　　　　天河公司的生产预算　　　　　　　　　　　　　单位：件

项目	第一季度	第二季度	第三季度	第四季度	全年
预计销售量	200	300	400	360	1 260
加：预计期末存货	30	40	36	40	40
合计	230	340	436	400	1 300
减：预计期初存货	20	30	40	36	20
预计生产量	210	310	396	364	1 280

（三）直接材料预算的编制

直接材料预算是指为规划一定预算期内因组织生产活动和材料采购活动预计发生的直接材料需用量、采购量和采购成本而编制的一种经营预算。

直接材料预算以生产预算、材料消耗定额和预计材料采购单价等信息为基础来编制，同时考虑期初、期末材料存货水平。

直接材料生产上的需要量同预计采购量之间的关系可按下列公式计算：

预计采购量＝生产需要量＋期末库存量－期初库存量

期末库存量一般是按照下期生产需要量的一定百分比来计算的。生产需要量的计算公式为：

$$生产需要量 = 预计生产量 \times 单位产品材料耗用量$$

为了便于以后编制现金预算，企业通常要预计材料采购各季度的现金支出。每个季度的现金支出包括偿还以前应付账款和本期应支付的采购货款。

▶【例 10-8】 根据【例 10-7】的资料，假定天河公司生产的甲产品只耗用一种材料，其希望每季度末的材料库存量分别为 620 千克、792 千克、728 千克、800 千克。上年年末库存材料为 600 千克。材料的采购货款有 50%在本季度付清，另外 50%在下季度付清。天河公司直接材料预算和预计现金支出见表 10-9。

表 10-9　　　　　　　　　　直接材料预算和预计现金支出

项　目	第一季度	第二季度	第三季度	第四季度	全年
预计生产量/件	210	310	396	364	1 280
单位产品材料耗用量/(千克/件)	10	10	10	10	10
生产需用量/千克	2 100	3 100	3 960	3 640	12 800
加：预计期末存量/千克	620	792	728	800	800
合计	2 720	3 892	4 688	4 440	13 600
减：预计期初存量/千克	600	620	792	728	600
预计材料采购量/千克	2 120	3 272	3 896	3 712	13 000
单价/(元/千克)	5	5	5	5	5
预计采购金额/元	10 600	16 360	19 480	18 560	65 000
预计现金支出					
上年应付账款	4 700				4 700
第一季度（采购 10 600 元）	5 300	5 300			10 600
第二季度（采购 16 360 元）		8 180	8 180		16 360
第三季度（采购 19 480 元）			9 740	9 740	19 480
第四季度（采购 18 560 元）				9 280	9 280
合计	10 000	13 480	17 920	19 020	60 420

（四）直接人工预算的编制

直接人工预算是指为规划一定预算期内人工工时的消耗水平和人工成本水平而编制的一种经营预算。直接人工预算也是以生产预算为基础编制的，其主要内容有预计产量、单位产品工时、人工总工时、每小时人工成本和人工总成本数据。预计产量数据来自生产预算。单位产品工时和每小时人工成本数据来自标准成本资料。人工总工时和人工总成本是在直接人工预算中计算出来的。由于人工工资都需要使用现金支付，所以不需要另外预计现金支出，可直接参加现金预算的汇总。

（五）制造费用预算的编制

制造费用预算是指为规划一定预算期内除直接材料和直接人工预算以外预计发生的其他生产费用水平而编制的一种日常业务预算。制造费用预算通常分为变动制造费用和固定制造费用两部分。变动制造费用以生产预算为基础来编制，即根据预计生产量和预计的变动制造费用分配率来计算；固定制造费用需要逐项进行预计，通常与本期产量无关，按每季度实际需要的支付额预计,然后求出全年数。

▶【例10-9】 天河公司2020年的直接人工预算见表10-10。

表 10-10　　　　　　　　　　　　直接人工预算

项　目	第一季度	第二季度	第三季度	第四季度	全年
预计产量/件	210	310	396	364	1 280
单位产品工时/(小时/件)	10	10	10	10	10
人工总工时/小时	2 100	3 100	3 960	3 640	12 800
每小时人工成本/(元/小时)	2	2	2	2	2
人工总成本/元	4 200	6 200	7 920	7 280	25 600

▶【例10-10】 天河公司2020年的制造费用预算见表10-11。

表 10-11　　　　　　　　　　　　制造费用预算　　　　　　　　　　　　单位:元

项　目	第一季度	第二季度	第三季度	第四季度	全年
变动制造费用:					
间接人工	210	310	396	364	1 280
间接材料	210	310	396	364	1 280
修理费	420	620	792	728	2 560
水电费	210	310	396	364	1 280
小计	1 050	1 550	1 980	1 820	6 400
固定制造费用:					
修理费	2 000	2 280	1 800	1 800	7 880
折旧	2 000	2 000	2 000	2 000	8 000
管理人员工资	400	400	400	400	1 600
保险费	150	170	220	380	920
财产税	200	200	200	200	800
小计	4 750	5 050	4 620	4 780	19 200
合计	5 800	6 600	6 600	6 600	25 600
减:折旧	2 000	2 000	2 000	2 000	8 000
现金支出的费用	3 800	4 600	4 600	4 600	17 600

为了便于以后编制产品成本预算,需要计算小时费用率。

$$变动制造费用分配率 = \frac{6\ 400}{12\ 800} = 0.5\ 元/小时$$

$$固定制造费用分配率 = \frac{19\ 200}{12\ 800} = 1.5\ 元/小时$$

在制造费用中,除折旧费以外都必须支付现金。为了便于现金预算,需要预计现金支出,将制造费用预算数额扣除折旧费后,即可得出现金支出的费用。

(六)产品成本预算的编制

产品成本预算是指为规划一定预算期内每种产品的单位产品成本、生产成本、销售成本等内容而编制的一种日常业务预算。

产品成本预算需要在生产预算、直接材料预算、直接人工预算和制造费用预算的基础上编制。产品成本预算也为编制预计利润表和预计资产负债表提供了数据。

产品成本预算的主要内容是产品的单位成本和总成本。单位产品成本的有关数据来自直接材料预算、直接人工预算、制造费用预算。生产量、期末存货量来自生产预算,销售量来自销售预算。生产成本、存货成本和销货成本等数据是根据单位成本和有关数据计算得出的。

【例10-11】天河公司2020年甲产品的成本预算见表10-12。

表10-12　　　　　　　　　　产品成本预算

项　目	单位成本			生产成本 (1 280 件)	期末存货 (40 件)	销售成本 (1 260 件)
	每千克或 每小时/元	投入量/千克	成本/元			
直接材料	5	10	50	64 000	2 000	63 000
直接人工	2	10	20	25 600	800	25 200
变动制造费用	0.5	10	5	6 400	200	6 300
固定制造费用	1.5	10	15	19 200	600	18 900
合计			90	115 200	3 600	113 400

(七)销售及管理费用预算的编制

销售及管理费用预算是指为规划一定预算期内企业实现产品销售和维持一般管理业务所发生的各项费用水平而编制的一种日常业务预算。它是以销售预算为基础,按照成本性态分为变动销售及管理费用和固定销售及管理费用。其编制方法与制造费用预算相同。

【例10-12】天河公司2020年度的销售及管理费用预算见表10-13。

表10-13　　　　　　　　　　销售及管理费用预算　　　　　　　　　　单位:元

项　目	第一季度	第二季度	第三季度	第四季度	全年
变动销售及管理费用:					
销售人员工资	2 800	3 000	3 200	2 000	11 000
广告费	2 000	2 500	3 000	2 500	10 000
包装运输费	1 500	1 800	2 000	1 700	7 000
小计	6 300	7 300	8 200	6 200	28 000
固定销售及管理费用:					
管理人员工资	2 000	2 000	2 000	2 000	8 000
办公费	700	700	700	700	2 800
保险费	300	300	300	300	1 200
小计	3 000	3 000	3 000	3 000	12 000
合计	9 300	10 300	11 200	9 200	40 000

(八)现金预算的编制

现金预算是指以各项日常业务预算和特种决策预算为基础来反映现金收支的预算。通过编制现金预算,可具体反映企业预算期内现金的余缺情况,确定企业在某时期应筹措资金数额及多余资金如何使用等问题,提高现金管理水平。

现金预算由四部分组成:现金收入、现金支出、现金多余或不足、现金的筹措和运用。现金收支差额与期末余额均要通过协调资金筹措及运用来调整。企业应当在保证各项支出所需资金供应的前提下,注意保持期末现金余额在合理的上下限度内波动。因为企业持有现金过少会影响周转,现金过多又会造成浪费,所以现金余额并不是越大越好,也不是越少越好。因此,企业不仅要定期筹措到抵补收支差额的现金,还必须保有一定的现金储备。当现金结余时,在偿还了借款利息和本金后仍超过现金余额上限时,就可拿出一部分进行短期有价证券投资。如果现金短缺时,就可采取暂缓还本付息、抛售有价证券或向银行借款等措施来筹措资金。

【例10-13】根据【例10-6】至【例10-12】提供的资料,并假设天河公司每季度末应保持的现金余额为16 000元。若现金不足或多余,可以以2 000元为单位向银行借款或偿还资金,借款年利率为10%,每期期初借入,每期期末归还,借款利息与偿还本金时一起支付。天河公司的长期借款余额为18 000元,年利率为12%,预计在第四季度末支付利息。同时,假定天河公司于第二季度准备投资购买设备20 000元,第二季度和第四季度各支付现金股利16 000元,每季度预交所得税8 000元。根据以上资料编制的天河公司2020年现金预算见表10-14。

表10-14　现金预算　单位:元

项目	第一季度	第二季度	第三季度	第四季度	全年
期初现金余额	16 000	17 100	16 520	17 880	16 000
加:销货现金收入(表10-7)	36 400	52 000	72 000	75 200	235 600
可供使用现金	52 400	69 100	88 520	93 080	251 600
减各项支出:					
直接材料(表10-9)		13 480		19 020	60 420
直接人工(表10-10)	10 000	6 200	17 920	7 280	25 600
制造费用(表10-11)	4 200	4 600	7 920	4 600	17 600
销售及管理费用(表10-13)	3 800	10 300	4 600	9 200	40 000
所得税费用	9 300	8 000	11 200	8 000	32 000
购买设备	8 000	20 000	8 000	16 000	20 000
发放股利		16 000		16 000	32 000
支出合计	35 300	78 580	49 640	64 100	227 620
现金多余或不足	17 100	−9 480	38 880	28 980	23 980
向银行借款					26 000
还银行借款		26 000	20 000	6 000	26 000
短期借款利息(年利率10%)		16 520	1 000	450	1 450
长期借款利息(年利率为12%)				2 160	2 160
期末现金余额	17 100		17 880	20 370	20 370

由表可知,第三季度还款20 000元,应支付半年的利息1 000(20 000×10%×6/12)元;第四季度还款6 000元,应支付三个季度的利息450(6 000×10%×9/12)元。

二、预算财务报表的编制

预算财务报表是公司金融的重要工具,主要包括预计利润表和预计资产负债表。

(一)预计利润表的编制

预计利润表是综合反映预算期内企业经营成果的一种财务预算报表。它是在销售预算、产品成本预算、费用预算等日常业务预算的基础上编制的。

【例10-14】根据前述的各种预算,天河公司2020年度的预计利润表见表10-15。

表10-15　　　　　　　　　2020年度天河公司预计利润表　　　　　　　　　单位:元

项　目	金　额	资料来源
销售收入	252 000	表10-7
销货成本	113 400	表10-12
毛利	138 600	
销售及管理费用	40 000	表10-13
财务费用	3 610	表10-14
利润总额	94 990	
所得税费用(估计)	32 000	表10-14
税后净利	62 990	

利润表的预算与实际利润表的内容、格式相同,只不过数据是面向预算期的。它是在汇总销售、成本、费用支出等预算的基础上加以编制的。通过编制利润表预算,可以了解企业预期的盈利水平。如果预算利润与最初编制方针中的目标利润出入较大,就需要调整部门预算,设法达到目标,或者经企业领导同意后修改目标利润。

(二)预计资产负债表的编制

预计资产负债表是用于总括反映企业预算期末财务状况的一种财务预算。预计资产负债表是利用本期期初资产负债表,根据销售、生产、资本等预算的有关数据调整编制的。

【例10-15】根据前述的各种预算,天河公司2020年度的预计资产负债表见表10-16。

表10-16　　　　　　　　2020年度天河公司预计资产负债表　　　　　　　　单位:元

资　产			负债及所有者权益		
项目	年初	年末	项目	年初	年末
现金(表10-14)	16 000	20 370	应付账款(表10-9)	4 700	9 280
应收账款(表10-7)	12 400	28 800	长期借款	18 000	18 000
直接材料(表10-9)	3 000	4 000	普通股	40 000	40 000
产成品(表10-12)	1 800	3 600	未分配利润	32 500	63 490
固定资产	70 000	90 000			
累计折旧(表10-11)	8 000	16 000			
资产合计	95 200	130 770	负债及所有者权益合计	95 200	130 770

其中,

期末应收账款＝本期销售额×(1－本期收现率)＝72 000×(1－60%)＝28 800元

期末应付账款＝本期采购金额×(1－本期付现率)＝18 560×(1－50%)＝9 280元

期末未分配利润＝期初未分配利润＋本期净利润－本年发放股利

　　　　　　　＝32 500＋62 990－32 000＝63 490元

资产负债表预算与实际的资产负债表内容、格式相同,只不过数据是反映预算期末的财务状况。编制预计资产负债表的目的在于判断预算反映的财务状况的稳定性和流动性。如果通过资产负债表预算的分析,发现某些财务比率不佳,必要时可修改有关预算以改善财务状况。

思政小课堂

大公司的财务预算岗位是怎样工作的？

在我国社会主义市场经济逐步深化发展的背景下，企业的改革和发展也面临着巨大的变化，在企业的日常运营中，管理手段和战略的运用一直是企业得以生存和发展的关键，而在管理中居于核心、关键位置的则是资金管理，对于资金管理采取合理的预算方法，具有重要的发展意义。

知识演练

一、快速测试

(一)单项选择题

1.在采用销售百分比法预测资金需要量时，下列项目中被视为不随销售收入的变动而变动的是（　　）。

A.现金　　　　　B.应付账款　　　　　C.存货　　　　　D.公司债券

2.下列公式中，错误的是（　　）。

A.可持续增长率＝股东权益增长率

B.可持续增长率＝销售净利率×总资产周转率×收益留存率×期初权益期末总资产乘数

C.可持续增长率＝期初权益资本净利率×本期收益留存率

D.可持续增长率＝留存收益÷期末所有者权益

3.某公司预计2021年的通货膨胀率为10％，销量增长率为10％，则销售额的名义增长率为（　　）。

A.21％　　　　　B.11％　　　　　C.10％　　　　　D.15.5％

4.与生产预算没有直接联系的预算是（　　）。

A.直接材料预算　　　　　　　　　B.变动制造费用预算

C.销售及管理费用预算　　　　　　D.直接人工预算

5.下列各项中，没有直接在现金预算中得到反映的是（　　）。

A.期初期末现金余额　　　　　　　B.现金筹措及运用

C.预算期产量和销量　　　　　　　D.预算期现金余缺

6.下列预算中，不能够既反映经营业务又反映现金收支内容的有（　　）。

A.销售预算　　　　　　　　　　　B.生产预算

C.直接材料消耗及采购预算　　　　D.制造费用预算

7.某公司生产B产品的单价为10元，单位制造变动成本为6元，单位销售和管理费变动成本为1元，销售量为1 000件，则产品边际贡献为（　　）元。

A.4 000　　　　　B.3 000　　　　　C.2 000　　　　　D.5 000

(二)多项选择题

1.与生产预算有直接联系的预算有（　　）。

A.直接材料预算　　　　　　　　　B.变动制造费用预算

C.销售及管理费用预算　　　　　　D.直接人工预算

2.编制预计财务报表的依据包括( )。
A.现金预算　　　　B.资本支出预算　　　C.业务预算　　　　D.弹性利润预算
3.如果希望提高销售增长率,即计划销售增长率高于可持续增长率,那么可以( )。
A.发行新股或增加债务　　　　　　　B.降低股利支付率
C.提高销售净利率　　　　　　　　　D.提高资产周转率
4.企业在编制生产预算中的"预计生产量"项目时,需要考虑的因素有( )。
A.预计销售量　　B.预计期初存货　　C.预计期末存货　　D.前期实际销量
5.产品成本预算是( )预算的汇总。
A.生产　　　　B.直接材料　　　　C.直接人工　　　　D.制造费用
6.在下列各项中,被纳入现金预算的有( )。
A.缴纳税金　　B.经营性现金支出　　C.资本性现金支出　　D.股利与利息支出
7.在可持续的增长率条件下,下列说法中正确的有( )。
A.假设不增发新股　　　　　　　　　B.假设不增加借款
C.保持财务比率不变　　　　　　　　D.财务杠杆和财务风险降低
8.下列可视为达到盈亏临界点状态的有( )。
A.边际贡献等于固定成本　　　　　　B.变动成本＋固定成本＝销售收入
C.安全边际率为50％　　　　　　　　D.边际贡献率为50％

(三)判断题
1.制造费用分为变动制造费用和固定制造费用两部分。变动制造费用和固定制造费用均以生产预算为基础来编制。( )
2.在保持经营效率和财务政策不变,而且不从外部进行股权融资的情况下,股利增长率等于可持续增长率。( )
3.现金预算中的"所得税现金支出"项目要与预计利润表中的"所得税"项目的金额一致。它是根据预算的利润总额和预计所得税率计算出来的,一般不必考虑纳税调整事项。( )
4.管理费用多属于固定成本,所以管理费用预算一般是以过去的实际开支为基础,按预算期的可预见变化来调整的。( )
5.生产预算是规定预算期内有关产品生产数量、产值和品种结构的一种预算。( )
6.生产预算是整个预算编制的起点。其他预算的编制都以生产预算作为基础。( )
7.生产预算是在销售预算的基础上编制的。其主要内容有销售量、期初和期末存货、生产量。( )
8.在单价、单位变动成本及销量不变的情况下,固定成本的增加额即目标利润的减少额。( )
9.已知固定成本、盈亏临界点销售额、销售单价,就可计算出单位变动成本。( )

二、实训
(一)计算分析题
已知:某企业2020年10－12月销售收入和购货成本见表10-17。

表10-17　　　　某企业2020年10－12月销售收入和购货成本　　　　单位:万元

月份	10月	11月	12月
销售收入	2 000	3 500	4 000
购货成本	1 200	1 500	1 800

预计2021年1月销售额为4 500万元,购货成本为2 000万元;该企业每月销售收入中有

50%于当月收现,30%于次月收现,20%于第三个月收现,不存在坏账损失,而购货成本平均付现期为15天。

该企业2020年12月末现金余额为60万元,2021年1月有关项目预计资料如下:工资支出620万元(用现金支付);制造费用460万元(其中折旧等非付现费用为320万元);销售费用和其他管理费用90万元(未支付);预计缴纳所得税20万元;购买设备2 000万元(用现金支付)。现金不足时,通过向银行借款解决。2021年1月末现金余额要求不低于50万元。

根据上述资料,计算该企业2021年1月的下列预算指标。

要求:

(1)经营性现金流入;

(2)经营性现金流出;

(3)现金余缺;

(4)应向银行借款的最低金额;

(5)1月末应收账款余额。

(二)思考讨论题

1.企业财务预算包括哪些内容?

2.财务预算具有什么作用?

3.简述财务预算编制方法。

4.现金预算的编制建立在哪些预算的基础上?

5.预算财务报表包含哪些内容?

第十一章

期权与公司金融

学习目标与要求

期权是买卖双方达成的一种可转让的标准化合约,这种合约赋予期权购买者在到期日或到期日之前以固定价格买进或卖出指定数量的基础资产的权利,而期权出售者则负有按照约定价格卖出或买入相应数量标的资产的义务。期权是公司金融工具之一。

通过本章的学习,应达到以下目标与要求:

熟悉期权的基本概念以及内在价值和时间价值的关系;

了解风险中性定价法和二项式模型的基本原理;

掌握 B-S 模型评估期权价值的基本理论与方法;

熟悉认股权证和可转换债券价值的评估方法;

了解实物期权分析和贴现现金流分析方法的区别与联系。

案例导入

巴菲特巧用期权降低持股成本

众所周知,期权相较于期货和股票是风险比较高的投资品种,而且金融从业者总是把期权描述得很神秘、很"高大上",但实际上利用期权的门槛并不高,一些很简单的策略就可以帮助投资者很大程度上降低成本或对冲风险。很多投资大鳄都是利用最简单的期权策略来获得超额收益的,鼎鼎大名的巴菲特就是其中之一。

公司金融

在1993年,巴菲特就通过卖出可口可乐股票期权多赚了750万美元。首先来交代一下交易背景:1993年4月2日,万宝路牌香烟宣布将降价20%,在这个"万宝路星期五"公告发布之后,包括可口可乐在内的一些著名股票的价格纷纷走低,市场开始沽空可口可乐股票,但是,巴菲特基于其对可口可乐公司的调研和了解,坚信可口可乐是一只好股票。

实际上,巴菲特认为可以每股大约35美元(巴菲特买入股票的心理价位)的价格买入300万股的可口可乐股票,而且,他笃定可口可乐股票的价格不会跌破这一个市场价位。所以他决定卖出可口可乐的看跌期权以降低自己持有股票的成本,当然如果股票价格跌至执行价格以下,他将不得不以高于公开市场的价格买进可口可乐股票。需要注意的是,卖出看跌期权就是在到期的时候,如果股票价格跌到执行价格(此处为35美元)以下,买期权者可以按照执行价格把手里的股票卖给卖期权者。

于是,巴菲特在1993年4月以每份1.50美元的价钱卖出了300万股可口可乐股票的看跌期权合约。这个期权的到期日是1993年12月17日,购买该期权的投资者可以在此之前都可以按照每股35美元左右的价格把可口可乐股票卖给巴菲特,不论当时的可口可乐的股票价格有多低。

在伯克希尔公司的股东年会上,巴菲特证实了这一做法,并表示还会以相似的做法再增持200万股。他之所以这么做的原因是,如果可口可乐股票的市场价格从当时每股大约40美元下跌至每股大约35美元时,他就必须以每股大约35美元的价格买进500万股可口可乐股票。由于巴菲特已经获得了每股1.50美元的差价,他的实际成本价会是每股大约33.50美元。

巴菲特这次签署的"看跌期权"合约唯一承担的风险便是,如果可口可乐的股价在12月跌破每股35美元,他就必须按照每股35美元的价格购买可口可乐股票,而不管它的市场价格当时有多么的低。但是,如果股票价格比每股35美元还低的话,他也许还会再买更多的可口可乐股票,因为他本来就想以每股35美元的价格买进可口可乐股票。

到了1993年底,由于可口可乐股票的价格仍高于35美元,所以这些期权都没有被履行(因为可口可乐的股价高于35美元,投资者把股票卖给别人比卖给巴菲特更划算),巴菲特由此赚得了750万美元。

巴菲特巧用期权降低持股成本,可以引导我们思考一些关于期权和公司金融的基本理论问题,对所有这些问题的讨论构成本章的基本内容。

来源:中国证券报期权时代 2021年6月7日

第一节 期权的基本原理

一、期权的概念

(一)期权的含义

期权(Option)又称选择权,是买卖双方达成的一种可转让的标准化合约,它赋予持有人

(期权购买者)在到期日或到期日之前以固定价格(或执行价格)买进或卖出指定数量的基础资产的权利,而立约人(期权出售者)则负有按照约定价格卖出或买入相应数量标的资产的义务。

(二)期权的要素

期权有四个要素:标的资产(Underlying Assets)、到期日(Expiration Date)、执行价格(Striking/Exercise Price)和期权费(Option Premium)。

1.标的资产

标的资产是指期权合同中规定的双方买入或售出的资产。它包括股票、政府债券、货币、股票指数、商品期货等。期权是这些标的物"衍生"的,因而称为衍生金融工具。值得注意的是,期权出售人不一定拥有标的资产。期权是可以"卖空"的。期权购买人也不一定真的想购买标的资产。因此,期权到期时双方不一定进行标的物的实物交割,而只需按价差补足价款即可。

2.到期日

到期日是指期权合同规定的期权最后的有效日期。如果期权的买方在到期日不作对冲交易,则要么在规定的时间内执行期权,要么放弃期权。

3.执行价格

执行价格也称履约价格、约定价格或敲定价格,是指期权合同中规定的购入或售出某种资产的价格,即期权买方据以向期权卖方买进或卖出一定数量的标的资产的价格。这一价格是在期权合约买卖时确定的,在期权有效期内,无论相应物品的市场价格上涨或下跌到什么水平,只要期权买方要求执行该期权,期权的卖方都必须按此执行价格履行其义务。因此它也被称为固定价格。

4.期权费

期权费是指买卖双方购买或出售期权的价格,又称为期权价格。期权是种纯粹的权利,期权买方为获得这种权利必须付出代价,这就是期权费。它也是买方在期权交易中的最大可能损失。从规避风险的角度看,持有一个买入期权相当于投保一个资产保值增值的保险,因此期权价格也被称为期权保险费。

(三)期权的种类

1.按照期权赋予的权利不同,期权可以分为买权(Call Option)和卖权(Put Option)

买权又称看涨期权,是指期权购买者可以按执行价格在到期前或到期日买入一定数量标的资产的权利;卖权又称看跌期权,是指期权购买者可以按执行价格在到期前或到期日卖出一定数量标的资产的权利。期权的购买者付出期权费,获得购买或出售标的资产的权利,但他没有到期必须购买或出售标的资产的义务。对期权的出售者来说,如果期权购买者执行期权,他们必须向买权的持有者提供相应的资产,或者接受卖权持有者手中的资产。因此,期权的购买者付出期权费之后,只有权利没有义务;而期权的出售者接受期权费之后,只有义务而没有权利。

2.按照期权权利的行使时间不同,期权可以分为欧式期权(European Option)和美式期权(American Option)

欧式期权是只有在到期日当天或在到期日之前的某一规定的时间才能行使的期权。美式期权的买方可以在到期日或之前任一交易日提出执行。美式期权的持有者可以在期权有效期内根据市场行情的变动和自己的实际需要比较灵活而主动地选择有利的履约时间,而出售者则必须随时为对方履约做好准备。美式期权的买方权利相对较大。美式期权的卖方风险相应也较大。因此,同样条件下,美式期权的价格也相对较高。现实中有一种介于美式期权和欧式期权之间的期权类型。即百慕大期权,现实中它是一种可以在到期日前所规定的系列时间行权的期权。比如,期权可以有三年的到期时间,但只有在 3 年中每一年的最后一个月才能被执行。它的应用常与固定收益市场有关。百慕大期权是仅在小范围内交易的场外交易期权。

3.按照标的资产的不同,期权可以划分为商品期权(Commodity Option)和金融期权(Financial Option)

商品期权的标的资产包括石油、有色金属和钢铁等,金融期权的标的资产包括股票、外汇、利率等。现实中更为常见的是金融期权。无论标的资产是金融产品还是一般商品,又都可以分为期货和现货,因而又有各种现货上的期权和各种期货上的期权。

二、期权的价值

(一)期权的价值构成

在一个标准的期权合约中,期权价值(即期权费或期权价格)是唯一的变量,也是最难确定的。期权价值由两部分构成:内在价值和时间价值。

1.内在价值

内在价值(Intrinsic Value)是指期权本身所具有的价值,也是期权合约所能获得的收益。它反映了期权执行价格与标的资产价格之间的变动关系。按照有无内在价值,期权有三种状态:有价或实值(in-the-money)、无价或虚值(out-of-the-money)和平价或两平(at-the-money)。假设以 S 表示标的资产的现时市场价格,以 K 表示期权的执行价格,则不同状态下期权的内在价值见表 11-1。

表 11-1　　　　　　　　期权内在价值的状态

价格关系	买权	卖权
$S>K$	实值	虚值
$S=K$	两平	两平
$S<K$	虚值	实值

对于买权,如果标的资产的价格大于执行价格,即 $S>K$,该期权处于实值状态;如果标的资产的价格等于执行价格,即 $S=K$,该期权处于两平状态;如果标的资产的价格小于执行价格,即 $S<K$,该期权处于虚值状态。

对于卖权,如果标的资产的价格小于执行价格,即 $S<K$,该期权处于实值状态;如果标的资产的价格等于执行价格,即 $S=K$,该期权处于两平状态;如果标的资产的价格大于执行价格,即 $S>K$,该期权处于虚值状态。

在到期日,美式看涨期权(买权)与相同条件的欧式看涨期权(买权)的内在价值相等。对于期权买方来说,如果期权处于实值状态,那么其价值为 $S-K$;如果期权处于虚值状态,那么其价值为 0。对于期权卖方来说,如果期权处于实值状态,那么其价值为 $K-S$;如果期权处于虚值状态,那么其价值为 0。

买入买权的价值为:

$$P_c=\max(0,S-K) \tag{11-1}$$

卖出买权的价值为:

$$P_c = \min(0, K-S) \tag{11-2}$$

式中：P_c 为买权在到期日的价值，S 为标的资产的价格，K 为期权的执行价格。

【例 11-1】 假设一份可按 50 元买入某项资产（如股票）的期权，如果该项标的资产在到期日的市价为 60 元，则期权持有人将行使期权，即以 50 元的价格购买该股票，并可按 60 元的价格在市场上出售该股票，获得 10 元的收益。因此，我们也可以说，期权的内在价值为 10 元。如果该项标的资产的现行市价低于 50 元，比如 40 元，那么期权持有人就会放弃期权，直接在市场上按 40 元的价格购买该股票。此时期权无价，内在价值等于 0，如图 11-1 所示。

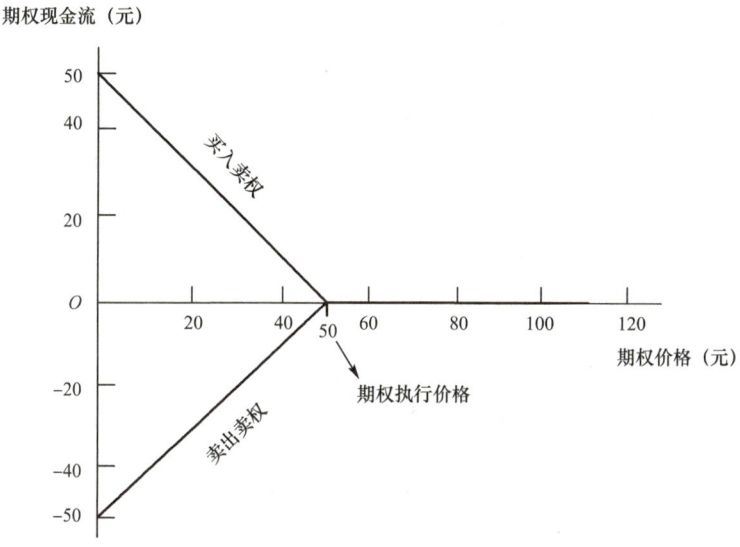

图 11-1 买权买卖双方的内在价值

在到期日，美式看跌期权与相同条件的欧式看跌期权的内在价值相等。对于期权买方来说，如果期权处于实值状态，那么其价值为 $K-S$；如果期权处于虚值状态，那么其价值为 0。对于期权卖方来说，如果期权处于实值状态，那么其价值为 $S-K$；如果期权处于虚值状态，那么其价值为 0。

买入卖权的价值为：

$$P_p = \max(0, K-S) \tag{11-3}$$

卖出卖权的价值为：

$$P_p = \min(0, S-K) \tag{11-4}$$

式中：P_p 为实权在到期日的价值，K 为执行价格，S 为标的资产的市场价格。

【例 11-2】 假设一份可按 50 元卖出某项资产（如股票）的期权，如果该项标的资产在到期日的市价为 60 元，则期权持有人将放弃期权，在市场上以 60 元的价格出售该股票，此时期权无价，内在价值等于 0。如果该项标的资产的现行市价低于 50 元，比如 40 元，那么期权持有人就会选择执行期权，即根据期权合约按 50 元的价格出售该股票，并可按 40 元的价格在市场上买入该股票，获得 10 元的收益，此时我们可以说该期权有价，其内部价值为 10 元。图 11-2 是卖权买卖双方的内在价值。

从理论上说，一个期权通常不会以低于内在价值的价格出售。以买权为例，如果以低于内在价值的价格出售，套利者将立刻买入所有他可能买到的买权，并执行期权。他所得到的收益就是期权有价部分与期权价值之差。例如，当标的资产的价格为 60 元时，一个执行价格为 50

元的买权的期权价值如果小于 10 元,例如为 8 元,假设这是一个美式期权,套利者将会以 8 元购入买权并立即执行。这时套利者取得的标的资产的总投资为 58 元(8 元购买期权,50 元执行期权)。

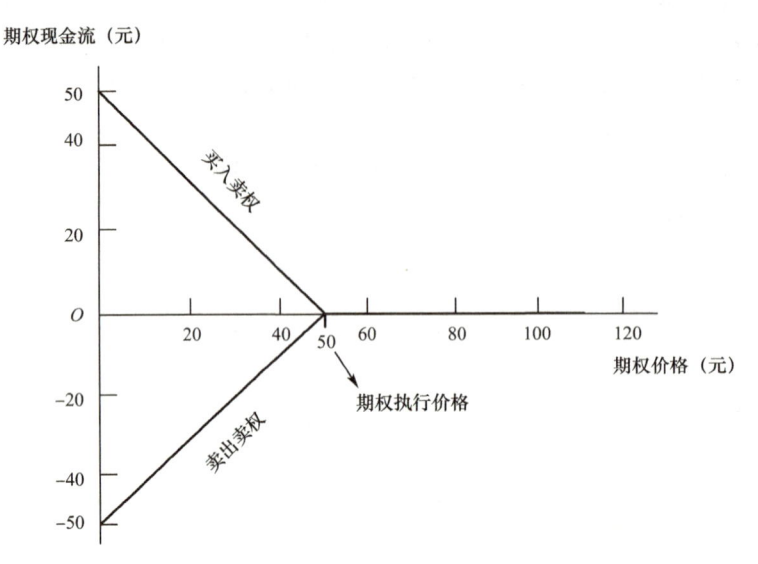

图 11-2 卖权买卖双方的内在价值

由于标的资产以 60 元的价格进行交易,套利者能立即卖出执行期权所获得的标的资产,获得 2(60-58)元的净收益。如果市场上许多套利者能够识别这种套利机会并采取相同的策略购买期权,那么期权的价值就会上升,直到这个期权的价值上升到 10 元,不再为套利者提供套利利润为止。因此,期权的价值必须不低于 10 元,10 元是这个期权的内在价值。

2.时间价值

时间价值(Time Value)在所有的情况下,期权卖方都会要求一笔高于内在价值的期权费,高出的部分称为期权的时间价值,它反映了期权合约有效时间及潜在风险与收益之间的相互关系。一般来说,期权合约剩余有效时间越长,时间价值也就越大。这是因为,对于期权买方而言,期权合约的有效时间越长,标的资产市场价格变动的可能性越大,因而其获利的潜力就越大,买方就愿意支付比内在价值更多的成本来购买这项权利。对于期权买方而言,期权合约的有效期越长,他承担无条件履约义务的时间就越长,由于买方都是在有利于自己的时候才会行使期权,而这个时机恰好是不利于卖方的,因此卖方承担的风险越大,他出售合约所要求的价格就会越高。伴随着合约有效剩余时间的缩短,买方的获利机会在减少、卖方承担的风险在减少,时间价值也将逐渐减少。一旦期满未执行合约,该期权也就完全丧失了时间价值。

通常一个期权的时间价值在它平价时最大,而向有价期权或无价期权转化时时间价值逐步递减。这是因为,时间价值实质上是投机价值或投机溢价。期权处于平价时,很难确定它是向有价还是无价转化,转化为有价则买方盈利,转化为无价则卖方盈利,因此这个时候投机性最强,时间价值也最大。当期权处于无价状态时,标的资产市价越偏离执行价格,期权转化为有价的可能性越小,买方所愿意支付的投机价值就越小,因此这个时候时间价值也越小。当期权处于有价状态时,标的资产市价越偏离执行价格,它的杠杆作用就会越小,即它能够以较小的投资控制较大资源的能力降低了。一个极端的例子是,如果一个买方期权的执行价格为零,它的内在价值就等于这种期权的标的资产的市场价格,这种期权完全不具有杠杆作用。期权购买者还不如直接在市场上购买该标的资产,因此,这个期权就不具有时间价值。

一般来说,当期权处于有价状态时,时间价值等于期权价格减去其内在价值;当期权处于无价或平价时,时间价值就等于该期权价格,即期权价格完全由时间价值构成。

影响时间价值的另外两个因素是标的资产的风险和利率水平。一般来说,标的资产的风险直接影响其价格,而标的资产价格与执行价格的差额又决定了期权是处于有价、无价还是平价状态。利率所发挥的作用比较复杂,它对于买入期权和卖出期权的作用相反,即买权的时间价值随着利率的上升而上升,卖权的时间价值随着利率的上升而下降。

期权价值由内在价值和时间价值构成,内在价值和时间价值又各有不同的变化规律,这些变化规律如图 11-3 所示。

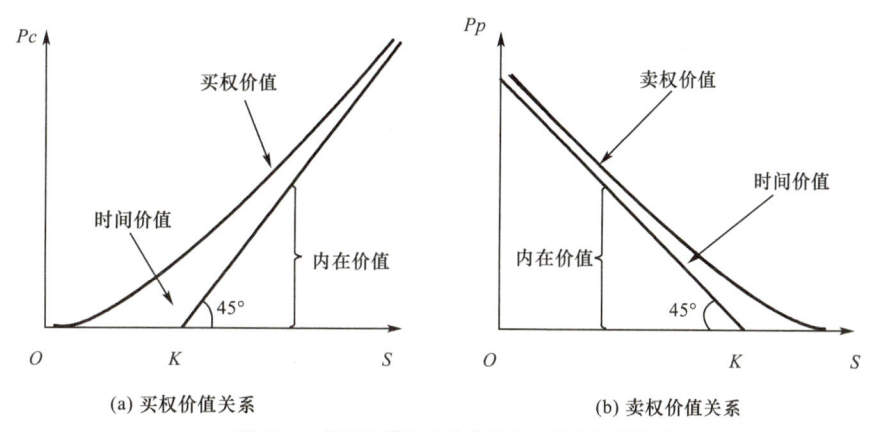

(a) 买权价值关系　　(b) 卖权价值关系

图 11-3　期权价值与内在价值和时间价值的关系

从图 11-3 我们可以看出,期权价值在任一时点都是由内在价值和时间价值两部分组成的。当期权处于无价时,期权价值完全由时间价值构成;当期权处于平价时,期权价值完全由时间价值构成,且时间价值达到最大;当期权处于有价时,期权价值由内在价值和时间价值两部分构成。时间价值伴随着合约剩余有效期的减少而减小,期满时时间价值为零,此时期权价值完全由内在价值构成。

(二)期权价格的影响因素

期权价格是期权作为一种权利的市场价值。从期权持有者角度看,期权价格是等到这种权利所要付出的代价,因此也称为期权费(Option Cost);从规避风险的角度看,买入期权无异于投保了财产保值增值保险,因此也称为期权保险费(Option Premium)。期权价格是期权买方在期权交易中最大可能损失。

期权价格受以下因素影响:标的资产的市场价格(以 S 表示)、期权的执行价格(以 K 表示)、至到期日的时间(以 t 表示)、标的资产价格的变动性(以 v 表示)、无风险利率(以 r 表示)。到期期限和执行价格反映了期权合约的特征;标的资产的市场价格、标的资产价格的变动性以及无风险利率反映了标的资产和市场的特征。

1. 标的资产的市场价格

在执行价格不变的情况下,标的资产的市场价格越高,买权的价值越高,卖权的价值越低。

2. 期权的执行价格

期权的执行价格越高,买权的价值越低;期权的执行价格越高,卖权的价值越高。

执行价格与标的物的市场价格是影响期权价格的最重要因素。执行价格与标的物的市场价格的相对差额决定了内在价值的有无及其大小。就看涨期权而言,市场价格超过执行价格越多,内在价值越大;超过越少,内在价值越小;当市场价格等于或低于执行价格时,内在价值为零。就看跌期权而言,市场价格低于执行价格越多,内在价值越大;当市场价格等于或高于执行价格时,内在价值为零。

执行价格与市场价格的关系还决定了时间价值的有无和大小。一般来说,执行价格与标的物市场价格的差额越大,则时间价值就越小;反之,差额越小,则时间价值就越大。当一种期权处于极度实值或极度虚值时,其时间价值都将趋向于零;而当一种期权正好处于平值状态时,其时间价值却达到最大。因为时间价值是人们因预期标的物市场价格的变动能使虚值期权变为实值期权,或使有内在价值的期权变为更有内在价值的期权而付出的代价,所以,当一种期权处于极度实值时,市场价格变动使它继续增加内在价值的可能性变得极小,而使它减少内在价值的可能性极大,人们都不愿意为买入该期权并持有它而付出比当时的内在价值更高的成本。相反,当一种期权处于极度虚值时,人们会认为其变为实值期权的可能性十分渺茫,因而也不愿意为买入这种期权而支付任何成本。因此,只有在执行价格与标的物市场价格相等,即在期权处于平值状态时,市场价格的变动才最有可能增加内在价值,人们也才最愿意为买入这种期权而付出相等于时间价值的成本,而此时的时间价值已经最大,任何市场价格与执行价格的偏离都将减少这一时间价值。所以,市场价格与执行价格的关系对时间价值也有直接的影响。

3. 至到期日的时间

至到期日的时间越长,美式期权(包括买权和卖权)可以利用的机会越多,时间价值越大,因而价格越高;反之,至到期日的时间越短,则价格越低。而欧式期权受期限的影响并不明显。

期权合约的有效期是指距离期权合约到期日前剩余时间的长短。在其他因素不变的情况下,期权有效期越长,其时间价值也就越大。对于期权买方来说,有效期越长,选择的余地越大,标的物价格向买方所期望的方向变动的可能性就越大,买方行使期权的机会就越多,获利的可能性就越大。反之,有效期越短,期权的时间价值就越低。因为时间越短,标的物价格出现大的波动,尤其是价格变动发生逆转的可能性越小,到期时期权就失去了时间价值。对于卖方来说,期权有效期越长,风险也就越大,买方也就愿意支付更多的成本来占有更多的盈利机会,卖方得到的权利金也就越多。有效期越短,卖方所承担的风险也就越小,他卖出期权所要求的权利金就不会很多,而买方也不愿意为这种盈利机会很少的期权支付更多的成本。因此,期权的时间价值与期权合约的有效期成正比,并随着期权到期日的日益临近而逐步衰减,而在到期日时,时间价值为零。

4. 标的资产价格的变动性

价格波动率是指标的物价格的波动程度,它是期权定价模型中最重要的变量。如果我们改变价格波动率的假设,或市场对于价格波动率的看法发生了变化,期权的价值都会发生显著的影响。

在其他因素不变的条件下,标的物价格的波动增加了期权向实值方向转化的可能性,权利金也会相应增加,而且价格波幅越大,期权权利金就越高。因为标的物价格波动越大,风险也越大,购买期权保险的需求就越大。况且,标的物价格反复波动时,价格趋势出现逆转的可能性越大,期权变成有行使价值的机会也就越多,期权买方也更乐于接受期权卖方所提出的更高的期权价格。而期权卖方因市场风险增大(他并不希望期权被行权),除非能得到满意的较高价格,否则卖方就不肯卖出期权来承担市场风险。标的资产价格波动有利于期权(包括买权和卖权)内在价值上升,因而将引起期权价格上升,这一点,美式期权和欧式期权是一样的。

5.无风险利率

当无风险利率上升时,会带来两种相反的趋势:①股票价格的预期增长率有提高的倾向;②期权持有者收到的未来现金流贴现的现值减少。卖权的价值将因此而减少,因而卖权的价格下降。对于买权来说:①将提高买权的价格;②倾向于降低买权的价格。可以证明前者的影响将起主导作用,因此,买权的价格将随着无风险利率的上升而上升。

期权价格的影响因素见表 11-2。

表 11-2　　　　　　　　　　　期权价格的影响因素

	增加	看涨期权	看跌期权
对买权和卖权的影响相反	标的资产的价格	+	−
	执行价格	−	+
	无风险利率	+	−
对买权和卖权的影响相同	标的资产价格的变动性	+	+
	距到期日的时间	+	+

第二节　股票和债券的期权估价

一、期权与公司价值

公司价值由公司债和股东权益两部分组成。假设公司资本总额包括股权资本(普通股)和负债资本(零息债券)。如果以公司资产作为期权标的资产,站在不同的角度进行分析,股票、债券持有者具有不同的权利和义务。

(一)买权分析

假设公司债券(零息债券)面值为 B,期限 T 年,则债券到期时,公司所发行的股票的价值 S_T 与当时公司资产的价值 V_T 有以下关系:

$$S_T = \max[V_T - B, 0] \tag{11-5}$$

公式(11-5)与买权的到期日价值为同一形式(见公式 11-1)。因此,公司的股票可以解释为以公司资产为标的资产、以债券面值为执行价格、以债券期限为权利期限的一种欧式买入期权,而以股票为标的资产的买权事实上是买权的买权,称为复合买权。此时买权的真正标的资产是公司的资产,而不是公司的股票;通过以股价为中介,买权(股票价值)主要与公司的资产价值以及债券的面值有关(图 11-4)。

根据期权相关原理,债券到期时,股票持有人(股东)拥有两种选择:偿还债券或宣告破产。如果 $V_T > B$,债券将被偿还,即股东执行期权;如果 $V_T < B$,公司将无力偿还债券,由于股东承担的是有限责任,债权人将接受公司的全部资产,或者说股东将不行使买权,此时买权的价值

为零(公司股票价值为零)。从理论上讲,股票持有人的收益上不封顶(因为他们获得所有公司资产价值超出债券账面价值的部分),而股东的风险则是有最大限度的。

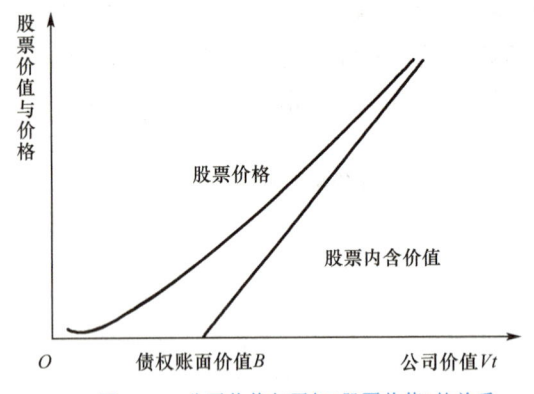

图 11-4　公司价值与买权(股票价值)的关系

从债权人的角度看,债券到期时,如果 $V_r > B$,债权人将公司资产以债权面值"出售"给股东;如果 $V_r < B$,债权人将得到小于债券面值的公司资产。此时,债权人有两项权益:(1)他们是公司资产的持有者;(2)他们是公司资产买权的出售者,即承担将公司资产出售给股东的义务。

$$债券价值 = 公司资产价值 - 公司资产买权价值 \tag{11-6}$$

从理论上说,债券持有人的收益和风险都是有限度的(以债券面值为限)。图 11-5 中的折线描述了债权人的损益状况。

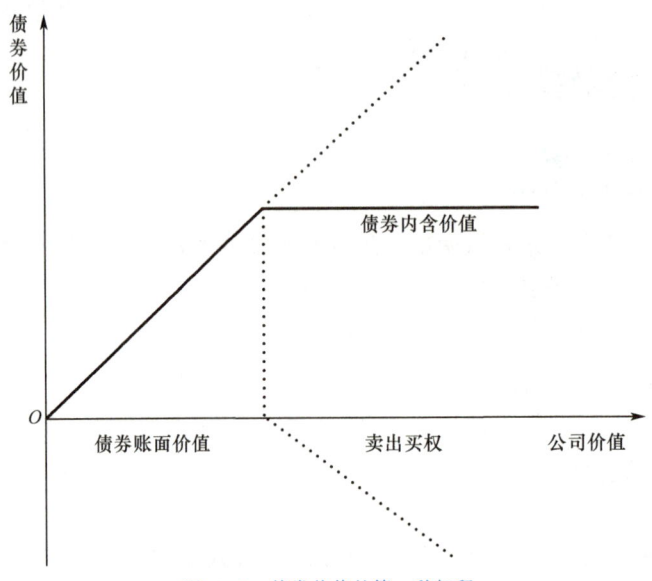

图 11-5　债券价值的第一种解释

(二)卖权分析

从股东的角度看,股东对公司资产拥有三项权益:①他们是公司资产的持有者;②他们是公司债券的偿还者;③他们持有一份以公司债券面值为执行价格的卖权。债券到期时,如果 $V_r < B$,则股东行使期权,以债券面值将公司资产出售给债权人。此时,仅仅是公司资产与债权的交换,并没有发生任何现金流动,股东仍是公司资产的所有者。如果 $V_r > B$,则股东放弃期权,按债券价值偿还债券后,股东仍是公司资产的所有者。

$$\text{股票价值}=\text{公司资产价值}-\text{预期债券的现值}+\text{公司资产卖权价值} \tag{11-7}$$

从债权人的角度看,债券持有人拥有两项权益:①他们拥有债权的索偿权;②他们是公司资产卖权的出售者。债券到期时,如果 $V_T<B$,股东行使卖权,债权人必须以券面值将公司资产买回,交易结束后,股东和债权人的权利和义务相互抵消。如果 $V_T>B$,股东则放弃期权,此时债权人仅按债券面值收到偿还额。图 11-6 的折线显示了公司债权人的损益。

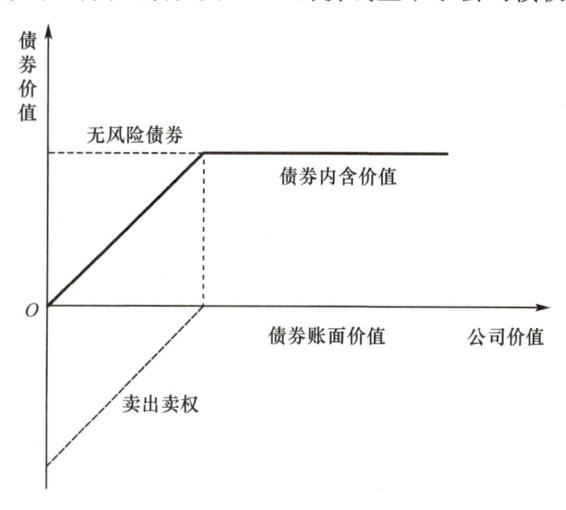

图 11-6 债券价值的第二种解释

图 11-6 表明,对某个有限责任公司进行资本贷放,相当于进行了一项风险投资,为了避免风险,债权人会在购买了一张以无风险利率贴现的公司债券的同时,还出售给股东一个以债券面值为执行价格的卖出期权,以便将风险债券调整为无风险债券。对于债权人来说,他们愿意为在将来取得债券的面值而支付现在的金额,即:

$$\text{债券价值}=\text{预期债券现值}-\text{公司资产卖权价值} \tag{11-8}$$

将公式(11-6)和公式(11-8)结合起来,可以得到:

$$\text{预期债券现值}-\text{公司资产卖权价值}=\text{公司资产价值}-\text{公司资产买权价值} \tag{11-9}$$

这一公式反映了债券价值和股票价值(公司资产买权价值)之间的关系,它对于正确评价债券和股票的市场价值具有重要作用。

二、股票和债券的期权估价

关于股票和债券的价值评估,可以通过对 B-S 模型进行一定的变量替换,即用公司资产价值和公司资产收益率的标准差分别替换模型中的股票价格和股票收益率的标准差;用公司债券账面价值和公司债券偿还期分别替换执行价格和到期日。或者说,模型中的 S 表示公司资产市场价值,K 表示债券账面价值,r 表示无风险利率,σ 表示公司未来市场价值的标准差,T 表示公司债券的期限。据此可以计算公司股票的价值,进而计算债券的价值和公司总价值。

【例 11-3】 AX 公司目前资产总额预计为 1 亿元,资产价值的标示准差为 40%,债券面值为 8 000 万元(10 年期零息债券),10 年期国债利率为 8%。根据 B-S 模型估计该公司股权资本价值,步骤如下:

第一步,确定 B-S 模型的各项参数,其中,$S=10\ 000$ 万元,$K=8\ 000$ 万元,$T=10$ 年,$\sigma=40\%$,$r=8\%$。

第二步,计算 AX 公司股权资本价值。根据 B-S 买权定价模型计算如下：

$$d_1=1.441\ 3 \qquad N(d_1)=0.925\ 3$$
$$d_2=0.176\ 4 \qquad N(d_2)=0.570\ 0$$

股票价值＝100 000×0.925 3－8 000×$e^{-0.08\times10}$×0.570 0＝7 204 万元

第三步,计算流通在外的债券的价值。它等于公司价值减去股票价值,即:流通在外的债券价值＝10 000－7 204＝2 796 万元

采用期权定价模型估计股票价值的一个隐含意义在于,股权资本总是有价值的。即使在公司价值远远低于债券面值时,只要债券没有到期,股权资本就仍然具有价值。这是因为,标的资产价值在期权剩余期限内仍具有时间价值,或者说债券到期前资产价值仍有可能超过债券的面值。

假设在【例 11-3】中,AX 公司的资产价值下跌到 5 000 万元,低于流通在外的债券价值,在其他因素不变的条件下,根据 B-S 模型,AX 公司股本价值和债券价值计算如下：

$$d_1=0.893\ 3 \qquad N(d_1)=0.814\ 2$$
$$d_2=0.371\ 6 \qquad N(d_2)=0.355\ 1$$

股票价值＝5 000×0.841 2－8 000×$e^{-0.08\times10}$×100％×13.04％×0.355 1＝2 794 万元

流通在外的债券价值＝5 000－2 794＝2 206 万元

事实上,即使公司资产价值下跌到 1 000 万元以下,甚至更低,股权资本在本例中仍具有价值。

第三节　期权与融资决策

一、含有期权特征的证券概述

在公司金融实务中,证券通常含有期权的特征(表 11-3)。

表 11-3　　　　　　　　含有期权特征的证券

含期权证券	买权		卖权	
	期权购买者	期权出售者	期权购买者	期权出售者
优先认购权	股东	公司		
备兑协议			发行者	承销商
认购权证	投资者	公司		
认售权证			投资者	公司
可转换债券	投资者	公司		
可售回债券			投资者	发行者
可赎回债券	公司	投资者		

优先认购权是指公司在发行新股时,给现有股东优先认购的权利。这种认购权使现有股东在一定时期内可以按低于市场价格的价格购买新发行的股票。优先认购权主要用于保护现有股东对公司的所有权和控制权。公司现有股东可以在规定的时间按优惠价格购买公司的新股,也可以在市场上出售优先认购权。影响优先认购权价值的参数与影响 B-S 模型的参数相同。

备兑协议是指承销商与发行者之间关于股票承销的一种协议。按照协议规定,公司发行新股时,如果在规定的时间内按一定的价格发售后还有剩余的未售股票,承销商(投资银行)有义务按协定价格或优惠价格全部买入这部分股票,然后再转售给投资公众。为防止在备兑协议期间股票市场价格下跌而遭受损失,投资银行会要求发行公司事先支付一笔风险溢价,这笔溢价可以视同股票的卖权价值。

认股权证可以分为认购权证和认售权证。前者是一种买入权利(而非义务),即权证持有人有权在约定期间(美式)或到期日(欧式),以约定价格买入约定数量的标的资产。认售权证则属于卖出权利(而非义务),权证持有人有权在约定期间或到期日,以约定价格卖出约定数量的标的资产。

可转换债券是指在将来指定的时期按约定的转换比率转换成同一公司发行的其他证券,如股票等。

可售回债券规定证券持有者可以在未来某时间以约定价格提前用持有的证券兑换现金,这种证券的持有者不但购买了证券,还购买了证券的卖权,即证券本身包含了一个卖权多头。

可赎回债券规定发行公司可以在未来某一时间以约定的价格购回债券,这种资券的持有者相当于出售给发行公司一个买权,即债券本身包含了一个买权空头。

二、认股权证估价

(一)认股权证及其特征

1.认股权证的含义

认股权证也称权证,是一种金融衍生产品,它由美国电灯和能源公司于 1911 年首创。凭借认股权证,持有人有权在未来某一特定日期(或特定期间内)以约定的价格购买一定数量的标的资产。标的资产可以是个股,也可以是一篮子股票、指数、商品或其他衍生产品。由于认股权证具有买入股票的权利,认股权证有时也称为(股票)认购权证。认股权证具有股票买权的性质,是一种股票买权。认股权证一般是附在公司的长期债券或优先股上与它们一同发行的。如果认股权证与公司债券一起发行,上市后自动拆分为公司债券和认股权证,且在两个不同的市场上交易,这种附认股权证的债券又称为分离交易可转债。

2.认股权证的特征

认股权证的特征有如下特征:

(1)认股权证是一种股票买权。发行认股权证的主要目的是吸引投资者购买公司发行的债券或优先股票。认股权证往往是按比例配售给债券或优先股票投资者的,这样,投资者不仅能获取所购债券或优先股票的固定利息(股息)收入,而且还可以根据认股权证规定的价格在适当的时间购买普通股票。

(2)认股权证上应规定认购普通股票的价格。认购价格可以是固定的,也可以按普通股票的市场行情进行调整。执行价格像普通股买权那样随发行公司发放股票股利或股票分割进行调整。比如,某公司认股权证规定的普通股认购价格为每股 10 元,若公司进行了 1∶2 的分割,则原认股权证对应的股票认购价格也相应降低为每股 5 元。

(3)认股权证作为买权是由发行股票的公司出售的,而不是由股票持有人出售,其购买对象是公司的新股票,这就不可避免地会造成对公司原有股票的稀释效应。

认股权证一般包括九个基本要素(表 11-4)。

表 11-4 认股权证的基本要素

要素	说明
发行人	标的证券的发行公司
权证性质	认股权证一般指看涨权证
到期日	到期日是权证持有人可行使认购权利的最后日期。该期限过后,权证持有人便不能行使相关权利,权证的价值也变为零
执行方式	美式权证持有人在到期日以前的任何时间可内均可行使认购权;欧式权证持有人只有在到期日当天才可行使认购权
交割方式	交割方式包括实物交割和现金交割两种形式。其中,实物交割指投资者行使认股权利时从发行人处购入标的证券;而现金交割指投资者在行使权利时,由发行人向投资者支付市价高于执行价的差额
认股价格(权证执行价格)	认股价是发行人在发行权证时确定的价格,持证人在行使权利时以此价格向发行人认购标的股票
权证价格	权证价格由内在价值和时间价值两部分组成
认购比率	认购比率是每张权证可认购正股的股数,如认购比率为 0.1,就表示每张权证可认购 10 份股票
杠杆比率	杠杆比率是标的股票市价与购入一股股票所需权证的市价之比,即:杠杆比率=股票市价/(权证价格×认购比率)

(二)认股权证的价值

由于认股权证实质上是一种股票买权,因此,影响其价值的主要因素包括所认购的股票的市场价格及其波动率、认购价格(即期权的执行价格)、期限、市场利率,以及是否分配现金股利等。由于认股权证的行权将增加公司流通在外的股票数量,行权对股票市场价格产生稀释作用,这会影响认股权证本身的价值。

1. 认股权证的价值由内在价值和时间价值两部分构成

在不考虑稀释效应的情况下,认股权证的内在价值由下面的公式决定:

$$V_W = n \times (S_0 - K)$$

式中:V_W 为认股权证的内在价值,S_0 为普通股的当前市价,K 为标的股票的认购价格即权证的执行价格),n 为每个认股权证可认购的股数。

由于套利机制的存在,认股权证的内在价值构成了认股权证价格的下限,又称为认股权证的底价。如果认股权证的市场价格低于其内在价值,就会出现无风险套利的机会。比如,设 $n=1$,若认股权证的市场价值 V_M 低于 V_W,那么套利者可以按照 V_M 的价格在市场上买入认股权证,再按照权证规定的认购价格 K 向公司购入普通股票,总支出为 V_M+K;然后按市场价格出售股票,总收入为 V_W+K,收入支出的差为 $(V_W+K)-(V_M+K)=V_W-V_M>0$。显然,这种无风险套利机会在市场上是不可能存在的。

认股权证的时间价值表现为股价在到期日之前可能向有利于投资者方向变动而产生的价值。它主要与权证剩余时间和股票价格的波动率有关。对于权证投资者,距离到期日时间越长,股票价格波动的可能性越大,其时间价值也越大。随着时间的流逝,权证时间价值逐渐下降。由于股票波动率的增加会增加权证持有人获利的机会,因此股票波动率越大,认股权证的价值越高。

认股权证在时点 t 的价值(市场价格)P_{WT} 等于其内在价值(底价)与时间价值之和。

$$P_{WT} = 内在价值 + 时间价值$$

如图 11-7 所示,n 表示每个认股权证可以购买的股票数量,S_0 表示标的股票当前的市场价格,K 表示标的股票的认购价格(执行价格)。内在价值是认股权证价格的下限,它等于 $n \times \text{Max}(S_0 - K, 0)$,认股权证的上限是 $n \times S_0$。

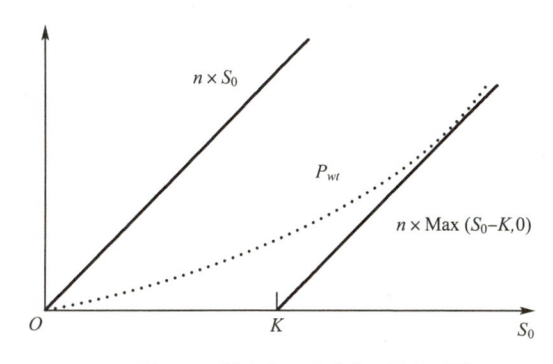

图 11-7 认股权证价值的上限与下限

在图 11-7 中,认股权证的价格上限 $n \times S_0$ 和价格下限 $n \times \text{Max}(S_0 - K, 0)$ 是平行的,它们与横轴的角度是由 n 决定的,只有在 $n = 1$ 时,这角度才等于 45 度。

2. 认股权证对股票价格具有稀释效应

当股票期权的投资人执行买权时,公司原有股票易手,但股票数量保持不变,因而公司股票的市场价格不会发生变化;但认股权证的持有人执行买权时,公司将发行新股票,市场上公司股票数量增加,股票的市场价格会因此而下降,这就是所谓的认股权证对股票价格的"稀释效应"。

设 W 为发行认股权证的数量,n 为每张认股权证可以购买的普通股股数,K 为执行价格,N 为流通在外的普通股股数,S_0 为标的股票当前的市场价格。

如果认股权证持有人行使买权,需增发普通股股票 $W \times n$ 股,同时每增发一股,公司将获得权益资本 K,公司普通股股票价值将增加 $n \times W \times K$。因此认股权证被执行之后,公司普通股每股价值(稀释后普通股每股预期价格)为:

$$S_1 = \frac{N \times S_0 + n \times W \times K}{N + n \times W}$$

【例 11-4】 YX 公司随债券发行认股权证的数量为 100 万张,每张认股权证可以购买公司 1 股普通股股票,约定价格为 32 元/股。公司目前发行在外的普通股股数为 1 000 万股,股票当前市值 30 元,普通股总价值 3 亿元。

由于当前股票市价低于认股权证的执行价格,所以买权不会被执行;假设某一天股票价格上升至 35 元,则认股权证持有人将执行买权,公司因此增发普通股 100(1×100)万股。

公司由增发普通股而增加的市值为:

$$32 \times 100 = 3\,200 \text{ 万元}$$

认股权证被执行前公司的市值为:

$$35 \times 1\,000 = 35\,000 \text{ 万元}$$

认股权证被执行后公司普通股每股价值为:

$$S_1 = \frac{N \times S_0 + n \times W \times K}{N + n \times W} = \frac{1\,000 \times 35 + 3\,200}{1\,000 + 100} = 34.7 \text{ 元}$$

由于稀释效应,公司股票价格下降为34.7元,下降幅度为0.3元。
当认股权证被执行之后,认股权证实际的内在价值 V_w 为:

$$\text{Max}\left[n \times \left(\frac{N \times S_1 + n \times W \times K}{N + n \times W}\right) - K, 0\right] = \text{Max}\left[\frac{N \times n}{N + n \times W}(S_1 - K), 0\right]$$

$$= \frac{N \times n}{N + n \times W} \times \text{Max}[(S_1 - K), 0]$$

其中,$\text{Max}[(S_1 - K), 0]$ 为公司股票的普通买权价值,即认股权证的价值等于公司股票普通买权价值的 $\frac{N \times n}{N + n \times W}$ 倍,又称为稀释因子。

3. 用 Black-Scholes 为认股权证定价

认股权证估价步骤如下:

第一步,根据认股权证被执行后的预期稀释效应对股票价格进行调整。
第二步,根据B-S模型计算普通股买权价值,模型中的方差就是公司股票价值的方差。
第三步,根据认股权证与普通股买权价值的关系计算认股权证价值。

【例11-5】 某公司准备发行100万张面值为100元、期限为20年的附认股权证公司债,每张债券附一个认股权证。此外,公司股票的市场价格为35元,公司发行在外的普通股数量为4 000万股,每一个认权证可认的公司股票数量为0.2股,认股权证的认购价格为30元,有效期限为5年,股票价格变化的标准差为0.5,债券息票利率为6%,市场对该债券的期望收益率为8%,无风险利率为35%,计算认股权证的价格及附认股权证债券的发行价格。

首先,计算公司普通股买权价值。根据已知数据:$S=35, K=30, \sigma=0.5, r=8\%, t=4$,得:

$$d_1 = \frac{\ln(S/K) + \left(r + \frac{\partial^2}{2}\right) \times t}{\partial \sqrt{t}} = \frac{\ln(35/30) + \left(0.05 + \frac{0.5^2}{2}\right) \times 5}{0.5 \times \sqrt{5}} = 0.92$$

$$d_2 = d_1 - \delta\sqrt{t} = 0.92 - 0.5 \times \sqrt{5} = -0.20$$

查正态分布表有:

$$N(d_1) = N(0.92) = 0.8212$$
$$N(d_2) = N(-0.20) = 0.4207$$

所以普通股买权的价值为:

$$C = 35 \times 0.8212 - 30 \times e^{-0.05 \times 5} \times 0.4207 = 18.9 \text{ 元}$$

然后,计算公司认股权证的价值。根据 $N=4\,000, n=0.2, W=1\,000$ 可得稀释因子为:

$$\frac{N \times n}{N + n \times W} = \frac{4\,000 \times 0.2}{4\,000 + 0.2 \times 1\,000} = 0.19$$

因此,公司认股权证的价格为:

$$V_w = 0.19 \times 18.9 = 3.59 \text{ 元}$$

最后,计算公司债券的价值。
不附认股权证的公司债券的价值为:

$$V_B = \sum_{t=1}^{20} \frac{0.06 \times 100}{(1+0.08)^t} + \frac{100}{(1+0.08)^{20}} = 58.9 + 21.5 = 80.4 \text{ 元}$$

附认股权证的公司债券价值为：

$$V_B + V_W = 80.4 + 3.59 = 84 \text{ 元}$$

(三) 认股权证的应用

1. 认股权证在公司融资中有广泛的应用

公司在发行债券或优先股时，附上一定数量的认股权证，以满足投资者和发行人的需要。这对于那些有良好发展前景的新兴公司来说尤为重要。由于受知名度、实力等的限制，这类公司的债券发行价格较低，融资成本较高，这对于营运资金紧张的成长型企业来说是一个很大的压力。发行附有认股权证的公司债券，既可以吸引那些对公司的前途感兴趣又不愿意直接购买公司股票的投资者，又可以减少债券利息或优先股股利的支付，缓解资金压力。对于债券投资人来说，先购买配送认股权证的公司债券，由于风险比股票低，可以取得较为稳定的收益；如果公司利润持续增长较快，则可使用认股权证购买公司股票，从而在持有债券的同时又有分享公司利润的机会。这种潜在的利益促使投资者愿意接受较低的债券利率。为了筹集长期资本，联想集团于2005年3月30日与三家私人股权投资公司得克萨斯太平洋集团、通用亚特兰大投资公司及新桥资本签订融资协议，向三家公司发行2 730 000股非上市A类累积可换股优先股，以及237 417 474份联想集团股份的非上市认股权证。2008年9月，巴菲特执掌的伯克希尔公司注资高盛集团也采用了优先股加认股权证的形式。

2. 公司可以利用认股权证来实施股权再融资

20世纪70年代之前，配股是美国上市公司股权再融资的主要方式之一。美国公司实施配股时，向股东按比例发放短期认股权证，其执行价格通常显著低于股票的市场价格。20世纪80年代之后，配股在美国不再流行，但是利用认股权证实施股权再融资的事件在全球市场上仍时有发生。例如，为了筹集股权资本，中国工商银行控股的中国香港上市公司工银亚洲于2007年10月以中期分配的形式向股东发放了126 625 283份认股权证，10月15日登记在册的工银亚洲股东每持有9股股票就免费获得1份认股权证。认股权证自2007年11月7日开始上市交易，到期日为2008年11月6日。认股权证上市之后，持有人可以按每股20港元的执行价格，凭每份认股权证认购1股普通股。由于认股权证行权，工银亚洲于2007年和2008年分别增发了7 634.2万股和1 492万股普通股，相应地筹集了15.27亿港元和2.98亿港元的股权资金。其实，早在20世纪90年代我国股票市场发展初期，沪深两市就曾推出过结构简单的认股权证，如1992年6月沪市推出的大飞乐股票的认股权证，同年10月30日深市宝安公司发行的全国第一张中长期认股权证。随着证券市场的不断规范，认股权证后来逐渐淡出了沪深两市。直到2006年底"马钢转债"的出现，认股权证才重又登上中国证券市场的舞台。

三、可转换债券估价

(一) 可转换债券及其特征

可转换债券是一种以公司债券（也包括优先股）为载体，允许持有人在规定的时间内按规定的价格转换为发行公司或其他公司普通股的金融工具。可转换债券实质上是内嵌于债券（或优先股）的认股权证，两者的主要区别在于：其一，可转换债券的可转换性依附于债券（或优先股），二者不可分割，而认股权证在随债券发行完毕后即与原债券分离，可以单独交易；其二，可转换债券在转换权被行使之后,在资产负债表上仅仅是长期债务转换为权益资本,并未给公司带来新增资本,而认股权证被行使之后,公司会增加新的长期资本(权益资本)。

1. 转换比率与转换价格

转换比率是指每份可转换债券可转换成普通股的股数。转换价格是可转换债券转换为股权时的执行价格,可转换债券合约中规定的这一价格为初始转换价格。转换比率与转换价格之间的关系如下:

$$转换比率 = 可转换债券面值 / 转换比率$$

2. 转换期与可转换债券利率

转换期是债券持有人行使转换权利的有效期限。通常有两种规定:一种是发行公司制定一个特定的转换期限,只有在该期限内,公司才受理可转换债券的换股事宜;另一种则不限制转换的具体期限,只要可转换债券尚未还本付息,投资者可以任意选择转换时间。可转换债券的转股期可以等于债券期限,也可以小于债券期限,如递延转股期和有限转股期。递延转股期是规定在债券发行一定年限后才可以行使转股权;有限转股期则规定只能在一定年限内行使转股权。有限转股期一般比债券期限短,一旦超过有限转股期,可转换债券就自动成为不可转换的普通债券。

可转换债券利率即票面所附的利息率,由于可转换债券具有期权性和债券性,因此债券利率通常低于纯债券(不可转换债券)利率。

3. 赎回条款和回售条款

赎回条款是指发行人在一定时期内可以提前赎回未到期的可转换债券的条款。赎回条款包括赎回期、赎回价格和赎回条件等内容。赎回价格一般高于面值。赎回条件可分为无条件赎回和有条件赎回。例如,南山转债赎回条款规定,在可转换债券发行之日起6个月后至可转换债券到期日,如果公司A股股票收盘价任意连续30个交易日高于当期转股价格的130%,公司有权按面值103%(含当期利息)的价格提前赎回全部或部分在赎回日之前未转股的公司可转换债券;如果在可转换债券到期日赎回,则赎回价格为105元(含利息)。发行者设计赎回条款的目的在于避免利率下降遭受损失,以及加速转换过程,规避转换受阻的风险。在公司发出赎回通知之后,在赎回截止之前,投资者有权选择转股或接受赎回;如果投资者选择把可转换债券转股,那么公司不得赎回。由此赎回条款常常具有强制转股的作用。

回售条款是发行人为吸引可转换债券投资者而事先约定的一种旨在保护投资者利益的附加条款。在公司股票表现欠佳时,投资人有权要求发行人收回发行在外的可转换公司债券,并在指定日期内以高于面值的一定溢价出售给发行人。回售条款包括回售时间、回售价格等内容。例如,南山转债回售条款规定,可转换债券发行之日起6个月后至可转债到期日止,如果公司A股股票收盘价任意连续30个交易日低于当期转股价格的80%,可转换债券持有人有权将持有的全部或部分可转换债券以面值105%(含当期利息)的价格回售给南山铝业。

(二)可转换债券的价值

可转换债券可以看作一个公司债券和公司股票的看涨期权的组合,它的价值取决于纯债券价值和转换价值。纯债券价值是指可转换债券失去转股性能后所具有的价值,也就是债券未来的利息和本金收入按市场利率贴现后的现值。转化价值则是指投资者把可转换债券转为股票后得到的普通股的市场价值,即:

$$C_V = P_S \times C_R$$

式中：C_V 为转换价值，P_S 为普通股市价，C_R 为转换比率。

如果面值为1 000元的可转换债券的转换价格为40元，股票的市场价格为45元，那么其转换价值为1 125(45×25)元。

1.到期日可转换债券的价值

由于存在套利行为，可转换债券不会以低于它的纯债券价值或转换价值的价格出售。如果转换价值低于其纯债券价值，投资者将在市场上以市场价格买入可转换债券，并不将其转换为普通股，以赚取高额利息收入所带来的超额收益；如果可转换债券价值低于其转换价值，投资者就会以市场价格购入可转换债券，并马上将其转换成股票然后卖出以获取收益。因此，可转换债券的转换价值与纯债券价值中的较高者就是可转换债券的底价收益。

$$M_V = \text{Max}(C_V, P_D)$$

式中：M_V 为可转换债券的底价，C_V 为可转换债券的转换价值，P_D 为可转换债券的纯市场价值。

底价是可转换债券市场价格的下限，可转换债券的交易价格一般不低于这个底价。如果可转换债券的转换价格相对于普通股市价较高，以至于可转换债券的转换价值低于其纯债券价值，那么其底价即为其纯债券价值；如果可转换债券的转换价格相对于股票的市场价格较低，以至于可转换债券的转换价值高于其纯债券价值，那么其底价为它的转换价值。

2.到期日前可转换债券的价值

在可转换债券到期前，可转换债券持有人不必立即做出选择，他们可以等待获利机会再行决断。这样，未到期的可转换债券的价值总是大于它的底价，两者的差额即为可转换债券转换期权的价值，它相当于公司股票的美式买权价值。假设不考虑债券的违约情况，可转换债券的价值、纯债券价值、转换价值与转换期权价值之间的关系如图11-8所示。

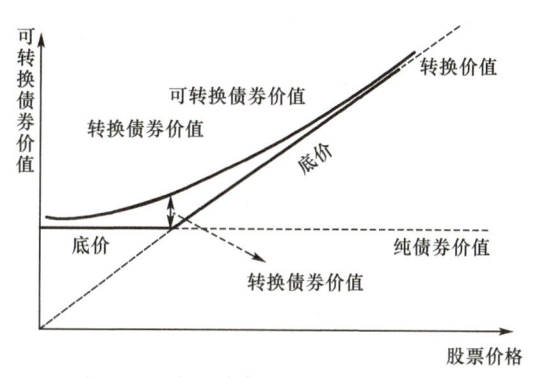

图11-8 可转换债券价值与股票价格的关系

在图11-8中，可转换债券的纯债券价值与转换价值越接近(无论两者哪个更大)，可转换债券的转换期权价值越大；纯债券价值与转换价值之间的差距越大，转换期权的价值相对越小；纯债券价值与转换价值相等时，期权价值相对最大。随着债券到期日(即转换日)的临近，可转换债券的市场价值与转换价值几乎相等，亦即转换期权的价值近乎为零。在可转换债券到期日之前，其价值等于纯债券价值和转换价值中较大者与转换期权价值之和，即

$$\text{可转换债券价值} = \text{Max}(\text{纯债券价值}, \text{转换价值}) + \text{期权价值}$$

【例11-6】 2008年4月18日，南山铝业按面值100元发行了2 800万张5年期可转换债券，5年票面利率确定为1.0%、1.5%、1.9%、2.3%、2.7%，每年付息一次。对于到期未转股的债券，发行人将会按照105元(含最后一年利息)的价格偿还最后一个年度的本息。发行

结束之日起 6 个月后可以转股,初始转换价格为 16.89 元/股。为简化,假设不考虑赎回价格和售回价格,不考虑公司股利分配和行权后股权稀释情况。南山转债价值估计如下:

第一,估计可转换债券的纯债券价值。南山铝业转债发行时,5 年期左右的企业债券到期收益率的平均水平为 5.5%,由于南山转债的信用评级为 AA—,且公司未对该次可转债发行提供担保,因此,增加 0.4% 的信用溢价,到期收益率平均水平为 5.9%,转债的纯债券价值为 84.54 元,见表 11-5。

表 11-5　　　　　　　　　南山转债的纯债券价值

剩余年限	0	1	2	3	4	5
债券利率		0.01	0.015	0.019	0.023	0.027
利息及到期赎回价格(元)		1.00	1.50	1.90	2.30	105.00
现值(元)	84.54	0.94	1.34	1.60	1.83	78.83

第二,估计可转换债券的买权价值。根据 B-S 模型,有关参数设定为:股票价格(S)为 15.11 元/股(2008 年 4 月 14 日收盘价),转换价格为 16.89 元/股,有效期(T)为 5 年,波动率(σ)为发行时近 1 年的南山股票收益标准差 70%,无风险利率(r)取连续复利计算的 5 年期国债利率 3.67%,转换比率为 5.92。根据 B-S 模型,计算南山转债的买权价值为 8.69 元。

第三,估计可转换债券的理论价值。南山转债的转换比率为 5.92,则买权合计为 51.44(87.69×5.92)元,可转换债券理论价值为 135.98(84.54+51.44)元。

(三)可转换债券的应用

1. 可转换债权融资的动机

可转换债券具有票面利率低与可转股两大特性,这也成为可转换债券发行人选择这种融资工具的主要动机。

公司发行可转换债券的动机之一是取得较低的票面利率,从而可以在可转债的存续期内节约可观的利息支出。公司发行可转换债券的另一个主要动机是利用可转债的可转换性进行推迟的股权融资。一般来说,可转债发行者发行可转换债券的真正目的并不是发行公司债券,而是要发行股票。但由于种种原因,在公司需要资金的时候恰好不适宜进行股票融资,这时,公司可以选择发行可转换债券,在将来这些可转换债券转为股票时,发行者不需要归还本金,其结果相当于公司在发行可转换债券时就发行了股票。

从可转换债券的特性来看,它适合于那些处于发展时期,或处于财务困境时期的企业。这是因为,虽然这两类企业不论在本质上还是在表面上都存在巨大差异,但它们的财务状况有很多相似之处。第一,这两类企业都对资金有较为强烈的需求,而企业本身又不具备足够的创造收益的能力。第二,这两类企业目前都不具备稳定的现金流,现实的偿债能力较差。第三,对外部投资者而言,由于企业的未来很不确定,所以投资风险很高。基于这些特征,两类企业都难以筹集到正常的债务资金和权益资金。但是这两类企业又确实存在着未来快速发展的潜力。因此,不仅它们需要进行外部融资,部分投资者也有兴趣投资于这两类企业,关键就在于选择适当的融资工具。可转换债券恰恰是一种适合这些情况的融资工具。一方面,可转换债券的债券性质使投资者避免了直接进行股权投资的高风险,得到比股东更可靠的保护;另一方面,可转换债券的可转股性质使得投资者在公司取得成功时可以与股东一起分享收益,具有股权投资获取高额剩余收益的潜力。因此,它对于发行人和投资者来说都具有较大的吸引力。

2. 可转换债券在中国市场的发展

在我国,深宝安最先于 1992 年 10 月在国内发行了针对 A 股的可转换债券。1997 年 3 月

5日,国务院证券委员会公布了《可转换公司债券管理暂行办法》,为发行可转债提供了法规依据。1998年8月,"南宁化工"和"吴江丝绸"作为非上市公司率先发行了可转换债券,2000年3月,"鞍钢新轧"作为上市公司发行了15亿元人民币的A股可转换债券。自2003年以来,可转换债券融资在我国取得了很大的发展,包括招商银行、万科股份等一些上市公司都通过发行可转换债券进行了融资。2006年5月,中国证监会正式发布的《上市公司证券发行管理办法》中的相关规定适用于中国上市公司发行可转换债券。在《上市公司证券发行管理办法》与其他相关制度的约束下,中国市场的可转换债券与国际市场相比具有期限短(1~6年)、票面利率低(多数0.5%~2%)、普遍附有转换价格修正条款和回售条款、附有担保,以及信用等级高等特征。这些特征使得中国市场的可转换债券严重偏离了传统可转换债券的范畴,并不完全适用标准的可转换债券理论分析。

第四节 期权与投资决策

一、实物期权的类型

实物期权的概念是相对于金融期权而言的。两者的区别在于标的资产性质不同,前者为实物资产,后者为金融资产。实物期权指在将来一定的期限内,以一定的成本(执行价格)进行某种行动(如延期、扩大、缩小或中止某项目等)的权利。在项目投资的过程中,随着时间的推移,投资决策者掌握的信息量会越来越大,他们很可能改变自己先前的投资决策,这是投资决策的动态性和灵活性特征。这种根据需要随时改变投资决策的权利可以看作一种期权,从而可以借助期权模型的框架来进行分析。实物期权是处理一些具有不确定投资结果的非金融资产的一种投资决策工具,目前已广泛运用在自然资源投资、海上油田租赁、柔性制造系统等领域。这些带有期权特征的项目投资机会包括:①开发后续产品的机会;②扩大产品市场份额的机会;③扩大或更新厂房、设备的机会;④延缓项目投资的机会;⑤放弃项目投资的机会。这些投资机会对某些具有战略意义的投资项目,如研究开发、商标或网络投资等具有重要意义。这些投资机会可以被归纳为三种类型:扩张期权、放弃期权和等待期权。

(一)扩张期权

如果一个项目的初始投资不仅给公司直投带来现金流量。而且赋予公司对有价值的"增长机会"进一步投资的权利,即未来以一定价格取得或出售意向实物资产或投资项目的权利,那么这个项目就包含了一个扩张期权,又称为增长期权。

例如,某制药企业正在评估一种新药,管理层认为这种新药完全开发后,可以作为口服药物。也可以直接注射以获得更好的治疗效果。由于研发新药存在些不确定性,管理层决定现在开发口服制剂,几年之后再决定是否追加投资研发注射制剂。这样,管理层就创造了一个扩张期权。面对不确定的环境,公司首先做出小额试探性投资,当不确定性消除且呈现增长潜力时.公司可以利用先动优势全面投资。从实物期权的角度看,口服制剂的新药可以为研发注射制剂新药提供一种增长期权。口服制剂的研发费可视为期权价格,注射制剂的新药投资可视为执行价格,公司是否投资取决于口服制剂药品的结果,而不必承担"履约"的义务。如果口服制剂的新药失败或没有商业价值(如产品价格或市场发生逆向变动等),公司会放弃投资,最大损失是支付的研发费、试制费和市场调研费;反之则执行期权,扩大投资。

扩张期权的特点是,如果投资项目出现有利机会,则采取扩大投资的策略;如果投资项目出现不利情况,则采取收缩投资策略。一般来说,扩张期权对于处于变化剧烈、收益率较高行业的项目(如生物技术或计算机软件等行业的项目),要比所处行业较稳定且收益率较低的项目(如电子元器件、汽车制造等行业的项目)更具价值。

【例 11-7】 假设 HC 公司正计划建立一家工厂,两年后该项目产生的现金流量及其概率如图 11-9 所示。项目初始投资为 1.4 亿元(A 点),如果前两年项目运行情况良好,则现金流量为 2 亿元(D 点);如果前两年项目运行情况一年好,一年不好,则现金流量为 1.5 亿元(E 点);如果前两年项目运行情况不好,则现金流量为 1 亿元(F 点)。

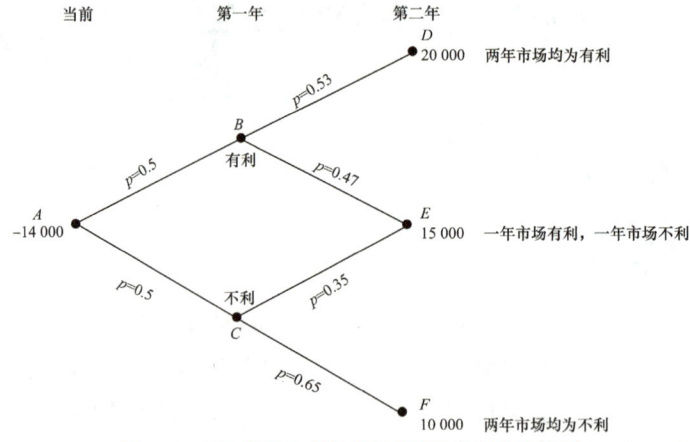

图 11-9 HG 公司生产能力不变时的现金流量 万元

项目运行一年后,如果经营情况良好,则公司再投资 1.4 亿元,使生产能力扩大一倍,期末现金流量也增加一倍。各种情况出现的概率与图 11-9 相同,如图 11-10 所示。

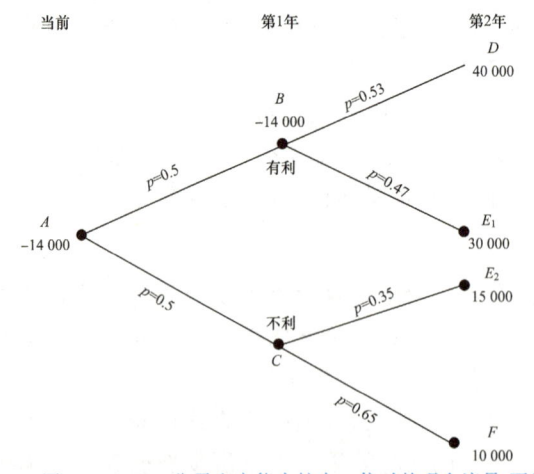

图 11-10 HG 公司生产能力扩大一倍时的现金流量 万元

假设项目的贴现率为 6%,计算两种情况下项目的价值:第一种情况,忽略项目可能扩大生产能力的期权;第二种情况,考虑项目可能扩大生产能力的期权。

第一种情况：

图 11-9 中 B 点（经营情况良好）的项目价值为：

$$V_{B1}=\frac{0.53\times 20\ 000+0.47\times 15\ 000}{1.06}=16\ 651\ 万元$$

图 11-9 中 C 点（经营情况不好）的项目价值为：

$$V_{C1}=\frac{0.35\times 15\ 000+0.65\times 10\ 000}{1.06}=11\ 085\ 万元$$

图 11-9 中 A 点项目的净现值：

$$NPV_1=-14\ 000+\frac{0.5\times 16651+0.5\times 11085}{1.06}=-917\ 万元$$

第二种情况：

图 11-10 中 B 点（经营情况良好）的项目价值为：

$$V_{B2}=-14\ 000+\frac{0.53\times 40\ 000+0.47\times 30\ 000}{1.06}=19\ 302\ 万元$$

图 11-10 中 C 点（经营情况不好）的项目价值与第一种情况下 C 点的价值相同，为 11 085 万元。

图 11-10 中 A 点项目的净现值：

$$NPV_2=-14\ 000+\frac{0.5\times 19\ 302+0.5\times 11\ 085}{1.06}=333\ 万元$$

以上结果表明，在第一种情况下，即不考虑增加项目生产能力的期权时，投资项目的净现值为负数；根据传统的资本预算方法，应放弃净现值小于零的项目。但如果考虑项目未来的增长机会，则应进行投资。实际上，公司现在要做的决策就是：是否投资第一个 1.4 亿元。至于是否投资第二个 1.4 亿元，视一年后的情况而定。如果现在进行投资，一年后就有机会进行第二次投资；否则，公司将失去第二次投资的机会。或者说，一年后如果机会看好（NPV>0），而公司现在没有进行投资，那么公司将会错失良机。在本例中，当考虑公司拥有可灵活增加产量的期权时，项目的价值增长了 1 250 万元，这使项目的净现值由负数变为正数。

(二) 放弃期权

放弃期权也称为中止期权。如果说扩张期权是一种买权，其目的在于扩大上方投资收益，那么放弃期权则是一种卖权，目的是规避下方投资风险。在净现值等资本预算决策方法中，我们总是假设一个项目一旦投资就会一直实施下去。但是在现实中，有些项目具有灵活性，可以暂停、中途改变用途或放弃。某投资项目是继续进行还是中途放弃，主要取决于继续使用是否具有经济价值。如果该项目不能提供正的净现值，就应放弃这一项目，将项目资产出售或另作他用。一般来说，当发生以下两种情况时，投资项目应该被放弃：①项目的放弃价值（即项目资产出售时的市场价值）大于项目后续现金流量的现值；②现在放弃该项目比未来某个时刻放弃更好。当放弃的可能性存在时，投资项目的价值就会增加。同其他实物期权一样，放弃期权可以使公司在有利条件下获得收益，在不利条件下减少损失。当这种期权的价值足够大时，就可能使一个不利的项目变成一个有利可图的项目。放弃期权主要应用于资本密集型产业，如航空、铁路、金融服务、新产品开发等领域。

【例 11-8】 某公司计划钻探石油。钻探设备的成本为 3 亿元，一年以后钻探有可能成功，也有可能失败。假定成功与失败的概率各为 50%。如果成功，后续现金流的现值为 5.

75亿元;如果失败,项目的净现值为0。假设项目的贴现率为10%。项目未来的现金法情况如图11-11所示。

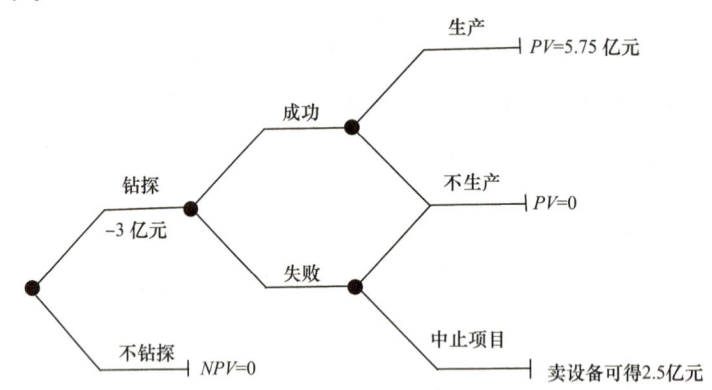

```
                        生产
                       ┤ PV=5.75亿元
                   成功
                        不生产
                       ┤ PV=0
            钻探
            -3亿元
                   失败
                        中止项目
                       ┤ 卖设备可得2.5亿元
       不钻探 ┤ NPV=0
```

图11-11 石油钻探项目现金流

首先我们运用净现值法进行分析。如果钻探成功,公司选择继续生产,一年后获得后续现金流的现值5.75亿元;如果钻探失败,公司选择中止项目,后续现金流的现值为0元。因此,项目的净现值为:

$$\text{NPV} = -30\ 000 + \frac{0.5 \times 57\ 500 + 0.5 \times 0}{1 + 10\%} = 3\ 864\ 万元$$

根据这个结果,由于项目的净现值为负,因此应该放弃这个项目。

其次,我们纳入放弃期权进行分析。上面的分析没有考虑到钻探失败后公司可以中止这个项目并将设备卖掉这个情况。假设钻探失败后将设备卖掉可以收回2.5亿元,在钻探失败的情况下,公司会选择中止项目、变卖设备。在这种情况下,项目的净现值就变成:

$$\text{NPV} = -30\ 000 + \frac{0.5 \times 57\ 500 + 0.5 \times 25\ 000}{1 + 10\%} = 7\ 500\ 万元$$

可见,在该项目中实际上包含有放弃期权,如果考虑到该期权的价值,项目的总价值变为7 500万元,说明该项目还具有开采的价值,不应该全部放弃。

(三)等待期权

等待期权也叫延期期权。在不确定的情况下,投资时机的选择非常重要。通过前面扩张期权的讨论,我们知道,抢先进入市场可以获得未来进一步发展的机会,即增长期权。但是,公司有时也可以先等待和观望,寻找到好的时机后再进行投资,这样可以防止因贸然进入而造成损失,增加投资收益。

投资者面临投资决策时,通常有两种情形。一种情形是投资决策必须马上做出,否则将永远失去进入市场的机会。从期权的角度分析,这相当于买权(是否投资)即将到期,其持有者(即公司)必须马上决定是否执行期权(投资或放弃)。这时,期权的时间价值已经为零,由于项目的投资额就是买权的执行价格,项目的期望现金流的现值就是标的资产的价格,因此,投资者可以通过比较两者的大小来做出决策,这就是净现值的决策过程。另一种情形是推迟投资不会导致失去进入市场的机会,投资者可以等待一段时间再决定是否进行投资。从期权的角度分析,这相当于投资者拥有一个尚未到期的买权,这时买权还具有时间价值,其持有者可以选择执行期权的时间。

在资本预算决策中,等待期权普遍存在,尤其是自然资源的开采和房地产开发等领域。例如,石油公司在购买了油田之后,可以根据原油的价格水平决定油田开发时机,而未必马上进行开发。房地产公司在购买了土地之后,可以根据周边房价的水平和开发情况决定房产开发时机,而不一定马上建房。很多房地产公司在土地拍卖中,中标价格折合的楼面价甚至高于当时周边的房价,如果立即开发,公司几乎肯定亏损;这些公司之所以愿意花高价购买土地,正是因为这里存在等待期权。

【例 11-9】 ADD 公司正在计划投资建立一座工厂,投资总额 1 亿元,每年年末产生的系列现金流量见表 11-6。ADD 公司管理者有权决定是立刻投资 1 亿元,还是推迟一年,等到第二年年初再决定是否投资。

表 11-6　　　　　　　　　ADD 公司投资开发时间与现金流量　　　　　　　　单位:万元

立刻投资						
市场情况	第 0 年	第 1 年	第 2 年	第 3 年	…	第 n 年
市场有利	−10 000	1 000	1 500	1 500	1 500	1 500
市场不利	−10 000	1 000	250	250	250	250
推迟一年投资并只在经济情况有利时开发项目						
市场情况	第 0 年	第 1 年	第 2 年	第 3 年	…	第 n 年
市场有利	0	−10 000	1 500	1 500	1 500	1 500
市场不利	0	0	0	0	0	0

根据表 11-6 的数据。如果立即投资开发项目,第 1 年年末的现金流量为 1 000 万元。但此后,根据经济情况的变化,每年产生的现金流量是 1 500 万元或 250 万元,假设概率各为50%。如果推迟一年,并只在市场有利时投资于该项目,公司在第 1 年将损失 1 000 万元现金流量。但此后将每年持续获得 1 500 万元的现金流量。假设贴现率为 5%。则立即开发该项目和推迟一年再开发该项

目的净现值分别为:

$$\text{NPV}_{\text{立即投资}}=-10\ 000+\frac{0.5\times\left(1\ 000+\frac{1\ 500}{0.05}\right)+0.5\times\left(1\ 000+\frac{250}{0.05}\right)}{1+5\%}=7\ 619\ \text{万元}$$

$$\text{NPV}_{\text{一年后投资}}=\frac{-10\ 000+\frac{1\ 500}{0.05}}{1+5\%}=19\ 047\ \text{万元}$$

由于推迟一年开发项目所产生的净现值远大于立即投资的净现值,因此推迟一年投资是有利的。

等待期权本质上是公司获得了一个以该投资项目的未来现金流现值为标的资产的美式看涨期权。根据期权定价理论,提前执行不付股利的美式看涨期权是不明智的,投资者持有它将会获得更高的价值;换句话说,在某些情况下,不必立即实行该项目,等待可使公司获得更多的相关信息,使项目决策者有更多的时间研究未来的发展变化,从而避免不利情况发生所引起的损失。但等待意味着公司将放弃早期的现金流量,而且可能失去先发优势。也就是说,项目早期的现金流量类似于美式买入期权的股利,如果有足够大的股利,美式买入期权提前执行也许是最佳的选择。因此,公司的管理者对一个新项目进行决策时,他们就拥有一个现在实施该项目或者推迟到将来实施该项目的等待期权。这个等待期权是否提前执行,取决于项目早期产生的现金流现值和等待期权内在价值的大小。

二、实物期权估价的 B-S 模型

期权是一种金融衍生产品,其价值以标的资产的价格为基础。金融期权的标的资产是金融资产,如股票、债券、货币等。实物期权的标的资产是各种实物资产,如土地、设备、石油等。由于金融资产具有流动性、收益性和风险性,因此金融资产容易标准化,便于形成市场性,规模化的连续交易。相对而言,实物期权不具有期权的某些特性,同时却具有投资的特性。因此,实物期权比金融期权更复杂。就估价而言,现实中一般采用 B-S 模型和二项式模型对实物期权进行估价。

期权价值主要受以下五个参数的影响:标的资产价格、期权的执行价格、到期期限、无风险收益率和资产的风险。根据实物期权的特点,我们对这些参数做一个简单说明,如图 11-12 所示。

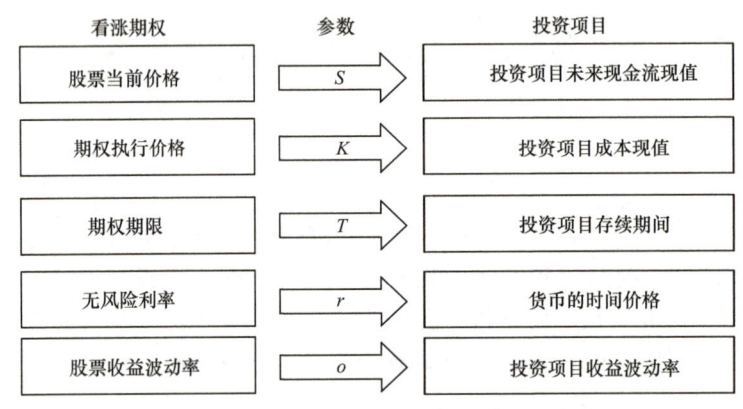

看涨期权	参数	投资项目
股票当前价格	S	投资项目未来现金流现值
期权执行价格	K	投资项目成本现值
期权期限	T	投资项目存续期间
无风险利率	r	货币的时间价格
股票收益波动率	σ	投资项目收益波动率

图 11-12 实物期权与金融期权各种参数的关系

(一)标的资产价值

金融期权的标的资产是股票等,假设股票价格运动符合对数正态分布,这对于股票而言是合理的。但在实物期权中,标的资产并不符合这一假设,因为实物资产或投资项目的价值有可能出现负数,而股价不会低于零。此外,金融期权定价的基本假设是标的资产能够在金融市场以公平的市场价格自由交易,而实物资产通常不具备自由交易的特征。解决这一问题的方法就是在市场上找到"类似证券"来复制实物资产价值的变化。例如,对于自然资源的投资决策,如油田、金属矿产等,可以在公开交易的商品期货市场上寻找类似的项目。据以构造一个类似的证券组合;多元化经营公司的某一产业部门在拆分、并购时的估价可以参考最近单一从事该产业的公司股票构造类似的证券组合;如果实物资产对公司市场价值的影响非常大,公司可以本公司的股票作为类似的证券;如果上述条件都不能满足,通常假设实物资产价值是实物资产交易情况下其市场价值的无偏估计且与其完全相关,因此,可直接将实物资产价值作为标的资产价值。

(二)期权的执行价格

金融期权的执行价格是事先约定并且到期一次性支付的。实物期权的执行价格不是事先约定的,而是根据期权的类型不同而不同,并随着时间的延续而变化。执行价格具有不确定性使得公司在执行实物期权时并不能确保获得超额利润。

（三）期权的期限

金融期权的执行时间一般通过合约详细规定,而实物期权的执行时间事先可能并不知道,期权的执行可能会受到其他期权是否执行的影响,还受到不确定因素的影响,如竞争条件与格局、技术创新、宏观经济环境等。

（四）贴现率（无风险利率）

金融期权定价的一个关键假设是存在一个由标的资产和无风险债券组成的用于对冲所有风险的复制的证券组合。由于所有风险都被所复制证券组合对冲,因此,金融期权定价中所有的贴现率均为无风险利率。如果实物期权定价能够满足上述假设,则实物期权定价中的贴现率也可采用无风险利率。

（五）波动率

金融期权标的资产收益的波动率可以通过观察历史数据得到,或者通过期权市场价格计算隐含波动率。但对于实物期权而言,既不存在历史收益率信息,也不存在期权的市场价格。因此,对波动率的估计就成了实物期权计算过程中的重要问题。解决这一问题的方法有两种：近似资产的收益分布和蒙特卡罗模拟。如果可以找到类似的证券,例如,其产品存在期货市场的自然资源开发项目,可用类似证券的历史收益波动来代替该实物资产项目的波动事。蒙特卡罗模拟是通过构造预测现金流量表,分析影响经营的各项因素,对各种输入变量的概率分布做一定的假设,然后通过蒙特卡罗模拟得到项目价值的概率分布,其中包括项目价值的均值和标准差信息。

【例 11-10】假设现在是 2018 年,XZ 公司预计投资 1 000 万元建一条生产线,生产 A 型产品。预计 2019－2023 年各年现金流见表 11-7 中 C2:G2 单元格。公司预计到 2021 年,替代 A_1 产品的 A_2 产品技术将达到成熟,届时公司可以上马 A_2 产品生产线。目前（2018 年）,公司对 2021 年以及之后的 A_2 产品的现金流作了最为保守的预测（见表 11-7 中的 E6:J6 单元格）。假设同类项目的风险调整贴现率为 18％。

按照传统的投资分析法,现在上 A_1 生产线的投资价值为 996.55 万元（表 11-7 中的 B4 单元格）,净现值为－3.45 万元（表 11-7 中的 B5 单元格）。净现值小于零,说明此项目不可行。根据预测数据,公司在 2021 年投资 2 400 万元建设 A_2 产品生产线,其投资价值为 1434.29 万元（表 11-7 中的 B7 单元格）,净现值为－26.42 万元（见表 11-7 中的单元格）,此项投资也不可行。从期权的角度分析,A_2 产品生产线投资价值（现在为 1 434.29 万元）具有较大的不确定性。假设随着市场情况的变化,投资价值波动率（年标准差）估计为 35％。这意味着其净现值存在大于 0 的可能性。3 年后,A_2 产品的市场前景会较为明朗和确定,净现值是否大于 0 将更为明确。

公司现在要做的决策就是：是否上马 A_1 产品生产线,这要视 3 年以后的情况而定。如果现在上马 A_1 产品生产线,除了可以获得 5 年的现金流入量之外,有一个 3 年后上马 A_2 产品生产线的机会。这个机会的价值为 71.22 万元（表 11-7 中的 B22 单元格）,因此 2018 年投资 AI 产品生产线的实际净现值为 167.77 万元（表 11-7 中的 B11 单元格）,公司应该投资 A_1 产品生产线。

表 11-7　　　　　　　　　　XZ公司的实物期权价值　　　　　　　　　　单位：万元

	A	B	C	D	E	F	G	H	I	J
1	年份	0	2018	2019	2020	2021	2022	2023	2024	2025
2	净现金流量(A_1)	−1 000	300	400	340	320	190			
3	贴现率	18%								
4	项目现值	996.55	B4=NPV(B3,C2:G2)							
5	净现值	−3.45	B5=B2+B3							
6	净现金流量(A_2)					−2400	500	1 000	1200	600	400
7	项目现值	1 434.29	B7=[NPV(B3,F6:J6)]/(1+B3)^6							
8	净现值	−26.42	B8=B7+E6/(1+B3)^3							
9										
10	期权价值	171.22	B10=B22							
11	净现值合计	167.77	B11=B5+B10							
12	B-S 模型									
13	S	1 434.29	2021年投资现金流的现值(标的资产当前价值)							
14	K	2400	投资额(执行价格)							
15	r	5%	无风险利率							
16	T	3	期权执行期限(年)							
17	α	35%	投资项目收益波动率							
18	d_1	−0.298 7	B18=[Ln(B13/B14)+(B15+0.5×B17^2)×B16]/[B17×SQRT(B16)]							
19	d_2	−0.904 9	B19=B18−B17×SQRT(B16)							
20	$N(d_1)$	0.382 6	B20=NORM.S.DIST(B18)							
21	$N(d_2)$	0.182 8	B21=NORM.S.DIST(B19)							
22	买权价值	171.22	B22=B13×B20−B14×exp(−B15×B16)×B21							

思政小课堂

期权市场博采众长的中国文化

1983年芝加哥期权交易所推出全球第一只股指期权产品至今，已有37年的光景。全球已有近30个国家或地区相继推出股指期权品种。美国、印度、韩国、德国都已经形成了较为成熟的股指期权交易市场。

2019年12月23日，我国迎来第一个股指期权品种——沪深300指数期权。

目前，无论是成熟市场还是新兴市场，期权已被各类机构投资者广泛用来进行风险管理、资产配置和产品创新。从国际上来看，机构使用期权的主要策略都是包括备兑看涨、

期权经典战役:中信泰富累计外汇期权合约巨亏

保护性看跌、卖出看跌、价差策略、领式策略等在内的一些组合策略。随着交易所对沪深300股指期权以小步渐进的方式调整交易限额,资产规模较大的机构运用股指期权的限制将逐步缓解,股指期权的风险管理功能逐步发挥作用,股指期权市场也会更好地服务于资本市场的发展。

我国期权市场发展迅速,为大众创业、万众创新起到了积极的推动作用,体现了博采众长的中国文化特色。

知识演练

一、快速测试

(一) 单项选择题

1. 美式期权的行权时间是( )。
   A. 期权有效期内的任何营业日　　B. 只能在期权的到期日
   C. 在未来的任何时刻　　D. 只能在分派红利之后的营业日

2. 一个股票看跌期权的买方可能承受的最大损失是( )。
   A. 行权价格　　B. 购买看跌期权合约的权利金
   C. 股票价格减去看涨期权的价格　　D. 行权价格减去看跌期权的价格

3. 如果标的资产的现时市场价格(S)小于期权行权价格(K),则说明( )。
   A. 看涨期权处于有价状态　　B. 看涨期权处于平价状态
   C. 看跌期权处于有价状态　　D. 看跌期权处于无价状态

4. 在其他条件一定的情况下,下列因素与买权价值呈反向变动关系的是( )。
   A. 标的资产市价　　B. 行权价格
   C. 标的资产价格的波动性　　D. 合约剩余有效期

5. 到期日可转换债券最低极限价值是( )。
   A. 纯债券价值　　B. 转换价值
   C. 期权价值　　D. 纯债券价值与转换价值中较大者

6. 公司发行可转换债券时附加可赎回条款,对于投资者而言相当于一种( )。
   A. 买入买权　　B. 买入卖权
   C. 卖出买权　　D. 卖出卖权

(二) 多项选择题

1. 期权按照所赋予权利的不同可以分为( )。
   A. 看涨期权　　B. 看跌期权　　C. 欧式期权　　D. 美式期权
   E. 百慕大期权

2. 如果预计未来标的资产价格呈上升趋势,期权交易可以( )。
   A. 买入卖权　　B. 卖出卖权　　C. 买入买权　　D. 卖出买权
   E. 买入卖权的同时,买入现货资产

3. 按照有无内含价值,期权价值主要表现为( )。
   A. 有价　　C. 平价　　B. 溢价　　D. 折价
   E. 无价

4.通常情况下,期权价值的构成因素包括( )。
A.内含价值 B.执行价值 C.权利金 D.期权费
E.时间价值

5.下列含有期权的证券中,公司作为期权出售者的证券有( )。
A.认购权证 B.备兑协议 C.可转换债券 D.认售权证
E.可赎回债券

6.影响认购权证价值的因素包括( )。
A.无风险利率 B.股票价格波动率 C.认购权证有效期限 D.股利
E.行权比率

7.根据投资项目的具体情况不同,可将实物期权分为( )。
A.放弃期权 B.延期期权 C.停启期权 D.收缩期权
E.扩张期权

8.实物期权价值的影响因素主要有( )。
A.折现率   B.投资项目收益波动率
C.标的资产的价值漏损   D.项目未来现金流量现值
E.项目投资成本的终值及投资存续期间

(三)判断题
1.期权价值是现在取得到期按约定价格买入或卖出标的资产的权利的价格。( )
2.从理论上说,一个期权通常可以低于其内含价值的价格出售。( )
3.通常一个期权向有价期权和无价期权转化时时间价值逐步增加。( )
4.在其他条件不变的情况下,执行价格越高,看涨期权的价值就越高。( )
5.期权买卖双方的收益和风险是对称的。( )
6.无论是认购权证还是认售权证,标的资产波动率越大,它们的价值越高。( )
7.可转换债券由于同时具有期权性和债券性,其利息率通常高于纯债券的利息率。
( )
8.一般来说,扩张项目期权对于处于较稳定且收益率较低行业的项目要比处于变化剧烈、收益率较高行业的项目明显价值更高。( )
9.放弃期权可以看作一种买入卖权或看跌期权,意在规避下方投资风险。( )

二、实训
(一)计算分析题
1.世运公司购买了甲股票的看跌期权,执行价格为80元,期权费是2元。要求:分别计算甲股票在到期日价格分别为65元、75元、78元和88元时世运公司的投资收益。
2.假设黄河公司订立了一份3个月的乙公司股票买入期权合约,行权价格(K)为12元。要求:
(1)分别计算当股票现时交易价格(S)为15元、20元和30元时买权的内含价值(V);
(2)如果标的资产价值上升了20%,请分别计算买权内含价值上升的幅度,你发现了什么趋势?
3.当前股票价格为58元,行权价格为554元,无风险年利率为8%,当前,6个月的欧式买权价格为10.2元,6个月的欧式卖权价格为5.6元。要求:
(1)根据买-卖权平价关系,在给定卖权条件下计算买权价值;

(2)根据买-卖权平价关系,在给定买权条件下计算卖权价值;

(3)将计算结果与买权或卖权现行价格比较,你认为应采取何种投资策略进行套利活动。

4.以 WD 公司股票为标的物的欧式卖权的执行价格为 84 元,到期时间为 2 年。已知该公司当前的股票价格为 80 元,以后每年将上升或下降 20%,假设无风险利率为 5%。要求:

(1)计算该股票价格预计上升或下跌的概率;

(2)采用多期二项式模型计算该卖权当前的价值并做出图示。

5.假设 DL 公司的股票当前价格为 36 元,股票收益的标准差为 0.28,无风险利率为 6%(连续复利),期权有效期为 18 个月。要求:

(1)当行权价格为 36 元时,计算欧式期权买权的价格;

(2)在(1)的条件下,计算欧式期权卖权的价格。

(二)思考讨论题

1.什么是期权?它分哪些类型?其构成要素有哪些?

2.期权的价值由哪几部分内容构成?

3.影响期权价格的因素有哪些?

4.期权的定价模型有哪几种?各模型的基本理论与计算方法如何?

5.认股权证和可转换债券价值的评估方法有何不同?

参考文献

[1] 郭丽虹,王安兴.公司金融学[M].3版.大连:东北财经大学出版社,2019.

[2] 财政部会计编写组.企业会计准则讲解2008[M].北京:人民出版社,2008.

[3] 王振山,王立元.公司金融学[M].大连:东北财经大学出版社,2021.

[4] 张鸣,王茜.公司金融学[M].上海:上海财经大学出版社,2018.

[5] 王翠菊.公司理财实务[M].北京:北京邮电大学出版社,2020.

[6] 李心愉.公司金融学[M].北京:北京大学出版社,2017.

[7] 汪昌云.金融衍生工具[M].3版.北京:中国人民大学出版社,2018.

[8] 财政部会计资格评价中心.财务管理[M].北京:中国财政经济出版社,2021.

[9] 中国注册会计师协会.财务成本管理[M].北京:中国财政经济出版社,2021.

[10] 朴哲范,陈荣达.公司金融[M].3版.大连:东北财经大学出版社,2019.

[11] 达莫达兰.刘寅龙,译.估值:难点、解决方案及相关案例[M].3版.北京:机械工业出版社,2019.

[12] 罗斯,威斯特菲尔德,杰富.吴世农,译.公司理财[M].11版.北京:机械工业出版社,2021.

[13] 博迪,默顿,克利顿.曹辉,等,译.金融学[M].2版.北京:中国人民大学出版社,2020.

[14] 斯密特,特里杰奥吉斯.狄锐鹏,译.战略投资学:实物期权和博弈论[M].北京:高等教育出版社,2006.

[15] 赫尔.王勇,等,译.期权、期货及其他衍生产品[M].10版.北京:机械工业出版社,2018.

附 录

附表一 复利终值系数表

期数	1%	2%	3%	4%	5%	6%	7%	8%	9%	10%
1	1.010 0	1.020 0	1.030 0	1.040 0	1.050 0	1.060 0	1.070 0	1.080 0	1.090 0	1.100 0
2	1.020 1	1.040 4	1.060 9	1.081 6	1.102 5	1.123 6	1.144 9	1.166 4	1.188 1	1.210 0
3	1.030 3	1.061 2	1.092 7	1.124 9	1.157 6	1.191 0	1.225 0	1.259 7	1.295 0	1.331 0
4	1.040 6	1.082 4	1.125 5	1.169 9	1.215 5	1.262 5	1.310 8	1.360 5	1.411 6	1.464 1
5	1.051 0	1.104 1	1.159 3	1.216 7	1.276 3	1.338 2	1.402 6	1.469 3	1.538 6	1.610 5
6	1.061 5	1.126 2	1.194 1	1.265 3	1.340 1	1.418 5	1.500 7	1.586 9	1.677 1	1.771 6
7	1.072 1	1.148 7	1.229 9	1.315 9	1.407 1	1.503 6	1.605 8	1.713 8	1.828 0	1.948 7
8	1.082 9	1.171 7	1.266 7	1.368 6	1.477 5	1.593 8	1.718 2	1.850 9	1.992 6	2.143 6
9	1.093 7	1.195 1	1.304 8	1.423 3	1.551 3	1.689 5	1.838 5	1.999 0	2.171 9	2.357 9
10	1.104 6	1.219 0	1.343 9	1.480 2	1.628 9	1.790 8	1.967 2	2.158 9	2.367 4	2.593 7
11	1.115 7	1.243 4	1.384 2	1.539 5	1.710 3	1.898 3	2.104 9	2.331 6	2.580 4	2.853 1
12	1.126 8	1.268 2	1.425 8	1.601 0	1.795 9	2.012 2	2.252 2	2.518 2	2.812 7	3.138 4
13	1.138 1	1.293 6	1.468 5	1.665 1	1.885 6	2.132 9	2.409 8	2.719 6	3.065 8	3.452 3
14	1.149 5	1.319 5	1.512 6	1.731 7	1.979 9	2.260 9	2.578 5	2.937 2	3.341 7	3.797 5
15	1.161 0	1.345 9	1.558 0	1.800 9	2.078 9	2.396 6	2.759 0	3.172 2	3.642 5	4.177 2
16	1.172 6	1.372 8	1.604 7	1.873 0	2.182 9	2.540 4	2.952 2	3.425 9	3.970 3	4.595 0
17	1.184 3	1.400 2	1.652 8	1.947 9	2.292 0	2.692 8	3.158 8	3.700 0	4.327 6	5.054 5
18	1.196 1	1.428 2	1.702 4	2.025 8	2.406 6	2.854 3	3.379 9	3.996 0	4.717 1	5.559 9
19	1.208 1	1.456 8	1.753 5	2.106 8	2.527 0	3.025 6	3.616 5	4.315 7	5.141 7	6.115 9
20	1.220 2	1.485 9	1.806 1	2.191 1	2.653 3	3.207 1	3.869 7	4.661 0	5.604 4	6.727 5
21	1.232 4	1.515 7	1.860 3	2.278 8	2.786 0	3.399 6	4.140 6	5.033 8	6.108 8	7.400 2
22	1.244 7	1.546 0	1.916 1	2.369 9	2.925 3	3.603 5	4.430 4	5.436 5	6.658 6	8.140 3
23	1.257 2	1.576 9	1.973 6	2.464 7	3.071 5	3.819 7	4.740 5	5.871 5	7.257 9	8.954 3
24	1.269 7	1.608 4	2.032 8	2.563 3	3.225 1	4.048 9	5.072 4	6.341 2	7.911 1	9.849 7
25	1.282 4	1.640 6	2.093 8	2.665 8	3.386 4	4.291 9	5.427 4	6.848 5	8.623 1	10.835
26	1.295 3	1.673 4	2.156 6	2.772 5	3.555 7	4.549 4	5.807 4	7.396 4	9.399 2	11.918
27	1.308 2	1.706 9	2.221 3	2.883 4	3.733 5	4.822 3	6.213 9	7.988 1	10.24 5	13.110
28	1.321 3	1.741 0	2.287 9	2.998 7	3.920 1	5.111 7	6.648 8	8.627 1	11.167	14.421
29	1.334 5	1.775 8	2.356 6	3.118 7	4.116 1	5.418 4	7.114 3	9.317 3	12.172	15.863
30	1.347 8	1.811 4	2.427 3	3.243 4	4.321 9	5.743 5	7.612 3	10.063	13.268	17.449
40	1.488 9	2.208 0	3.262 0	4.801 0	7.040 0	10.286	14.975	21.725	31.409	45.259
50	1.644 6	2.691 6	4.383 9	7.106 7	11.467	18.420	29.457	46.902	74.358	117.39
60	1.816 7	3.281 0	5.891 6	10.520	18.679	32.988	57.946	101.26	176.03	304.48

(续表)

期数	12%	14%	15%	16%	18%	20%	24%	28%	32%	36%
1	1.120 0	1.140 0	1.150 0	1.160 0	1.180 0	1.200 0	1.240 0	1.280 0	1.320 0	1.360 0
2	1.254 4	1.299 6	1.322 5	1.345 6	1.392 4	1.440 0	1.537 6	1.638 4	1.742 4	1.849 6
3	1.404 9	1.481 5	1.520 9	1.560 9	1.643 0	1.728 0	1.906 6	2.097 2	2.300 0	2.515 5
4	1.573 5	1.689 0	1.749 0	1.810 6	1.938 8	2.073 6	2.364 2	2.684 4	3.036 0	3.421 0
5	1.762 3	1.925 4	2.011 4	2.100 3	2.287 8	2.488 3	2.931 6	3.436 0	4.007 5	4.652 6
6	1.973 8	2.195 0	2.313 1	2.436 4	2.699 6	2.986 0	3.635 2	4.398 0	5.289 9	6.327 5
7	2.210 7	2.502 3	2.660 0	2.826 2	3.185 5	3.583 2	4.507 7	5.629 5	6.982 6	8.605 4
8	2.476 0	2.852 6	3.059 0	3.278 4	3.758 9	4.299 8	5.589 5	7.205 8	9.217 0	11.703
9	2.773 1	3.251 9	3.517 9	3.803 0	4.435 5	5.159 8	6.931 0	9.223 4	12.167	15.917
10	3.105 8	3.707 2	4.045 6	4.411 4	5.233 8	6.191 7	8.594 4	11.806	16.060	21.647
11	3.478 5	4.226 2	4.652 4	5.117 3	6.175 9	7.430 1	10.657	15.112	21.199	29.439
12	3.896 0	4.817 9	5.350 3	5.936 0	7.287 6	8.916 1	13.215	19.343	27.983	40.038
13	4.363 5	5.492 4	6.152 8	6.885 8	8.599 4	10.699	16.386	24.759	36.937	54.451
14	4.887 1	6.261 3	7.075 7	7.987 5	10.147	12.839	20.319	31.691	48.757	74.053
15	5.473 6	7.137 9	8.137 1	9.265 5	11.974	15.407	25.196	40.565	64.359	100.71
16	6.130 4	8.137 2	9.357 6	10.748	14.129	18.488	31.243	51.923	84.954	136.97
17	6.866 0	9.276 5	10.761	12.468	16.672	22.186	38.741	66.461	112.14	186.28
18	7.690 0	10.575	12.376	14.463	19.673	26.623	48.039	85.071	148.02	253.34
19	8.612 8	12.056	14.232	16.777	23.214	31.948	59.568	108.89	195.39	344.54
20	9.646 3	13.744	16.367	19.461	27.393	38.338	73.864	139.38	257.92	468.57
21	10.804	15.668	18.822	22.575	32.324	46.005	91.592	178.41	340.45	637.26
22	12.100	17.861	21.645	26.186	38.142	55.206	113.57	228.36	449.39	866.67
23	13.552	20.362	24.892	30.376	45.008	66.247	140.83	292.30	593.20	1 178.7
24	15.179	23.212	28.625	35.236	53.109	79.497	174.63	374.14	783.02	1 603.0
25	17.000	26.462	32.919	40.874	62.669	95.396	216.54	478.90	1033.6	2 180.1
26	19.040	30.167	37.857	47.414	73.949	114.48	268.51	613.00	1364.3	2 964.9
27	21.325	34.390	43.535	55.000	87.260	137.37	332.96	784.64	18 009	4 032.3
28	23.884	39.205	50.066	63.800	102.97	164.84	412.86	1 004.3	2 377.2	5 483.9
29	26.750	44.693	57.576	74.009	121.50	197.81	511.95	1 285.6	3 137.9	7 458.1
30	29.960	50.950	66.212	85.850	143.37	237.38	634.82	1 645.5	4 142.1	10 143
40	93.051	188.88	267.86	378.72	750.38	1 469.8	5 455.9	19 427	66 521	*
50	289.00	700.23	1 083.7	1 670.7	3927.4	9 100.4	46 890	*	*	*
60	897.60	2595.9	4 384.0	7 370.2	20 555	56 348	*	*	*	*

附表二 复利现值系数表

期数	1%	2%	3%	4%	5%	6%	7%	8%	9%	10%
1	0.990 1	0.980 4	0.970 9	0.961 5	0.952 4	0.943 4	0.934 6	0.925 9	0.917 4	0.909 1
2	0.980 3	0.961 2	0.942 6	0.924 6	0.907 0	0.890 0	0.873 4	0.857 3	0.841 7	0.826 4
3	0.970 6	0.942 3	0.915 1	0.889 0	0.863 8	0.839 6	0.816 3	0.793 8	0.772 2	0.751 3
4	0.961 0	0.923 8	0.888 5	0.854 8	0.822 7	0.792 1	0.762 9	0.735 0	0.708 4	0.683 0
5	0.951 5	0.905 7	0.862 6	0.821 9	0.783 5	0.747 3	0.713 0	0.680 6	0.649 9	0.620 9
6	0.942 0	0.888 0	0.837 5	0.790 3	0.746 2	0.705 0	0.666 3	0.630 2	0.596 3	0.564 5
7	0.932 7	0.870 6	0.813 1	0.759 9	0.710 7	0.665 1	0.622 7	0.583 5	0.547 0	0.513 2
8	0.923 5	0.853 5	0.789 4	0.730 7	0.676 8	0.627 4	0.582 0	0.540 3	0.501 9	0.466 5
9	0.914 3	0.836 8	0.766 4	0.702 6	0.644 6	0.591 9	0.543 9	0.500 2	0.460 4	0.424 1
10	0.905 3	0.820 3	0.744 1	0.675 6	0.613 9	0.558 4	0.508 3	0.463 2	0.422 4	0.385 5
11	0.896 3	0.804 3	0.722 4	0.649 6	0.584 7	0.526 8	0.475 1	0.428 9	0.387 5	0.350 5
12	0.887 4	0.788 5	0.701 4	0.624 6	0.556 8	0.497 0	0.444 0	0.397 1	0.355 5	0.318 6
13	0.878 7	0.773 0	0.681 0	0.600 6	0.530 3	0.468 8	0.415 0	0.367 7	0.326 2	0.289 7
14	0.870 0	0.757 9	0.661 1	0.577 5	0.505 1	0.442 3	0.387 8	0.340 5	0.299 2	0.263 3
15	0.861 3	0.743 0	0.641 9	0.555 3	0.481 0	0.417 3	0.362 4	0.315 2	0.274 5	0.239 4
16	0.852 8	0.728 4	0.623 2	0.533 9	0.458 1	0.393 6	0.338 7	0.291 9	0.251 9	0.217 6
17	0.844 4	0.714 2	0.605 0	0.513 4	0.436 3	0.371 4	0.316 6	0.270 3	0.231 1	0.197 8
18	0.836 0	0.700 2	0.587 4	0.493 6	0.415 5	0.350 3	0.295 9	0.250 2	0.212 0	0.179 9
19	0.827 7	0.686 4	0.570 3	0.474 6	0.395 7	0.330 5	0.276 5	0.231 7	0.194 5	0.163 5
20	0.819 5	0.673 0	0.553 7	0.456 4	0.376 9	0.311 8	0.258 4	0.214 5	0.178 4	0.148 6
21	0.811 4	0.659 8	0.537 5	0.438 8	0.358 9	0.294 2	0.241 5	0.198 7	0.163 7	0.135 1
22	0.803 4	0.646 8	0.521 9	0.422 0	0.341 8	0.277 5	0.225 7	0.183 9	0.150 2	0.122 8
23	0.795 4	0.634 2	0.506 7	0.405 7	0.325 6	0.261 8	0.210 9	0.170 3	0.137 8	0.111 7
24	0.787 6	0.621 7	0.491 9	0.390 1	0.310 1	0.247 0	0.197 1	0.157 7	0.126 4	0.101 5
25	0.779 8	0.609 5	0.477 6	0.375 1	0.295 3	0.233 0	0.184 2	0.146 0	0.116 0	0.092 3
26	0.772 0	0.597 6	0.463 7	0.360 7	0.281 2	0.219 8	0.172 2	0.135 2	0.106 4	0.083 9
27	0.764 4	0.585 9	0.450 2	0.346 8	0.267 8	0.207 4	0.160 9	0.125 2	0.097 6	0.076 3
28	0.756 8	0.574 4	0.437 1	0.333 5	0.255 1	0.195 6	0.150 4	0.115 9	0.089 5	0.069 3
29	0.749 3	0.563 1	0.424 3	0.320 7	0.242 9	0.184 6	0.140 6	0.107 3	0.082 2	0.063 0
30	0.741 9	0.552 1	0.412 0	0.308 3	0.231 4	0.174 1	0.131 4	0.099 4	0.075 4	0.057 3
35	0.705 9	0.500 0	0.355 4	0.253 4	0.181 3	0.130 1	0.093 7	0.067 6	0.049 0	0.035 6
40	0.671 7	0.452 9	0.306 6	0.208 3	0.142 0	0.097 2	0.066 8	0.046 0	0.031 8	0.022 1
45	0.639 1	0.410 2	0.264 4	0.171 2	0.111 3	0.072 7	0.047 6	0.031 3	0.020 7	0.013 7
50	0.608 0	0.371 5	0.228 1	0.140 7	0.087 2	0.054 3	0.033 9	0.021 3	0.013 4	0.008 5
55	0.578 5	0.336 5	0.196 8	0.115 7	0.068 3	0.040 6	0.024 2	0.014 5	0.008 7	0.005 3

(续表)

期数	12%	14%	15%	16%	18%	20%	24%	28%	32%	36%
1	0.892 9	0.877 2	0.869 6	0.862 1	0.847 5	0.833 3	0.806 5	0.781 3	0.757 6	0.735 3
2	0.797 2	0.769 5	0.756 1	0.743 2	0.718 2	0.694 4	0.650 4	0.610 4	0.573 9	0.540 7
3	0.711 8	0.675 0	0.657 5	0.640 7	0.608 6	0.578 7	0.524 5	0.476 8	0.434 8	0.397 5
4	0.635 5	0.592 1	0.571 8	0.552 3	0.515 8	0.482 3	0.423 0	0.372 5	0.329 4	0.292 3
5	0.567 4	0.519 4	0.497 2	0.476 1	0.437 1	0.401 9	0.341 1	0.291 0	0.249 5	0.214 9
6	0.506 6	0.455 6	0.432 3	0.410 4	0.370 4	0.334 9	0.275 1	0.227 4	0.189 0	0.158 0
7	0.452 3	0.399 6	0.375 9	0.353 8	0.313 9	0.279 1	0.221 8	0.177 6	0.143 2	0.116 2
8	0.403 9	0.350 6	0.326 9	0.305 0	0.266 0	0.232 6	0.178 9	0.138 8	0.108 5	0.085 4
9	0.360 6	0.307 5	0.284 3	0.263 0	0.225 5	0.193 8	0.144 3	0.108 4	0.082 2	0.062 8
10	0.322 0	0.269 7	0.247 2	0.226 7	0.191 1	0.161 5	0.116 4	0.084 7	0.062 3	0.046 2
11	0.287 5	0.236 6	0.214 9	0.195 4	0.161 9	0.134 6	0.093 8	0.066 2	0.047 2	0.034 0
12	0.256 7	0.207 6	0.186 9	0.168 5	0.137 2	0.112 2	0.075 7	0.051 7	0.035 7	0.025 0
13	0.229 2	0.182 1	0.162 5	0.145 2	0.116 3	0.093 5	0.061 0	0.040 4	0.027 1	0.018 4
14	0.204 6	0.159 7	0.141 3	0.125 2	0.098 5	0.077 9	0.049 2	0.031 6	0.020 5	0.013 5
15	0.182 7	0.140 1	0.122 9	0.107 9	0.083 5	0.064 9	0.039 7	0.024 7	0.015 5	0.009 9
16	0.163 1	0.122 9	0.106 9	0.093 0	0.070 8	0.054 1	0.032 0	0.019 3	0.011 8	0.007 3
17	0.145 6	0.107 8	0.092 9	0.080 2	0.060 0	0.045 1	0.025 8	0.015 0	0.008 9	0.005 4
18	0.130 0	0.094 6	0.080 8	0.069 1	0.050 8	0.037 6	0.020 8	0.011 8	0.006 8	0.003 9
19	0.116 1	0.082 9	0.070 3	0.059 6	0.043 1	0.031 3	0.016 8	0.009 2	0.005 1	0.002 9
20	0.103 7	0.072 8	0.061 1	0.051 4	0.036 5	0.026 1	0.013 5	0.007 2	0.003 9	0.002 1
21	0.092 6	0.063 8	0.053 1	0.044 3	0.030 9	0.021 7	0.010 9	0.005 6	0.002 9	0.001 6
22	0.082 6	0.056 0	0.046 2	0.038 2	0.026 2	0.018 1	0.008 8	0.004 4	0.002 2	0.001 2
23	0.073 8	0.049 1	0.040 2	0.032 9	0.022 2	0.015 1	0.007 1	0.003 4	0.001 7	0.000 8
24	0.065 9	0.043 1	0.034 9	0.028 4	0.018 8	0.012 6	0.005 7	0.002 7	0.001 3	0.000 6
25	0.058 8	0.037 8	0.030 4	0.024 5	0.016 0	0.010 5	0.004 6	0.002 1	0.001 0	0.000 5
26	0.052 5	0.033 1	0.026 4	0.021 1	0.013 5	0.008 7	0.003 7	0.001 6	0.000 7	0.000 3
27	0.046 9	0.029 1	0.023 0	0.018 2	0.011 5	0.007 3	0.003 0	0.001 3	0.000 6	0.000 2
28	0.041 9	0.025 5	0.020 0	0.015 7	0.009 7	0.006 1	0.002 4	0.001 0	0.000 4	0.000 2
29	0.037 4	0.022 4	0.017 4	0.013 5	0.008 2	0.005 1	0.002 0	0.000 8	0.000 3	0.000 1
30	0.033 4	0.019 6	0.015 1	0.011 6	0.007 0	0.004 2	0.001 6	0.000 6	0.000 2	0.000 1
35	0.018 9	0.010 2	0.007 5	0.005 5	0.003 0	0.001 7	0.000 5	0.000 2	0.000 1	*
40	0.010 7	0.005 3	0.003 7	0.002 6	0.001 3	0.000 7	0.000 2	0.000 1	*	*
45	0.006 1	0.002 7	0.001 9	0.001 3	0.000 6	0.000 3	0.000 1	*	*	*
50	0.003 5	0.001 4	0.000 9	0.000 6	0.000 3	0.000 1	*	*	*	*
55	0.002 0	0.000 7	0.000 5	0.000 3	0.000 1	*	*	*	*	*

附表三 年金终值系数表

期数	1%	2%	3%	4%	5%	6%	7%	8%	9%	10%
1	1.000 0	1.000 0	1.000 0	1.000 0	1.000 0	1.000 0	1.000 0	1.000 0	1.000 0	1.000 0
2	2.010 0	2.020 0	2.030 0	2.040 0	2.050 0	2.060 0	2.070 0	2.080 0	2.090 0	2.100 0
3	3.030 1	3.060 4	3.090 9	3.121 6	3.152 5	3.183 6	3.214 9	3.246 4	3.278 1	3.310 0
4	4.060 4	4.121 6	4.183 6	4.246 5	4.310 1	4.374 6	4.439 9	4.506 1	4.573 1	4.641 0
5	5.101 0	5.204 0	5.309 1	5.416 3	5.525 6	5.637 1	5.750 7	5.866 6	5.984 7	6.105 1
6	6.152 0	6.308 1	6.468 4	6.633 0	6.801 9	6.975 3	7.153 3	7.335 9	7.523 3	7.715 6
7	7.213 5	7.434 3	7.662 5	7.898 3	8.142 0	8.393 8	8.654 0	8.922 8	9.200 4	9.487 2
8	8.285 7	8.583 0	8.892 3	9.214 2	9.549 1	9.897 5	10.260	10.637	11.029	11.436
9	9.368 5	9.754 6	10.159	10.583	11.027	11.491	11.978	12.488	13.021	13.580
10	10.462	10.950	11.464	12.006	12.578	13.181	13.816	14.487	15.193	15.937
11	11.567	12.169	12.808	13.486	14.207	14.972	15.784	16.646	17.560	18.531
12	12.683	13.412	14.192	15.026	15.917	16.870	17.889	18.977	20.141	21.384
13	13.809	14.680	15.618	16.627	17.713	18.882	20.141	21.495	22.953	24.523
14	14.947	15.974	17.086	18.292	19.599	21.015	22.551	24.215	26.019	27.975
15	16.097	17.293	18.599	20.024	21.579	23.276	25.129	27.152	29.361	31.773
16	17.258	18.639	20.157	21.825	23.658	25.673	27.888	30.324	33.003	35.950
17	18.430	20.012	21.762	23.698	25.840	28.213	30.840	33.750	36.974	40.545
18	19.615	21.412	23.414	25.645	28.132	30.906	33.999	37.450	41.301	45.599
19	20.811	22.841	25.117	27.671	30.539	33.760	37.379	41.446	46.019	51.159
20	22.019	24.297	26.870	29.778	33.066	36.786	40.996	45.762	51.160	57.275
21	23.239	25.783	28.677	31.969	35.719	39.993	44.865	50.423	56.765	64.003
22	24.472	27.299	30.537	34.248	38.505	43.392	49.006	55.457	62.873	71.403
23	25.716	28.845	32.453	36.618	41.431	46.996	53.436	60.893	69.532	79.543
24	26.974	30.422	34.427	39.083	44.502	50.816	58.177	66.765	76.790	88.497
25	28.243	32.030	36.459	41.646	47.727	54.865	63.249	73.106	84.701	98.347
26	29.526	33.671	38.553	44.312	51.114	59.156	68.677	79.954	93.324	109.18
27	30.821	35.344	40.710	47.084	54.669	63.706	74.484	87.351	102.72	121.10
28	32.129	37.051	42.931	49.968	58.403	68.528	80.698	95.339	112.97	134.21
29	33.450	38.792	45.219	52.966	62.323	73.640	87.347	103.97	124.14	148.63
30	34.785	40.568	47.575	56.085	66.439	79.058	94.461	113.28	136.31	164.49
40	48.886	60.402	75.401	95.026	120.80	154.76	199.64	259.06	337.88	442.59
50	64.463	84.579	112.80	152.67	209.35	290.34	406.53	573.77	815.08	1 163.9
60	81.670	114.05	163.05	237.99	353.58	533.13	813.52	1 253.2	1 944.8	3 034.8

(续表)

期数	12%	14%	15%	16%	18%	20%	24%	28%	32%	36%
1	1.000 0	1.000 0	1.000 0	1.000 0	1.000 0	1.000 0	1.000 0	1.000 0	1.000 0	1.000 0
2	2.120 0	2.140 0	2.150 0	2.160 0	2.180 0	2.200 0	2.240 0	2.280 0	2.320 0	2.360 0
3	3.374 4	3.439 6	3.472 5	3.505 6	3.572 4	3.640 0	3.777 6	3.918 4	4.062 4	4.209 6
4	4.779 3	4.921 1	4.993 4	5.066 5	5.215 4	5.368 0	5.684 2	6.015 6	6.362 4	6.725 1
5	6.352 8	6.610 1	6.742 4	6.877 1	7.154 2	7.441 6	8.048 4	8.699 9	9.398 3	10.146
6	8.115 2	8.535 5	8.753 7	8.977 5	9.442 0	9.929 9	10.980	12.136	13.406	14.799
7	10.089	10.731	11.067	11.414	12.142	12.916	14.615	16.534	18.696	21.126
8	12.300	13.233	13.727	14.240	15.327	16.499	19.123	22.163	25.678	29.732
9	14.776	16.085	16.786	17.519	19.086	20.799	24.713	29.369	34.895	41.435
10	17.549	19.337	20.304	21.322	23.521	25.959	31.643	38.593	47.062	57.352
11	20.655	23.045	24.349	25.733	28.755	32.150	40.238	50.399	63.122	78.998
12	24.133	27.271	29.002	30.850	34.931	39.581	50.895	65.510	84.320	108.44
13	28.029	32.089	34.352	36.786	42.219	48.497	64.110	84.853	112.30	148.48
14	32.393	37.581	40.505	43.672	50.818	59.196	80.496	109.61	149.24	202.93
15	37.280	43.842	47.580	51.660	60.965	72.035	100.82	141.30	198.00	276.98
16	42.753	50.980	55.718	60.925	72.939	87.442	126.01	181.87	262.36	377.69
17	48.884	59.118	65.075	71.673	87.068	105.93	157.25	233.79	347.31	514.66
18	55.750	68.394	75.836	84.141	103.74	128.12	195.99	300.25	459.45	700.94
19	63.440	78.969	88.212	98.603	123.41	154.74	244.03	385.32	607.47	954.28
20	72.052	91.025	102.44	115.38	146.63	186.69	303.60	494.21	802.86	1 298.8
21	81.699	104.77	118.81	134.84	174.02	225.03	377.46	633.59	1 060.8	1 767.4
22	92.503	120.44	137.63	157.42	206.34	271.03	469.06	812.00	1 401.2	2 404.7
23	104.60	138.30	159.28	183.60	244.49	326.24	582.63	1 040.4	1 850.6	3 271.3
24	118.16	158.66	184.17	213.98	289.49	392.48	723.46	1 332.7	2 443.8	4 450.0
25	133.33	181.87	212.79	249.21	342.60	471.98	898.09	1 706.8	3 226.8	6 053.0
26	150.33	208.33	245.71	290.09	405.27	567.38	1 114.6	2 185.7	4 260.4	8 233.1
27	169.37	238.50	283.57	337.50	479.22	681.85	1 383.1	2 798.7	5 624.8.	11 198
28	190.70	272.89	327.10	392.50	566.48	819.22	1 716.1	3 583.3	7 425.7	15 230
29	214.58	312.09	377.17	456.30	669.45	984.07	2 129.0	4 587.7	9 802.9	20 714
30	241.33	356.79	434.75	530.31	790.95	1 181.9	2 640.9	5 873.2	12 941	28 172
40	767.09	1 342.0	1 779.1	2 360.8	4 163.2	7 343.9	22 729	69 377	207 874	609 890
50	2 400.0	4 994.5	7 217.5	10 436	21 813	45 497	195 373	819 103	*	*
60	7 471.6	1 8535	29 220	46 058	114 190	281 733	*	*	*	*

附表四 年金现值系数表

期数	1%	2%	3%	4%	5%	6%	7%	8%	9%	10%
1	0.990 1	0.980 4	0.970 9	0.961 5	0.952 4	0.943 4	0.934 6	0.925 9	0.917 4	0.909 1
2	1.970 4	1.941 6	1.913 5	1.886 1	1.859 4	1.833 4	1.808 0	1.783 3	1.759 1	1.735 5
3	2.941 0	2.883 9	2.828 6	2.775 1	2.723 2	2.673 0	2.624 3	2.577 1	2.531 3	2.486 9
4	3.902 0	3.807 7	3.717 1	3.629 9	3.546 0	3.465 1	3.387 2	3.312 1	3.239 7	3.169 9
5	4.853 4	4.713 5	4.579 7	4.451 8	4.329 5	4.212 4	4.100 2	3.992 7	3.889 7	3.790 8
6	5.795 5	5.601 4	5.417 2	5.242 1	5.075 7	4.917 3	4.766 5	4.622 9	4.485 9	4.355 3
7	6.728 2	6.472 0	6.230 3	6.002 1	5.786 4	5.582 4	5.389 3	5.206 4	5.033 0	4.868 4
8	7.651 7	7.325 5	7.019 7	6.732 7	6.463 2	6.209 8	5.971 3	5.746 6	5.534 8	5.334 9
9	8.566 0	8.162 2	7.786 1	7.435 3	7.107 8	6.801 7	6.515 2	6.246 9	5.995 2	5.759 0
10	9.471 3	8.982 6	8.530 2	8.110 9	7.721 7	7.360 1	7.023 6	6.710 1	6.417 7	6.144 6
11	10.367 6	9.786 8	9.252 6	8.760 5	8.306 4	7.886 9	7.498 7	7.139 0	6.805 2	6.495 1
12	11.255 1	10.575 3	9.954 0	9.385 1	8.863 3	8.383 8	7.942 7	7.536 1	7.160 7	6.813 7
13	12.133 7	11.348 4	10.635 0	9.985 6	9.393 6	8.852 7	8.357 7	7.903 8	7.486 9	7.103 4
14	13.003 7	12.106 2	11.296 1	10.563 1	9.898 6	9.295 0	8.745 5	8.244 2	7.786 2	7.366 7
15	13.865 1	12.849 3	11.937 9	11.118 4	10.379 7	9.712 2	9.107 9	8.559 5	8.060 7	7.606 1
16	14.717 9	13.577 7	12.561 1	11.652 3	10.837 8	10.105 9	9.446 6	8.851 4	8.312 6	7.823 7
17	15.562 3	14.291 9	13.166 1	12.165 7	11.274 1	10.477 3	9.763 2	9.121 6	8.543 6	8.021 6
18	16.398 3	14.992 0	13.753 5	12.659 3	11.689 6	10.827 6	10.059 1	9.371 9	8.755 6	8.201 4
19	17.226 0	15.678 5	14.323 8	13.133 9	12.085 3	11.158 1	10.335 6	9.603 6	8.950 1	8.364 9
20	18.045 6	16.351 4	14.877 5	13.590 3	12.462 2	11.469 9	10.594 0	9.818 1	9.128 5	8.513 6
21	18.857 0	17.011 2	15.415 0	14.029 2	12.821 2	11.764 1	10.835 5	10.016 8	9.292 2	8.648 7
22	19.660 4	17.658 0	15.936 9	14.451 1	13.163 0	12.041 6	11.061 2	10.200 7	9.442 4	8.771 5
23	20.455 8	18.292 2	16.443 6	14.856 8	13.488 6	12.303 4	11.272 2	10.371 1	9.580 2	8.883 2
24	21.243 4	18.913 9	16.935 5	15.247 0	13.798 6	12.550 4	11.469 3	10.528 8	9.706 6	8.984 7
25	22.023 2	19.523 5	17.413 1	15.622 1	14.093 9	12.783 4	11.653 6	10.674 8	9.822 6	9.077 0
26	22.795 2	20.121 0	17.876 8	15.982 8	14.375 2	13.003 2	11.825 8	10.810 0	9.929 0	9.160 9
27	23.559 6	20.706 9	18.327 0	16.329 6	14.643 0	13.210 5	11.986 7	10.935 2	10.026 6	9.237 2
28	24.316 4	21.281 3	18.764 1	16.663 1	14.898 1	13.406 2	12.137 1	11.051 1	10.116 1	9.306 6
29	25.065 8	21.844 4	19.188 5	16.983 7	15.141 1	13.590 7	12.277 7	11.158 4	10.198 3	9.369 6
30	25.807 7	22.396 5	19.600 4	17.292 0	15.372 5	13.764 8	12.409 0	11.257 8	10.273 7	9.426 9
35	29.408 6	24.998 6	21.487 2	18.664 6	16.374 2	14.498 2	12.947 7	11.654 6	10.566 8	9.644 2
40	32.834 7	27.355 5	23.114 8	19.792 8	17.159 1	15.046 3	13.331 7	11.924 6	10.757 4	9.779 1
45	36.094 5	29.490 2	24.518 7	20.720 0	17.774 1	15.455 8	13.605 5	12.108 4	10.881 2	9.862 8
50	39.196 1	31.423 6	25.729 8	21.482 2	18.255 9	15.761 9	13.800 7	12.233 5	10.961 7	9.914 8
55	42.147 2	33.174 8	26.774 4	22.108 6	18.633 5	15.990 5	13.939 9	12.318 6	11.014 0	9.947 1

(续表)

期数	12%	14%	15%	16%	18%	20%	24%	28%	32%	36%
1	0.892 9	0.877 2	0.869 6	0.862 1	0.847 5	0.833 3	0.806 5	0.781 3	0.757 6	0.735 3
2	1.690 1	1.646 7	1.625 7	1.605 2	1.565 6	1.527 8	1.456 8	1.391 6	1.331 5	1.276 0
3	2.401 8	2.321 6	2.283 2	2.245 9	2.174 3	2.106 5	1.981 3	1.868 4	1.766 3	1.673 5
4	3.037 3	2.913 7	2.855 0	2.798 2	2.690 1	2.588 7	2.404 3	2.241 0	2.095 7	1.965 8
5	3.604 8	3.433 1	3.352 2	3.274 3	3.127 2	2.990 6	2.745 4	2.532 0	2.345 2	2.180 7
6	4.111 4	3.888 7	3.784 5	3.684 7	3.497 6	3.325 5	3.020 5	2.759 4	2.534 2	2.338 8
7	4.563 8	4.288 3	4.160 4	4.038 6	3.811 5	3.604 6	3.242 3	2.937 0	2.677 5	2.455 0
8	4.967 6	4.638 9	4.487 3	4.343 6	4.077 6	3.837 2	3.421 2	3.075 8	2.786 0	2.540 4
9	5.328 2	4.946 4	4.771 6	4.606 5	4.303 0	4.031 0	3.565 5	3.184 2	2.868 1	2.603 3
10	5.650 2	5.216 1	5.018 8	4.833 2	4.494 1	4.192 5	3.681 9	3.268 9	2.930 4	2.649 5
11	5.937 7	5.452 7	5.233 7	5.028 6	4.656 0	4.327 1	3.775 7	3.335 1	2.977 6	2.683 4
12	6.194 4	5.660 3	5.420 6	5.197 1	4.793 2	4.439 2	3.851 4	3.386 8	3.013 3	2.708 4
13	6.423 5	5.842 4	5.583 1	5.342 3	4.909 5	4.532 7	3.912 4	3.427 2	3.040 4	2.726 8
14	6.628 2	6.002 1	5.724 5	5.467 5	5.008 1	4.610 6	3.961 6	3.458 7	3.060 9	2.740 3
15	6.810 9	6.142 2	5.847 4	5.575 5	5.091 6	4.675 5	4.001 3	3.483 4	3.076 4	2.750 2
16	6.974 0	6.265 1	5.954 2	5.668 5	5.162 4	4.729 6	4.033 3	3.502 6	3.088 2	2.757 5
17	7.119 6	6.372 9	6.047 2	5.748 7	5.222 3	4.774 6	4.059 1	3.517 7	3.097 1	2.762 9
18	7.249 7	6.467 4	6.128 0	5.817 8	5.273 2	4.812 2	4.079 9	3.529 4	3.103 9	2.766 8
19	7.365 8	6.550 4	6.198 2	5.877 5	5.316 2	4.843 5	4.096 7	3.538 6	3.109 0	2.769 7
20	7.469 4	6.623 1	6.259 3	5.928 8	5.352 7	4.869 6	4.110 3	3.545 8	3.112 9	2.771 8
21	7.562 0	6.687 0	6.312 5	5.973 1	5.383 7	4.891 3	4.121 2	3.551 4	3.115 8	2.773 4
22	7.644 6	6.742 9	6.358 7	6.011 3	5.409 9	4.909 4	4.130 0	3.555 8	3.118 0	2.774 6
23	7.718 4	6.792 1	6.398 8	6.044 2	5.432 1	4.924 5	4.137 1	3.559 2	3.119 7	2.775 4
24	7.784 3	6.835 1	6.433 8	6.072 6	5.450 9	4.937 1	4.142 8	3.561 9	3.121 0	2.776 0
25	7.843 1	6.872 9	6.464 1	6.097 1	5.466 9	4.947 6	4.147 4	3.564 0	3.122 0	2.776 5
26	7.895 7	6.906 1	6.490 6	6.118 2	5.480 4	4.956 3	4.151 1	3.565 6	3.122 7	2.776 8
27	7.942 6	6.935 2	6.513 5	6.136 4	5.491 9	4.963 6	4.154 2	3.566 9	3.123 3	2.777 1
28	7.984 4	6.960 7	6.533 5	6.152 0	5.501 6	4.969 7	4.156 6	3.567 9	3.123 7	2.777 3
29	8.021 8	6.983 0	6.550 9	6.165 6	5.509 8	4.974 7	4.158 5	3.568 7	3.124 0	2.777 4
30	8.055 2	7.002 7	6.566 0	6.177 2	5.516 8	4.978 9	4.160 1	3.569 3	3.124 2	2.777 5
35	8.175 5	7.070 0	6.616 6	6.215 3	5.538 6	4.991 5	4.164 4	3.570 8	3.124 8	2.777 7
40	8.243 8	7.105 0	6.641 8	6.233 5	5.548 2	4.996 6	4.165 9	3.571 2	3.125 0	2.777 8
45	8.282 5	7.123 2	6.654 3	6.242 1	5.552 3	4.998 6	4.166 4	3.571 4	3.125 0	2.777 8
50	8.304 5	7.132 7	6.660 5	6.246 3	5.554 1	4.999 5	4.166 6	3.571 4	3.125 0	2.777 8
55	8.317 0	7.137 6	6.663 6	6.248 2	5.554 9	4.999 8	4.166 6	3.571 4	3.125 0	2.777 8